U0133904

王 力 全 集

汉语语法纲要

王 力 著

中华书局

图书在版编目(CIP)数据

汉语语法纲要/王力著. —2 版. —北京:中华书局,2023.6
(王力全集)
ISBN 978-7-101-14487-1

Ⅰ.汉⋯ Ⅱ.王⋯ Ⅲ.汉语-语法-研究 Ⅳ.H146

中国版本图书馆 CIP 数据核字(2020)第 058665 号

书　　名　汉语语法纲要
著　　者　王　力
丛 书 名　王力全集
责任印制　陈丽娜
出版发行　中华书局
　　　　　(北京市丰台区太平桥西里 38 号　100073)
　　　　　http://www.zhbc.com.cn
　　　　　E-mail:zhbc@zhbc.com.cn
印　　刷　大厂回族自治县彩虹印刷有限公司
版　　次　2015 年 3 月第 1 版
　　　　　2023 年 6 月第 2 版
　　　　　2023 年 6 月第 3 次印刷
规　　格　开本/880×1230 毫米　1/32
　　　　　印张 15⅜　插页 2　字数 340 千字
印　　数　4001-4800 册
国际书号　ISBN 978-7-101-14487-1
定　　价　59.00 元

《王力全集》出版说明

王力(1900—1986),字了一,广西壮族自治区博白县人,我国著名语言学家、教育家、翻译家、散文家和诗人。

王力先生毕生致力于语言学的教学、研究工作,为发展中国语言学、培养语言学专门人才作出了重要贡献。王力先生的著作涉及汉语研究的多个领域,在汉语发展史、汉语语法学、汉语音韵学、汉语词汇学、古代汉语教学、文字改革、汉语规范化、推广现代汉语普通话和汉语诗律学等领域取得了杰出的成就;在诗歌、散文创作和翻译领域也卓有建树。

要了解中国语言学的发展脉络、发展趋势,必须研究王力先生的学术思想,体会其作品的精华之处,从而给我们带来新的领悟、新的收获,因而,系统整理王力先生的著作,对总结和弘扬王力先生的学术成就,推动我国的语言学及其他相关学科的发展,具有重要的意义。

《王力全集》完整收录王力先生的各类著作三十余种、论文二百余篇、译著二十余种及其他诗文等各类文字。全集按内容分卷,各卷所收文稿在保持著作历史面貌的基础上,参考不同时期的版本精心编校,核订引文。学术论著后附"主要术语、人名、论著索引",以便读者使用。

《王力全集》的编辑出版工作,得到了王力先生家属、学生及社会各界人士的帮助和支持,在此谨致以诚挚的谢意。

中华书局编辑部

2012 年 3 月

本卷出版说明

　　本卷收入王力先生的专著《汉语语法纲要》《中国古文法》《词类》《虚词的用法》《有关人物和行为的虚词》和两篇相关文章。

　　《汉语语法纲要》原名《中国语法纲要》，1946年由开明书店出版。1954年译为俄文，前苏联汉学家龙果夫为之作序和注。为了介绍龙果夫的注解，王先生将书名改为《汉语语法纲要》，一一插入龙果夫注的汉译文，同时把他的序和莫斯科大学汉语教研室主任巴斯德涅耶娃的代序一并译出印上，1957年由新知识出版社出版（后称"新知识本"）。1982年上海教育出版社重印时删去了代序，作者写了篇新的自序。1985年山东教育出版社出版的《王力文集》第三卷收入《汉语语法纲要》（后称"文集本"），依据新知识本，但删去了龙果夫的序和注，个别地方作了改动，并根据人民文学出版社1972年出版的《红楼梦》对例句作了校对。该卷由曹先擢、吉常宏、程湘清三位先生负责编校。此次收入《王力全集》，我们以新知识本为底本，同时参以文集本进行了整理和编辑。

　　《中国古文法》是王力先生1927年在清华大学国学研究院读研究生时写的一篇论文，只写了两章。1982年山西人民出版社出版了影印兼排印本（后称"山西本"）。《王力文集》第三卷收入《中国古文法》，并将梁启超、赵元任的批语附于书后。此次收入《王力全集》，我们以山西本为底本，同时参以文集本进行了整理和编辑。

　　《词类》是为配合当时初中《汉语》课本第三册的语法教学应约撰写的，1957年由上海新知识出版社作为"汉语知识讲话"丛书的一种出版。《虚词的用法》是为职工学习语文而编写的,例句多采自职工业余学校的国文课本,1955 年由工人出版社出版。《有关人物和行为的虚词》一书中的例句均选自当时的初中语文课本,1955 年由中国青年出版社作为"语文学习丛书"的一种出版。《王力文集》第三卷收入《词类》《虚词的用法》《有关人物和行为的虚词》(后称"文集本"),订正了文字上的个别讹误。此次这三种作品收入《王力全集》,我们均以文集本为底本进行了整理和编辑。

中华书局编辑部

2013 年 10 月

总　目　录

汉语语法纲要

目　录

自　序

　　两年以前,我同意重印了我的《中国语法理论》和《中国现代语法》;至于《中国语法纲要》,我认为没有重印的必要了,因为后者基本上只是《中国现代语法》的摘要。

　　1954 年,《中国语法纲要》俄译本在莫斯科出版了,译者是赖斯卡娅(Г.Н.Райская)同志,校订人是龙果夫(А. А. Дратунов)教授和周松元同志,龙果夫教授写了一篇长序,巴思德涅耶娃(Л. Д. Позднеева)同志(莫斯科大学汉语教研室主任)写了一篇《论〈红楼梦〉》,作为代序。最值得重视的是龙果夫教授自己写了 45 页的注解。这些注解实际上是对这部书的批评。

　　这件事又勾引起了我重印这部书的念头。如果把龙果夫教授的注解翻译给我国的语法学界,那该是有很大的好处的。但是,要介绍龙果夫教授的注解,同时也就不能不重印这部书。

　　北京大学有三位助教同志——唐作藩、石安石、潘兆明——正在学习俄文,要训练自己阅读有关语言学的俄文书籍的能力,于是他们就翻译起这部书来了。译完以后,再和邢公畹教授商量,请他把他自己所翻译的巴思德涅耶娃同志的《论〈红楼梦〉》(曾在《人民文学》1955 年 6 月号发表)也印在一起。

　　这书重印的时候,把书名改为《汉语语法纲要》(其他两书未改名,是想保留原样子,其实还是改的好);原来是直排的,现在改为横排。其他都照原样,没有改动。至于龙果夫教授的注解,本来是附在全书的后面的,现在改为脚注〔1〕。我们觉得这样改动还是可以的,因为读者阅读起来比较方便些。

我们从龙果夫教授的注解里能学到一些什么呢? 我想主要的有两点:第一,必须从语法结构上研究语法,不能单纯地从意义上研究语法;第二,研究语法和研究一切科学一样,需要有逻辑的脑筋。

在好些地方我没有从语法结构上研究语法,都被龙果夫教授指出来了。我采用叶斯泊生的三品说,同时采用布龙菲尔特的中心词和修饰语的学说,以致两说互相矛盾,这是缺乏逻辑性,也被龙果夫教授批评了。我基本上接受他的各种批评。

龙果夫教授已于 1955 年逝世了。我们悼念这一位卓越的汉学家。现在我们把他的著作介绍给中国语法学界,也就算是纪念他了。

王力序于北京大学

1957 年 3 月 15 日

---

〔1〕 编者注:此次重新排版,为区别龙果夫注与编者注,仍将正文部分的龙注排为尾注。

俄文版序

（苏联）A. A.龙果夫

《汉语语法纲要》①这部篇幅不大的书是中国现代著名的语言学家王了一（王力）教授写的，王教授曾经写过许多关于汉语语法、汉语方言和汉语音韵的著作。《汉语语法纲要》是这类著作中第一部翻译成俄文的②。它属于开明书店出版的青年丛书，是供开始从理论上去理解本民族语言构造的中国读者阅读的；因此，它不同于王了一的《中国现代语法》③《中国语法理论》④等巨著，在本书里，作者选出了一些基本的东西，这些基本的东西他认为是足以代表现代汉民族语言的语法构造的特征的。所以，王了一教授的这部书，尽管篇幅不大，还是有用的，它使读者有可能对于整个汉语语法的基本特点获得一定的概念，以便引起读者的兴趣并促使他们更深入地研究问题。

本书对苏联读者也可能有同样大的兴趣和益处。Л.В.谢尔巴（Щерба）院士曾经正确地指出⑤，语言学家在研究非本民族的语言的时候，应当特别注意该族语言学家对于这种语言的语法和词

---

① 第一版，1946；翻印第四版，北京1951。

② 本书的翻译还在两年以前已经基本上完成了。由于王了一教授的新论文的发表（这在译本的注解中已涉及到），所以延迟了出版时间。

③ 第一册，1947（见《王力全集》第七卷。——编者）。

④ 翻印第三版，1951（见《王力全集》第八卷。——编者）。

⑤ 特别是逝世后发表在《科学院通报》文学和语言部分，1945年第四卷第五期第175页上的论文《语言学的当前问题》（Очередиые проблемы языковедения）。

汇的观察,——在这些观察和描述中"总是有很多正确的东西,尽管他们的语言学的方法可能有缺陷,也必须仔细加以研究"。

超出狭隘的训诂工作的汉语语法构造的科学研究在中国还只开始于不久之前,即从 1898 年马建忠①的古代汉语语法的出现才开始的。这部作品对于中国以至外国的语言学家的著作都有着影响。事实上,这是中国作者的第一部语法著作,在这部著作中,语法没有被看作是语文学的附庸,而是当作一门独立的学科来研究的。

中国现代语言的研究是在 1919 年五四运动②以后才开始的(这里应当提到专门研究汉民族语的黎锦熙教授的名著③);到了40 年代,现代语言的研究特别加强起来,那时,吕叔湘④、王力(王了一)和高名凯⑤教授的著作都出来了。这个时期的中国作者收集了很多实际的材料并做了一系列有价值的观察⑥和结论,在分析这些材料中,他们曾努力发现汉语的特征,从而避免硬套任何跟汉语格格不入的表现在别的语言中的(特别是英语的和拉丁语的)范畴。

但是,在方法学上,他们还没有完全摆脱西方语言学的影响;由于问题的缺乏研究和问题的广泛性,就在一系列的语法问题方面引起了理论上的分歧,这种分歧是在中国语言学家当中看到的。

①　《马氏文通》21 版,1930(该书已有 1954 年校注本第一版。——译者)。
②　关于五四运动的意义,参看《毛泽东选集》第三卷第 9 页,莫斯科外文出版局,1953(中文本第一版第二卷第 521—523 页。——译者)。
③　《国语文法》1 版,1924;15 版(标题为《新著国语文法》),1952。
④　《中国文法要略》,1944;4 版,1951。
⑤　《汉语语法论》1 版,1948;2 版,1951。
⑥　特别是中国学者引用了许多很有价值的东西,这是我们语言学著作中通常所谓否定性的语言材料,即"这样说可以,而那样说又不可以";有系统地运用这样的材料是现代中国大多数语言学家(包括王了一在内)所采用的语言学方法的特点之一。

　　伟大的中国人民的历史性胜利和 И.В.斯大林关于语言学的奠基性的著作的出现,根本改变了中国语言科学的状况,并且特别是改变了中国人对于本民族语言的研究状况,研究本民族语言的兴趣大大地增长了。首先可以作为例证的是吕叔湘和朱德熙两位教授为广大读者写的《语法修辞讲话》,这个讲话曾经在1951年整个下半年的时间内发表在中共中央机关报《人民日报》上(后来出版了单行本)。随后又出现了《汉语语法讲话》——这是许多中国学者的集体创作,从1952年年中开始,连续发表在中国文字改革委员会和中国科学院语言研究所合办的《中国语文》杂志上。从1951年末创刊的另一种月刊《语文学习》也起了很大的作用,其中发表了吕叔湘和朱德熙二教授对语法教学的意见,以及王了一的一系列关于语法中心问题的论文,这些问题是同本书有直接联系的,因而也是这个译本的注解中所广泛利用的①。

　　在方法学方面,现代中国作者是努力依靠苏联科学的成就,从西方语言学的假权威中解放出来。王了一教授以前的著作(包括本书在内)是在叶斯泊生、布龙菲尔特②和房特利耶斯的强烈的影响下写成的,而他的新的论文就证实了他对自己的以前的观点做了一定的修正③。

---

　　① 《汉语的词类》,《语文学习》1952年4月号,第30—36页;《词和语在句中的职务》,同上,1952年7月号,第34—40页;《谓语形式和句子形式》,同上,1952年9月号,第40—44页;《句子的分类》,同上,1953年1月号,第44—50页。

　　② 对于布龙菲尔特的语言学的主张,在下面这些论文里有详尽的批判分析:О.С.阿赫马诺娃(Ахманова):《论美国结构主义者的语言学的研究方法》(О методе лингвистнческого исследования у американских структуралистов),《语言学问题》,1952年第五期,第92—105页;М.М.古赫曼(Гухман):《反对现代美国语言学中的唯心主义和反动思想(布龙菲尔特和"描写的"语言学)》(Против идеализма и реакции в современном американском языкознании〔Л.Влумфилд и《дескриптивная》лингвистика〕),《苏联科学院通报》文学和语言部分,1952年第十一卷第四期第281—294页。

　　③ 有关这方面的详细情形,参看本序言的一部分和注解。

中国作者完成新的语法著作所运用的语言材料本身也很可以作为例证；在中国语言学过去的诸阶段中，研究者的注意力或者集中在古代汉语方面，或者把古代汉语和现代汉语分作两部分（所谓现代汉语，基本上是指的较早期的形式，即18世纪的）；最近时期的语法著作就不同了，它们都是以现代汉民族语言的材料作依据的（当然，并不排斥历史主义）。

发表在《语文学习》杂志上的王了一教授的新论文不同于本书和作者过去的许多著作，是只以现代汉语作根据的：在这些论文里所举以为例的材料首先是引自毛泽东的著作，同时也引自现代中国文学经典作家鲁迅和当代优秀作家丁玲、老舍和赵树理的作品。但是，本书的很多举以为例的材料只有一部分是直接从现代语言中采取的，而大部分例子基本上是采自中国18世纪叙事文学的卓越作品——曹雪芹的长篇小说《红楼梦》①；这部小说所用的语言很接近现代汉语。《红楼梦》的语言和现代汉语都是以北京方言为基础的，它们之间的差别主要在于词汇上，而不在语法构造上，因为语法构造从整个本质说是保持到今天的。

王了一教授在阐述汉民族语的语法的时候，在许多情况下还应用了方言的材料，但是，他是以适当的比例来叙述方言的，为的是着重指出民族语言的特点（而部分的原因是为了帮助各种汉语方言的人们去研究民族语言）。王教授还按照需要的程度做了现代汉语（白话）跟古代汉语（文言）的比较，这就作出了历史的透视，使中国读者有可能了解现代汉语的某些特征。

＊　　　　＊　　　　＊

在阅读王了一教授的著作时，必须注意他的语法体系有下述

---

① 作为本书序言的Л.Д.巴思德涅耶娃的专门论文就是论述这部长篇小说的。参看本书代序第16—33页。——编者

一些特点：

在王了一教授的语法体系中，造句法占了主要的地位。在阐述造句法的过程中（参看本书的目次），他同时研究了许多词素；王了一不仅把接词（aффиксы）（即接头部、接尾部——译者）归入词素，而且把虚词也归入词素①。

王了一使用的基本单位是字②，"用来表达汉字的音节"，不管这音节是代表单音节的词还是词的一部分或者纯粹是语音的因素；词③，即"语言的一个简单的意义单位"；仿语④，即各种词的组合而未能成为句子者；最后是句子。

王了一教授正确地肯定了现代汉语跟单音词的古代汉语不同，现代汉语里显然存在多音节词，特别是双音节的词，但是他却把很多的复合词看做是仿语（第四章），他的理由是：一方面，不论是复合词或仿语，它们的作用至少和其中一个词的作用是相等的，而另一方面，"中国语到底是以单音词为主的"⑤。

组合式的概念（конструкдия с атрибутивной связью），是仿语的特殊情况，它相当于叶斯泊生的 junction⑥ 这个术语的第二种意义。由此可见，仿语一方面跟单个的词对立起来，另一方面又跟句子对立起来，而属于仿语的组合式这一概念却跟不属于仿语的连系

---

① 参看第三章注①。

② 参看第三章注①。

③ 参看第三章注②。

④ 参看第三章注⑤。

⑤ 参看王力《中国语法理论》。

⑥ 参看王力《中国现代语法》。王教授在自己的术语里反映了叶斯泊生所用的 junction 和 nexus 两个术语的双重意义。事实上，叶斯泊生用的这两个术语有两种意义：第一种意义是指某种联系，而第二种意义是指由这样的联系结合起来的词组。junction 这一术语的第一种意义——指属性的联系本身而言的——王教授译作"组合"（参看王力《中国语法理论》）。

式(конструкция с предикативной связью)这一概念对立起来,也就是跟 nexus① 这个术语的第二种意义对立起来。除了"连系式"这个术语以外,王教授还使用了另外一个和 nexus 概念相等的术语,就是"句子形式"。叶斯泊生的 nexus 可能是独立的句子,也可能是句子的一部分,同样的,在王了一的解释中,句子形式也可能是完整的句子,或者只是句子的一部分。但是王了一在他的新论文里已经放弃了这个看法,并且像其他的中国语言学家一样,认为句子形式不过是"句子中的句子",而不是独立的完整的东西②。

像其他的中国语言学家一样,王教授对于所研究的某一现象往往偏重意义方面的分析,即语义学的分析,而较少注意语法方面的分析,并且不是经常跟语法方面联系起来。这种违反形式和内容统一的原则的事实,在语法的基本问题之一即词类的阐述中,表现得特别显著,而词类是汉语语法体系的中心,并且是各种类型的仂语和句子的构成中的重要要素。

中国的学者由于缺乏区分词类的语法标准,就走了另外一条道路,那就是拿孤立的词的意义作为基本的标准了。

跟其他的中国语言学家不同,王教授在他以前的著作里(也包括本书在内)曾经想从困难中找到出路,而在词类和句子成分中间插入词的三品(叶斯泊生的 three ranks)。这种无用的学说从最初出现的时候起就被叶斯泊生给了不可捉摸的定义,因而就掩盖了其中存在的许多内部矛盾,其中包括把逻辑和语法混为一谈③,尤

---

① 参看第八章注⑥;术语 nexus 的第一种意义——指述说性的联系而言的——译作了"连系"。关于"谓语形式",参看同一章的注④。

② 参看王了一的论文《谓语形式和句子形式》(见《王力全集》第二十卷第二册。——编者)。

③ 这一点特别可以从他的《现代英语语法》(A Modern English Grammar)(第二册,§1.24)和《英语语法纲要》(Essentials of English Grammar)(§8.1)的比较中很清楚地看出来。

其是对于动词谓语的特点不够注意①。王了一在许多地方看出了叶斯泊生的学说和汉语事实之间的矛盾,于是只好承认谓语在句子中的最重要的作用(虽然跟叶斯泊生的术语还没有断绝关系,还是把谓语列入次品)。三品说被王教授用来跟布龙菲尔特的中心词和修饰语②的学说密切地交织起来(参看第四章,关于仿语分类的部分),并且两种学说常常陷入矛盾之中。

　　王了一在他的新的论文中,向前迈进了一大步,他完全放弃了叶斯泊生的三品;而在阐述语法时并不超出词类和句子成分的范围。王了一教授强调指出词类范畴是汉语有机地固有的东西,而不是摹仿外国方式的结果(参看《语文学习》杂志 1952 年 4 月号的论文《汉语的词类》),但是,他不是从语法方面着眼,而是从修辞上、词汇上和语言历史的个别事实上来论述这些范畴的;王教授很清楚地知道,他的新的标准未必是人人信服的,所以他就得出一个结论,以为词类归根到底只是为了便于说明汉语语法才须要区分。他曾在某些例证上应用了真实的语法标准③,但是他没有把这个方法学的手段推广到词类的整个系统上去,虽然这样的标准无论对一般的词汇·语法的范畴(词类)或者对词类内部的详细划分,都是完全足够的。要知道一切问题都在于:语言的可变性和可结合性只有在语法上才能够实现,而这些特性是蕴藏在作为建筑材料的词儿之中的;因此,词的分类也只有在词汇·语法的基础之上才有可能,因为"当语言的词汇接受了语言语法的支配的时候,就

---

① 参看第五章注⑯。
② 应当着重指出,在王教授的语法体系中,——就他在本书和早期的著作中所阐述的来说,——实质上并没有作为句子成分的定语概念;而在最近时期,由于王教授目前把"中心词"解释为某一句子成分的核心,定语的概念也获得了其他的解释(假如不以为状语的概念还没有从定语中分化出来的话)。
③ 参看第五章注①和注⑤。

会有极大的意义。语法规定词的变化规则及组词成句的规则,这样就使语言具有一种有条理的可理解的性质。语法(形态学、造句法)是词的变化规则及组词成句的规则的综合。由此可见,正是由于有了语法,就使语言有可能赋与人的思想以物质的语言的外壳"①。

＊ ＊ ＊

现在再谈谈关于怎样使用《汉语语法纲要》这部书的问题。首先必须强调指出,本书不是替非中国人写的汉语课本,但是对于下述两类的读者可以是有用的:1)不懂汉语而只在普通语言学方面对汉语有兴趣的;2)在某种程度上已经了解汉语而希望从一个中国著名的语言学家的见解中更熟悉汉语语法的。

第一类读者可以完全只限于从理论上去了解汉语语法并了解其中引用的简单明了的例子,——这样做,对于从文学原著中,主要是长篇小说《红楼梦》中摘引出来的例子,可以不加分析,或者暂时不加分析。在这种情况下,如果同时参看后面的注解和其中指出的参考资料,就能使研究工作更为容易。

第二类读者——职业的汉学家,就必须对例子进行精密的分析;就像在王了一这本语法的中文原本中一样,引自《红楼梦》的例子都注明出于《红楼梦》第几回,以便在遭遇小小困难的时候借上下文的帮助去了解它。这一类的读者为了创造必要的远景,当然应该把在王了一这部语法中所读的章节跟相应的注解以及注解中指出的一切参考资料对照研究。只有在这个条件下,对于汉学家来说,《汉语语法纲要》俄文本的研究将会比单纯阅读中文原著有更大的收获(当然,把这书的原本跟这里的注解以及参考资料结

---

① 斯大林《马克思主义与语言学问题》第23—24页,国家出版局,1952(中译本第21—22页,人民出版社1953年。——译者)。

合起来研究将是最好的）。

　　　　　　　*　　　　　*　　　　　*

　　在本书的译文中，一切汉字的例子都照录原文，还加上了通常的俄文译音。在音译中除了连写和分写之外并广泛利用了连号"－"，例如，全部单位名词（除了"个"以外）都是用连号隔开的，至于后置词和那些表示结果与表示方向的动词性的词素也同样用了连号；这些词素在王教授和其他许多中国学者看来都是独立的词。

　　在本书里王教授有时候把一些东西古董化了，把许多双音词看作是仂语；在音译中，一般是连写起来的。

　　　　　　　　　　　　　　　　　（唐作藩译）

巴思德涅耶娃论《红楼梦》
（代序）

从前在中国，小说是被看做"卑下"的著作的，统治着正统学术界的老爷们对它采取着禁止和隐讳的态度。一直到这一世纪的20年代，小说才找到自己的研究者和历史家，这就是伟大的作家鲁迅。鲁迅在他的《中国小说史略》(1923)以及其他的一些作品里找出了中国小说的发源地，这就是庄子（纪元前4世纪到3世纪）的寓言；保存了从4世纪到6世纪的记录的民间故事；并且找出了小说的发展脉络，这就是从8世纪开始的唐宋传奇、带着音乐伴奏的弹词（从10世纪开始）和长篇小说（章回小说，从14世纪开始）。他也揭露了统治阶级之所以憎恨这一类文艺作品的原因：小说来自社会下层，并且是在民间和为了人民而形成的一种口头文学传统。这一传统的保持者和创造者——说书的人在中国一直到现在还是有的。关于说书人的材料在比较远的时代中都可以找到。

在中国，用"通俗语言"来讲说故事在纪元后10世纪便已见于著录。诗人苏东坡(1036？—1101)曾经引过和他同时代的王彭的话，说他遇到那样一些说书人的事①：

> 涂巷中小儿薄劣，其家所厌苦，辄与钱，令聚坐所说古话，至说三国事，闻刘玄德败，频蹙眉，有出涕者，闻曹操败，即喜唱快。

---

① 《鲁迅全集》第九卷第270页，1938年。

大家都知道,从 10 世纪到 13 世纪,说书人有好些家数,有的专门演说历史,有的专门演说笑谈,有的专门演说佛教故事等等。

关于 12 世纪农民起义的长篇小说《水浒传》,鲁迅写道①:

> 当时载在人口者必甚多,虽或已有种种书本,而失之简略,或多舛迕,于是又复有人起而荟萃取舍之,缀为巨帙,使较有条理,可观览,是为后来之大部《水浒传》。其缀集者,或曰罗贯中……,或曰施耐庵……,或曰施作罗编……,或曰施作罗续……

鲁迅说这部小说有六种版本,其中四种,鲁迅认为是最重要的。

这些小说最先为一些民间的无名说书人的创作,接着就吸引了那些识字的、有学问的、然而是接近人民的人们注意。他们开始记录它,并予以文学加工,但是这里面还是保持了口头文学的极其分明的痕迹,这从语言上、从作品的形式上都很容易看出来。长篇小说每一章称为一回,这就是说每一回书中包含着说书人为其听众在每一回讲说中所能介绍的那么多的内容。每一回书照例在某一情节上不作结束,而在当中打住,这一个或那一个问题,这一种或那一种场面得到如何解决,在这里还不很清楚。在故事的某一个紧张时机中,用"欲知后事如何,且听下回分解"这样的话来打住,这样就可以为长期的叙述保证住经常的听众。除去每回书用同样的方法结尾,用"话说……"开头之外,在长篇小说中还可以找到可以作为口述传统的特点的其他手段,例如当一个人物,或一群人物下场的时候,就会出现这样的交代:"这且不在话下"等等。

除去所指出的传统的手段之外,特别可以作为小说特点的是它的语言。作者无论是给口述的传统作品加工,或者是在这些基

① 《鲁迅全集》第九卷第 283 页,1938 年。

础上去创作自己的作品,都是用活的语言、用说书人用以讲说的语言去写的。他们不是脱离当代的人民语言,而是以它为基础,并加以琢磨和锻炼,创造出文学语言的。

从此以后,当许多作家不借用说书人所说的题材,而根据个人的写作构思,开始去创作自己的作品的时候,他们感觉到文学——"长篇小说、中篇小说等等——是宣传这一种或那一种思想的最通行和最成功的手段"[①]。

像《儒林外史》的作者吴敬梓(1701—1754)、《红楼梦》的作者曹雪芹(1719—1763),这些语言艺术巨匠为了要表现中世纪后期的某种主要思想——一种要揭露封建地主阶级、贵族和官僚主义的统治的思想而利用了小说这一特别有效的手段,使用了现实主义的描写现实的方法。虽然他们已经不是面对着听众,而是面对着读者,但是他们仍然承继着人民的传统,保存着严整的小说形式。他们发展并大大改善了文学语言,使它成为表达强烈的感觉、细腻的感情、高度的热情和深刻的讽刺的唯一手段。各种丰富多彩的感情,用文言文是表现不出来的。

这些作品有巨大的社会意义和高度的艺术技巧,从而为人民所喜爱,并且其中有些作品已经从作家转给说书人,开始在乡村的街道上和广场上以及城市的茶馆里讲说起来,成为口述传统中的财富,广泛地散布开。此后,这些作品在中国便和那些人民口头创作故事一样,被每个识字的或不识字的、老的和少的所熟悉。就是因为这个原故,这些长篇小说虽然离现代有好几世纪,但直到现在却仍然保持着自己的生命力,并且能够被利用为研究汉语语法结构的材料,王了一先生在其著作中就是用这种材料来进行研究的。

---

① 高尔基(М. Горький)《文学批评论文选集》(Избранные литературнокритические статьи)第 21 页,国立文学出版社。

　　这些小说不但活在读者中间,也活在听众中间,因为它们是用了跟文言截然不同的白话写成的,所以可以用听觉来接受。它们不仅使人能获得优秀文艺作品所能提供的美感,而且,同样重要的,也成为中国文学语言发展道路上的里程碑。就是这些小说,它们准备了以人民语言为基础的文学语言的对文言文的胜利。在五四运动前后,文言是被那些脱离人民、跟人民对立的拥护封建文化的人们所支持的。

　　在中国,为人民所喜爱的小说曾遭受过多少恶意的刻薄的批评家的污辱,说它们鄙俗下流,说它们把高尚的文学庸俗化了。按照那些批评家的意思,高尚的文学仅仅是少数人的财富,这些作品的语言和内容不是一般人民所能了解的。中国这些杰出的长篇小说是人民的、民主主义的文学,曾经流行过并且继续流行在口头上和文学传统中。可是,那些八股文以及八股式的文学作品,却早已被人民忘记,仅仅剩下"八股"这样一个名称,作为废话的标志。毛泽东同志在《反对党八股》那篇文章中就是在这一意义上利用了这个术语的。

　　在中世纪时期,甚至在 20 世纪初,中国的统治阶级对待长篇小说、中篇小说和短篇小说跟对待人民创作一样,是不把它们放在眼里的。有许多作品被他们查禁掉,有些干脆就被人们讳而不提。读小说被看作是一种劣点。虽然所有有文化的人差不多都读过小说,但是谁要承认这一点就算是不体面的事。

　　所以有许多小说的作者不署自己的真姓名,这件事就很容易解释了。鲁迅以及其他的作家曾经提过,一直到现在还留下了这个可争论的问题:《水浒传》这部小说是谁创作的呢? 是施耐庵还是罗贯中? 由于我们对于这两个作者的历史并不清楚,即便决定是施耐庵或罗贯中,这对小说本身的了解并不起任何作用。

　　《红楼梦》的主要作者(前八十回的作者)曹雪芹(一名"霑")

和续作人高鹗(后四十回的作者,18世纪末—19世纪初)都有传说,因此情形比较好些。

曹雪芹生长在最大的纺织手工业中心城市——江宁,他的祖父和父亲就在这里做过皇家纺织作坊的监察官(江宁织造)。当清朝的康熙皇帝到江南巡游的时候,曾经有四次住在他家里,这件事可以说明他家庭的富有。曹雪芹在奢华的生活中度过了他的童年时代,但成年之后所过的却是穷困的生活。比较详细的情形现在还搞不清楚。我们仅仅知道,当作者创作他的长篇小说的时候"贫居(北京)西郊,啜饘粥,但犹傲兀,时复纵酒赋诗"①。由此可见,一个在风流贵族世界上逗留过,并对这种世界感到厌烦和失望的人,就很有可能用亲身的体会来深刻地揭露这种罪孽放荡的生活了。

应当指出,高鹗在落第之后"闲且惫矣",也曾经怀着这样的情绪。就在这时候,他开始续写这部小说了(但以后,他接着就入翰林,做了大官)。虽然故事的结局已经被曹雪芹在第五回书中规定好了,可是看来由于两个作者不同的社会地位和不同的世界观,从而作品的意图就被高鹗违反了。

正如常见的情形一样,《红楼梦》的续作者也不署名。在他自己所写的序里和他的朋友程伟元的序里,只说被他们发行的手写本是被程伟元从一堆烂纸里发现的,这堆烂纸是从一个卖旧货的人手里买来的,然后由程伟元和高鹗把原稿加以整理和修改。这种传说是可以相信的:曹雪芹未完篇的小说,于1765年在北京问世,名为《石头记》,经过五六年后就非常出名了。但是那时却并没有付印,只是借手写本在流行着。这种手写本卖得很贵,差不多要几十两银子一部。在高鹗之后,这部小说还有好些个续本,它们

①《鲁迅全集》第九卷第387页,1938年。

是用《续红楼梦》《红楼梦补》《红楼重梦》等等这样一些书名出版的。这些续作的作者极力使主人公"团圆",这就破坏了原作者的意图。这些摹仿的小说在思想的力量上和心理分析的细致上都不能达到原作的水平。因此它们也就经不住时间的考验,结果这部小说只有曹作高续的原本能流行开来。

*　　　　*　　　　*

有一个和尚和一个道士,他们在天上人间游历的道途中找到了一块玉石,这块玉石是注定要化身为人的。

这块玉石的历史开始于远古,那时候正当叛徒共工氏破坏了大地之后,女娲已经进行她的整理大地的巨大工作了。为了修补破裂的天空,她不得不搜集许多五彩的石头,烧一个大火堆把它们炼成一片。她搜集了三万六千五百零一块石头,但是只要三万六千五百块便已经够用了,因此有一块石头便放下了没用。这块石头既然在仙人女娲手中握过,就由此通了灵性。

在石头的传记上记着:当它在警幻仙子的赤霞宫的时候,它非常喜欢一棵绛珠仙草,照料着她,经常为她洒上甜蜜的露水,而当这颗仙草注定变成一个少女的时候,她许下了一个心愿:要用自己的眼泪来报答石头所给的露水。

一对年青人的故事就像这样的开始了,带着决定了的命运投生到人间——那青年因为降生时嘴里衔了一块玉,所以名叫"宝玉",那姑娘名叫"林黛玉",天意让他们相逢。《红楼梦》这部小说的开始和它的结局(宝玉出家)贯串着佛教思想,并且掺杂着道教思想:再生、宿命论、报应说。尽管有这样的序幕和结局,并且尽管有像宝玉作梦那样几章,小说本身却是一部现实主义的作品,这跟它的作者所具有的宗教观点几乎是没有关系的。小说的内容跟它的形式上的矛盾,正是它的作者的意图跟完成这意图的手段——现实主义方向之间的矛盾的结果。

　　作者的意图在小说第五回中已经表露得非常清楚。这回书叙述宝玉在一次宴会之后，休憩在他的本家媳妇的一间收拾得非常精致的卧室里（红楼）的事。他梦游太虚幻境，并且翻阅了写着他家将来命运的书，听到《红楼梦曲》。警幻仙子为了指引这个年青人的迷误才这样做的。最后的一首诗在这一方面说得最为显著①：

　　　　为官的，家业凋零；

　　　　富贵的，金银散尽；

　　　　有恩的，死里逃生；

　　　　无情的，分明报应；

　　　　欠命的，命已还；

　　　　欠泪的，泪已尽；

　　　　冤冤相报自非轻，分离聚合皆前定。

　　　　欲知命短问前生，老来富贵也真侥幸。

　　　　看破的，遁入空门；

　　　　痴迷的，枉送了性命；

　　　　好一似食尽鸟投林，落了片白茫茫大地真干净。

宝玉在仙境里所听见的、所看见的本该能使他相信人世纷纭的徒劳无益，相信豪华浪费的危害，而这样就是他所过的生活，从而指引给他正规的道路——出家的道路。但他一点儿也没觉悟。作者企图借着警幻仙子的口，用自己信服的"真理"来说服自己的小说中的主人公。这件事当然不会成功，那么作者就不得不用自己的小说的主人公的一生来证明这一"真理"。

　　当曹雪芹把自己的人物从九霄云里引到大地上的时候，这些人物就成为有血有肉的、活生生的、具有丰富的大地色彩的形象

---

① 《红楼梦》第五回。译者按：作家出版社本第56页。

了;而那些大大小小的事件也都是由于那个时代生活的进程所自
然引起的;快乐与痛苦并不是被什么超自然的力量制约着,而是被
各种情况的总和制约着。这些情况就是家庭或社会的利益,各个
人之间的倾轧冲突,他们之间的斗争,而主要的是书中人物的意向
跟那个时代的人们行为必须遵守的道德准则和社会法规之间的
矛盾。

　　当作者交代了和尚和道士的事之后,许多普通人物便开始活
动了,从而在读者面前展开了中国一个大城市中作为贵族家庭之
一的贾家的生活。贾家居住在宁国和荣国两座巨大的府第里。这
两座府第是根据贾氏祖先的官衔而命名的。小说叙述当时宁国府
里的长辈是贾敬。他跟他的儿子珍和孙子蓉住在一起。蓉娶秦可
卿为妻。荣国府里的长辈是贾赦;他的儿子琏娶王熙凤为妻。赦
有个弟弟叫政,政所生的女儿叫元春,她后来成为一个皇妃。政所
生的儿子叫宝玉。赦和政有个妹妹嫁给林如海,生下一个女儿叫
林黛玉。林黛玉当母亲去世之后,就住到外祖母家来了。在荣、宁
两府中,除去这些基本家庭成员之外,还住着远远近近的许多亲戚
本家,如荣国府里住着美人薛宝钗以及她的母亲和哥哥,还有许多
别的人。小说中作为次等活动的人物总有好几百,列举他们是没
有必要的;但是必须指出,最切近的体己女仆是差不多跟主要人物
如贾宝玉、林黛玉、王熙凤等起着同样作用的。虽然小说中的人物
很多,但是作者不仅给他们每个人起了一个名字,而且差不多刻划
出他们每个人难忘的特征来。正如这些典型在表现上的多样性一
样,作者在心理分析上的深刻性也是十分惊人的。

　　小说里的主要优秀形象是主人公贾宝玉和林黛玉。祖母史太
君宠爱宝玉,她甚至连在他父亲处罚他的时候都保护着他;同时他
也是大家所宠爱的,他并不是一个自私自利的人,他不仅会忍受自
己的痛苦,而且能够关心地响应接近他的人们在情绪上最小的变

化,保护着在不幸中的人。跟他在一起长大的温柔虚弱的林黛玉,敏锐地感觉到周围的人的态度,认识到她是一个孤儿,她不是在跟父亲和母亲过日子,这些事情常常苦恼着她,而家中别的孩子们和他们的丫头们给她的自尊心带来的一些小小的伤害常使她深深地痛苦着。她的对宝玉的爱情开始是无意识的,继而从各方面增长起来。这种被爱情所带来的痛苦的心情一直延续着。作者是完全同情林黛玉的,他把她写成宝玉的忠实朋友和助手。她在他困难的时候能解救他。而宝钗却相反,虽然她和黛玉差不多一样美丽,可是却不像她那样诚恳,那样天真。宝钗在那样小小年纪就已经小心翼翼地考虑到自己的行为了。尽管严厉的旧礼教要把男人和女人从很小的岁数就远远地分隔开来,但是宝玉在儿童时代和青年时代包围着他的不仅有男仆,而且有女仆。男仆仅仅送他上学或者进城。所有空闲的时间,宝玉都是跟男子疏远,而在自己的姊妹和表姊妹群中度过的。这样就使他有可能说出这样的话:"女儿是水做的骨肉,男人是泥做的骨肉。我见了女儿便觉清爽,见了男子便觉浊臭逼人!"像这样的违反旧礼教的论调,在中世纪的中国是绝对不能允许的,因此常常招致他父亲的愤怒。跟大家都喜欢的宝玉相反,他的同父弟兄环是一个忌妒满怀、无才能而且惹人讨厌的人。他利用宝玉跟姑娘们的友谊来挑拨离间。环的母亲赵姨娘为了使自己的儿子得到承继地位就企图用巫术来谋害宝玉。虽然大家溺爱宝玉,姑息宝玉,却并没使他变坏;他甚至不了解环对他怀着忌妒。当环好像是无意地推翻了蜡烛台,用热油烫伤了宝玉时,宝玉后来却并没有把这个过错报告祖母去让兄弟受处罚。宝玉是这样一种单纯、真诚但却违背了父亲的教训的孩子。他所迷恋的并不是《论语》,而是诗,还有,是依照培养"好风度"的原则所不允许读的书,而他却躲在花园里去读它,这就是小说和戏剧。

小说主要题材是宝玉和黛玉的恋爱。虽说在作品开始的地方就已经预先决定了这一恋爱事件的情节及其悲剧的结果，但是他们的爱却并不是第一次见面就发生的。作者在小说的叙述过程中展示了人物的成长以及他们感情的发展。当他们的爱情生长和巩固的时候，为了显示他们的性格，作者描绘了许多情节和温柔的抒情诗一般的场面。祖母好像是帮助着他们的，最初叫黛玉就住在自己的房间里，那地方就是她钟爱的孙子宝玉曾经住过的。

　　宝玉常常在一些小事情上逗弄黛玉，然后又请求她的饶恕。林黛玉也常常找他的岔子，责备他轻浮，然后又生他的气，而自己又赌很大的气，但经常很快地又和解了。像她疑心宝玉把她赠给他的荷包送给他的小厮的事，像由于宝玉跟家中别的女孩子自由交际而引起她忌妒的场面，像当她埋葬落花的时候，宝玉企图引用《西厢记》的词句向她第一次表示爱情这样的情节。对于他们的友谊，家里的大人们都已经看惯了，他们把黛玉就看做宝玉将来的妻子，而已经十四岁的黛玉关于这方面的暗示是不能不脸红的。

　　但是祖母虽然爱孙子和外孙女儿，却仍然破坏了他们的幸福，因为她认为必须解决的是祖先主要继承者的问题，和将来继承者的健康问题，所以她摒弃了温柔但却虚弱的林黛玉，从而企图把宝玉的注意转移到另一个美人薛宝钗身上去。但是更主要的原因是薛宝钗家里很富有，而林黛玉却是一个无家的人。然而不管家里怎样地去努力遮掩结婚的准备，黛玉终于知道了一切，并且由于绝望，便在那一个隆重的日子的早晨死去了。宝玉感到幸福，满以为去和他亲爱的黛玉举行婚礼，但是当揭开自己年青妻子盖头的红巾时候，他才知道这里不是黛玉，而是宝钗，从而才揭穿了这个偷换的骗局。由于痛苦，他病了，而后来终于出了家。有一次，在一个落雪的夜晚，宝玉的父亲政旅行在外，当船泊到某一个埠头时，看见那里有一个光头赤脚的和尚，披着红色的袈裟，向他鞠了一躬。当他认出来这个和尚就是宝玉时，他希望走近他的儿子并且跟他说话,但是有两个出家人(一个和尚、一个道士)很快地就把宝玉带走了。

可爱的孩子们的幸福就这样给自己的亲人们破坏了。温柔美丽的林黛玉,她的花朵一般的生命就这样地被吃人的旧礼教冷酷地断送了。由于这种旧礼教才使年青人从亲切的家庭里走出去。可知此后这个家庭的破落与腐朽并不是决定于什么超自然的原因,而是决定于人间的(大地的)原因的。皇妃元春死了之后,这个家庭就失去了最高的庇护者。贾赦由于勾结其他地区的官僚,倚仗势力,欺压人民,因而被革职并抄没家产。荣国这一家的破产,也影响了他的本家宁国。这样就接近于《红楼梦曲》中所预言的结果了。

但是《红楼梦》的续作者高鹗却不能够掌握小说原来的构思。这里表现出了旧中国所常见的佛教信仰、道教信仰和儒教以及被儒教定为成规的崇拜祖先之间的矛盾。佛教要求"众鸟飞散",要求"大地空虚干净",而祖先崇拜则要求每个人留下自己的宗族继承者;此外,显贵的家庭不能够让它降落到"老百姓"的地位,应该保留它的贵族等级。因为宝玉的伯伯既然已经失去了继承祖宗官衔的权利,所以宗族中年青的代表者,就应该中举及第,以恢复这个贵族家庭的权力,恢复它在封建社会中的特权——在官僚机关中任职,并"括地皮"。在高鹗续写的最后部分,反映了佛教信仰和旧礼教的要求、贵族光荣之间的矛盾。

于是宝玉在出家以前,便来改善有害于宗族的做法,执行自己的义务:跟被强加于自己而自己却不喜欢的妻子宝钗同居,留下了自己的后代——宗族继承者;他积极准备考试,并且考中了,从而保持了他的宗族的贵族地位。佛教的禁欲主义和儒教基础——宗族继承这两个水火不相容的东西在这里被折衷地结合起来了。按照宗法制度的意见,这个家庭已经达到了它的目的:虽说宝玉出家了,黛玉死了,但这个关于个性方面的悲剧是不能够动摇家庭与国家的基础的。个性方面的叛逆是消极的。作者不能够贯彻他自己的宗教的意见。在小说的结局,他反驳了自己的学说;他把自己的主人公从大地上取走以前,让人类继续干那些罪孽深重、荼毒生灵的事情。作者在自己的小说中描写了贵族阶层和"下贱"阶层中间的被礼教的严峻的道德准则所戕害的青年们和少女们不是偶然的。他们不择手段地实行自杀:上吊、投水、吞金、投井等,其中许多人是由于痛苦和受辱而死,这就是要求绝对服从的严厉家法所产生的结果。全部小说里贯串着生活的精致、供奉的繁华和主人公命运的悲剧之间的矛盾。专制家庭不客气地干涉他每一个成员的私生活,从而决定了小说中主要人物的悲剧。作者的揭露所证明的不是宗教的正确性,而是中古的普通人家或特权家庭里对于人性的蹂躏。

作者不但描写了这个贵族大家庭的生活、习惯、对男女的教育,他们的深刻的亲身感受,他们的纯洁的玩笑,家中长辈的升官与降职,而且揭露了生活的另一方面——这一家庭中每一个人格的屈辱:无数的男仆、女仆和家庭成员,服从着一个最高权威——祖母史太君,和她的意志表示者、荣国府的管家王熙凤。

王熙凤是一个年轻女人,她一手掌握着这个家族的庞大家务,乃是中古时期贵族管家婆的典型,又是做生意人的典型。使唤一个仆人去工作,这个仆人如果来晚了一点,那么叫人打他二十棍,在她是不算什么的。她仗着自己家族的势力和广泛的交际,通过一个冒名顶替的人,用一封普通介绍信就能获得一大笔贿赂。贾家的那些贫穷的亲戚本家知道得很清楚,如果不给王熙凤送珍贵的礼物,是不能得到工作的。她对于放高利贷也是很感兴趣的。她通过自己的女仆平儿专干种种黑暗勾当。但是在她丈夫和家庭成员的面前,她却带着假面具。她还常常诉苦,说她这样年轻,这样没有经验,却交给她这样负责的事务——荣国府和宁国府的家务,而负担这种责任,她的力量是不够的,但同时她却来得及监视着她的轻佻的丈夫,不让他讨小老婆,她的贴身的女仆平儿帮助她,灵巧地转移了她丈夫对家中漂亮女仆的注意。但是关于这件事,她并不是完全成功的,因为她丈夫利用一切可能在自己家里干私通勾当,而她的代表者平儿由于受到好报酬,就把她丈夫跟一个嗜酒的厨子的漂亮老婆私通的事隐瞒了。王熙凤本人的行为也不是无可责难的,当她丈夫不在家的时候,她允许了一个教师的儿子对她吐露自己的爱情,这个教师是他们的穷苦本家,她听了这个教师儿子关于爱情的倾诉,甚至约了他去幽会,但是这个奸险的女人把这个年青人的爱情仅仅当作一件玩笑取乐的事;她使他整整冻了两夜,又派她的轻浮的本家浇了他一头脏东西,并且抢走了他的巨额期票,以致使他送命。

这不过是小说里许多小悲剧中的一个。这些悲剧是作者用来证明情欲,首先是痴恋,是人间的罪孽。但是尽管从宗教的观点看来,一切情欲根本都是有害的,可是在小说里,作者却把宝玉和黛玉的诗意的青春的爱跟家里其他许多人堕落的淫乱勾当截然区别开来。

两府中无数美丽的少女,她们不仅用劳动力去服务,而且还要供自己的主人玩弄;关于这件事,那些小厮们也不落在自己主人的后面,并且主人也不以为可耻。照顾宝玉的丫头袭人当然也不敢反对自己主人的放纵,因为"老祖母把她给了他了"。甚至那些尼姑也是供玩弄之用的。但是她们会有些什么结果呢——像智能儿那样,是从庵里赶出去了呢,还是自杀了呢? 对于这些问题,那些高高在上的人是谁也不感兴趣的。

作者特别用力地刻划出薛蟠这样一种公子哥儿的代表来。他跟那些少女们——宝玉的女朋友们不一样,她们会写即兴诗,会作谜语,也善于猜别人作的谜语;他跟宝玉和黛玉也不一样,他们会用庄子的风格在这位哲学家的著作里面抒写自己的感想;他跟他自己的受过教育而且伶俐的妹妹宝钗也不一样,薛蟠是个目不识丁的人,连一个有名的艺术家的名字他都记不住,他只跟像他那一类的少爷们在一起纵酒作乐,挥霍浪费,把时间全部花费在游玩、宴会、赌博、嫖妓上,浪费着祖先所聚集的财产。为了一分钟的不正当的要求,为了他所喜欢的漂亮姑娘,他会大发雷霆,命自己的仆人打死人。他可以肆无忌惮地横行霸道,因为他有有势力的亲戚可以庇护他为非作歹,而诌媚的法官不仅不使他受刑罚,而且甚至不敢打扰他,把他传来审讯杀死没落地主的案子,仅仅判给了死者的亲人一点埋葬费,就算了事。

作者并不把贾家成员的形象局限在统治阶级的正面形象和反面形象中。他表现了两府仆人肖像的整个画廊。他工巧地、细致地描绘了那些女仆,譬如王熙凤的体己人,小心谨慎的平儿;温柔恭顺的袭人,袭人虽然轻视她自己的奴隶地位,但同时却不希望离开宝玉以脱离奴隶地位而回到自己的家。小说也表现了仆人的等级制度,以及他们中间所存在的升等级的思想。譬如有个老仆人的女儿,名叫小红,她是一个做粗活的姑娘,可是她却努力使自己能升入少爷的屋了去工作,或者,至少使少爷的亲戚能喜欢她。但是那些照顾宝玉的女仆们带着醋意监视着这个丫头,不让她们的主人看见她,不让她擅自给他倒茶。

小说里也表现了一些已退职的养尊处优的老仆人,比如以前的奶娘赵嬷嬷,她把自己以前的被养育者当做一个门格,为自己的儿子安插一个职位;又如宝玉的奶娘李嬷嬷,她到自己的被养育者宝玉那里去收拾些残羹余饭,并且发脾气,在他那些愉快而轻浮的女仆身上出气。有趣的是在这些老仆人中有一个名叫焦大的,从前是一个兵士,是已经逝世的一个祖先的战友。他曾经把自己半

死的主人背在背上，从一场战斗中救出来，从而多少年来他利用着
自己的特权地位，躲避着工作，并且经常喝酒，一直喝到沉醉，然后
骂所有的仆人，并且连年轻的主人们也一齐骂进去。当然，他虽有
特殊功劳，仍然难免于被鞭打。

　　在这个贵族的府第里，还住着许多男女食客，他们都是穷苦的
本家。也有大官的小同僚，为了想得到老爷口袋里的施舍物而来
认本家的。所有那些远远近近的亲戚本家，如蝇逐蜜，都飞到显贵
的财主本家宁国府和荣国府来。他们有的得到几两银子，便满意
地回家；有的得到一封介绍信，从而获得某一种职务，有的就安置
在府里管香料或者作花园的监工等等。当家里有事的时候，譬如
像埋葬秦可卿的悲剧事件，或者像家中有谁做生日的快乐事件，或
者遇到什么节日如过新年，用钱是无数的。但是所有这些浪费的
例子都远不及皇妃元春得到皇帝的允许而回家省亲那一次的开
销。元春回娘家，仅仅为了这一天就花费了不下于五万两银子，这
个数字在中古中国是很难置信的。拆毁许多墙和住宅以建筑牌
坊、亭榭、殿宇、游廊，一直延伸了三里半路，并且定制和购买了许
多珠帘绣幕、古瓷器和手工雕刻的艺术品，单说家具一项就有一千
二百件之多。环绕着这些建筑物有人造的山丘、溪港和池塘，这里
可以划船。周围种满了许多美丽的树、竹子和奇花异卉。在园的
一角，还有一个小小村庄，带着田畴，可以过"朴素"的农民生活。
从很远的城市里买来了十二个女孩子，并且为她们请了专门的教
习，他们为那些隆重的日子准备了十几出精选的戏曲。园里还有
一庙一寺，各有十二个尼姑，这是为了发生像元春祭祷那些事情用
的。这一次的接驾如此奢华富丽，连住惯了富丽的皇宫的元春都
一再说，这种过分的阔气，下一次是不应当再有的。为元春建筑的
这个园子，被称为大观园。这个园子假如她不请求皇帝允许她的
兄弟姊妹居住的话，那么在下一年她回家以前，是应当一直关

闭的。

　　关于贾家的生活方式和家务,作者已经在这部小说起头的地方,在第二回书中,引用了一个来自京城的古董商人对他的熟人叙述荣国府的情形的话指责过了。商人说:"如今虽说不像先年那样兴盛,较之平常仕宦人家,到底气象不同。如今人口日多,事务日盛,主仆上下都是安富尊荣,运筹谋画的竟无一个。那日用排场又不能将就省俭。如今外面的架子虽没很倒,内囊却也尽上来了。"①

　　这个商人又批评了统治阶级的并不高尚的道德,说:"如今养的儿孙竟一代不如一代了!""宁公死后,……只剩了一个次子贾敬,袭了官,如今一味好道,只爱烧丹炼汞,别事一概不管。幸而早年留下一个儿子,名唤贾珍,……把官倒让他袭了……这珍爷那里干正事? 只一味高乐不了!"

　　照他说来,那荣国府也不见得高明。老一辈中的贾赦游手好闲,只是他的兄弟政"自幼酷喜读书,为人端方正直"。他又批评政的儿子宝玉说,这人才干恶劣,从小就可以看出来。当他周岁时,他父亲按照习惯把许多东西摆在他面前让他抓,他却只抓了那些脂粉钗环,使他父亲非常悲伤,说他将来不过是个"酒色之徒"②。

　　书中除了贯彻着作者关于宿命论,关于不信佛教者注定有恶报的思想外,还有一种对像荣、宁二府中那些无能力管家的人的斥责的思想,小说里显示着每一个家庭成员都去纵欲,都想在奢侈上超过别人,却不关心使收支相符。必须指出,如果第一种思想——关于奢侈是造孽的思想只表现在小说的个别场合,那么第二种思

────────────────

　　① 《红楼梦》第二回第16页。
　　② 《红楼梦》第二回第17页。

想——关于过着挥霍浪费的腐朽生活的人们必遭破产的思想，在对各种借口之下所举行的大小节庆、宴会、演戏（连祖母也跟别的人一样是个大戏迷）的描写中则有着系统的表现。比起第一种思想来，第二种思想被作者证明得更令人信服。并且如果宝玉并没有了解像"梦"所显示的悔悟的必要性，那么就只有宝玉才明白他的宗族在走向衰败。关于这些事秦可卿也作了预告，她在死后给王熙凤托梦说，必须划出一部分田地给祠堂，为了当宗族衰败的时候不断绝祖先的祭祀。由于小说的作者生长在纺织工业的巨大中心——江宁，并且由于他的父亲能和作坊的头目人物及纺织行业内有势力的上层分子交游，所以作者能借那个商人的嘴揭露了贵族的奢侈与腐朽，最主要的是作者批评的内容本身。所有这些使我们可以做出这样的总结，作者所表现的是：跟其他的市民阶层和农民一起，构成当时无权利的第三等级的观点。

　旧中国的文艺批评家和考证家并不去钻研中国文学遗产的方法问题。关于《红楼梦》研究，一直到我们世纪的 20 年代，其中主要目的仅仅在于考证曹雪芹在他的小说里写的是谁的历史——是顺治皇帝和他的情人董鄂妃的故事，或者是满洲诗人纳兰成德家里的故事，或是描写反对清朝统治而斗争的人们的故事，或者是作者的自传。还有许多考证去找小说写的大观园究竟在什么地方。只有鲁迅在他的《中国小说史略》中说明了这部小说的现实主义性质，以及最近冯雪峰，中国的文学批评家和作家，在答复《文艺报》读者的问题时，首先开始了中国文学史上的现实主义和浪漫主义问题的发掘，介绍了《红楼梦》的风格，说它是"写实主义和浪漫主义结合在一起的"，而其作者应归于"封建时代的古典现实主义者"的一类①。

---

　①　《文艺报》第六十七期，1952 年第十四号，第 25—26 页。

　　最伟大的艺术家——中国的文学家曹雪芹创造了一部伟大的现实主义的作品,真实地再现了他的时代的现实生活情况。他表现了统治阶级最主要的代表者在经济上、政治上和道德上的腐败,以及当时中国封建家庭的内部矛盾。作者在自己的作品中表露出了关于大地的罪恶和佛教的观念,表露了关于高门望族一败涂地似乎是由于离经叛道所引起的观念,但是作者终于刻画出专制家庭逼人寻死的残酷图画,刻画出统治阶级奢侈浪费必遭崩溃的图画,而作者的那种观念在与他所展开的那些画面比照之下显得多么苍白无力啊。在《红楼梦》中所表现出来的作者的观点和他的作品的现实主义之间的矛盾,跟列宁所指出的托尔斯泰作品中所存在的矛盾是非常相似的。

　　《红楼梦》作者所具有的矛盾,是与社会主义现实主义以前世界各国的现实主义文艺巨匠所具有的矛盾相同的,但这并不能降低他的小说给读者所带来的知识的及艺术的价值,因为在他的小说里现实地反映了当时充满了矛盾的现实生活。作者在表现“下等人”反抗封建社会的压迫这一点上是站在民主主义的立场上的。除此之外,他的民主主义立场还表现在作品的语言里,因为他的作品是面对人民,使用人民的语言的。从而这部作品成为一座中国古典文学语言最优秀的纪念碑。

　　　　　　　(邢公畹译,译文曾载《人民文学》1955 年 6 月号)

导　言

　　语法，就是一个民族的语言结构方式；汉语语法，就是汉民族的语言结构方式。明白了这一个定义，咱们就应该了解三件事：第一，语法里只有习惯，没有天经地义；第二，语法是说明某一民族的语言习惯的，不是创立文章的法则的；第三，每一民族自有它个别的语法，咱们不能说甲民族的语法比乙民族的语法更好或更合理。

　　明白了上述的三件事，咱们研究汉语语法的时候，就应该有下列的三戒：

　　第一，勿以逻辑和语法相混。普通人所认为不合逻辑的句子，不一定就是不合语法的句子，例如《红楼梦》第五十一回："众位姑娘都不是结实身子。"依逻辑该是："众位姑娘都不是具有结实身子的人。"又如《红楼梦》第二十一回："怎么我的心就和奶奶一样。"依逻辑该是："怎么我的心就和奶奶的心一样。"但是，若依汉语习惯说，第二例的两种说法都是通的；至于第一例的两种说法，倒反是后者显得生硬不顺口了。从前西洋的语法学家以为语法就是逻辑的表现，所以有些人希望把某一种语言结构方式定为模范语法；但是，这种谬误的见解已经被现代语言学所排斥，咱们不该再认为真理了。不过，现在有许多中学语文教员所认为不合文法（他们所谓文法就是我们所谓语法）的句子，其实只是不合逻辑的句子，例如某学生作文卷子里说："国家之是否能继续其数千年之生命，这是我们学生的责任。"这句话在逻辑上显然讲不通，然而它的毛病只是由于说话人的思路不清，并不是他违反了语法。这一种句子叫做判断句（见下文第十二章），在现代汉语语法里，判断句须具备：(一)主语,(二)系词("是"字),(三)表语,而且主语在前,系词居中,表语在后。具备这些要素而又合于这种次序的就算合于现代汉语语法,至于主语和表语的关系是否恰当,那是逻辑上的问题,不是语法上的问题。

　　第二,勿以为语法能使文章做得好。前辈把 grammar 译为"文法",很容易令人误会,以为文法是创立文章的法则的。其实现代语言学里的 grammar 只是对于某一民族的语言事实加以分析,并不怎样着重在矫正坏习惯,更不会企图改善语言。至于怎样使话说得漂亮或文章做得好,那是修辞学的事,也和语法无关。近年来有些朋友知道我在研究现代汉语语法,他们往往恭维我说："好极了! 中国自有新文学以来,至今文章还是毫无准则的,希望你来定出一个规矩。"我答复他们说："惭愧得很! 语法却不会有这种功效。"若拿医学来做譬喻,语法好比解剖学,逻辑好比卫生学,修辞好比美容术。咱们虽不能说解剖学和卫生、美容完全不生关系,然而咱们究竟不该把解剖和卫生或美容混为一谈。尤其是修辞学,必须和语法分别清楚。修辞学属于艺术的部门,语法学属于科学的部门。语法学家只把语言当做一种动物来解剖,并不把它当做一瓶鲜花来欣赏。

　　第三,勿以西洋语法来做汉语语法的标准。上面说过,语法学家把语言当做一种动物来解剖,但是,解剖一只青蛙的结果和解剖一只鸽子的结果绝对不会相同;同理,分析甲民族的语法的结果和分析乙民族的语法的结果也绝对不该相同。从前中国谈文法的人的最大错误就是把西洋语法看做汉语语法的范模,以为只消把西洋语法套在汉语上面就行了,甚至于拿是否合于西洋语法来批评一部汉语语法书的好坏。又因中国人研究文法的往往只知道拿现代英语来范围汉语语法,法、德等语更像汉语语法的地方不曾被他们见到,更无论拉丁、希腊和梵文了,例如杨树达先生批评《马氏文通》的错误,以为"马氏不明省略,但据类例之多少,以关系内动字与转语之间无介字者为常,有介字者为变,不合于理论"。必须认为省去"于"字,因为依理应该如此解释。他所谓"理"是根据什么? 原来根据的是英语语法! 他不知道德语里在某一些情形之下并不需要这"理论",拉丁、希腊和梵文里更不需要这"理论"。从前因为语言学在中国没有人研究,所以大家只知道拿英语来和汉语相比较;现在我们知道,西洋各国的语法既不相同,西洋古今的语法也不相同,西洋和东方的语法更不能勉强使它们相同。眼光放宽了之后,我们就明白:在语法上无所谓"理",只有"事实"。谁能把某民族的语言事实分析得最详尽,又能把它和其他民族的语言事实不同之处叙述得最透彻,谁就是最高明的语法学家。由此看来,一部好的汉语语法的好处正在于它和西洋语法有许多不同的地方。当然,在本来相同的地方,我们不应该标新立异;但是,本来不相同的地方,我们尤其不应该强以为同。这异同的判断是否正确,就得看我们对于语言学的修养。

咱们如果能遵守上面所说的第一戒,就不至于误会了语法的领域;如果能遵守第二戒,就不至于误会了语法的功用;如果能遵守第三戒,就不至于误会了汉语语法学。明白了这三戒的道理,再读我们这一部《汉语语法纲要》,就不会有那些不应有的疑惑了。

第一章　语音^①

汉语的普通话里,共有八个元音,二十二个辅音,如下:

八个元音:

　　i u ü a o ə e ï

二十二个辅音:

　　p　　p'　　m　　f

　　t　　t'　　n　　l

　　k　　k'　　ng　　h

　　tc　　tc'　　c

　　ch　　ch'　　sh　　r

　　ts　　ts'　　s

有些元音可以单独成字^②,例如:

　　i 衣　　　　u 乌　　　　ü 迂

有些字,是一个主要元音后面跟着一个次要元音,例如:

　　ai 哀　　　(ei)　　　　au 坳　　　ou 欧

有些字,是一个元音后面跟着一个辅音,例如:

　　an 安　　　ən 恩　　　in 音　　　ün 氲

　　ang 腌　　　ing 英　　　ər 儿

如果主要元音是 a、o、e 或 ə,无论后面是否跟着次要元音或辅音,它们的前面都有再加 i、u 或 ü 的可能,例如:

　　ia 鸦　　　ua 蛙　　　uo 窝　　　üe 约

　　uai 歪　　　uei 威　　　iau 腰　　　iou 忧

　　ian 烟　　　uan 湾　　　üan 冤　　　uən 温

iang 央　　uang 汪　　　uəng 翁

以上各音,无论简单或复杂,前面都还有加上一个辅音的可能,例如:

p'i 批	mi 眯	ti 低	t'i 梯	tɕi 基	ɕi 西
pu 逋	p'u 铺	tu 都	t'u 秃	chu 朱	shu 疏
tɕü 拘	tɕ'ü 区	cü 虚			
pa 巴	fa 发	ma 妈	kua 瓜	shua 刷	ɕia 虾
po 波	p'o 坡	tuo 多	kuo 锅	chuo 桌	ts'uo 磋
pie 鳖	p'ie 瞥	tɕie 皆	tɕ'ie 切	ɕie 些	tɕ'üe 缺
cüe 靴					
kə 歌	k'ə 科	hə 喝	chə 遮	ch'ə 车	shə 奢
chï 知	ch'ï 痴	shï 诗	tsï 资	ts'ï 雌	sï 思
pai 掰	tai 呆	kai 该	k'ai 开	chai 斋	ch'ai 钗
shai 筛	tsai 灾	ts'ai 猜	sai 腮	kuai 乖	shuai 衰
pei 卑	fei 飞	kuei 归	k'uei 亏	huei 辉	chuei 追
ch'uei 吹	ts'uei 催	suei 绥			
pau 包	p'au 抛	mau 猫	tau 刀	t'au 滔	kau 高
k'au 尻	hau 蒿	tɕiau 骄	ɕiau 萧		
tou 兜	t'ou 偷	kou 钩	chou 周	ch'ou 抽	shou 收
tsou 邹	sou 搜	tɕiou 鸠	tɕ'iou 秋	ɕiou 羞	
pan 班	fan 翻	tan 单	kan 干	chan 毡	shan 山
ts'an 餐	san 三	tɕian 间	ɕian 先	pian 边	t'ian 天
tuan 端	kuan 关	huan 欢	chuan 专	ch'uan 穿	tsuan 钻
suan 酸	tɕüan 捐	tɕ'üan 圈	cüan 宣		
pən 奔	fən 分	kən 根	chən 真	shən 身	sən 森
k'uən 昆	huən 昏③				
pin 宾	tɕin 斤	tɕ'in 亲	ɕin 新		

chun 谆　　ch'un 春　tsun 尊　　ts'un 村　　sun 孙

tcün 军　　tc'ün 逡　cün 熏

pang 帮　　fang 方　　tang 当

t'ang 汤　　kang 刚　　k'ang 康　　chang 张　　ch'ang 昌　　shang 商

tsang 臧　　ts'ang 苍　sang 桑　　tciang 将　　tc'iang 枪　　ciang 香

kuang 光　　k'uang 匡　huang 荒　　chuang 庄　　ch'uang 窗　　shuang 双

təng 登　　kəng 耕　　k'əng 坑　　həng 亨　　chəng 征　　ch'əng 称

shəng 声　　rəng 扔　　tsəng 增　　səng 僧　　fəng 风

ping 兵　　ting 丁　　t'ing 厅　　ling 拎　　tcing 经　　tc'ing 轻

cing 星

tung 东　　t'ung 通　　kung 公　　k'ung 空　　hung 烘　　chung 中

ch'ung 充　tsung 宗　　ts'ung 聪　　sung 松　　tciung 坰　　ciung 兄

每一个音都有分为四个声调的可能,就是阴平声、阳平声、上声和去声④。现在以 1 表示阴平,以 2 表示阳平,以 3 表示上声,以 4 表示去声,举例如下:

i^1 衣　　　i^2 移　　　i^3 椅　　　i^4 意

$ü^1$ 迁　　　$ü^2$ 鱼　　　$ü^3$ 语　　　$ü^4$ 御

in^1 因　　　in^2 银　　　in^3 引　　　in^4 印

ing^1 英　　ing^2 盈　　ing^3 影　　ing^4 应

$(ər^1)$　　　$ər^2$ 儿　　$ər^3$ 耳　　$ər^4$ 二

uei^1 威　　uei^2 为　　uei^3 委　　uei^4 畏

ian^1 烟　　ian^2 延　　ian^3 偃　　ian^4 燕

$uang^1$ 汪　$uang^2$ 王　$uang^3$ 往　$uang^4$ 旺

tu^1 都　　　tu^2 毒　　　tu^3 赌　　　tu^4 杜

$hə^1$ 喝　　　$hə^2$ 河　　　$(hə^3)$　　　$hə^4$ 贺

$tsai^1$ 灾　　$(tsai^2)$　　$tsai^3$ 宰　　$tsai^4$ 再

fei^1 飞　　fei^2 肥　　fei^3 匪　　fei^4 费

lau¹ 捞	lau² 劳	lau³ 老	lau⁴ 涝
(ran¹)	ran² 然	ran³ 染	(ran⁴)
nian¹ 蔫	nian² 年	nian³ 捻	nian⁴ 念
(lian¹)	lian² 连	lian³ 脸	lian⁴ 练

连声——两个字连起来念的时候,上一个字的声调和单念的时候不一定相同。就普通话而论,最显著的声调变化就是上声字和另一上声字相连的时候,第一个上声字变为阳平声⑤,例如:

好马(念成"豪马")　　美女(念成"梅女")

土产(念成"图产")　　请你(念成"情你")

老李(念成"劳李")　　冷水(念成"楞水")

有礼(念成"油礼")　　领款(念成"灵款")

起火(念成"骑火")　　厂长(念成"场长")

轻声——除了四种声调以外,还有一种轻声。当一个字被念轻声的时候,它的声音比较地短弱,像是轻轻地带过去似的⑥。最常见的轻声字有下列的几种:

1."儿"字和"子"字,当它们被用为名词记号的时候⑦〔1〕,例如:

梨儿　栗子　馅儿　皮子

2."了"字和"着"字,当它们被用为动词记号的时候,例如:

做了官　吃了饭　瞧着办　闹着玩儿

3."的"字,当它被用为修饰品的记号的时候,例如:

我的书　红的花　青年的生活

---

〔1〕　编者注:文集本据龙果夫注(以下简称"龙注")删"儿"字及后文"梨儿、馅儿"两例。

4. "呢、吗、罢、啦"等字,当它们被用为语气词的时候,例如:

还说呢!　怎么办呢?　你不去吗?　你回去罢!

他来啦。　别提啦。

5. "么"字,当它被用为副词记号的时候,例如:

这么大年纪。　　那么不害臊。

怎么能不理她呢?　有多么难看!

6. "们"字,当它被用为复数记号的时候,例如:

我们　你们　他们　太太们　姐妹们

7. 两个字合成一个词,第二个字往往念轻声,例如:

葡萄　枇杷　萝卜　石榴　馒头

胡同　先生　衣裳　窗户　暖和

注意:当两个上声字相连的时候,如果下字变了轻声,上字就不再变为阳平,例如:

椅子(念像"以字",不念成"移紫")

姐姐(念像"解借",不念成"杰解")

注释:

① 汉语语音学的传统把汉语音节看成首先由声母(包括零声母)和韵母(不论它的成分如何)这两部分组成,比如,○/i、t/a、m/ai、k/uan。在韵母是由不成音节的元音 i、u、ü 开头的时候,韵母又被解释为由两个成分——不成音节的元音和其余成分组成的。因此,汉语的音节可以是下列四种类型的一种:开口的、齐齿的、合口的和撮口的*。比如:

*译者注:照俄文直译为汉语是"单纯的、软化的、圆唇化的和软化圆唇的"。

1	S/an	S/u/an	3
2	S/i/an	S/ü/an	4

对汉语语音学有兴趣的读者可以在俄国和苏联的学者的著作中获得很多有用的知识,无论对于汉语的描写语音学和历史语音学这些学者都非常重视。这里介绍这个领域中最重要的著作。

一、描写语音学
I　北京方言

1. 首先我们提出 19 世纪俄国卓越的汉学家 Н.Я.毕丘林（Бичурин，Иакинфа）的著作，还在 1839 年，在他的《汉语语法》（Китайский грамматика）的《附录》中他写了《论汉语语音结构中的字母的发音》，他所谓语音是指音节，而所谓字母就是音节中的辅音和元音。

2. П.П.史密特（Шмидт）的《汉语研究中的语言学导论》（Лингвистическое введение в изучение китайского языка），这是他的《官话语法探索》一书的第一部分，海参崴，第一版，1902，第 82—105 页，给了汉语语音以简明的描写，并引出了包括 Н.Я.毕丘林的译音音标在内的各种译音音标的比较一览表。

3. К.弗别尔（Вебер）、А.伊凡诺夫（Иванов）、В.科特维奇（Котвич）和 А.卢德涅夫（Руднев）的《关于汉字的俄语译音音标问题》（К вопросу о русской транскрипции китайских иероглифов），《俄国考古学协会东方研究部学报》（ЗВОИРАО）XVIII，1908，第 74—95 页，——这是一篇短文章，叙述了在俄语表音学的基础上建立的科学的汉语译音音标的尝试。

4. В.М.阿列克塞也夫（Алексеев）的《北京方言语音考察的一些结果（1906—1909）》（Результаты фонетических наблюдений над пекинским диалектом〔1906—1909〕），《皇家科学院通报》，1910，第 935—942 页，这是一篇短短的然而很重要的文章，开始用实验语音学的方法来研究汉语语音。

5. А.И.伊凡诺夫（Иванов）和 Е.Д.波里凡诺夫（Поливанов）的《汉语语法》（Грамматика китайского языка），莫斯科，1930，《语音学》部分，第 145—198 页，对汉语的辅音和元音乃至汉语音节的结构都有详细的描写。

6. В.С.科罗科罗夫（Колоколов）照表音系统编排的《汉俄简略辞典》，莫斯科，1935。从语音方面来说，这部辞典之所以有趣，是因为除了采用通用的译音音标外，还采用了新的更为接近真实发音的译音音标；科罗科罗夫教授的译音音标的主要价值在于他忠实地保存了开首辅音的两种"软音"形式 дьоу^3（九）和 дзёу^3（酒）的区别，这是其他华俄词典所没有的。

II　甘肃省方言

1. А.А.和 Е.Н.龙果夫（Драгунов）的《东干语》（Дунганский язык），《苏联科学院东方学研究所学报》，卷六，第 117—131 页。文章内有简短的同北京方言比较的甘肃东干语的语音描写。着重说明了它的"声调"和重音的相互关系。

2. Е.Д.波里凡诺夫的《东干语甘肃方言的语音系统》（Фонологическая система ганьсуйского наречия дунганского языка）；还有《东干语的乐调的音节重音或"声调"》（Музыкальное слогоударение или《тоны》дунганского языка），见《东干语的正字法问题》（Вопросы орфографии дунганского языка）文集，伏龙芝，1937，第30—40、41—58页。

3. Ю.杨尚兴（Яншансин）的《东干语的声调和重音》（Тоны и ударения в дунганском языка，用东干语写的），伏龙芝，1940。书中引证了甘肃东干语声调的实验研究的结果。

Ⅲ　陕西省方言

1. В.奇布金（Цибузгин）和 А.施玛科夫（Шмаков）的《关于斜米区域内彼施别克斯基县的东干村落生活的评述》（Заметки о жизни дунган селения каракунуз Пишпеского уезда Семипалатинской области），参看《俄国地理学会通报西西伯利亚部斜米分部学报》（Записки Семипалатинского подотдела Западно-Сибирского отдела ИРГО），斜米第四卷，1909。从语音方面看，文章的价值在于它首先采用了俄文字母来给陕西方言译音。

Ⅳ　中部方言

1. А.А.和 Е.Н.龙果夫的《湘潭和湘乡（湖南）方言》（Диалекты Сянтань и Сянсян），《苏联科学院通报》人文科学部分，1932，第239—269页。文章中有华中极重要的一些方言的语音描写。后来这些方言以湘方言的名义进入了资料性和教学用的参考文献。

二、历史语音学

1. П.П.史密特的《汉语研究中的语言学导论》（在《官话语法探索》一书内），海参崴，1902；这一部分和这一整部语法一样，包含有许多有趣而且重要的汉语历史语音学的观念（特别要参看后面第二章注③[1]）。

2. А.А.龙果夫的《八思巴文和元代官话》（Памятники квадратного письма и древнемандаринский язык），《苏联科学院通报》人文科学部分，1930，第627—647、775—797页；还有《波斯语注音的古代官话》（Древнемандаринский язык в персидской транскрипции），同上，1931，第359—375页。这都是叙述元代汉语语音系统的著作。

② 术语"字"，参看第三章注①。这里对于每个字都列有：1）王了一这

---

〔1〕 编者注：似当为"注②"。

本书采用的拉丁字母译音;2)俄语实用译音;3)汉字;4)最简捷的俄译。与原著不同,为了读者的方便,这里对每个字附上说明:它在这个意义上是能够单独使用的独立的词或者只是词的一部分,——遇到后种情形,就把译文放在圆括弧里。记号〔лит.〕表明该字属于文言,而不是语体 * 。

　　* 译者注:以第 40 页四个字为例,俄译本是:

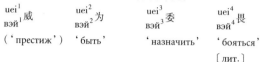

$$uei^1 \text{ вэй}^1 \text{ 威} \quad uei^2 \text{ вэй}^2 \text{ 为} \quad uei^3 \text{ вэй}^3 \text{ 委} \quad uei^4 \text{ вэй}^4 \text{ 畏}$$

('престиж') 'быть' 'назначить' 'бояться'
〔лит.〕

　　第 38—40 页("儿"字例外)的例子是作者从许多念高平调的音节中挑选出来的,就是所谓第一声。关于声调参看第 40 页和注④。

　　③ "昆"字和"昏"字的注音 k'uən 和 huən 未必有道理,除了开头的辅音而外,它们同后面的音节 ch'un、sun 等并没有区别。

　　④ 这可以图示为:˙i、ˇi、ˇi(在声调低降部分最强)、˺i。北京方言就是这样的情形。在别的方言里这些声调的音值(фонетичская реализация тонов)是另外一个样子,但不妨碍互相了解;那是因为词根声调分配中表现出来的声调系统在所有的汉语方言里大致是一样的。

　　⑤ 这可以图示为:ˇxao+˙ma ——➔ˊxaoˇma(好马)。至于单独发音时发第三声的字处在发第一、二、四声的字之前的时候,在北京方言里那个第三声就要念低平调,例如可以图示为:ˇвo+˺шо ——➔˲вo˺шо(我说)。

　　⑥ "轻"(或"弱化")声见于完全无重音的音节中。它首先是所有虚词的特征,它构成虚词的形式标志之一(王了一的第 1—6 项)。此外,"轻"声在某个双音节的末尾也是标志之一,它表示这个双音节是独立的词而不是仿语(王了一的第 7 项;比较 Впр,上册第 16—17 页)。至于两个音节都有声调(末尾音节较重),那就是把这个双音节算作仿语甚至句子的问题:如双音节"现在"сянь⁴цзай⁴(词)、"喝茶"хэ¹ча²(仿语)和"我说"вo³шо¹(句子),在节奏重音方面,结构完全一样。

　　⑦ 词尾儿既然和上一音节"溶合"起来并失去自己的音节性质,也就谈不到它的"声调"。整个音节按照实义词素所发的声调来发音;例如,在王了一的例子里我们可以找到 сянь⁴(馅)+(ə)р(儿,名词词尾),合起来是сяр⁴。关于词尾儿和前一音节"溶合"的详细情形参看 ди,§50。

第二章　文字^①

　　汉字,大致可分为独体和合体两类。独体字就是囫囵的一个字;合体字是两个以上的字合成一个字,有时候是一个字再加上些零碎的成分。

　　独体字可分为象形和指事两类。象形字例如"鸟、马",若用篆文写起来,颇像鸟和马的形状。指事字例如"一、九、上、下",它们只能表示一些抽象的观念。

　　合体字可分为会意和谐声两类。会意字例如"吠"字,从"犬"从"口",因为吠的行为是从犬口发出来的。谐声字例如"味"字,左边从"口",表示味是和口有关系的;右边从"未","未"和"味"却毫无关系,只不过表示"味"字应该念像"未"字的声音罢了。

　　但是,象形字也有合体的,就是在一个字上再加些零碎的成分,如一点一画之类,例如"本"字,下面的一画表示树根之所在("本"的古义就是树根);又如"刃"字,左边的一点表示刀刃之所在。有人把这一类字称为象形兼指事。

　　要分辨独体和合体,看似容易,严格说来却很难,譬如"來"字,看去好像是从二"人"从"木",然而依文字学家说,却是象麦的形状,是独体,不是合体。又如"丈"字,看去好像是囫囵的独体,然而依文字学家说,却是从"十"从"又"。又有些字,咱们虽明知它们是合体,却不很知道是怎样合成功的,因为由篆书变了隶书之后,有许多字的组合成分已经失了本来面目了,例如"泰"字,依《说文》说是:"从廾水会意,大声。"现在已经看不出是"廾、水、大"三个字组成的合体了。又如"负"字,咱们虽知道下一半是"贝",

却不知道上一半是"人";"鳳"字,咱们虽知道下一半是"鳥",却不知道上一半是"凡";"矣"字,咱们虽知道下一半是"矢",却不知道上一半是"巳"。

古义丧失之后,许多字无论是独体、合体,都令人不能了解它们的所以然,例如"畢"字本来是一种手拿的网的形状,"而"字本来是胡子的形状,"止"字本来是足的形状〔1〕,现在它们既失了网、胡、足的古义,也就很少人知道它们是象形字了。又如"祭"字从"夕",从"又",从"示","夕"就是"肉"字,"又"就是"手"字,"示"就是"神"字,手拿肉献给神就是祭,现在"又"和"示"既失了它们的古义,也就很少人知道"祭"是会意字了。有时候,因为古今制度的不同,也令今人不能了解古人传下来的会意字,例如"算",依《说文》说是:"从竹,从具,会意。"因为古代用筹布算,所以从"竹",现在用筹布算的制度消灭了,大家也就不知道为什么从"竹"了。

汉字,百分之九十以上是属于谐声的。大多数谐声字是由两部分构成:一部分表示意义的范畴,我们叫做意符;另一部分表示声音(颇像注音符号),我们叫做声符。

意符也像上面所说的会意字一样,有些字因为古义丧失,也就很难令人了解意符的所以然,例如"陶",《说文》云:"再成丘也。"故从"阜",后世"陶"字既没有"再成丘"的意义,大家自然不懂它为什么从"阜"了。又如"逆",《说文》云:"迎也。"故从"辵",现代口语里"逆"字不再作"迎"字讲,现代书报上也很少有当"迎"字讲的,大家也不懂它为什么从"辵"了。

声符也和意符有类似的情形,有些字因为古音丧失,也就很难

---

〔1〕　编者注:"足的形状"新知识本原作"足趾的形状",同句"足的古义"作"趾的古义"。从文集本改。

令人了解为什么要用某一声符，例如"代"字以"弋"为声符，因为"代"和"弋"的古音很相近，"掉"字以"卓"为声符，因为"掉"和"卓"的古音很相近，现在它们的读音都相差很远了②。又有些声符却是一般人所不能辨认的，例如"届"以"凷"为声符，"凷"就是"塊"字；"哉"以"𢦏"为声符，"𢦏"又以"才"为声符，现在"哉"字左上方并不从"才"。又如"肺"以"宋"为声符，今"宋"与"市"混；"讀"以"𧶽"为声符，今"賣"与"𧶽"混。

此外有一种后天的谐声字：这就是说，它们在起初的时候并不是谐声，后来再加意符或声符，然后变为谐声。后天的谐声字又可细分为三种：第一种是由象形变为谐声；第二种是由假借变为谐声；第三种是由会意再加意符，变成意符重复的谐声。

由象形变为谐声的字还可以细分为两种：第一种是象形字再加意符，例如"仌"既象冰之形，后人再加"水"为"冰"（左边两点在篆文里写作"仌"）；"萬"既象蠆之形，后人再加"虫"为"蠆"（有人以为萬是蠆的一类，不完全相同，其实该是完全相同的）；"求"既象裘之形，后人再加"衣"为"裘"；"衰"既象"蓑"之形，后人再加"艸"为"蓑"；"尗"既象菽之形（据《说文》），后人再加"艸"于"叔"之上为"菽"。第二种是象形字再加声符，例如"自"既象鼻之形，后人再加"畀"声为"鼻"；"囗"既象围之形，后人再加"韦"声为"围"。

由假借变为谐声，因为假借本不是好办法，不同的意义该有不同的字才是正理。因此，官廨本借用"解"字，后人加"广"作"廨"；雇傭本借用"庸"字，后人加"人"作"傭"；咽吭本借用"亢"字，后人加"口"作"吭"；丘墟本借用"虚"字，后人加"土"作"墟"；姑嫜本借用"章"字，后人加"女"作"嫜"；猖狂本借用"昌"字，后人加"犬"作"猖"；狮子本借用"师"字，后人加"犬"作"狮"；烹饪本借用"亨"字，后人加"火"作"烹"。这一类的例子非常之多。

　　由会意再加意符是因为那会意谐声字已经借作别用了,久假不归,后人为求分别起见再加一个意符,表示原来的意义,例如"暴"字本有晒的意义,所以从"日",后来被借用为暴虐的暴,只好再造一个"曝"字来表示晒的意义了。"蜀"字本有桑中虫的意义,所以从"虫",后来被借用为蜀国的蜀,只好再造一个"蠋"字来表示桑中虫的意义了。"莫"字本有天晚的意义,《说文》说是"从日在茻中,会意",后来被借用为否定词,只好再造一个"暮"字来表示天晚的意义了。"原"字本有源泉的意义,本是从"厂"从"泉",后来被借用为原野的原,只好再造一个"源"字来表示源泉的意思了。上面所说的"曝、暮"都从两"日","蠋"从两"虫","源"既从"泉"复从"水",前辈的文字学家认为不通,其实它们是依着自然的趋势的。

　　意符和声符的选择,也只能根据习惯,并没有一定的标准。每一个字义,可能的意符不止一个,例如"哑"既可以从"口",也可以从"言";"往"既可以从"彳",也可以从"走"(如"赴"),又可以从"辵"(如"适")。每一个字音,可能的声符也不止一个,例如"傭"既可以从"庸",也可以从"容";"蝗"既可以从"皇",也可以从"黄"。实际上,"哑"之不从"言","往"之不从"走"或"辵","傭"之不从"容","蝗"之不从"黄",并非原则上不许如此,只是习惯上不曾如此。

　　但是,意符的选择却颇与时代有关,譬如关于操作的事情,上古造字,喜欢从"人",中古以后,喜欢从"手"。《国语·齐语》:"负任儋何。""负"就是现在所谓"揹";"任"就是现在所谓"抱";"儋"后人写作"擔",就是现在所谓"挑";"何"后人写作"荷",就是现在所谓"揹"。咱们试看"负、任、儋、何"四个字都是以"人"为意符("负"字的上半是"人"字的变相),"揹、抱、挑、揹"四个字都是以"手"为意符("抱"字最古,"挑"字作"擔"字讲是近代的事,

"掮、揞"都是现代的俗字),就知道意符的选择有关于时代的风尚;尤其是由"儋"变"擔"这一个例子,让咱们看得很清楚那风尚转变的痕迹。

声符的选择,也和时代不无关系,例如"證"字,现代有人写作"证",因为"正"和"證"在现代是同音字。但是,我们用不着细查唐碑宋帖,就可以断定唐宋以前的"證"字决不会写作"证",因为依照音韵学的考据,"正"和"證"在唐宋以前非但不同音,而且它们的音相差颇远。

总之,依文字学家看来,汉字是有系统的,是很规则的,然而依一般人的眼光看来,它们却是颇杂乱的,因为他们没有研究过文字的历史的缘故。依一般人看来,非但象形字不再象人物的形状,连指事、会意、谐声三类字也有一大半是难于索解的。非但象形字和指事字是独体,连那些所谓会意字和谐声字,他们也觉得有一大部分好像是独体,至少也是莫名其妙的合体,试拿"來"字和"特"字相比较,他们只觉得把"來"字拆开来是"木人人",把"特"字拆开来是"牛寺"或"牛土寸",它们同是莫名其妙的合体。至于说"來"字是独体,因为它是象麦之形;说"特"字是合体,因为"特"的古义是牡牛(一说是牛父),所以从"牛",又因为"特、寺"古音相近,所以从"寺"。这都是文字学家的专门学问,和一般人无关。其实依语言学的观点看来,一般人不追究文字的历史却是对的,因为撇开了历史,然后显得出文字在现代的真价值。

注释:

① 关于汉字问题的著作是很多的。我们指出俄国和苏联的学者在这方面最重要的著作: B. П. 华西里耶夫 (Васильев) 院士的《汉字的分析》(Анализ китайских иероглифов),卷一,圣彼得堡,1866;第二版, A.O.伊凡诺夫斯基 (Ивановский) 主编,圣彼得堡,1898(石印);卷二,《汉字的成分》(Элементы китайской письменности),圣彼得堡,1898(石印)。发明汉字检字的

字形系统的功绩属于 B.П.华西里耶夫院士(1856)。依照这个系统他编了一部辞典,名称是:《汉字的字形系统,第一部华俄辞典的尝试》。圣彼得堡大学华西里耶夫教授编辑,供大学生参考(Графическая система китайских иероглифов. Опыт первого китайского русского словоря. Составлен для руководства студентов профессором С.-Петербургского университета Васильевым), 1867, ⅩⅥ+456 页。

这个十分简便的系统被 Д.A.别斯祖罗夫(Пешуров)在他 1891 年的《按字形系统的华俄辞典》(Китайско-русском словаре по графической системе)中进一步明确了和补充了。后来,又有俄国的日本语学者 O.罗森别尔格(Розенберг)在他的著作《按字母系统的汉字检字》(Arrangement of the Chinese Characters, according to an Alphabetical System, 东京, 1916)加以明确和补充;也按这个系统检字的有 B.C.科罗科罗夫所编的著名的《汉俄简略辞典》(莫斯科, 1935)以及 И.M.鄂山荫(Ошанин)教授主编的《华俄辞典》(莫斯科, 1952)。

在 B.M.阿列克塞也夫院士的虽然很带主观成分但是写得引人入胜的书《汉字和拉丁化》(Китайская иероглифическая письменность и сё латинизация, 苏联科学院出版, 列宁格勒, 1932, 第 178 页)中,读者能够找到很多有用和有趣的有关汉字的知识。

汉字结构的简明叙述、所谓部首的目录和各种辞典中汉字的各种不同的检字系统的简明叙述,都见于 П.П.史密特教授的《官话语法探索》一书(参看《汉语研究中的语言学导论》部分,海参崴, 1902, 第 56—82 页)和 A.И.伊凡诺夫与 E.Д.波里凡诺夫的《现代汉语语法》一书(莫斯科, 1930, 第 116—144 页)。

② 事情是这样,比如,汉字"他"的声符"也"现在念 e。1902 年 П.П.史密特教授在他的《官话语法探索》一书第 15 页中写道:"按照对许多带声符'也'的别的汉字的分析,'也'字从前以 Д 音或 T 音开头,如'地'Ди。"经过二十多年以后,这个思想又被 B.高本汉(Karlgren)在他的《汉语和汉日分解辞典》(Analytic Dictionary of Chinese and Sino-Japanese, 巴黎, 1923)的序言中发展了。

第三章　字　词　仂语　构词法

一个字,就是一个音(严格地说,该是一个音段)。非但写在纸上的是字,连说在口里的也是字。依现代语言学的眼光看起来,纸上的字只不过是口里的字的代表而已①。

一个词②,就是一个简单的意义单位。一个词可以是一个字,也可以是两个字或三四个字③。由一个字构成的词叫做单音词;由两个字构成的词叫做双音词;由三四个字构成的词叫做三音词或四音词;双音词、三音词和四音词又有一个总名词叫做复音词。古代汉语单音词占大多数,复音词极少;现代汉语里复音词大大地增加了,双音词的数量超过了单音词的数量④[1],但是三音词和四音词仍旧很少,一般人所认为三音词或四音词的,实际上也可认为两个词的组合。

一个仂语⑤,就是两个或更多的词的组合,而未能成为句子者。仂语可以分为主从仂语和等立仂语两种,我们在第四章里再作详细的讨论。

初学语法的人,往往对于字和词的界限、词和仂语的界限,都不很分得清楚。现在我们举例讨论如下。

"马"是一个字,同时也是一个词⑥。"马车"是两个字,同时也是两个词,它们合成一个仂语。"车子"是两个字,但它们只算是合成一个词,不能合成一个仂语。咱们有一个标准,可以分清楚词

---

〔1〕　编者注:该句新知识本原为:双音词的数量差不多和单音词的数量相仿。据文集本改。

和仂语的界限：凡两个字的中间还可以插得进别的字者，就是仂语，否则只是一个单词⑦。"马车"是仂语，因为它是"马拉的车"；"车子"是单词，因为它不是"车的儿子"〔1〕。

根据上面说的那个标准，咱们可以明白："老人"是仂语，因为它是"老的人"的意思；"老虎"是单词⑧，因为它不是"老的虎"的意思。"说话"和"走路"都是仂语，因为可以有"说大话"和"走小路"等等说法；甚至"打仗、睡觉、害病"之类也可认为仂语，因为可以有"打了一仗、睡了一觉、害了一场大病"等等说法〔2〕。"挖苦"却只是单词⑨，因为咱们只能说"挖苦他"，不能说"挖他的苦"。

《孟子》书里说"兄弟妻子离散"，"兄弟、妻子"都是仂语，因为是兄和弟、妻和子的意思。假如咱们说："某人家里还有一个哥哥，一个兄弟，一个妻子，一个女儿。"这里的"兄弟"和"妻子"就都只是一个单词⑩。关于这一类的例子，下面当再讨论。

咱们切不可凭着英语和汉语的对照，来判断某一个语言形式是单词或是仂语，例如英语 speak 和 walk 都是单词，然而在汉语里，"说话"和"走路"却该认为仂语。这一类的事实可以证明：第一，在理论上，一切仂语都可以是只等于一个单词的用途，而一切单词也都可以演化为仂语；第二，某一概念，在甲族语里由单词表示者，在乙族语里可以由仂语表示，反之亦然。上面所说的两个原则，在汉语的本身，也可以得到证明。汉语有些方言把"稀饭"叫做"粥"，"稀饭"是仂语，"粥"却是单词；古代汉语把"小牛"叫做"犊"，"犊"是单词，"小牛"却是仂语。

＊　　　＊　　　＊

现在我们可以讨论到汉语里的构词法。首先有一句话要声明

---

〔1〕　编者注：该段文集本改"马车"为"马肉"，改"马拉的车"为"马的肉"。
〔2〕　编者注：该句文集本改"睡觉"为"洗澡"，改"睡了一觉"为"洗了一个澡"。

的,这里所谓构词法,只是就一些特殊情形来说,并不企图说得很完备。

有些词,是借仿语的形式来构成的[11],例如北京人把"芫荽"叫做"香菜",昆明人把"芥菜"叫做"苦菜",本来是因为芫荽是一种香的菜,芥菜是一种苦的菜;但是,既然"香菜"和"苦菜"各成为一菜的专名,别的菜无论怎么香,都不能再称为"香菜",无论怎么苦,也不能再称为"苦菜"了。由此看来,北京人口里的"香菜",昆明人口里的"苦菜",都不能和"美人香草"的"香草"一样看待:"香草"是指一切香的草而言,"香菜"和"苦菜"却不是指一切香的或苦的菜而言。中国有些地方把"蛙"叫做"田鸡",另有些地方把"狼"叫做"野狗"。"田鸡、野狗"和"香菜、苦菜"之类稍有不同,因为"香菜"和"苦菜"毕竟是菜,而"田鸡、野狗"却并非鸡、狗;但是,它们之借仿语的形式来构成单词,却是一样的。

"田鸡、香菜"之类,可以说是自始就是单词;此外还有些单词却是由仿语演变而来的。

由仿语演变而来的单词[12],大致可分为三种:对立语;并合语;化合语。

对立语[13]本来是意义相反的两个词;后来人们利用它们来表示一个单独的意义,就等于把两个词合成一个词看待了[14],例如[1]:

　　A. 二人来至袭人堆东西的屋内。(51)

　　B. 他这么利害,这些人肯依他吗?(65)

　　C. 横竖与自己无干,且藏在心内,不说给别人知道。(72)

　　D. 左右也不过是这么着,三日好,两日不好的。(64)

―――――――――

　　〔1〕　编者注:文集本此处原注:以下例句凡不注出处的,均选自《红楼梦》,括号中的数字为《红楼梦》的回数。

E. 提着影戏人子上场儿,好歹别戳破这层纸儿!（65）

F. 那珍珠都有莲子大小。（72）

G. 你认了多少字了?（92）

H. 今年方五十上下。（4）

I. 假以寻袭人为由,来看动静。（22）

J. 倘或因这病上有个长短,人生在世还有什么趣儿呢?（11）

K. 倘或有人盘问起来,倒又是一场是非。（60）

L. 你那里去了,这早晚才来?（43）

M. 昨日两处买卖人俱来催讨。（64）

咱们试看北京话的"早晚"在现代变为"咱（喒）"（念"簪"上声）,就更看得出由对立语演变为单词的痕迹⑮。另有些单词,不像上面所举的例子那样明显,然而仍可认为由对立语变来,例如"睡觉",本是"睡"和"醒"的对立⑯,"忘记",本是"忘"和"记"的对立,现在"睡觉"和"忘记"⑰只表示"睡"和"忘"的意义了（但北京话只说"忘"不说"忘记"）。

并合语是由于吞并作用而成的⑱。本来是两个词共成一个仂语,后来因为其中一个词的意义占了优势,另一个词的意义渐被侵蚀,结果是只剩躯壳,毫无意义可言了。现代普通话里"兄弟"只当"弟"字讲,有些方言里"妻子"只当"妻"字讲〔1〕,都是这个缘故⑲。此外例如:

A. 又跑出来隔着窗户闹。（21）

"户"字没有意义。这是北京的说法。

B. 我的身子是干净的⑳。（98）

"干"字没有意义。

以上是平行的两个词演变为一个单词的例子。上文所举的对

---

〔1〕 编者注:文集本删"有些方言里"五字。

立语"睡觉、忘记"等也可认为并合语之一种。除了平行语和对立语之外，其他的仿语也都可以由于吞并作用而演变为单词，例如：

　　A. 亦扎挣过来，相帮尤氏料理。（64）

"相"字没有意义。

　　B. 一个病人，也不知可怜可怜。（69）

"可"字没有意义。

　　C. 快别说这话，人家笑话你[21]。（20）

"话"字没有意义。

　　D. 我很讨厌他。

"讨"字没有意义。

　　化合语[22]是原来两个词的意义都保存着，只是融化为一体，不能再为别的词所隔开[23]，例如：

　　A. 还要等人请教你不成？（17）

　　B. 请示老太太，晚饭伺候下了。（88）

　　C. 若得罪了我醉金刚倪二的街邻，管教他人离家散。（24）

　　D. 谁又没疯了，得罪他做什么？（20）

依理，"请教你"该是"请你教"，"请示老太太"该是"请老太太示"，现在"请"和"教"或"示"之间不能再插入别的字（勉强插入就不合习惯），可见它们已经融化为一体了。"得罪"也是化合语，否则应该只能说"得了罪"（像"犯了罪"一样），不能说"得罪了某人"。

　　以上所说，都是不相同的两个字，形似仿语，其实只是一个单词。以下我们要说的是相同的两个字重叠起来，成为一个单词[24]，例如：

　　A. 舅舅说的有理。（24）

　　B. 妈妈你听，哥哥说的是什么话？（34）

　　C. 太太说是，就行罢了。（74）

D. 你叔叔丢了,还禁得再丢了你么?(119)

这些是关于人伦的称呼的叠字,最应该注意的是,这些叠字大多数是用于尊辈,其次是用于平辈,作为很客气的称呼(如"弟弟、妹妹"),至于卑辈就不能用了。此外,形容某一行为的方式也可以用叠字[25],例如:

A. 原该远远的藏躲着。(65)

B. 香菱听了,默默的回来。(48)

C. 奶奶自己每每带回家去。(103)

D. 刚刚的倒了一个巡海夜叉,又添了三个镇山太岁。(55)

如果那词原来是个双音词,重叠起来就变了一个四音词。例如:

A. 那一个不是老老实实?(6)

B. 忙收拾的干干净净。(28)

C. 家里唱动戏,我又不得舒舒服服的看。(29)

D. 我另拿出银子来,热热闹闹的给他做个生日。(108)

以上所说的是叠两字共成一个词。但有时候叠两个字却成为两个词,我们叫做叠词。叠词可大别为两种:

1. 名词重叠,表示每一或一切的意思[26],例如:

A. 家家都上秋季的坟。(64)

B. 奴才刚才说的字字是实话。(67)

C. 反觉得事事周到,件件随心。(99)

D. 时时劝他少喝酒。(14)[1]

2. 动词重叠,表示行为不必经过很长的时间[27],例如:

A. 你去问问那边二婶娘。(53)

B. 咱们也把烟火放了解解酒。(54)

---

〔1〕　编者注:文集本删此例。

　　C. 把咱们的拿出来,咱们也放放晦气。(70)

　　D. 不如且自家养养病。(74)

　　自然,如果那动词本来是个双音词,重叠起来也就变了一个四音词,例如:

　　A. 怕人不知道,故意表白表白。(55)

　　B. 趁便请你回来歇息歇息。(64)

　　但是,如果两个动词叠成四个字,却恰恰相反,它是表示时间很长的[23],例如:

　　A. 天天写写念念,有多少完不了的? (70)

　　B. 我还听见你天天在园子里和姐妹们玩玩笑笑。(81)

　　C. 这里接连着亲戚族中的人来来去去,闹闹攘攘。(85)

　　D. 又这样哭哭啼啼,岂不是自己糟蹋了自己身子? (67)

　　叠字和叠词是大有分别的:叠字是两个字或四个字合成一个词;叠词是两个字或四个字合成两个词。当双音词叠成四个字的时候,叠字和叠词的分别更为明显。"老老实实"是叠字法,所以"老"和"老"相连,"实"和"实"相连,不能说成"老实老实";"歇息歇息"是叠词法,"歇息"是一个词的整体,若要重叠,就该把整个的词重叠起来,不能拆开说成"歇歇息息"。总之,如果那双音词是个形容词,重叠起来就应该用叠字法;如果那双音词是个动词,重叠起来就应该用叠词法。至于像"写写念念"之类,因"写念"不是双音词,所以仍该用叠字法。这是必须仔细辨别,才可以明白的。

注释:

　　① 在汉语习惯里,"字(儿)"这个词既表示方块字,也表示单音节词,比如,可以说(王了一的例子):"他低声说了两个字。"* 王了一往往把"字"这个词用在这个传统意义上,同时还给"字"这个术语增添了更广的含义:在

他看来，"字"是"方块字表现的音节"（a syllable represented by a character）（Впр，上册第 13 页），而不管这音节（字）是用做意义的单位（这是正规的），或者只是用做语音方面的单位（这是不正规的）。从这个观点出发，在王了一看来，由两个实义词素组成的词如"火车"和那些在形态学上不可分割的词如"葡萄"，两者之间并无原则的区别：它们同样是双音节词，每个词都用两个方块字写出来。

　　＊译者注：这个例子见《中国语法理论》。

　　如果用了"字"这个术语，那么，也许更恰当的是把它当做词素，也就是具有某种意义（不管是基本意义还是辅助意义）的词的成分（比较"火车"——由基本词素"火"＋"车"组成的复合词，跟"来了"——由基本词素和词尾组成的词）。在我国的汉学家的著述中，对于"词素"这个术语的这样理解，我们在 Е.Д.波里凡诺夫教授那里可以找到，他采取了他的老师 И.А.包都安·德·古尔杰纳（Бодуэн де Куртенэ）教授对于汉语的见解，写道："词素是词的一部分，它具有独立的意义，并且以同样的（或至少是相近的）意义在其他词中重复出现，但它本身不可再分割为具有独立意义的部分。因此，词素是言语分析的最小单位，它和意义方面的表象是关联着的（Пгр，第 3 页，脚注）。"后面又写道："按照一般的标准，（汉语的）词素是整个的单一的音节（上书第4 页，参看上书第 110 页）。"

　　王了一给"词素"这个概念加入了不少别的含义：他仿效房特利耶斯教授（参看他的《语言论》的俄译本 Язык，莫斯科，1937，第 76—90 页和 П.С.库兹涅错夫（Кузнецов）教授为它作的注，第 345—349 页），首先把语法记号，其次把纯粹的虚词、半虚词和半实词（参看下文第 76 页）归入"词素"，跟所谓"意义成分"或实词对立起来；前者他叫做"语法成分"（"辅助成分"，本书第77 页），而后者或者叫做"理解成分"（Вгр，上册第 23—24 页），或者叫做"概念成分"（В₁，第 30 页）。此外还必须指出，在王了一的分类中，同他的一般著作一样，"词根"这个概念是没有的。

　　在王了一这部书的译本中，"字"这个术语的译法看上下文而定。有时译作（значащий）слог——"（有意义的）音节"，有时译作 морфема——"词素"，很少的时候译作 слово——"词"。

　　在注解里，术语"词素"用作"词的分析的最小的意义单位"的意义。

　　②　"词"成为科学术语并且有了这样的意义，只是在现代中国语言学家的著述中通用的；平时，对这意义仍用"字"，参看注①。

　　③　在 В₁ 中把下面一段从毛泽东的《论人民民主专政》摘出来的引文＊作了词的划分。

　　人民　民主　专政　需要　工人　阶级　的　领导。因为　只有　工人　阶级　最　有　远见，大公无私，最　富　于　革命　的　彻底性。整个　革命　历史　证明，没有　工人　阶级　的　领导，革命　就要　失败，有了　工人　阶级　的　领导，革命　就　胜利　了。在　帝国主义　时代，任何　国家　的　任何　别的　阶级　都　不　能　领导　任何　真正　的　革命　达到　胜利。中国　的　小　资产　阶级　和　民族　资产　阶级　曾经　多次　领导　过　革命，都　失败　了，就　是　明证。

　　　＊注解中的所有引文都取自毛泽东的《论人民民主专政》。并且，这里和下面，我们都只限于援引王了一在自己文章（B1、B2、B3、B4）中引用过的毛泽东的这部著作的引文。

　　根据王教授对词的这种划分，这个例子里共计有 82 个词，其中单音节的 25 个，双音节的 54 个，三音节的 1 个，四音节的 2 个。有趣的是，差不多全部"单音词"原来都是结构材料，诸如修饰语记号"的"，前置词"于"和"在"，连词"和"，语气词"了"，时态记号"过"，以及半实义性的副词"就、最、都"，否定词"不"，助动词"能"，系词"是"和近似系词的动词"有"；在这个例子当中，非结构材料的单音词总共不过两个——"小"和"富"，而且它们只出现了一次。

　　另外一个问题是书中这样的划分法的正确性达到什么程度。王了一在解释这个例子的时候指出，汉语一个一个词的划分标准并不经常是很明显的：尤其是，照他的意见，可以把词"多次"或"远见"看做仂语，也可以把仂语"小—资产"看做词。但在大多数情况下——这里王了一完全正确——什么是词，什么是仂语，是不发生疑问的："领导、阶级、革命、历史"都是不成问题的词，而"多次领导"或"都失败"同样是不成问题的仂语。

　　④　这种情况十分重要，因为到现在为止，在西欧汉学家的著作中，这样的一种观点还占着领导地位，就是认为现代汉语是单音节语，汉语的词仿佛是由单音节组成的，参看如高本汉教授广泛流传的书《汉语》（The Chinese Language，纽约，1949）；作为这种错误观点的基础的，一方面是混淆了现代汉语和古代汉语，在古代汉语里单音节词占压倒的多数，另一方面（这是更重要的！）是混淆了活的口语和方块汉字，这里，的确，每个方块字一般总是表示单个有意义的音节，但不一定是单个的词，单个的词可能由两个乃至更多的音节组成，相应地由两个或若干个方块字写出来。关于加词尾儿的溶合形式，参看第一章注⑦。在我国汉学家的著作中，不论是学术性的或通俗性的，对现代汉语中存在双音节和单音节词从没有引起过怀疑——特别请参看 Пrp,

在第 21 页上可以读到:"对于白话的(现代的)汉语来说,单音语这个概念只是指的词素的典型的单音节性,而不是指词的单音节性。"

⑤ 王了一在本书(第四章)不但把实在是词组的词组理解为"仂语"*,而且实际上把复合词也算了进去,他的理由是,二者在职能上或者跟这个结合体中的一个成分所谓"中心词"(参看第四章注③)相同,或者跟其中任何一个成分相同**。

> *译者注:对 словосочетание 一词,我们依照王了一本书,一般译为"仂语",但有时也译为"词组",例如本注;又如第四章注⑦的"自由词组",王著没有"自由仂语"这一术语。

> **译者注:前一种即王了一的"主从仂语",后一种即王了一的"等立仂语",参看本书第 80 页。

在 B₂ 中,术语"仂语"为术语"语"所替代,就他所用的那些例子看来,王教授只把仂语了解为这样,例如"好人"或"吃饭";而像"火车"或"黄河"这样的双音节在 B₁ 中是被看作词的。

在王了一的新的论文里"语"跟"词"的关系正如"谓语"跟"谓词"的关系一样;参看第四章注③。

⑥ 在我国汉学家的著作中 Е.Д.波里凡诺夫部分地依据了 Л.В.谢尔巴的观念,(参看 Л.В.谢尔巴的《东露舍兹基方言》* Восточно-чужицкое наречие 一书,圣彼得堡,1915,第 75 页,脚注;又,对照 Л.В.谢尔巴的《中学外语教学》Преподавание иностранных языков в средней школе,《教学法的一般问题》Общие вопросы методики,莫斯科,1947,第 76—77 页)。他提出作为单音节词的两个标志:1)独立的能力,2)加词尾"的"的能力(参看 Пгр,第 199—201、216 页)。由此可见,在缺乏这些语法标志的地方,单音节就不是独立的词,而只是词的一部分。但也可以有介乎二者之间的情况——单音节没有独立的能力也不能加体词词尾"的",但能够跟前后的别的单音节隔开;在这种情况下可以说得上是具有有限的独立性的词;在汉语里,语气词,半实义性的副词、动词、前置词等等就是这样的(参看 А.А.龙果夫《现代汉语口语语法体系》,1937—1941 年在列宁格勒大学东方学系讲课的讲义,打字本,§44)。

> *译者注:东露舍兹基方言是西斯拉夫一个部族的方言,这个部族在德国境内。

不但在语法方面,而且在词汇方面,这个区别都十分重要:绝大多数汉语词典(一种语言的和两种语言的)的基本缺陷之一在于,当列举某些汉字的意义的时候,都没有对那个方块字指的是单音节词或者只是词的一部分这点作任何说明;在这类词典里可以读到,比如,汉字"铁"是 железо(铁)的意思,而汉字"机"是 машина(机器)的意思,但是关于"铁"是独立的词而"机"只是词的一部分这一点,却什么也不说(更不用说汉字在一个意义上是词而在另外的意义上是词的一部分这种比较复杂的情况了)。参看第一章注②。

　　吕叔湘教授在他的《语法学习》(北京,1953,第 2—3、8—9、109 页)一书中正确地强调了这个区别的实践意义:"例如'雨'юй³ 和'盐'янь² 是词,因为能够单独运用,双音节'语言'юй³янь² 的各个音节是词的一部分,不能独立运用。"＊

　　　　＊译者注:这里概括地表述了吕著的意思,并不是引用原文。

　　⑦　单词是和仿语相对而言的。王了一把词不论单音节多音节都理解为单词,包括他看做多音节词的个别情况的复合词。王了一没有举出形式标准来区分复合词和简单词,而是根据纯粹的词义的理由(Bпр,上册第 16 页和Bгр,上册第 15—16 页)或者为了"方便"起见(B₁,第 31 页)而把复合词分出来的。

　　这里困难在于在汉语中有两类复合的双音节词:其中一类就其形式——更准确地说,就其声调结构——和仿语没有区别,而另外一类则和简单词没有区别。第一类两个音节都有声调,例如,"火车"хо³ чэ¹、"是非"ши⁴фэй¹(比较仿语"好书"хао³шу¹);第二类只是开头的音节有声调,末尾的音节非重音,发成所谓轻声或弱化声,它是独特的弱化的形式,例如,"工钱"гун¹цянь,"是非(不和)"ши⁴фэй(比较"桌子"чжо¹цзы——带词尾的词,"葡萄"пу²тао——在构词上不能分析其来源的词)。在复合词还没完全由第一类变成第二类的情况下,发音不同是可能的,例如:"老虎"лао²ху³、лао²ху,"多少(若干)"до¹шао³、до¹шао。

　　不但第二类复合词,而且第一类复合词都和仿语有区别,那在于复合词的结合体不可分割。

　　虽然王了一认为能否分割的标准是基本的标准,但并不始终一贯地遵守这个标准。例如,在本书中,王教授把双音节"香料"看做仿语,虽然注意到不可能用修饰语记号"的"把它的组成部分分割开来(第 67 页);而把双音节"香菜"解释为词,虽然它是按照仿语的类型形成的(第 54 页)。"轮船"一类不可插入修饰语记号"的"的双音节,在本书中被解释为仿语,而在 Bгр(上册第 15—16 页)和 B₂ 中,它们又被看做(单)词。同时参看本章注⑪和第四章注①。

　　在另外的著作中王了一提出把若干仿语中的修饰语变谓语的可能性作为词和仿语的划分的一个标准;例如,"干儿子"能说"他这儿子是干的,不是亲生的","老人"能说"这人是老的"(Впр,上册第 15—16、56 页)。

在我们汉学家的著作中,双音节成分分割的可能性这个标准(结合重音位置的不同),A.A.龙果夫的著作《现代汉语口语语法体系》(打字本,§35—43)有详尽的研究,而变性状修饰语为谓语的可能性这一标准则为 Е.Д.波里凡诺夫在《东干语的正字法问题》(伏龙芝,1937,第 27—29 页)中所采用。

彻底运用本注和注⑥所列举过的词和仿语划分的标准,就使我们能够在把上面引文分解为词的做法上作一些修正。

⑧　关于这个词的读音,参看上注。

⑨　它读为 ва¹ку,后一音节是轻声。

⑩　第一个例子是上古汉语的,第二个例子是现代汉语的。这些古仿语"兄弟(兄和弟)、妻子(妻和子)"的现代读音是两个音节都有声调,сюн¹ди⁴,ци¹цзы³;而现代的词"兄弟(弟弟)"сюн¹ди 和"妻子(老婆)"ци¹цзы(方言)的末尾音节是轻声。同时参看第 55 页和本章注⑲。

⑪　这就是说,它们是照主从仿语的样子构成的(参看第四章),在读音上以两个音节都有声调为特征;它们和仿语的区别在于它们的组成部分不可分割。参看本章注⑦。

⑫　现代语的情况有些不一样;问题在于,与其说是仿语跟单词的对比,不如说是两类复合词的对比,一类就其声调结构接近仿语,另一类就其声调结构接近简单词(参看本章注⑦),例如,"是非(是〔与〕非)"ши⁴фэй¹,"是非(不和)"ши⁴фэй。

⑬　参看 Впр,下册第 158—165 页。

⑭　王教授所举的例子非常有趣,因为它们实际上说明接近仿语形式的一类复合词转变为接近简单词的另一类复合词的各个阶段(参看本章注⑦):

(甲)双音节保存仿语的形式,比如"大小"да⁴сяо³(例 F,H,J,L);

(乙)双音节还没完全由第一类变为第二类,形式上摇摆于仿语和简单词之间,比如"多少"до¹шао³,до¹шао(例 G,D,I);

(丙)双音节由于改变意义而变成简单词,但另一方面,在本义上,有具备仿语形式的双音节继续存在,比如和"好歹(好〔与〕歹)"хао²дай³ 一起的"好歹(无论怎样)"хао²дай(例 A,B,C,E,K);

(丁)双音节具有简单词的弱化形式,比如"买卖(生意)"май³май,词源学上是"买"+"卖"。

⑮　"喒(时候)"Цзань³ 是词的一部分,有时有声调,有时没有声调,比如"这喒(这时候)"чжэ⁴цзань³,"多喒(几时)"до¹цзань——和"多早晚"до¹цзао⁽²⁾вань³ 一样。

⑯　这里王了一有点自相矛盾，因为在第 53 页上他把"睡觉"看做仍语。根据 Е.Д.波里凡诺夫的观点，在这里我们看到的是动宾结构，"觉"失去它的本义，而变成"虚"宾语，这是达成双音节词所必需的，在他看来，这种双音节词对于汉语来说，是典型的（参看 Пгр，第 89 页）；和任何宾语一样，这个"觉"可以因为插入别的字而和动词分开：比如，能说"睡了个觉"。

⑰　读作 ван⁴цзи，末尾音节是轻声。

⑱　参看 впр，下册第 161—174 页。

⑲　双音节"兄弟"сюн¹ди，"妻子"ци¹цзы（参看第 53 页和注⑩）正和"窗户"чуан¹ху，"干净"гань¹цзин（例 A 和例 B）一样，不仅就其形式来说，而且就其意义来说，都不成其为复合词，而是简单词；王了一是对的，他指出其中音节"兄、户、净"实际上没有意义＊；"子"不过是名词词尾。

　　　＊译者注：就"干净"说，没有意义的不是"净"而是"干"，王了一先生的意思也是这样。

⑳　王教授在 Впр（下册第 168 页）中引了"这水是干净的"这个好例子来作证明。

㉑　读作 сяо⁴хуа，末尾音节是非重音。

㉒　参看 Впр，下册第 174—178 页。

㉓　双音节"得罪"дэ²цзуй 具备简单词的形式；双音节"请教"цин³цзяо⁴ 和"请示"цин³ши⁴ 就其形式来说，摇摆于仍语和简单词之间。

㉔　这一类"叠字"语音上以末尾音节轻声为特征，比如"太太"тай⁴тай。跟这比较，"人人"жэнь²-жэнь²（注㉖）两个音节都有声调，整个结合体在形式上接近仍语。

㉕　这不完全可靠：像"小小的、高高的"这样的重叠，也能够用作名词修饰语；重叠的形容词语音上以重叠的第二成分读第一声为特征，比较"好"хао³，但"好好"хао³хао¹（ p）。

㉖　重叠的名词在语音上以它的两个音节都有声调为特征："人"жэнь²和"人人"жэнь²-жэнь²；比较注㉔。

㉗　这里的叠字是假的：其实是动宾仍语；由下面一点可以看出："看看"кань⁴кань 可以说"看了一看"кань⁴ла и-кань⁴。在 Впр（上册第 284 页）中这种重叠被看做动词的"短时貌"（参看第九章注⑫）。

㉘　在 Впр（下册第 156—157 页）中这种重叠被看做动词的"重复貌"。类似 Шгр，第 56 页。

第四章　主从仂语，"的"字等立仂语，"和"字、"且"字等

上节说过，一个仂语就是两个或更多的词的组合，而未能成为句子者。我们既然说一个词是一个简单的意义单位，那么，一个仂语就该认为一个复合的意义单位①。既然词和仂语都是意义单位，只有简单和复合的不同，所以同是一种意义，在古代是单词，而在现代是仂语(例如"耕"和"种田")；在汉语是仂语，而在英语是单词(例如"放光"和 shine)。仂语可分为主从和等立两种②，现在分别叙述于下：

一、主从仂语

主从仂语必须有一个中心，其余的词都是修饰这一个中心的③，例如上文所举的"马车"和"老人"里，"车"和"人"都是中心，"马"和"老"是分别地修饰那"车"和"人"的〔1〕。又如刚才所举的"种田"和"放光"，"种"和"放"都是中心，"田"和"光"是分别地修饰那"种"和"放"的。我们试再举两个长的仂语为例："具有五千年文化的中国"，"中国"是中心，"具有五千年文化"是修饰语；"吃了一顿营养丰富的饭"，"吃"是中心，"一顿营养丰富的饭"是修饰语。

主从仂语又可细分为两类：第一类是指一种事物；第二类是指一种行为或德性④。

(一)指事物的主从仂语　例如：

马车	鸡脚	山顶	书签	墨盒	茶杯	盐税
校务	商业	老人	小牛	高山	古屋	冷血
干粮	苦果	香料	深坑	飞虎	睡狮	流水

---

〔1〕　编者注：该句中的"马车、车"，文集本分别改作"马肉、肉"。

笑脸　腌肉　挂面　卷粉　破瓶　废物　铜墨盒

瓷茶杯　　好天气　　烂羊头　　高山峰　　重工业

破花瓶　　流水账　　笑面虎

　　这种指事物的主从仂语，本是两个或更多的词组合而成的。这种组合，可以是直接地联上去，也可以用一个"的"字，放在修饰语的后面，表示那是修饰语。因此，我们把"的"字认为修饰语的记号，例如：

鸡的脚　盐的税　　老的人　小的牛　睡的狮

流的水　铜的墨盒　　破的花瓶

但是，凡有下列情形之一者，不宜用"的"字⑤：

　　1. 中心词所指的东西，是为了修饰语所指的东西而造的，例如：

脸盆(不能称为"脸的盆"，下仿此)　水缸　鸟枪

信纸　酒壶　茶杯　墨盒

　　2. 中心词所指的东西，是靠着修饰语所指的东西的力量，然后能发生作用的，例如：

马车(不能称为"马的车"，下仿此)　汽车　风车

水碓　汽笛　风炉　风箱　轮船　火车

　　3. 中心词或修饰语所指的东西，是借来形容或譬喻的，例如：

丸药(不能称为"丸的药"，下仿此)　砖茶　枣泥

肉丸子　糖葫芦　胡椒面

凡有下列情形之一者，却又必须用"的"字⑥：

　　1.有时候，不用"的"字就变了指行为的仂语，例如：

蒸的芋头(不用"的"字就变了"蒸芋头"，是指一种行为，下仿此)

哭的小孩　耍的猴儿　卖的布　　租的房子

　　2.有时候，修饰语太长了，不用"的"字就不成话，例如：

张先生教书的学校(不能说成"张先生教书学校"，下仿此)

　　成都寄来的信　　没有上锁的门　　没有经过战争的民众

　　除了上面所述不宜用"的"字和必须用"的"字的两个极端之外,其余的情形用"的"字与否,都是很自由的[7],大致说起来,三个字以上的仂语是用"的"字的时候多,两个字的仂语是不用"的"字的时候多。有些仂语,因为两个字组合的太密切了,虽然原则上可加"的"字,而实际上总没有人加上"的"字,例如"校务、商业、干粮、香料"等[8]。在这些地方都是习惯的关系,譬如"啼鸟"成话,"吠狗"不成话(必须说成"吠的狗"或"叫的狗"),就完全是习惯使成的了[9]。

　　(二)指行为或德性的主从仂语　又可细分为两类[10]:

　　1.修饰语表示那行为的方式或那德性的程度[11],等等,例如:

　　　　高飞　　　细看　　　静坐　　　默念　　　深思

　　　　狂饮　　　快走　　　苦谏　　　躬耕

　　　　高高的捧着　　　静静的坐着

　　　　深深的感觉到　　　匆匆忙忙的去了

　　　　一声不响的走了　　糊里糊涂的判决了

　　　　拿起来　　放下去　　赶出去　　走过去

　　　　治好　　　弄坏　　　推开　　　打死　　　最好

　　　　颇佳　　　大红　　　微紫　　　深蓝　　　浅绿

　　　　怪麻烦　　很讨厌　　更高尚　　越发贪污

　　修饰语记号"的"字在这里的用途,就比它在指事物的主从仂语里的用途小得多了。仅仅在叠字形容语或近似叠字形容语的话的后面,必须用它。而且,依普通话习惯,它只能用于行为的修饰语(如"高高的捧着")。近来有了欧化的语法,才偶然有人把它用于德性的修饰语(如徐志摩《我所知道的康桥》"冬天是荒谬的坏")。这种用途上的"的"字,有人写成"地"字,令它和那指事物的主从仂语里的"的"字有分别。

2.修饰语表示那行为的性质,例如:

　　吃饭　喝茶　骑马　游山　读书　写字　挑水　养鸡

　　种菜　做大事　贪小利　崇拜伟人　修改章程

在"吃饭"一个仂语里,"吃"是一种行为,"饭"字指示那行为的性质(不是吃面,也不是吃白薯)。其余由此类推。

　　从另一观点看来,主从仂语又可分为先从后主和先主后从两类。所谓先从后主,是修饰语在前,中心词在后,如"茶杯、干粮、高飞、最好"等;所谓先主后从,是修饰语在后,中心词在前,如"推开、打死、吃饭、喝茶"等[12]。

　　中心词只有一个词,修饰语却可能地包括许多词,换句话说就是,修饰语本身也可以由一个仂语或一个句子转成。这样递相修饰,可以把仂语拉得很长,例如:

　　高飞的鸟　　最富的国家　　花园里的游人

　　战败后的国家的财政　　偷书的贼

　　经过两次世界大战的老兵

　　李先生到杭州去的时候　　骑一匹老马

　　读一部见解很新的书　　见一个我很不愿意见的人

甚至于中心词的前后都有修饰语,例如:

　　好好地念书　　　　靠天吃饭

　　闭着眼睛睡觉[1]　　忽然地哭起来

　　中心词加上修饰语,它的意义范围就变小了。修饰语越复杂,意义范围也越小,譬如说"飞鸟",不飞的鸟就不包括在内;若说"高飞的鸟",非但不飞的鸟不包括在内,连飞得不高的也不包括在内了。又如说"吃饭",吃别的东西就不包括在内;若说"吃晚饭",非但吃别的东西不包括在内,连吃早饭、午饭也不包括在内

---

　　〔1〕　编者注:该例文集本改为"闭着眼睛想事"。

了;若说"陪李先生吃晚饭",非但吃早饭、午饭不包括在内,连平常的吃晚饭也不包括在内了。由此看来,所谓修饰,在大多数情形之下,就是限制。只有极少数的修饰语是不带限制性的,例如"猛虎"和"老翁"里,"猛"和"老"都没有限制性,因为世上并没有不猛的虎和不老之翁。又如专名前面的修饰语也没有限制性,例如"地大物博的中国"和"可爱的小娟娟"等等。

二、等立仂语

等立仂语没有中心词,只有平行的两个或更多的语言成分。等立仂语也可细分为两类:第一类是指事物的平行;第二类是指行为或德性的平行。

(一)指事物的等立仂语　例如:

父母　夫妇　山川　草木　鸟兽　祸福　仁义

天地人　日月星　明窗净几　嘉言懿行　良辰美景

这种指事物的等立仂语,本是两个或更多的平行成分联结而成的。它们可以直接地互相联结,也可以用一个"和"字(或"与"字),放在它们的中间。因此,我们把"和"字认为联结词[⑬],例如:

父和母　草和木　鸟和兽　嘉言和懿行

如果平行成分在三项以上,说话人就把它们分为两类,或在第一项和第二项之间加"和"字,或在其他的地方,总要看情形而定,例如:

A. 这里王夫人和李纨、凤姐儿、宝钗姐妹等,见大夫出去,方从厨后出来。(42)

王夫人是一等,李纨、凤姐儿、宝钗等人又是一等。

B. 只见宝玉的奶兄李贵、王荣和张若锦、赵亦华、钱升、周瑞六个人……(52)

李贵、王荣是一类,张若锦等人是一类。

但是,近年有些人因为受了西洋语法的影响,遇有三项以上的等立仂语时,就只把"和"字放在末项的前面,例如:

A. 三民主义就是民族主义,民权主义和民生主义。

B. 古人把纸,墨,笔和砚叫做文房四宝。

实际上,"和"字的用不用,是很自由的。依汉语的旧习惯,还是不用的时候居多,例如:

A. 宝钗湘云计议已定。(38)

B. 昨儿见了老太太正房,配上大箱、大柜、大桌子、大床,果然威武。(40)

C. 琴剑瓶炉皆贴在墙上。(41)

D. 可巧连日有王公侯伯世袭官员十几处,皆系荣宁非亲即世交之家。(55)

但是,当平行成分的第一项系"我、你、他"一类字的时候,"和"字却非用不可,例如:

A. 我把这冠带家私一应就交与他和宝玉过去。(33)

B. 然后就要治我和四姑娘了。(73)

C. 亲丁四人,自然是我和你们两位太太了。(83)

D. 偏我和他就两样俱同不成?(56)

当平行成分都颇长的时候,"和"字也较为常见,例如:

A. 就是贾府上的琏二爷,和大爷的盟弟柳二爷。(67)

B. 接着荣国府也送了许多供祖之物及给贾珍之物。(53)

"及"就是"和"的意思。

有时候,"和"字并不连上念,成为等立仂语;却是连下念,成为主从仂语,例如:

A. 谁和奴才要钱了?(73)

"和奴才"是修饰"要"字的。

B. 我和太太讨了你。(30)

"和太太"是修饰"讨"字的。

像下面的例子,主从仂语的形式更为显明:

    C. 宝玉听了,便和丫头们说。(7)

    D. 如今他在家中,只是和些孩子们混闹。(81)

在这种情形之下,我们说是"和"字的活用法。

    (二)指行为或德性的等立仂语 例如:

    A. 忽见山环佛寺,忙盥手进去焚香拜佛。(18)

    B. 合家祭天祀祖,还愿焚香,庆贺放赏已毕。(21)

    C. 早有张法官执香披衣,带领众道士在路旁迎接。(29)

    D. 假若我一时竟别有大故,他们还不知何等悲感呢。(34)

    E. 日日只在园中游玩坐卧。(36)

以上是指行为的。

    F. 只见大如雀卵,灿若明霞,莹润如酥。(8)

    G. 黛玉又看那蓑衣斗笠不是寻常市卖的,十分细致轻巧。(45)

以上是指德性的。

    这种等立仂语,更以不用联结词为常。近来有人受了西洋语法的影响,也像事物的等立仂语一般地,用"和"字做联结词,例如"他喝了三杯酒和吃了两碗饭",又如"他是一个很聪明和很用功的学生"。这是和中国向来的语言习惯相违反的。古代汉语在这种地方用"而"字,如《论语》:"始吾于人也,听其言而信其行。"又:"敏而好学,不耻下问,是以谓之文也。"偶然也用"且"字,如《论语》:"邦有道,贫且贱焉,耻也;邦无道,富且贵焉,耻也。"现代汉语在这种地方,如果要用联结词,也只用"而且",并不用"和",例如:"他喝了三杯酒,而且吃了两碗饭。"又如:"他是一个很聪明而且很用功的学生。"不过,咱们应该注意,"而且"二字是为了加强语意而用的,尤其是对于行为的等立仂语是如此。

注释:

    ① 像上面(第三章注⑦)已指出过的,王了一不是经常一贯地运用(复

合)词和仿语之间的形式区别，——在他区别它们的地方，往往把现代汉语口语中的东西古董化了，把实际上是复合词的当做了仿语，例如，双音节"父母(双亲)"，被王教授解释为仿语，它的成分能够用连词"和"来分割开(第69页)，但实际上是复合词，它的组成成分在现代汉语口语中并不用为独立的词，也不能被连词"和"所分割开。跟"父母"并行，能说"父亲和母亲"，但不说"父和母"；对于问题"这是谁?"能够回答"这是我父亲"，而不说"这是我父"。

②　王了一仿效布龙菲尔特的《语言论》(Language, 1948, 12, 10)，把这些仿语都看做所谓"向心结构"(Bпp，上册第47页)的变形，也就是这样的结构：这里整个仿语就职能上说，或者跟其结合体的一个成分(所谓"中心词"，参看下注)，或者跟其中任何一个成分是相等的，参看本书第80页。

③　对于术语"修饰语"(在Brp中是"修饰品"；在本书中"修饰品"这个术语只是偶尔出现)王了一赋予它双重含义：一方面是仿语的任何依存成分，不论它究竟是句子的怎样的次要成分——修饰语或目的语，换句话说，就是布龙菲尔特的attribute；参看Bпp，上册第48页；另一方面是作为组合式仿语的依存成分的修饰语，关于它，下面的注里还要谈到，换句话说，就是叶斯泊生的adjunct，或者依王了一的术语系统是"加语"；参看Brp，上册第46、54页，Bпp，上册第52—53页。

在他的新的论文《词和语在句中的职务》(B₂)中，王了一放弃了叶斯泊生和布龙菲尔特的看法。术语"中心词"被他用来标志句中某个成分的核心：比如，"主词"意味着"主语的中心词、主语的核心、狭义的主语"，以区别于意味着"主语群、广义的主语"等等的"主语"；参看第九章注②。

与此相应，术语"修饰语"在B₂中总是不用的，对于"作为句子次要成分的修饰语"这个概念，王了一利用汉语语法中常用的术语"(附)加语"，把所有放在中心词(也就是主语、目的语或谓语的核心)的前面的成分都理解为"(附)加语"，比如：

……结果一切落空，反而遭到了无情的打击。(毛泽东)

……我们不熟习的东西正在强迫我们去做。(毛泽东)

为什么理由要这样做? 大家很清楚。不这样……(毛泽东)

像所有别的中国作者一样，王了一(参看B₂)在句子成分的体系中没有状语，它不从修饰语的概念中划分出来；请参看第125—126页。

④　中心词的品的区别是这种划分的基础。在标志事物的主从仿语中，中心词属于首品，例如"好书"；在标志行为或性质的主从仿语中，中心词属于次品，例如"很好、喝茶"(比较注⑫)。

王了一仿效叶斯泊生，按结合体联系的性质，把第一类型的仿语，例如

"叫的狗"看作组合式(叶斯泊生的 junction)，并把它跟连系式(叶斯泊生的 nexus)，例如"狗叫"对立起来，参看 Впр，上册第 50—53 页，又第八章注⑥。王了一把组合式仂语中的修饰语叫做"加语"(叶斯泊生的 adjunct)，参看上注。

⑤　王了一从正面加以分类的这三种情况，由一个消极的标志统一起来；就这些例子的意义来说，它们缺少某种属性的因素——不论是领有，或是全体对部分的关系。

⑥　这是因为，充当修饰语的动词(单纯的动词或包括目的语)在现代汉语中获得形动词的形式；这只能在仂语中而不能在词中见到，参看 Ди，§75，脚注。

⑦　我们很难同意这一点，因为当"的"字"自由"使用的时候，带"的"的结构和不带"的"的结构有不同的意义。即使根据下面的例子也不难令人信服这个道理，这例子是直接从王了一的语法书的原文(本书第166页)中摘出来的：

此外，有　些　谓语—形式　却　是　专用于　末品的。　这就是说，它们虽具有谓语的形式，却永远不做整—句的谓语。

如这个例子所表明的，"谓语的形式"是以词尾"的"表明属性观念的自由词组。

⑧　这正是由于这不是仂语而是复合词。

⑨　参看前注。

⑩　修饰语的品的区别是这种划分的基础(比较注④)。王了一把其修饰语属于末品的仂语如"很好"列入一项，把其修饰语属于首品的仂语如"喝茶"列入另一项。

⑪　按照"高飞、最好"这样的仂语去类推，同时由于例子的细目分类的安排不妥当，读者可能发生猜测，王了一这些仂语——更正确地说，是表趋向的复合动词("拿起来"等)和表结果的复合动词("治好"等)——也是看做按"修饰语加被修饰语"的类型构成的，因而逐字翻译"拿起来"应该是 Держа понять (参看 Пгр，第 254 页)，"治好"应该是 леча〔сделать〕 здоровым。实际上情况是另一个样子：如下(第67页)所显示的，王了一把这两类动词仂语看做是由中心词加修饰语构成的，他叫这种修饰语为"末品补语"，也就是状态补语，参看下面第78—79页和第五章注㉑。

⑫　上面的分类是靠中心词(注④)或修饰语(注⑩)所属的品来进行的，那里"拿起来、治好"之类的复合动词之所以跟"高飞"之类的仂语相一致，是因为修饰语在所有这些情况下都属于末品，但是这里的情况却不相同，

这种分类是根据修饰语跟被修饰语的相关的位置建立起来的。这些动词并不和"高飞"一致,而和"喝茶"等等一致,因为修饰语在所有这些情况下都放在中心词的后面。

⑬ 联结词"和"хэ, хань(书面语言是"与",口语常常是"跟")原来是有 с 或 у 的意义的动词·前置词。在现代语言中标准的用法是它只能在名词或代词之前,但不能在动词或形容词之前:"我和你"意思不是 я и ты,而是 я 〔совместно〕с тобой,这个事实可由这个词的来源是动词来说明。

在 B₁ 中王了一把"和"看做"介词"(предлог,更恰当地是 междулог);参看第五章注⑨。

第五章　词类和词品

汉语里,词的分类,差不多完全只能凭着意义来分①。就意义上说,词可分为两大类:第一类是实词,它们的意义是很实在的,它们所指的是实物、数目、形态、动作等等;第二类是虚词,它们的意义是很空灵的,独立的时候它们几乎没有意义可言,然而它们在句子里却有语法上的意义②。

实词之中,最实的就是名词③。名词所指的东西,大多数是摸得着的,例如"猫、狗、衣、鞋"。即使摸不着,至少也是看得见的,例如"雾",或是听得见的,例如"雷",或是感觉得到的,例如"风"。越是未开化的民族,所用的名词越是这一类居多;文明的民族才有"政府、团体、议会、道德、因素"一类的名词④〔1〕。

名词之外,我们想把数目字另立一类,叫做数词。在有些语言〔2〕,数目字是和名词合成一个词的,恰像上古汉语对于一只鸟不叫"一鸟",只叫做"只";对于两只鸟不叫"二鸟",只叫做"双"。后来数目字离开了名词而独立,就变了抽象的意义,所指的不复是摸得着或看得见的东西了。因此,数词虽也是实词,然而它们"实"的程度却比名词差些⑤。

实的程度和数词相仿佛的是形容词。形容词是表示事物的德性的,如"黑、白、大、小"之类。离开事物而说德性,也是抽象的

---

〔1〕　编者注:此句文集本改为:越是早期的语言,所用的名词越是这一类居多;随着社会的发展,语言中才有"政府、团体、函数、道德、因素"一类的名词。

〔2〕　编者注:此从文集本改,原作"有些未开化的民族"。

意义。

动词也是抽象的意义。譬如"飞"这一种动作是隶属于那些能飞之物（如鸟）的，因为实际上"飞"的行为和那能飞之物不能分离；如果动词"飞"字独用，就成了抽象的意义了。

数词、形容词和动词独用时，虽都是抽象的意义；然而当它们加在名词之上的时候，仍然能表示具体的意义。所以它们和名词都可以称为实词。

另有一类词，如"很、颇、都、只、才、忽、渐、再、必、又、不、未"等等，它们非但不能单独表示实物，而且也不能加在名词之上，以表示一种具体的意义，所以它们不是纯粹的实词。我们把它们称为副词。副词可认为半实词，因为它们还能表示程度、范围、时间、否定作用等，和纯虚的字不同[⑥]。

另有一类词，如"我、你、他、这、那、这么、这么着"等等，它们的本身并不能表示实物或德性行为，然而它们却能替代名词、形容词或动词的用途。由此看来，它们的本身是虚词，而它们所替代的却是实词。我们把它们称为代词。代词可认为半虚词[⑦]。关于代词，我们在第六章里还有详细的叙述。

"是、非"二字，在意义上和动词差得很远。就汉语的本身而论，它们不该认为动词，因为它们并不表示一种实际的动作，只表示某一判断里，判断语和被判断者之间（如"孔子是圣人"，"圣人"是判断语，"孔子"是被判断者）一种连系的工具[⑧]。我们把它们叫做系词。系词也可认为一种半虚词。

所谓半实词，是实多于虚；所谓半虚词，是虚多于实。

纯粹的虚词只有两种：第一种是联结词，如"与、和、且、况、之、于"之类，它们能把某一词联结于另一词，或把某一仂语联结于另一仂语，或把某一句子联结于另一句子[⑨]。第二种是语气词，如"吗、呢、乎、哉"之类，它们能表示全句的语气[⑩]。联结词"与、和"

二字已见于第四章,其余的联结词将于第十四章里讨论。语气词将于第八章里讨论。

此外,还有一种字叫做记号⑪,就是词类或词的用途的标识。譬如"儿"字和"子"字,它们是名词的记号("梨儿、李子")⑫;又如"所"字,它是动词的记号(本来不是动词的字,加上"所"字也变了动词性,如"所天、所薪");又如"们"字,它是复数的记号("他们、伙计们");又如"的"字,它是修饰语的记号(已见上文第四章)。记号可分为两种:加在前面的叫做前附号,例如"所";加在后面的叫做后附号,例如"儿、子、们、的"等。记号只是词的一部分,不能独立成词⑬。

代词、系词、联结词、语气词和记号都可称为语法成分⑭。副词在某一些情况之下,也可认为语法成分。动词之中有"把、被"二字(见第十章),另叫做助动词,也近似于语法成分。一部语法书对于实词没有逐字讨论之必要,对于语法成分却常有逐字讨论之必要。

一个字是否可归入两个以上的词类呢? 可以的。譬如"我写信"的"信"是名词,"我不信"的"信"却是动词⑮。但是,必须是意义相差很远的,才可以认为词类不同;如果像"我在家"的"在"和"我在家读书"的"在",它们的意义是一样的,就不该分属于两个词类了。

词类是可以在词典里注明的,例如"虎"字,它在词典里该注为名词。但是,等到说话时,词和词结合之后,"虎"字所处的地位并不是永远一样的。"如虎添翼"的"虎"、"高坐虎帐"的"虎"、"虎踞一方"的"虎",它们所处的地位是有高低的。"如虎添翼"的"虎"所占的地位最为重要,"高坐虎帐"的"虎"次之,"虎踞一方"的"虎"又次之。这种地位,我们叫做词品。最重要的地位叫做首品,其次的地位叫做次品,又次的地位叫做末品,例如上面所说的三种"虎"字,可以分别地称为名词首品、名词次品、名词末品⑯。

词类和词品大不相同。词类的区分,以词的独立性质为标准,不管它和别的词接触后的结果如何;词品的区分,以词在句中的职务为标准,所谓品完全寄托在词和词的关系上。但是词类和词品也不能全无关系:某一词类和某一词品特别相宜,而另一词类则否。现在把名词、数词、形容词、动词、副词、代词、系词和词品的关系,分别叙述于下:

名词最适宜于用为首品(如"饿虎、飞虎、虎跳涧、武松打虎");又颇适宜于修饰性的次品(如"虎皮、虎牙、虎穴、虎子");至于用为末品,却颇为罕见。用为末品的名词,大半是一种譬喻,例如"虎踞、龙蟠、蚕食、瓜分、蛇行、云集"之类。这种用法在现代口语里更是非常之少⑰。

数词最适宜于用为修饰性的次品(如"三个人、两匹马、五月、十六日")。用为首品的颇为罕见(如"减半、成双、上万、闻一而知十")。用于末品者,在古代是常见的(如"三过其门而不入"),现代口语里却没有这种用途了。

形容词最适宜于用为次品(如"大国、国大⑱、孝子、子孝")。有一部分的形容词也常用为末品(如"新来、乱说、大吃一顿")。只有一些关于道德方面的形容词,如"忠、孝、贤、愚"之类,是永远不用于末品的。形容词有时候也用于首品;但多数是双音词,或平行的两个形容词(如"不怕辛苦、不识好歹")。偶然也可以用单音词,但是得依照习惯(如"吃苦、描红、不怕穷")。至于文言里,单音形容词用于首品者却较为常见(如"识小、鸣高、习静、偷闲");尤其是"忠、孝、贤、愚"之类(如"效忠、尽孝、尊贤、守愚、警顽、立懦"等)。

动词最适宜于用为次品(如"飞鸟、鸟飞、走兽、兽走")⑲;但是用为修饰性的次品者(如"飞鸟、走兽、流水、睡狮")较为少见;在这一点上，它和形容词的用途颇有分别，因为每一个形容词都可以用为修饰性的次品，而有些动词却不能有此功用，例如"救、怕、咬、嚼"等。有时候，动词也可以用于首品；但多数是双音词，或平行的两个动词（如"我赞成他的主张、我不顾他的死活"）。偶然也可以用单音词，但是得依照习惯（如"不信他的劝、挨了一顿打"）。动词之用于末品者，有些是位置在主要动词之前，而又带着修饰性的，如"飞奔、死守、分用"之类，但是这种情形甚为罕见。另有些是虽在主要动词之前，却不带着修饰性的[20]，如"能行、可食、要去、敢做"之类。又有些是位置在主要动词之后的，我们叫做末品补语[21]，如"拿起、放下、走过、说出来"之类。

副词因为近似虚词，所以只能用于末品，如"又来、更好、不怕"之类。有些形容词末品，如"慢走"的"慢"、"高飞"的"高"、"静坐"的"静"等，一般的语法书认为副词，我们在本书里却不认为副词，仍认为形容词，不过是形容词之用于末品者而已。

代词，如"我、你、他"之类，它们最适宜于用为首品（如"我笑、他来、问你、打他"），或领有性的次品（如"他母亲、我哥哥"）。但是它们不能用于末品。又如"这、那"之类，它们最适宜于用为指示性的次品（如"这人、那书"）。"这、那"加上"么"字，就变为末品（如"这么办、那么说"）。

系词，它本身虽不是动词，但它的前面可以加上一个末品词（如"真是、不是"）[22]，在这一点上，它和动词颇有相似之处。它虽是带有联结性的虚词，但也可认为准次品。

纯粹的虚词不能有品，因此，在"我和你去"一句话里，"我、你"是首品，"去"是次品，"和"没有品。在"张先生的兄弟又来了吗"里，"张先生"是领有性的次品，"兄弟"是首品，"又"是末品，"来"是叙述性的次品，"的、了、吗"都没有品。

第四章里说过，一个仿语原则上只有一个词的用途，所以仿语也能有品。仿语的品,必须和其中包含的一个词的品相同。在主从仿语里,它和它的中心词同品,例如在"白马"里,"马"是中心词,是首品,于是"白马"这一个仿语也是首品;在"吃饭"里,"吃"是中心词,是次品,于是"吃饭"这一个仿语也是次品。在等立仿语里,它和等立的任一词都同品,例如在"姊妹"里,"姊"和"妹"都是首品,于是"姊妹"这一个仿语也是首品;在"勤俭"里,"勤"和"俭"都是次品,于是"勤俭"这一个仿语也是次品。这是只就简单的仿语立论;至于复杂的仿语又有不同,它们的品是要看它们和别的词或仿语的关系而定的,例如在"白马的头"里,"马"对于"白"虽是首品,但是整个"白马"这一个仿语对于"头"字却是一个修饰性的次品仿语。在"吃饭不容易"里,"吃"字虽是次品,但是整个"吃饭"这一个仿语对于"不容易"这另一仿语而言,却是一个居于主语地位的首品仿语。由此类推,咱们就可以明白:品只是某一语言成分和另一语言成分发生关系后所处的地位,关系可以变化,因而品也是可以变化的。

　　一句话,无论怎么长,简单说起来,只能包括一个大首品和一个大次品,例如:"李德耀的姑母的大儿子赵世光昨天偷偷地在张家的花园里摘了葡萄架下的一枝月季花。"这一句话可以详细分析如下:

　　在"李德耀的姑母"里,"姑母"是首品,"李德耀"是次品。

　　在"大儿子"里,"儿子"是首品,"大"是次品。

　　在"李德耀的姑母的大儿子"里,"大儿子"是首品仿语,简称首仿;"李德耀的姑母"是次品仿语,简称次仿。

　　在"李德耀的姑母的大儿子赵世光"里,"赵世光"是首品,和"李德耀的姑母的大儿子"那首品仿语可认为同品,又称为同位㉓。在这里,"李德耀的姑母的大儿子"之所以不被认为次品仿语者,因为它没有修饰性。但是,在地位看,它也带若干次品的性质。

　　在整个句子里，"李德耀的姑母的大儿子赵世光"是一个大首品，是一句的主语。

　　在"张家的花园"里，"花园"是首品，"张家"是次品。

　　在"张家的花园里"里，"里"是首品㉔，"张家的花园"是次品。

　　在"在张家的花园里"里，"在"是次品，"张家的花园里"是名词性仂语，有末品的性质（因为它修饰"在"字）㉕。

　　在"葡萄架"里，"架"是首品，"葡萄"是次品。

　　在"葡萄架下"里，"下"是首品㉖，葡萄架是次仂。

　　在"一枝"里，"枝"是首品（单位名词），"一"是次品。

　　在"一枝月季花"里，"月季花"是首品，"一枝"是次仂。

　　在"葡萄架下的一枝月季花"里，"一枝月季花"是首仂，"葡萄架下"是次仂。

　　在"摘了葡萄架下的一枝月季花"里，"摘"是次品，"葡萄架下的一枝月季花"是名词性仂语，有末品的性质（因为它修饰"摘"字）㉗。

　　在"在张家的花园里摘了葡萄架下的一枝月季花"里，"摘了葡萄架下的一枝月季花"是次品仂语，"在张家的花园里"是末品仂语，它所修饰的是"摘了葡萄架下的一枝月季花"。

　　在"偷偷地在张家的花园里摘了葡萄架下的一枝月季花"里，"偷偷地"是末品词，它所修饰的是整个大次仂"在张家的花园里摘了葡萄架下的一枝月季花"。

　　在"昨天偷偷地在张家的花园里摘了葡萄架下的一枝月季花"里，"昨天"是末品词，它所修饰的是整个大次仂"偷偷地在张家的花园里摘了葡萄架下的一枝月季花"。

　　在整个句子里，"昨天偷偷地在张家的花园里摘了葡萄架下的一枝月季花"是一个大次品，是一句的谓语。

注释:

①　这样的一个传统观点,不止是王了一所特有的,而且是大多数中国语法作者都具有的;中国的语法作者不注意汉语词类划分的语法标准,而相当怀疑地对待词类划分,主要从讲述语法的"方便"的观点来承认它。参看如 Впр,上册第 4、33 页;B₁,第 36 页;Лчж,第一讲第三段。

实际上汉语词类划分的各种语法标准是完全站得住的(参看 Ди——本书特别讨论这个问题)。这就是某些种类的词跟另一些种类的词的各种结合,以及各色各样的词头词尾。当然,如果设想王了一不注意到这类标准(参看本章注⑤)那也是不对的,只不过他并不给它们应有的意义而已。

在 B₁ 一文(第 35—36 页)中,王了一公正地写道,词的词类划分有它一定的根据,但是他仍然不认为这些根据在于语法,而是在于修辞,在于所谓"对仗"的现象,在于"好(良好)"xao³/"好(喜好)"xao⁴ 一类的声调变化,而这些在现代语言里只是词汇事实而不是语法事实(Пгр,第 19—20 页)。

②　"实词"和"虚词"这些汉语语法的术语,如所周知,进入了普通语言学的科学习用语中,特别是应用在俄罗斯学者的著作中;参看如 B.B.维诺格拉多夫(Виноградов)院士的《现代俄语》(Современный русский язык),1938 年,第一册第 42 页。

③　王了一按照词的物质性和具体性的程度来分实词;他认为名词最实,其次是数词和形容词,最后是动词。从语法方面看,问题不在于某个词的意义的具体性或抽象性的不同程度(像王了一所指出的,实词也能有非常抽象的意义),而在于汉语中为某种词类所固有的谓语性程度:动词(尤其是不及物的)具有最大的谓语性,然后是形容词,如所周知,它像动词一样能够独立地做谓语而不借助于系词;数词具有很小程度的谓语性(能说"他不是 25 岁",但不说"他不 25 岁"),最后,名词的谓语性程度等于零,名词通常不能不借助于系词而独立地做谓语(能说"他是工人",但不说"他工人")。据此,实词就分为体词(名词和数词)和谓词(形容词和动词);参看 Ди,第 12 页。

④　在 B₁ 中王了一用下面的例子来说明这两类名词。

在武松看来,景阳冈上的老虎,刺激它是那样,不刺激它也是那样,总之是要吃人的。(毛泽东)

我们现在的任务是要强化人民的国家机器,这主要地是指人民的军队,人民的警察和人民的法庭,借以保护国防和保护人民利益。(毛泽东)

⑤　根据王了一在 B₁ 中所分的词类(参看第五章注①),作为独立的词类的数词是根本没有的,虽然王了一也写道:"一般人都把数目字归入形容词

一类。为了方便,这样做是可以的。但应该注意两点:一般形容词后面可以有'的'字,数目字后面不能有'的'字;一般形容词后面不能跟着单位名词,数目字后面常常跟着单位名词"(B₁,第32页)。关于数词的语法特点,参看Ди,第四章。

⑥　例如:

……中国共产党已经走过了二十八年了。(毛泽东)

但是我们的事情还很多,譬如走路,过去的工作只不过像万里长征走完了第一步。残余的敌人尚待我们扫灭。(毛泽东)

⑦　必须承认,把汉语的副词解释为半实词而把代词解释为半虚词,是非常中肯的。在Ди(第13页)中对这两类词作了语法的叙述,并且把它们从实词虚词划分出来。

⑧　关于这一点,比较Л.В.谢尔巴的话:"从以上关于动词的一般叙述可以看出,系词 быть 虽有动词的形式,却并不是动词,因为它没有行为的意义"(参看 Л.В.谢尔巴《论俄语词类》О частях речи в русском языке 一文,见《俄语》Русская речь 文集,第二册,1928,第 21 页);在 Дети——это наше будущее(儿童是我们的未来)一类句子里的"系词"это 和汉语的"是"十分近似。

但是后来,王了一放弃了原来把"是"当作非动词性质的系词的解释(B₁,第32页,注②);结果便把跟系词相连的成分解释为"动词""是"的"宾语"(B₂,第37页),因而引起"严格的谓词"和判断句的"主要骨干"之间的一定的矛盾(B₄,注①)。参看第十二章注②。

⑨　在 B₁ 中王了一把"联结词"分为两类:

连词,王教授把它了解为连接句子的虚词:"但、假如、如果";介词,就是连接实词的虚词。王教授把"和(и、с,参看第四章注⑬)、或"以及修饰语记号"的"都归入"介词"(参看第 66 页)。这样的"介词"的数量在现代语言中非常有限,但是它们常常用到。在古代汉语中,介词多得多,其中有些在现代文学语言中还使用着,例如"以(工具的和直接的目的语的记号)、于、而"(参看马建忠的语法《马氏文通》,卷七)。

我们心目中的前置词,王了一否认它在汉语中存在,而把所谓"动词·前置词"中的"把"和"被"看做 вспомогательные глаголы(B₁ 中叫"副动词",本书叫"助动词"),其余的则认为是一般动词。参看第十章注①。

相应地,王了一也没有"里、上"之类(名词的)"后置词"。他把它们解释为被修饰的名词,在本书则列入"首品",参看本章注㉔。

⑩　在 B₁ 中王了一同样地把感叹词列入虚词,正确地认为它跟语气词

的区别在于感叹词是处在句子之外的。

⑪　记号,细分为前附号和后附号;在 B₁ 中王了一只简单地说"词头"和"词尾"。

⑫　关于"儿"和"子"这两个字的意义参看 A.A.龙果夫的文章《现代汉语中依存的事物性范畴和非依存的事物性范畴——词尾"儿"和"子"》Категория зависимой и независимой предметности в современном китайском языке——суффиксы(э)р и-цзы,见《苏维埃东方学》Советское востоковедение 文集,卷六,1949,第 102—119 页。同时参看 Brp,上册第 298—304 页。

⑬　参看第三章注⑥。

⑭　参看第三章注①。

⑮　在现代语言中"书信"的"信"和"相信"的"信"是两个不同的词,它们隶属于不同的词类,可由它们和其他词以及和虚字的不同结合性来证明:可以拿"一封信"或"写信"这一类仂语跟"不信、信佛"这一类仂语作比较。参看 Лгр,《中国语文》1952 年 8 月号,第 19 页。关于词类划分中的可结合性和不可结合性范畴的运用,参看 Ди,第 17—26 页。

⑯　在词类划分上王了一没有看到语法标志上的根据,把自己的语法体系建立在叶斯泊生的三品(the three ranks)说上,想这样来找出路。"词品"是依王了一的术语系统;叶斯泊生的术语 primary、secondary 和 tertiary 被王了一相应地用"首(即第一)品、次(即第二)品、末(即第三)品"翻译过来。

大家都知道,叶斯泊生把动词的人称形式和形动词﹡一样列入形容词所属的次品,这是他的三品说的基本缺点。连叶斯泊生自己也不能不指出在 junction(组合式)和 nexus(连系式)之间的明显的基本差别之中这样统一起来是牵强的。须知我们在带修饰成分的一个词组中虽然可以说它们在重要程度上能分出等级来——其中被修饰的名词是主要的词(首品),但是我们绝对不能说在连系式仂语中动词(在汉语里还有形容词)所述说的名词是仂语最重要的成分。事实上,叶斯泊生在从组合式的仂语转到连系式的仂语时候,放弃了进入仂语的词的相对重要性的讨论根据,而公开要求读者承认形动词(in this furiously barking dog——"这狂吠的狗"里)跟动词的人称形式(in this dog barks furiously——"这狗狂吠"里)的一致性,从而要求承认 verbum finitum(定式动词,即人称形式的动词)属于次品的说法是正确的。参看叶斯泊生《英语语法概要》(Essentials of English Grammar),伦敦,1935,第八章 §1,第 78—79 页;还有他的《语法体系》(The System of Grammar),见他的《语言学》(Linguistica)文集,1933,第八章,第 313—316 页;还有他的《语法哲学》(The Philosophy of Grammar)，伦敦，1935，第七章，第 96—98 页。

  * 译者注：动词的"人称形式"指句子中的主要动词，因为在许多印欧语言里主要动词是有人称变化的，例如 this dog barks furiously 里面的 barks；"形动词"在这里等于英语的分词(participle)，例如 this furiously barking dog 里面的 barking。

  把"三品"说成是在句子中按其重要程度而分的真实的"等级"，即使当重心(表达的新成分)不是动词·谓语，而是句中其他某个成分比如主语(来了经理；打破了杯子)或者状语(他昨天到了)——顺便提提，又如叶斯泊生第二个例子的 furiously 一词，同样也是不能接受的。

  况且，叶斯泊生词的三品的学说在王了一这里和布龙菲尔特的中心词与修饰语的学说发生了冲突，特别表现在对于仿语"吃草"和"摘月季花"的分析的冲突上。依照布龙菲尔特的说法(但用叶斯泊生"等级称呼"的名目)，王了一在本章(第 81 页)里把仿语"摘月季花"看做是由次品词加末品词组成的，因为按照布龙菲尔特"月季花"一词修饰动词"摘"，而在第九章(第 125 页)王了一又依照叶斯泊生的说法，把类似的仿语"吃草"解释为由次品词和首品词(即叶斯泊生的最重要的)组成的，因为"草"是"吃"的目的语。同时参看 Brp，上册第 48—49 页，那里王了一把这类仿语看做(依叶斯泊生)由次品和首品组成的，但却解释说，次品词是最重要的成分，因为整个仿语(依布龙菲尔特)在职能方面同于动词。

  ⑰ 我们看到表示事物的词素用做末品，例如在"路遇"或"面见"这样的复合动词里。

  ⑱ 关于仿语"国大"参看第五章注⑨*。

  * 译者注：第五章注⑨并没有谈到"国大"这个仿语。可以参看第 148 页。

  ⑲ 王了一所举的"飞鸟、走兽"的例子，不大能够证明，因为它们不是仿语而是词；前者意思是鸟类、飞禽，而后者意思是兽类。汉语里作修饰语用的动词往往要求加上词尾"的"；参看第四章注⑥。

  ⑳ 同时参看 Bпp，上册第 10 节能愿式。在 B_2 中，王了一把语气动词看做主要动词的加语。参看第四章注③。

  例如：

   我们必须克服困难，我们必须学会自己不懂的东西。(毛泽东)

  ㉑ 参看 Brp，上册第 50—51 页，以及第四章注⑪。对"补语"("状况补语")这个概念，王了一在 B_2 中有所探讨，但是已经不是叶斯泊生的"词品"了。在那里他分了下面几类"状况补语"：

  (甲)解释补语或者"同位语"，参看注㉓；

（乙）结果补语,例如:

　　帝国主义的侵略打破了中国人学西方的迷梦。（毛泽东）

（丙）程度补语,例如:

　　错误和挫折教训了我们,使我们比较地聪明起来了,我们的事情就办得好一些。（毛泽东）

（丁）数量补语,例如:

　　我们党走过二十八年了……

同时参看 Лгр,（《中国语文》1953 年 2 月号,第 21—24 页）,那里作了"状况补语"的语法的论述,并且把它们和目的语、修饰语区别开来,同时详尽地研究了它们的类型。

㉒　在 B₂ 中王了一引用了下面关于系词（动词）"是"的修饰语的例子:

　　任何政党,任何个人,错误总是难免的,我们要求犯得少一点。（毛泽东）

　　……这主要地是指人民的军队,人民的警察和人民的法庭……（毛泽东）

㉓　关于术语"位"参看第九章和对它的注。在 B₂ 第 40 页)中把"同位语"当做一种"解释补语",并且把它看做"状况补语"的个别情形（参看注㉑）,例如:

　　中国人找到了马克思列宁主义这个放之四海而皆准的普遍真理……（毛泽东）

㉔　在历史上情况才是这样——在现代语言里"里"成为虚字,后置词,缺乏重音和声调,已经不能再认为首品的"词"。在"三品"的观点上,后置词"里"既然是虚字,就不属于其中任何一品,但是它的增添使整个仂语由次品转为末品,加给这个仂语的不是事物的意义,而是"地点"的意义。

㉕　参看本章注⑯。

㉖　前面关于后置词"里"的叙述对于后置词"下"也适用;参看本章注㉔。

㉗　参看本章注⑯。

第六章　替代法

替代法是语言经济的一种手段。咱们在语言里运用若干代词①，本来应该用实词表示的地方改为用代词表示，这样可以更简单，有时候还可以更明了，例如我本来应该说："我昨天在街上遇见了李德耀，李德耀告诉我说，李德耀的哥哥已经考进了大学了。"如果利用代词，说成："我昨天在街上遇见了李德耀，他告诉我说，他的哥哥已经考进了大学了。"就简单得多了。有时候，某一种代词是最常用的，而它所代的应该是什么，却只能凭咱们的想象是如此，实际上决不会有这种啰嗦的说法。例如："他只怕他的父亲，不怕别人。"这"别人"二字有多么直截了当！假使不用它，就该说成："他只怕他的父亲，不怕他的父亲以外的人。"岂不太啰嗦了吗？再者，"他的父亲以外的人"非但不比"别人"的意思更清楚，而且，也许是习惯的关系罢，倒反令人觉得意思暧昧些。所以我们说，代词有时候可以使语意更为明了。

我们在上文说本来应该用实词表示的地方改为用代词表示，这话只是大概的说法（也是一般人的说法）；实际上，有些代词并非为替代别的词而设，例如"谁"字，它并没有替代任何名词，它只是要求对话人把一个名词去替代它。又如"张仁和"自称为"我"的时候，咱们并不一定要把"我"认为替代"张仁和"，因为即使张仁和是一个没有名字的人，他仍旧可以自称为"我"。又如我在街上看见一个不知姓名的人，我对你说："你瞧他的相貌像不像马子光？"这里的"他"字也并没有替代任何名词。因此咱们可以说，代词不一定替代实词（更不一定替代名词）；它有时候替代未知或不能说出名字的事物。

代词大致可分为七类②,如下:

人称代词,如"我、你、他"等;

无定代词,如"人家、别人"等;

复指代词,如"自己";

交互代词,如"相";

被饰代词,如"者";

指示代词,如"这、那";

疑问代词,如"谁、什么、哪、怎"等。

现在我们把这七类的代词分别讨论于后。

一、人称代词③

人称代词有单复数的分别,单数是"我、你、他",复数是"我们、你们、他们"(加复数记号"们"字)。又有人称的分别:凡说话人自称,或包括说话人在内者,叫做第一人称,即"我"和"我们";凡称呼对话人或包括对话人在内者,叫做第二人称,即"你"和"你们";凡说及别人,不包括说话人或对话人在内者,叫做第三人称,即"他"和"他们"。

汉语的人称代词,本来没有性的分别;近年因为受了西洋语法的影响,一般的白话文里,都把第三人称分为阳性、阴性和中性,阳性写作"他"④,阴性写作"她"⑤,中性写作"它"或"牠"("它"是"他"的古字,"牠"可说是从物省)。但是,这只是文字上的分别:在语音上,咱们并没有把"他、她、它"念成三种声音。虽然有人提议把"她"念成"伊",把"它"念成"拖",然而人造的语言是很难成为事实的。既然在口语里人称代词没有性的分别,我们仍旧认为现代汉语里的人称代词还没性的存在。近年偶然有人把阴性的"你"写作"妳",这比西洋语法更进一步,而事实上并没有这种需要。这种标新立异的办法,毫无学理上的根据,不值得模仿的。

在北京话里,第一人称复数还有包括式和排除式的分别⑥。

所谓包括式,就是把对话人包括在内,说成"咱们";所谓排除式,就是不把对话人包括在内,说成"我们"。换句话说,当我说"咱们"时,其中包括着"你";当我说"我们"时,其中并没有"你"在内。有人误会,以为"咱们"的范围广,"我们"的范围小,这是错误的见解。只要包括对话人在内,两个人也可以成为"咱们";若不包括对话人在内,十个人以上也只能称为"我们"。下面是一些《红楼梦》的例子:

　　A. 老祖宗走罢。咱们家去吃去,别理他。(53)

　　B. 咱们两个如今且往老太太那里去听听。(49)

　　C. 这也和咱们家池子里的一样。(31)

　　D. 咱们几个人吃酒听唱的不乐,寻那个苦恼去?(26)

　　E. 有事没事,跑了来坐着,叫我们三更半夜的不得睡觉!(26)

　　F. 嫌我们就打发了我们,再挑好的使。(31)

　　G. 从我们家里四个女孩子算起,都不如宝丫头。(35)

　　H. 你反招了我们来,大顽大笑的。(42)

二、无定代词

　　凡代词,其所指的人物并无确定性者,叫做无定代词。"人、人家、别、别人"之类⑦,都是无定代词,例如:

　　A. 那边大太太又打发人来叫。(45)

　　B. 人家还替老子死呢!(47)

　　C. 姑娘请别的屋里坐坐罢。(32)

　　D. 晴雯姐姐素日和别人不同。(78)

　　E. 大家叹息了一回。(22)

　　但是,"人"和"人家"在某一些情形之下,暗指"我"或"他"而言,意义变为确定。这是无定代词的活用,例如:

　　A. 你太把人看糊涂了。(55)

B. 你只怨人行动嗔怪你,你再不知道你呕的人难受。(20)

C. 你看着人家赶蚊子的分上,也该去走走。(36)

D. 人家说是便怎么样?(《儿女英雄传》18)

"大家"如果用于同位,所代的人也就变为确定的,例如:

A. 我们大家都去。

B. 他们大家都不干了。

"等"字,也可认为无定代词,它是表示概括的,譬如说"张三李四等",就等于说"张三李四和某一些人"。

"某"字,在形式上是无定代词;但是,"某"字所替代的,事实上是确定的人或物。只是叙述事情的人觉得没有说出的必要,就用"某"字来替代,例如:

A. 这下剩的按房分开,某人守某处。(14)

B. 某年月日书赐荣国公贾源。(3)

三、复指代词

复指代词只有"自己"一个词。因为它常常和主语或目的语居于同位,或复指一句的主语,所以叫做复指代词,例如:

A. 他骂他自己。

B. 他不喜欢他自己的相貌。

当"自己"和主语遥遥相应的时候,更是居于重要的地位。那种地方,若单用"他"字,意义就非常含糊;若用"自己",意义就非常清楚,例如:

A. 凤姐算着园中姊妹多,性情不一,且又不便另设一处,莫若送到迎春一处去;倘日后邢岫烟有些不遂意的事,纵然邢夫人知道了,与自己无干。(49)

B. 黛玉伸手拿起,打开看时,却是宝玉病时送来的旧绢子,自己题的诗,上面泪痕犹在。(87)

有时候,"自己"或"自家"用于末品[8],只是独自或一个人的意

思,例如:

　　A. 自己吃只怕又吃不下去。(89)

　　B. 你们不去,我自家去。(29)

　四、交互代词

　　交互代词只有"相"字,它是表示二人或二物(或更多)之间的交互性的。它只能用于末品⑨,有时候说成"互相",例如:

　　A. 故二人最相投契。(2)

　　B. 从此再不能相见矣。(66)

　　C. 黛玉忙起身迎上来见礼,互相厮认。(3)

　　D. 一一的都互相拜见过。(9)

以上"相"字是指人而言。

　　E. 可是这两个字罢? 其实和"庚黄"相去不远。(26)

　　F. 果然与宝钗之说相符。(49)

以上"相"字是指事物而言。

　　"相"字有时候丧失了交互性,它只像一个倒装的"他",或倒装的"你、我、自己"等,例如:

　　A. 众人都忙相劝慰。(3)

等于说"忙劝慰他"。

　　B. 因素常一个打坐的,今日又不肯叫人相伴。(112)

等于说"不肯叫人陪伴自己"。

　　现代口语里,"相"字渐渐失势,一般民众只用"你、我"二字相照应,以表示交互性,例如:

　　A. 后来两个竟是你疼我,我爱你。(58)

　　B. 众姊妹弟兄都你悄悄的扯我一下,我暗暗的又捏你一把。(75)

这种"你、我",表面上是第一、第二人称,实际上指的是第三身。注意须用两个"你"字,两个"我"字。"你"和"我"相应,"我"和

"你"相应。

五、被饰代词

普通的代词都是不受次品修饰的；只有"者"字恰恰相反，它是必须受次品修饰的。所以我们把它叫做被饰代词[10]，例如：

A. 安富尊荣者尽多，运筹谋画者无一。（2）

B. 被殴死者乃小人之主人。（4）[1]

C. 香菱晴雯宝钗三人皆与他同庚，黛玉与他同辰，只无同姓者。（63）

D. 只用箫和笙笛，余者一概不用。（54）

"者"字所替代的名词，如果不是"人、物"一类的大类名，就必须在上文先说出其所替代的名词，然后用"者"字和它相应，例如：

A. 我有两个妹妹，大者十岁，小者八岁。

B. 书不必尽读，佳者读之，劣者舍之。

"者"字是古代残留的代词，现代口语里不常用它[11]。该用"者"字的地方就用"的"字，例如"大者十岁，小者八岁"可以说成"大的十岁，小的八岁"。但是，"者"和"的"的词性并不相同："者"是代词，常用于首品；"的"是修饰语的记号，常附于次品的后面。"的"的后面该认为有一个名词被省略了，把被省略了的名词补出来还是通的，例如"大的妹妹十岁，小的妹妹八岁"；至于"者"的后面，就不该认为有一个名词被省略，因为咱们不能说"大者妹妹十岁，小者妹妹八岁"。"者"和"的"的词性既不相同，它们的用途也不能完全相同，譬如"这书是我的"不能译成"此书是我者"，"这钱是张先生的"也不能译成"此钱是张先生者"。因为"者"字是只能受形容词或形容性仂语的修饰，不能受人称代词或专名的限制的。

---

〔1〕　编者注：A、B两例，文集本改为：A. 那一位是衔玉而诞者？（14）　B. 逝者已登仙界。（15）

六、指示代词⑫

指示代词只有"这、那"二字,常被用于次品。"这"字用于近指,"那"字用于远指,例如:

　　A. 这水又从何而来?（17）

　　B. 那胭脂膏子也等我来再制。（9）

　　C. 这一省逛一年,明年又到那一省逛半年。（50）

"这、那"也可用为首品,但以居主位者为限,例如:

　　A. 这不是我那一块玉?（85）

　　B. 那不是林家的人。（57）

如果在目的位,就用"这个"和"那个",不能单用"这"和"那",例如:

　　A. 原来是云儿有这个。（29）

　　B. 那个我不要。（19）

等于说"我不要那个"。

"这、那"的复数是"这些、那些"⑬,例如:

　　A. 那一个配比这些花儿?（21）

　　B. 你的那些姑娘们也该教训教训。（28）

如果指处所而言,"这、那"就变了"这里、那里"或"这儿、那儿"⑭,例如:

　　A. 这里又住得近。（36）

　　B. 也曾提起这里的义学倒好。（7）

　　C. 那里不干净。（13）

如果指时间而言,"这、那"就变了"这会子、那会子"或"这会儿、那会儿",例如:

　　A. 这会子见了这花,因有所感。（30）

　　B. 那会子不害臊,这会子怎么又臊了?（32）

　　C. 这会儿窗户纸发青了。（82）

    "这样"和"那样"、"这么"和"那么",都是指示方式和程度的⑮。"这等"和"那等"就专指程度而言。"这样"和"那样"可以用于三品;"这么、那么"和"这等、那等"却只能用于末品,例如:

    A. 既是这样,你替我囒囒就饶你!(75)

"这样"用于首品。

    B. 弄得这样光景。(81)

"这样"用于次品。

    C. 我也是这样想。(82)

    D. 想和尚们的那样腌臜,只恐怕气味熏了姐姐们。(66)

"这样"和"那样"用于末品。

    E. 琏二奶奶要传,你们也敢这样回吗?(71)

    F. 熬了这么大年纪。(55)

    G. 你打量我是和你们姑娘那么好性儿。(74)

    H. 我也没那么大精神和他们尽着吵去。(82)

"这么"和"那么"用于末品。

    I. 怎么这等高兴?(52)

    J. 谁知他家那等荣贵,却是个富而好礼之家。(2)

"这等"和"那等"用于末品。

    关于程度修饰⑯,还有"这么个、那么个"和"这么些、那么些",都是用于次品的。"这么个"可认为"这么一个"的省略,"那么个"可认为"那么一个"的省略,所以也可说成"这么一个"和"那么一个"。它们都是表示夸张的,例如:

    A. 就只没看见你这么个有头有脸大管事的奶奶!(74)

    B. 我见他们吓的那么个样儿。(101)

    C. 再不想大远的从德州瘪了这么一个干脆的招手儿来。(《儿女英雄传》23)

    "这么些"可认为"这么"和"这些"的混合,"那么些"可认为

"那么"和"那些"的混合,都是甚言其多,例如:

A. 这么些婆婆婶子凑银子给你做生日,你还不够?(43)

B. 倒象是客,有这么些套话!(85)

C. 床底下堆着那么些(钱),还不够你输的?(20)[1]

关于方式修饰,还有"这么着"和"那么着",它们是替代整个谓语的⑰,例如:

A. 黛玉……便说道:"你既这么说,为什么我去了你不叫丫头开门呢?"宝玉诧异道:"这话从那里说起?我要是这么着,立刻就死了!"(28)

"这么着"替代"不叫丫头开门"。

B. 舍弟的药就是那么着了?(83)

"那么着"替代原来的服药方法。

七、疑问代词

大致说起来,疑问代词可认为是和指示代词相配的,例如问一声"是谁",就可答一声"是这个人"(虽然也可回说"是他"或"是李德耀"之类);问一声"是什么",就可答一声"是这个东西"。下面的一个表,就是表示疑问代词和指示代词的关系的⑱:

谁?哪一个?——这个人。

什么?哪一个?——这个东西。

什么(次品)?——这样。

怎么?怎么样?——这么,这样。

怎么着?——这么着。[2]

怎么个?——这么个。

多少?——这么些。

---

〔1〕　编者注:该例文集本改为:那么些(钱)还不够?(43)

〔2〕　编者注:"这么着"后文集本增"这么样"二字。

哪里？哪儿？——这里，这儿。

多早晚？多咱？——这会子，这会儿。

下面是一些《红楼梦》的例子：

　　A. 谁走了这个消息？（74）

　　B. 砚台下是什么？（63）

　　C. 你要有个好歹，叫我指望那一个呢？（35）

疑问代词的"那"写起来本和指示代词的"那"相同⑲。近年有人觉得须有分别，才把疑问代词的"那"写作"哪"。

　　D. 你看这三个字，那一个好？（8）

　　E. 什么雀儿变俊了，会说话？（41）

　　F. 你说该怎么罚他？（45）

　　G. 姐姐别管，看他怎么着？（59）

　　H. 家里奶奶多大年纪？怎么个利害的样子？（62）

　　I. 王大夫来了，给他多少？（51）

　　J. 素云那里去了？（40）

　　K. 袭人到底多早晚回来？（52）

　　在上述的许多疑问代词当中，"怎么"和"哪里"都有一种活用法。"怎么"的活用法是借来表示原因疑问，等于说"为什么"；"哪里"的活用法是借来表示否认某事的可能性，或否认某种判断的真确性，它的大意是等于说"怎么能"或"怎么会"，例如：

　　A. 你怎么不和他们去？（20）

　　B. 怎么他们都凑在一处？（49）

　　C. 我那里等得？（55）

　　D. 那里是请我做监察御史？（45）

　　疑问代词有时候并不真的表示疑问，它们只在非疑问句里表示一些特殊的意思。这种不表示疑问的疑问代词，大致可分为四类，如下：

（一）疑问代词替代说不出的事物。说不出的事物，有时候是事情尚未实现，所以不能逆料；有时候是事情虽成过去，有些人或物要说出来感觉困难或麻烦，而且不说出来也不要紧，倒反有简洁的好处，所以索性不说。这些说不出的事物都可用疑问代词来替代，例如：

　　A. 没人记得清楚谁是谁的亲故。（59）

　　B. 想什么，只管告诉我。（35）

　　C. 你只监察着我们里头有偷安怠惰的，该怎么罚他就是了。（45）

（二）疑问代词帮助坚决、不定或委婉的语气，视全句的语气如何而定，例如：

　　A. 从来没听见有个什么金刚丸。（28）
表示坚决地不相信。

　　B. 只有一位小姐，名字叫什么若玉。（39）
表示不敢确信她名叫若玉，也许记不清了。

　　C. 胡道长我是知道的；但是他家教上也不怎么样。（92）
要说家教不好，委婉地说成"不怎么样"。

（三）疑问代词替代任何事物。疑问代词，在某一些情形之下，可以替代任何事物。这就是说，在所说及的人或事物的范围之内，没有一个例外。这种疑问代词往往是有"凭他、任凭"和"不管"在前面，或"都、也"一类的字在后面的，例如：

　　A. 凭他是谁，打死了总是要偿命的。（85）

　　B. 任凭我怎么不好，万不敢在妹妹跟前有错处。（28）

　　C. 宝姐姐有心，不管什么他都记得。（29）

　　D. 谁都喜欢他。

　　E. 这两天什么事都不能做。

　　F. 怎么留也留他不住。

（四）前后同一疑问代词相应，表示它们所指的人、物完全相同。这样,如果前一个疑问代词所替代者为未知的人、物,后一个也表示未知;如果前者所替代的人、物变为已知,则后者所替代的人、物也跟着变为已知,例如:

  A. 谁先得了谁先联。(49)

  B. 凭你说是谁就是谁。(65)

  C. 问他什么应什么。(61)

  D. 我什么时候叫你,你什么时候到。(67)

  E. 以后那一行乱了,只和那一行算账。(14)

  F. 等他好了出来,爱怎么添,怎么添。(55)

  G. 要多少银子给他多少。(48)

  以上疑问代词的四种用法,是古代汉语语法所没有的;然而古代却另有办法,可以表示同样的意思,例如"谁先得了谁先联",在古代该是"先得者先联"。"者"字在现代大众口语里是死了,却有"谁"和"谁"相应或"什么"和"什么"相应来替代它的作用。由此可见,无论古今中外,任何民族,语法总是够用的,当甲种方式缺乏的时候,就有乙种方式来补偿。若固执某种方式而说古胜于今或今胜于古,或甲族语胜于乙族语,都是一偏之见。

注释:

  ①　"代词"这个术语是非常恰当的,因为用这样的名称,可以把代名词和谓词性代词统一起来(Ди,§226—229)。

  ②　这样的分类法仍然几乎是以词义为唯一根据的,因此,和词类的划分一样,不能反映现代汉语代词的体系,也就是说,不能反映"代名词、谓词性代词"的对立。参看第五章注③。

  王了一在 B₁ 中也仅仅做到了把代词认定为犹如代数中的 X 和 Y 一样,它能代替名词、形容词、动词和副词。

  ③　关于人称代词的语法特点和语音特点,参看 Пгр,第214—221页以及 Ди,§210—214。

  ④　带有"亻"旁。

⑤ 带有"女"旁。

⑥ 关于这方面,在我国汉学家的著作中,可参看 Пгр,第 214—215 页。

⑦ 代词"别"也可能具有两种形式:"别个"和"别的",参看比如 Пгр,第 233 页。

⑧ 关于"自个"这一形式以及所有这一组代词,可参看 Ди,§223。

⑨ 在这里很难说它是"词",因为"相"不能作为不完全句用于独立的地位*,参看第三章注⑥。此外,把"相"字归入代词一类,也是很有问题的。有关这方面的材料,可参看本书第 91 页。

> *译者注:所谓"相"不能作为不完全句用于独立的地位,就是说"相"不能做句词,在任何场合下它不能单独用来回答问题。如"你们相见了吗?"不能回答"相"。而绝大多数的实词是可以的,如问:"谁呀?"答:"我。"

⑩ 在现代语中"者"字被归入代词一类,很显然是古语的残留,关于这一点,王了一教授自己在下面(第 92 页)也写到了。

⑪ 在现代语中"者"已经失去其代词的意义,而在文学语言中却被当作虚字,用来表示人物,例如"作者"。

⑫ 指示代词只是在所谓有定代词内的一个小类。关于它的详细情形,可参看 Пгр,第 229—234 页。

⑬ 关于"些"字可参看 Ди,§193。

⑭ 关于这一点,可参看 Ди,§224—225。

⑮ 在这些情况下,不应当把它当作代名词,而该把它当作谓词性代词。参看本章注①。

⑯ 关于谓词性代词"那么、这么"跟"许多"这个词以及谓词"很多"在语法上和意义上相近的情况,可参看 Ди,§227。

⑰ 这是由于"这么着"和"那么着"不是代名词而是谓词性代词的缘故。参看 Шгр,第 28 页。

⑱ 关于代名词"谁"和"什么"的详细情形,可参看 Ди,§215—217;关于"什么"这个词替代整个句子的作用可参看 Ди,§219。

⑲ 这些代名词在语音上的区别是很明显的:大家都知道,疑问代词"哪"是读作第三声的,而指示代词"那"却读作第四声,也就是 на^3 和 на^4。

第七章　称数法^①

称数法就是关于数目的称呼方法。数虽是全世界一样的,数目的称呼方法却不是全世界一样的。现在我们在汉语的称数法里,提出一些比较有趣的事实来说。

"一"字——在数学的算式上,凡遇有"一"的地方,就非写出一个"一"字不可。在口语里却不完全相同,有些地方用"一"字,有些地方可以不用。大致的情形如下:

1."十"字前面不用"一"字,例如普通只说"十四、一百十八"等,而不大说"一十四、一百一十八"等。

2."百、千、万"的前面用"一"字,例如普通只说"一百三十二、一千四百二十九、一万三千"等,而不大说"百三十二、千四百二十九、万三千"等^②。

下面是两个《红楼梦》的例子:

A. 谁知有个真真国的女孩子,才十五岁。(52)

不说"才一十五岁"。

B. 共使银一千一百十两。(64)

不说"共使银千百十两"。

"零"字——在数学的算式上,每遇空位,必须加上一个圈,表示零。在口语里却不完全相同:凡三位数以上,如果中间有一个空位,就把一个"零"字放在中间^③,例如:

A. 单请一百零八众僧人在大厅上拜大悲忏。(13)

B. 那女娲氏……于大荒山无稽崖炼成……顽石三万六千五百零一块。(1)

　　这种语法是近代才有的。在古文里,"一百零八"只写成"一百八"或"百八","三万六千五百零一"只写成"三万六千五百一"。

　　如果中间有两个(或更多)的空位,普通也只用一个"零"字,例如"三千零八个",不必说成"三千零零八个"。

　　空位在最后一位或最后几位者,不用"零"字,例如"五百四十"不称为"五百四十零";"六千七百"不称为"六千七百零零"。这因为汉语里的"零"字只是放在数目字和数目字的中间,表示其中有空位的,不是放在任何数目的后面来表示增加十倍的。

　　"二"和"两"——"二"和"两",在原始的时候该是有分别的。"二"是普通的数目字,"两"却是指天然相配或事实上相配的事物而言,例如一根棍子的"两端"之所以称"两",就因为它并没有第三端;原告、被告之所以称为"两造",就因为并没有第三造;天地之所以称为"两仪",就因为并没有第三仪。但是,这种分别早就不大清楚了;直到现代,"二"和"两"在意义上可以说是毫无分别④。但是,在用途上,却须依照习惯,不能随便乱用。大致说起来,可以有下面的四个原则:

　　1. 单位名词(如"个、只"等)的前面,如果只有一位数,就用"两"不用"二",例如"两个人"不能说成"二个人","两匹马"不能说成"二匹马","两本书"不能说成"二本书"。

　　但是,在度量衡的称数时,用"两"用"二"都可以,例如"二尺布、二寸缎子、二斤牛肉、二两金子"等⑤(末一个例不说"两两",以避二字相重)。

　　2. 单位名词的前面,如果不止一位数,而"二"字又在最后一位者,就用"二"不用"两",例如"十二个人"不能说成"十两个人","三百四十二匹马"不能说成"三百四十两匹马"等。只有"零二个"也可以说成"零两个"。

　　3. 如果没有单位名词跟着,就用"二"用"两"都可以,例如

"二人"也可说成"两人"。但若"二"字用于首品,就不能用"两",例如"知其一不知其二"不能说成"知其一不知其两"。

4. 序数用"二"不用"两",如"第二"不能说成"第两"。参看下文。

"两"字,有时候当"几"字讲;它并不表示"二"的确数,只是尽量往少里说,例如:

A. 越发该会个夜局,赌两场了。(46)

B. 二奶奶的事,他还要驳两件。(55)

C. 明日接迎春家去住两日。(77)

"几"和"多"⑥——"几"和"多"有一个相同之点,它们都是放在整数的后面,表示那不能确知的零数的("几"字又可放在整数的前面,这里不讨论),例如"二十几斤"也可以说"二十多斤"。但是,它们的用途并不完全相同:"几"字等于文言的"数"字,在文言里,"三千数百人"不能说成"三千数人"("百"字不可省),同理,"三千几百人"也不能说成"三千几人"(虽然粤语有这种说法,但是普通话和多数方言都不能这样说);"多"字等于文言的"余"字,在文言里,"三千余人"不能说成"三千余百人"("百"字不该有),同理,"三千多人"也不能说成"三千多百人"。

凡整数没有确实的数目的时候,零数就不能用"多"或"余"来表示。咱们只能说"几千人"或"数千人",不能说"几千多人"或"数千余人";同理,也只能说"二三千人",不能说"二三千多人"或"二三千余人"。因为凡不确定的整数本来就包括一切可能的零数在内的。

序数——普通的序数是在基数的前面加上一个"第"字,如"第二、第九"等。但是,在某一些情形之下,是一定不用或可以不用"第"字的⑦:

1. 用以纪时的年月日,不用"第"字,例如"民国三十二年五月十七日"，不说成"民国第三十二年第五月第十七日"〔1〕。时刻及"更"都归此类，所以"五点三刻"不说"第五点第三刻"，"三更"不说"第三更"。

2. 排行不用"第"字，例如"刘三"不称"刘第三"，"三妹"不称"第三妹"。

3. 官爵的等级以不用"第"字为常，例如从前的一品官不称为"第一品"。

4. 分类时，可以不用"第"字，例如《红楼梦》第十九回："果品有五种：一，红枣；二，栗子；三，落花生；四，菱角；五，香芋。"

序数即使没有"第"字，它在现代语里，仍是常常能和基数分别的。没有"第"字的序数，同时也就决不能用单位名词；反过来说，现代语里的基数后面，总是有单位名词跟着的，例如"九月"是序数，"九个月"是基数；"三妹"是序数，"三个妹妹"是基数，决不会混乱的。

问数法⑧——问数法用"多少"或"几"字。"几"字往往只问十以内的数，或问零数，例如：

　　A. 共总宝叔屋内有几个女孩子？（26）

　　B. 今年十几了？（7）

"多少"则用于普通的问数，例如：

　　A. 他到底一月多少钱？（58）

　　B. 你认了多少字了？（92）

　　C. 这一包银子共多少？（43）

　　D. 王大夫来了，给他多少？（51）

有时候，单用一个"多"字，后面跟着一个形容词，也可以当询问之用，例如：

---

〔1〕　编者注：民国，文集本改为"乾隆"。

　　A. 你今年多大年纪了？（39）

　　B. 你能活了多大？（40）

　　C. 不知天有多高，地有多厚。（68）

　　D. 这里到二十八棵红柳树还有多远？（《儿女英雄传》5）

　　E. 你打算在成都耽搁多久？

　　感叹的"多么"系由疑问的"多"转成；因此，有时候"多么"的意思也可以省作"多"⑨，例如：

　　A. 你大概也不知道你小大师傅的少林拳有多么霸道！（《儿女英雄传》6）

　　B. 你今天多么高兴！

　　C. 你瞧，你的衣裳多脏！

　　凡形容词前面的"多"和"多么"都是末品。在普通话里，末品的"多"和"多么"都不能说成"多少"。像"多少远"和"多少漂亮"一类的话都是不通的。

　　人、物的称数法——试拿"三人"和"三个人"相比较，"三人"是古代的语式，"三个人"是现代的语式。现代语法里，对于人、物的称数，必须在数词和人、物名称的中间，加上一个单位名词⑩。

　　单位名词可大致分为两种：第一种是专用为单位名词的，例如"个、只、枚、件、条、棵、朵"等；第二种是由普通名词转成的，如"枝、碗、套、堆、尺、斗"等。但是，二者之间的界限并不清楚；若从上古追溯下来，连第一种也该是由普通名词转成（《诗·周南》"伐其条枚"传："枝曰条，干曰枚。""个"本作"箇"，是竹干的意思，"只〔隻〕"本是鸟一枚的意思，"件"本是物件的意思，"棵"本作"颗"，是小头的意思，"朵"本是"花"的意思），所以这种分别是没有什么意义的。

　　从另一个观点看来，单位名词又可以分为两种：第一种是天然的单位⑪，就是凭着自然的个体作为数量的根据，如"个、只、枚、

件、条、张、幅、疋、粒、颗、盏、间、座、顶、辆、匹"等;第二种是非天然
的单位,其中包括度量衡的单位,如"丈、尺、寸、斤、两、里"等,集
体的单位,如"群、班、伙"(指人),"杯、碗、车、船、瓶、箱、盆"(指
物),"句、行、段、节、篇、章、本、部"(指文章)等。我们把这两类的
名词都认为单位名词,因它们虽有天然和非天然的分别,然而它们
都是表示人、物的单位的。咱们买鸡可以论"只"不论"斤",买梨
可以论"个"不论"斤",可见买东西可以凭着度量衡的单位去买,
也可以凭着天然的单位去买,"个、只"和"斤"在这一点上,性质是
相同的⑫。

　　人、物的称数必须用单位名词,这在现代中国是全国一致的,
没有一处方言再像古代说"五马、九人"之类的话了。但是,对于
天然的单位,全国却没有一致的称呼,例如北京说"三个梨",上海
却说"三只梨";北京说"两只船",广州却说"两张船";关于人力
车,北京称"辆",上海称"部",广州称"乘",重庆称"挂",长沙称
"把",昆明称"张"。某一些方言里,有些单位名词是极富于地方
色彩的,例如广州的"一坡树、一碌藕"之类,和别的方言大不相
同。因此,当咱们学习一个方言的时候,必须特别注意它的单位名
词;尤其是非国语区域的人学习普通话时⑬,更应该特别注意这
一点。

　　单位名词共有两种活用法,都不是为称数而用的。第一种活
用法是单位名词前面没有数词,后面又加上"子、儿、头"一类的
字,表示人、物的大小,例如:

　　A. 我们这几个人里头,是他个子最大。

　　B. 我昨天买的鸡,只儿不大,可是很肥。

　　C. 你瞧不得那件头小,分量够一百多斤呢!(《儿女英雄
传》4)

　　通常所用者只有"个子(个儿)、只儿、件头"等,并非每一个单

位名词都能如此。而且,这种活用法只是北京一带的方言所特有的,别的地方就不大能这样说了。

第二种活用法是单位名词紧接着人、物名称的后面,没有数词。这样,单位名词失掉它那表示单位的作用,只像一种名词记号[14]。这一种活用法比前一种用得普通多了,许多单位名词都能这样用,而且差不多全国都有这种说法,例如:

军队	官员	贼伙	人口	牲口	车辆
马匹	船只	房间	地带	物件	事件
书本	纸张	钢条	布匹	盐斤	

这种说法有些是口语里常说的,如"军队、房间";有些只是文言的说法,如"车辆、马匹、书本、纸张"。在文言里,连度量衡及币制的名称也可以做名词记号,例如"盐斤、煤斤、银两、银圆"等。

行为的称数法——现代的行为称数法,也像人、物称数法一般地,和古代的行为称数法不同[15]。《红楼梦》里还有模仿古语的句子,例如"史太君两宴大观园,金鸳鸯三宣牙牌令"(40),如果译为现代语,就该说成"宴两次、宣三次"等。咱们应该注意到:数词改在动词的后面了,数词本身的后面还跟着一个单位名词("次"字)。行为的称数法和人、物的称数法在形式上颇有不相同之处:人、物的称数法是称数成分(我们把数词及其单位名词叫做称数成分)置于名词之前(如"两个人、三匹马");行为的称数法是称数成分置于动词之后(如"见一面、走两趟")[16]。

现代的行为称数法大约可分为三类:(一)纯然表示次数者,用"次、遭、趟、面"等字;(二)兼表示历时之久者,用"遍、阵、顿、番、场"等字;(三)兼表示历时之短或突然者,用"下"或"下子",例如:

A. 先拿些水洗了两次。(77)

B. 才不枉走这一遭儿。(6)

C. 往苏杭走了一趟回来。(16)

D. 我已会过他一面。(120)

以上系纯然表示次数。

E. 便总依贾母素喜者说了一遍。(22)

F. 薛蟠此时被宝蟾鬼混了一阵。(91)

G. 他倒骂了彩明一顿。(45)

H. 又将这病无妨的话开导了一番。(11)

I. 日后或有好处,也不枉你跟着他熬了一场。(119)

以上系兼表示历时之久。

J. 打我几下,我都不灰心。(28)

K. 踢一下子唬唬也好。(30)

以上系兼表示历时之短或突然。

表示历时之短或突然者,除了用"下"或"下子"之外,还有三个办法:(一)借用动词作为单位名词;(二)借用行为所借的身体部分作为单位名词;(三)借用行为所借的东西作为单位名词,例如:

A. 在窗户外头听了一听。(44)

B. 三人吓了一跳,回身一看。(46)

以上是借用动词作为单位名词。B 例亦可说成"吓的跳了一跳,回身看了一看"。

C. 宝玉听了,啐了一口。(39)

D. 宝玉忙暗暗的瞅了黛玉一眼。(62)

E. 彩霞咬着牙,向他头上戳了一指头。(25)

以上是借用行为所借的身体部分作为单位名词。

F. 发狠按倒打了三四十板。(12)

G. 明儿叫了他来,打他四十棍。(45)

以上是借用行为所借的东西作为单位名词。注意:"眼、棍"之类,本身被借用为单位名词之后，不能在它们的前面再加单位名词，所以咱们不能说"瞅了黛玉一只眼"，或"打他四十根棍子"等等[17]。

有些行为的单位名词，同时也可用为事物的单位名词，最常见者有"阵、顿、番、场"等字，例如：

A. 只闻一阵香扑了脸来。（6）

B. 自己打了一顿嘴巴子。（68）

C. 姐姐今儿请我，自然有一番大道理要说。（65）

D. 横竖有一场气生。（25）

行为的单位名词，也像人、物的单位名词一样，不能全国一致，例如"来三次"，在吴语说成"来三转"；"打两下"，在吴语说成"打两记"。其他方言的不一致，可以由此推想而知。学习普通话时，对于自己的方言所特有的行为单位名词，也是应该避免的。

注释：

①　由于王了一教授只把数词看作词汇范畴，而没有把它看成词汇·语法范畴，因此，数词的基本句法特征，尤其是它和谓词（形容词和动词）范畴的联系就被他忽略了。这样一来，本来包含着数词在内的一系列的句法结构，也都在他的视线之外了；关于这些结构的语法特点，详见 Ди，第四章，也可以参看本书第五章注⑤。

②　这是因为数词"百、千、万"无论在意义上和在语法上都是与标示各种集体单位的名词（如"一家子、一伙子"等）相接近的。

③　"零"这个字还用作一种可有可无的联系成分，放在大、小两个度量单位的中间，例如：四年（零）一个月。

④　这两个数词的基本的意义分歧在于"两"经常被当作自足的整体，它和整个数列没有必然的联系；而"二"却正好相反，它经常被当作数的整体中的一个部分，它是数列中的一环。参看龙果夫的《汉语语法中的几个问题》（Некоторые проблемы китайской грамматики），载于《东方学研究所学报》（рабочая хроника Института востоковедения），塔什干，1944 年，第二册第23 页。

⑤　这不完全恰当；在口语中，"两"用在大的度量单位之前，这些度量单

位被看作是单一的独立的整体，而"二"却只用于作为整体的一部分的更小的度量单位之前；至少在热河省方言中情况是如此，参看 Ди，§189，第189—199页。

⑥　其实，"几"和"多"是属于两个不同的词汇·语法范畴的；前者是数量代词，并且按它的词法和句法的特征来看是和数词相近的；后者却是表示数量的谓词性代词，按它的语法特征是和谓语形容词相近的。由于王教授基本上是从意义的角度出发而不是从语法的角度出发来划分词类的，因此就把两者归入同一个范畴中了。参看 Ди，§164和§183—184。

⑦　比较王了一所提出的原则可以看出，在一切不用"第"的场合，或者是把数词用作序数，或者是某些名词和序数是密切联系着的*。

　　*译者注：所谓"把数词用作序数"即数词在这里本身就当序数用，例如
　　"一级、二级"；"某些名词和数词密切联系着的"中的名词大多是表时间的
　　名词，如"一九四九年十月一日"。

⑧　关于"多少"和"几"的不同，可参看 Шгр，第22页的注。

⑨　关于"多么"这个词当"何等"讲时的用法，可以参看 Шгр，第28页。

⑩　在汉学家的著作中"单位名词"常常被称作"数量小品词、量词、计数词、类别词"等等。参看 Шгр，第10—11页。

⑪　"天然的"译作 природные，"非天然的"译作 внешние，前者带有普通"个"的意义，而在俄语中经常是不把它译出来的。

　　Н.Я.毕丘林在他的《汉语语法》(圣彼得堡，1835年)一书中把"单位名词"划分为量词和集合词两类；前者相当于王了一教授所区分出来的"天然的"单位，而后者就是"非天然的"单位。Н.Я.毕丘林特别把词尾"个"提出来，称它为补充词(参看他的《汉语语法》第77—78、210—212页)；把"个"分到特殊的一类中去是有它的根据的——特别是这是唯一一个完全变成了附庸字并且在所有用到的场合都失去了声调的计算单位；参看 Пгр，第224—227页。我们在翻译王了一教授的例子时，"个"字常常和它前面的数词或指示字连写在一起；而所有其他单位词在这样的场合则要用连接符号"-"连起来，例如：саньгэ(三个)，而 сань-чжан(三丈)，сань-цзинь(三斤)，сань-цы(三次)。

　　区分"天然的"与"非天然的"(按照王了一的术语)单位名词的语法论据，见 Ди，§15。

⑫　王了一是完全正确的；"天然的"和"非天然的"的区分，就是在和一般名词相对立的单位名词的更大的范畴的内部区分出来的。

⑬　在中国语言学家的著作中把中国北方方言区域叫做"国语区域"。

北方方言之一就是中国首都北京的方言,它作为汉族共同语的基础。本书全部例子都是取自这个方言的。

中国中部方言和南方方言,无论在地区面积上或者在人口数量上,都远不及北方方言。这些方言彼此之间以及和北方方言之间,都有着很大的差别,但是,对所有这些方言来说,无论是北方方言、中部方言或南方方言,它们在语音和语法结构上以及词根成分上是有着共同性特征的。

在第一章的参考书目中提到的甘肃和陕西两省的方言是属于北方方言区的,而中国伟大领袖毛泽东主席的故乡湖南省的方言则是属于中部方言区的。

⑭　这种情况在这两方面是重要而有趣的:第一,在这里出现了一种特殊类型的构词法;第二,它再一次证实了称数词素的更一般范畴的词汇·语法的统一,参看本章注⑫。但不能因此设想这些"名词记号"就是词尾,在绝大多数情况下,这是个保持着自己的声调的实义词素;有个别的例外:像"口(嘴)"在"人口"这一词中,已在某种程度上丧失了自己的实义,这表现在它既能读作 жэнь² коу 也能读作 жэнь² коу³。

⑮　应当注意,数量的变化只有在所谓"行为"动词之下,也就是说,只有在能回答"主语在做什么?"这样问题的动词之下,才是可能的。

⑯　这种词序也有例外:

1. 数量定语在列举的时候以及须要用倒装法来表现对名词的强调的时候,就放在名词的后面。Ди,§18;

2. 数量补语在和表示结果的动词连用的时候,就放在动词的前面。

⑰　大家知道,这是标准的说法。但也有一些例外的情形,例如:"翻了个身"和"翻了几个身"。

第八章　句子　语气

　　我们在第五章里说过,句子共有两部分,其中一部分是主语,另一部分是谓语①,例如"李德耀读书","李德耀"是主语,"读书"是谓语;又如"偷来的锣鼓打不得","偷来的锣鼓"是主语,"打不得"是谓语。

　　主语可缺,谓语不可缺。主语之所以可缺,是因为有时候环境能使说话人和对话人双方都心中明白主语指的是谁或是什么,就不必把它说了出来。祈使句往往不用主语,就因为祈使句的主语所指者恰是对话人的本身,例如我说"拿去罢",这里头可说是省略了主语"你"字。但是,既然是环境使我可以不说"你",与其说是省略,不如说是缺。因为省略是有意的,是应用而不用的;缺是无意的,是本来可以不用,甚至于是以不用为更妥的。除了祈使句之外,别的句子也往往可以不用主语,尤其是像下面这些例子,咱们很难说出它们的主语来②:

　　A. 下雨了。

　　B. 不怕慢,只怕站。

　　C. 有一个人在窗户外面。

　　D. 是我害了他。

　　因此,我们说主语是可缺的。至于谓语之所以不可缺,却是因为咱们所要表达的意思全在那谓语里头,缺少了谓语,那句子就变成了无所谓(没意思)的了,例如你只说"我们的校长",这话就毫无意思,等于没有说;除非你说成"我们的校长来了"之类,才算是把一件事情告诉别人了。《红楼梦》第三回有一句话说:"妹妹尊名?"这好像是没有谓语的一句话了,但是,这种话在实际上非常罕见,只在几句客套话里,而且限于询问:这样,咱们就该认为"妹妹尊名是什么"的省略,不必认为谓语可缺了③。

汉语有一个最大的特征,就是谓语可以随便转成一个单词的用途,例如在"他在家"这一句话里,"在家"是谓语;但是,在"他在家读书"这一句话里,"在家"便不是真正的谓语,只是具备了一种谓语形式而已④。像"他在家读书"里头的"在家",我们把它叫做末品谓语形式,它的作用等于一个末品词。除了末品谓语形式之外,还有首品谓语形式和次品谓语形式。首品谓语形式例如"他不喜欢做官"里头的"做官";次品谓语形式例如"我不喜欢做官的人"里头的"做官"⑤。

非但谓语形式能有三品,连句子形式也能有三品⑥,例如"我很赞成李德耀读书"里头的"李德耀读书"是首品;"李德耀读书的学校在北京"里头的"李德耀读书"是次品;"你死了,我做和尚"(《红楼梦》30)里头的"你死了"是末品。关于首品句子形式和次品句子形式,参看第十三章;关于末品句子形式,参看第十四章。

　　　　　　＊　　　　＊　　　　＊

当咱们说一句话的时候,很少有不掺杂着情绪的。像"二加二等于四"这一类的毫无情绪的话毕竟占极少数;大多数的语句都带着决断、夸张、疑讶、忍受、恳求等类的情绪。为了表示这些情绪,自然有种种不同的语调;但是,在汉语里,除了用语调表示情绪之外,还有许多语气词,如"了、呢、吗、罢"之类。这些语气词都放在一句之末,表示全句的语气,换句话说,也就是表示全句所包含的情绪⑦。

语气大致可分为十二类:决定;表明;夸张;疑问;反诘;假设;揣测;祈使;催促;忍受;不平;论理。现在分别讨论于下。

(一)决定语气　决定语气系用"了"字表示。它的用途在于

是认某一境况已成定局,同时又往往跟着境况之不同,而带有感慨、惋惜、欣幸、羡慕、热望、安慰、威吓等类的情绪⑧,例如:

A. 我不能送你了。(9)

B. 连姨娘真也没脸了。(55)

以上两例表示现在事情已成定局,A 例带着惋惜的情绪,B 例带着感慨的情绪⑨。

C. 明日一早定要家去了。(42)

D. 珍哥,带着你兄弟们去罢,我也就睡了。(54)

以上两例,事情虽未实现,然而说话人坚决地要它实现,就把它认为定局⑩。

E. 再胡说,我就打了。(15)

F. 多多给你母亲些银子,他也不好意思接你了。(19)

以上两例,是有条件的定局;在某一条件之下,必至造成某种定局。

由以上诸例看来,“了”字并不如人们所误会的,仅仅表示事情的完成;它还能表示将来的事情(如 C、D、E、F)⑪。

(二)表明语气　凡表明事情的真实性,着重在说明原因、解释真相者,叫做表明语气。此类用语气词“的”字,例如:

A. 因凤丫头为巧姐儿病着,耽搁了两天,今儿才去的。(85)

B. 没有硝,我才把这个给他的。(60)〔1〕

C. 莫非林妹妹来了,听见我和五儿说话,故意吓我们的?
(109)

以上是说明原因。

D. 本来就要去看的。(85)

E. 等回明了,我们自然过去的。(68)

以上是解释真相。

---

〔1〕　编者注:文集本删该例。

表明语气和决定语气的性质并不相同。偶然有些地方,用"的"用"了"都可以,然而在意义上也必大有分别。用"的"的表示本来如此,用"了"的表示我现在觉察是如此[12],例如:

A. 这事你不能不管的[13]。

本来不能不管。

B. 这事你不能不管了。

本来也许可以不管;但照现在情况而论,就决不能不管了。

(三)夸张语气　凡言过其实,或故意加重语意者,叫做夸张语气。此类又可分为两种:

1. 稍带夸大或责备一类的意味者,用语气词"呢"字[14],例如:

A. 只要他发点好心,拔根寒毛,比咱们的腰还壮呢!(6)

B. 你要看了,连饭也不想吃呢。(23)

以上表示夸大。

C. 还不快去换了衣裳走呢。(24)

D. 谁在外头说话,姑娘问呢。(82)

E. 还不给你姐姐行礼去呢。(43)

以上表示责备[15]。

2. 着意限制陈说的范围,有仅此而已的意味者,用复合语气词"罢了",例如:

A. 那也瞧我的高兴罢了。(17)

B. 谁又参禅?不过是一时的顽话罢了。(22)

"呢"是往多里夸张,"罢了"是往少里夸张(尽量往少里说,也是一种夸张),所以都是夸张语气。

(四)疑问语气　凡对于事情未明真相因而发问者,叫做疑问语气。常用的疑问语气词有"吗(本作么)、呢"二字。"吗"和"呢"的用途是大有分别的;用"吗"的地方不能用"呢",用"呢"的地方也不能用"吗"[16]。现在分别说明如下:

1. 凡可以用"是的"或"不是的"答复者,用"吗"字,例如:

    A. 你也是我屋里的人么?（24）

    B. 你还认得我么?（113）

    C. 老太太近日安么?（81）

2. 凡不能用"是的"或"不是的"答复者,用"呢"字,例如:

    A. 这会子做什么呢?（19）

    B. 我写的那三个字在那里呢?（8）

    C. 依你怎么样呢?（43）

　　用"吗"字发问,虽然可用"是的"或"不是的"答复,但是在发问的人的心目中,总是倾向于相信是"是的";如果发问的人表示纯粹的怀疑,不偏向于"是的",也不偏向于"不是的",就不用"吗"字,只用并行的话发问。当他用并行的话发问的时候,答复的人只能选择其中的一项来作答语,不复能用"是的"或"不是的"作答,因此,如果要补出一个疑问语气词的时候,也只能补出一个"呢",不能补出一个"吗"[17],例如:

　　A. 这账是真的假的?

这是相反的话并行。若要补出语气词,该用两个"呢"字,说成"这账是真的呢,假的呢?"答语该是"真的"或"假的",不该是"是的"或"不是的"。

　　B. 下采不下采?

这是肯定语和否定语并行。若补出语气词,只用一个"呢"字,说成"下采不下采呢"就行了。答语该是"下采"或"不下采",不该是"是的"或"不是的"。

　　在肯定语和否定语并行的话里,第二个谓语形式可以是不完全的,例如:

　　A. 汤好了不曾?（35）

　　B. 看见了二爷没有?（100）

　　C. 过了后儿,知道还得象今儿这样的不得了?（44）

　　试比较下列的话,就可以明白用"吗"和不用"吗"的分别:

　　A. 他来吗?

问话人倾向于相信他来。

　　B. 他来不来?

问话人的意思毫无偏向。

　　C. 他没有来吗?

问话人倾向于相信他没有来。

　　D. 他来了没有?

问话人的意思毫无偏向。

　　（五）反诘语气　　凡无疑而问,为的是加重语意或表示责难[18],叫做反诘语气。反诘语气的形式可以和疑问语气的形式完全相同,例如:

　　A. 不听见说要进来么?（87）

　　B. 你既拿款,我敢亲近吗?（32）

　　C. 谁叫你去打劫呢?（6）

　　D. 这会子撵出去,我还见人不见人呢?（30）

　　也可以用复合语气词"不成"二字,例如:

　　A. 不然,那银子钱会自己跑到咱们家里来不成?（6）

　　B. 偏我和他就两样俱同不成?（56）

　　C. 难道叫我打劫去不成?（6）

　　（六）假设语气　　凡假定事实者,叫做假设语气。此类也用"呢"字表示[19],例如:

　　A. 要是白来逛逛呢,便罢。（6）

　　B. 要得闲呢,就回了,看怎么说。（6）

　　C. 在别人呢,一句是贴不上的。（83）

　　（七）揣测语气　　凡表示揣测者,叫做揣测语气。此类用语气

词"罢"字表示,例如:

    A. 姑娘今夜大概比往常醒的时候更大罢。(82)

    B. 他今天晚上会来罢。

    C. 你不至于怪我罢。

  (八)祈使语气 凡表示命令、劝告、请求、告诫者,叫做祈使语气。此类往往用语气词"罢"字,例如:

    A. 快跟了我喝酒去罢。(20)

    B. 好妹妹,恕我这次罢。(35)

    C. 既这样,你就把痰盒换了罢。(82)

  用"罢"字时,往往是表示委婉商量或恳求;若不用"罢"字,就往往表示非如此不可的意思了,例如:

    A. 取了我的斗篷来。(8)

    B. 袭人,倒茶来。(63)

    C. 探春又吩咐紫鹃:"好生留神伏侍姑娘。"(82)

  (九)催促语气 催促语气用"呀、哇"等语气词(都是"啊"字变来的)[20]。它的性质很近似祈使语气,只是语势急些,例如:

    A. 姑娘,喝水呀!(90)

    B. 那么着,咱们就搜哇。(《儿女英雄传》11)

    C. 张姑娘又催道:"走哇,姐姐。"(同上 27)

  (十)忍受语气 凡表示一种忍受者,叫做忍受语气。此类又分为二种:

  1. 表示对于别人的行为不满意,同时又表示让步。此类用复合语气词"也罢"或"罢了",例如:

    A. 你一股儿不给也罢。(43)

    B. 没有罢了,说上这些闲话。(61)

  2. 表示自己的行为是勉强的,或放任的。此类借用动词"去"字。它在这种情形之下,能有语气词的用途,例如:

　　A. 仗着我这不害臊的脸,死活赖去。(68)

这是表示勉强的。

　　B. 要踢要打凭爷去。(31)

　　C. 由你爱用那几个字去。(48)

以上是表示放任的。

　　(十一)不平语气　凡表示不平、怨望、感慨、不耐烦,等等情绪者,叫做不平语气。此类借用疑问语气词"吗"字("么"字),例如:

　　A. 贾母道:"你怎么恼了,连牌也不替我洗?"鸳鸯拿起牌来笑道:"奶奶不给钱么!"(47)

　　B. 我本也不配和他说话;他是主子姑娘,我是奴才丫头么!(22)

　　C. 你怎么连我也不认得了? 我就是我么!(《儿女英雄传》7)

　　(十二)论理语气　凡句子,表示一种很自信的语气,似乎把自己的话认为一番大道理,以此说服别人者,叫做论理语气,也可以叫做说服语气。此类的语气词有"啊、呀、哪、咧"等。"呀、哪"是"啊"的变音;"咧"亦写作"啦",是"了啊"的合音,例如:

　　A. 该随手拿出两个来,给你妹妹裁衣裳啊!(3)

　　B. 这会子翻尸倒骨的,作了药也不灵啊!(28)

　　C. 也不该拿我的东西给那些混账人哪!(28)

　　D. 那泥胎儿可就成了精咧。(39)

　　除了语气词之外,还有一种语气副词,也是表示全句所带的情绪的。语气副词和语气词的不同,完全是词的位置上的关系。语气词的位置在全句之末,语气副词却居于谓语或主语的前面,这是末品词所常在的位置。所以语气副词又称为语气末品。

　　语气副词有些是专用于语气的,如"岂、难道、索性、敢、偏、偏生、到底、简直、饶"等;另有些是借用普通副词的,如"竟、也、还、又、并、可"等。由语气副词所表示的语气可大致分为八类,现在分述并举例如下:

（一）诧异语气 例如:

　A. 竟给薛大傻子作了屋里人。（16）

　B. 谁知竟叫老爷看中了。（46）

　C. 你表兄竟逃走了。（72）

（二）不满语气 例如:

　A. 这会子二爷在家,他偏送这个来了。（16）

　B. 被人拐出来,偏又卖给这个霸王。（62）

　C. 偏偏那秦钟秉性最弱。（16）

（三）轻说语气 例如:

　A. 你倒大方得很。（62）

　B. 我怎么磨牙了? 咱们倒得说说!（20）

　C. 我却没告诉过他。（63）[1]

　D. 这可别委屈了他。（63）

　E. 心想敢是美人活了不成?（19）

（四）顿挫语气 例如:

　A. 我也不要这老命了。（20）

　B. 我这会子跑了来倒也不为酒饭。（16）

　C. 果然如此,我可也见个大世面了。（16）

　D. 你那妹妹在大太太那边,也就很苦。（101）[2]

　E. 难道还怕我不谢你么?（25）

　F. 不如一死,倒还干净。（69）

---

〔1〕 编者注:文集本删该例。

〔2〕 编者注:文集本删该例。

　　G. 还倒不倚势欺人的。(39)

　　H. 我那个也不好,到底伤于纤巧些。(38)

(五)重说语气　例如:

　　A. 我们又不大会诗,白起个号做什么?(37)

　　B. 我们并没有多吃酒。(62)

　　C. 他简直是欺负我们。

　　D. 水仙庵就在这里?(43)

(六)辩驳语气　例如:

　　A. 李云说:"你劝他一劝罢。"张信说:"我才不劝呢!"

　　B. 王欲仁说:"他明天会来的。"蔡杰说:"他才不来呢!"

注意,此类"才"字只用于否定语里,且必须与"呢"字相应。

(七)慷慨语气　例如:

　　A. 索性等几天。(49)

　　B. 索性凑成十二个,就全了。(37)

　　C. 只见这三姐索性卸了妆饰。(65)

　　D. 索性三妹妹合邢妹妹钓了我再钓。(81)

(八)反诘语气　例如:

　　A. 吃饭岂有不请奶奶去的?(71)〔1〕

现在"岂"字往往只用于否定语里,"岂有此理"是例外。

　　B. 难道我说错了吗?(36)

　　C. 那黄汤难道灌丧了狗肚子里去了?(45)

　　语气副词所表示的语气有和语气词所表示的相同者,这就是反诘语气。"难道"和"不成"都是表示反诘的,所以单用"难道"或单用"不成",或二者都用,均无不可。这一点可以证明语气副词和语气词是相通的。

---

〔1〕　编者注:该例文集本改作:这事岂可轻恕?(73)

注释:

① 关于"主语"和"谓语"这两个术语,可参考第四章注③和第三章注⑤。

② 主语的"省略"在汉语中是很常见的,因为汉语中的谓语一般是跟逻辑上的谓语相吻合的,而主语则是跟逻辑上的主语相吻合的;换句话说,在汉语中,主语常常表达一些已经预告说过的事物,已经为我们所知道的事物,而谓语则表明所说的关于主语的某种新的东西(参考 Ди,§1 的脚注)。"缺"主语的原因就完全不同;尤其是王教授所举的标有 A、B、C、D 的例子是很多样的,而其中的每一个句子都是需要个别的解释的。比较第十五章注②④和⑧。

③ 在询问时可以这样说:"你贵姓?""你贵姓是……?"

④ "谓语形式"这个术语,王了一教授的意思是动词带着它的宾语或修饰语——不论这个谓语形式本身用作独立谓语或者作为谓语的一部分都一样;参看 Bпр,上册第 70 页和 70 页以下;也可以比较 Brp,上册第 68 页。

王了一在 B₃ 中着重指出,谓语形式和一般谓语之间的区别在于它们职能不同,而不是形式上不同。谓语形式不是一般谓语,它虽然具有谓语的形式,但是在句中却可以用做主语和目的语,也可以用做主语和目的语的修饰语或者是谓语的修饰语。在第一种职能里,它大约相当于名词,在第二种职能里,它相当于形容词,在第三种职能里,它相当于副词,这是和本书中的首品谓语形式、次品谓语形式和末品谓语形式相适应的(参看第十三章注②)。

⑤ 假如按照欧洲诸语言的范畴,那么"末品谓语形式"就是副动词结构*,"首品谓语形式"就是不定式结构,最后,"次品谓语形式"就是形动词结构。

> *译者注:这里和第十三章注⑥里所谓"副动词"(деепричастие)指的是一种在句子里用作状语、表示附带动作的特殊形式的动词(例如俄语 читая),同汉语里的"副动词"(вспомогательные глаголы)(本书叫做"助动词",龙果夫叫做"动词·前置词"),涵义是不同的。

⑥ 按照王了一的解释,"句子形式"这一术语是和叶斯泊生的 nexus 这个概念相等的,而在本书中相应地译为 конструкция с предикативной связью(王了一教授的另一种说法是"连系式"),使之和 junction、конструкция с атрибутивной связью(组合式)相对立。参看第四章注④;Bпр,上册第 50 页;叶斯泊生的《英语语法纲要》(Essential of English Grammar),第九章。像任何的 nexus 一样,这种句子形式可以起独立句子的作用,也可以起句子的一部分的作用;在第一种情况下是独立的句子形式(independent nexus），在第二种情形下是附属的句子形式（dependent nexus）。同义的术语——句子形式和连系式掩盖了彼此之间的区别（Впр，上册第 67 页；Вгр，上册第 65 页）。

王了一在后来就有点放弃叶斯泊生的说法了，在 B₃（第 43 页）中，他把句子形式解释为"句子中的句子"，它只能是句子中的一个部分（也就是充当主语、目的语、修饰语或谓语），而不是一个独立完整的句子（比较 B₄ 第 44 页）。"句子形式"照王了一的这个解释，在俄语里也许可以译作 развернутый член предложения（句子的扩展成分），比较 Г.Д. 桑席叶夫（Санжеев）"扩展成分像是句子中的句子"，见《布略特-蒙古语语法》（Грамматика бурят-монгольского языка），1941，第 127 页。参看第十四章注①。

⑦　这类语气词的存在，不仅是现代汉语同时也是古代汉语的重要的特征之一。关于其中某些语气词转变到时间体系中的情形，可参看 Ди，§106—141"语气·时间体系"（Модально-временная система）一章。

⑧　助词"了"表示从一种情况转变到另一种情况，并强调某件事情在某一特定时间已经发生了或者一定要发生（Ди，§113）；在汉语助词的体系中，它和助词"呢"互相对应着（参考本章注⑭）。

在 B₁ 中，"了"字是用下面的例子来阐明的：

　　　　一切别的东西都试过了，都失败了。（毛泽东）

⑨　这些细微的差别是由这些具体例子的词义内容和整个上下文所决定的。

⑩　参看本章注⑧。

⑪　助词"了"和"呢"（参看本章注⑭）的不同在于"了"能用在条件句的结论部分。

⑫　助词"的"有着强调的和指定的意义，并且和语气系词"是"相互呼应着（参看第十二章注⑤），在王了一的例子中，它强调了"才、故意、要"和"自然"等词。

⑬　助词"的"在这种情况下强调了"不能不"这个词组，整个例子"这事你不能不管的"翻译成俄文则为 Ты ни в коем случае не можешь оставаться в стороне от этого，参看上注。

⑭　助词"呢"和"了"之间的差别在于"呢"着重于表示将来，或者着重于表示说话时存在着或在某一特定时间存在过的事情；这个助词经常和副词"还"（例 A、C、E）和"想、问"之类的动词（例 B、D）一起用；当人们着重在将来的时候，就用这个助词来强调问题，就强调问题这一功能来说，助词"呢"可以译成俄语的语气词 же、a 和 ну。参看 Ди，§120—126。

⑮　参看本章注⑨。

⑯　参看本章注⑭。在 B₁ 中，助词"吗"和"呢"用下面的例子做了说明：

　　你们不是要消灭国家权力吗？（毛泽东）

　　……这是因为什么呢？（毛泽东）

⑰　参看本章注⑭。

⑱　参看本章注⑭。

⑲　和助词"了"（参看本章注⑪）不同，助词"呢"在条件句中不用于结论部分而只用于条件部分。

⑳　"啊"的变音"呀"和"哇"，取决于前一个音节的最后一个音素，例如：

　　谁啊——谁呀（шуй+a ——→шуй я）

　　走啊——走哇（цзоу+a ——→цзоу ва）

第九章　叙述句,"了"和"着"

就汉语而论,句子可以分为三大类①,就是:

叙述句,以动词为骨干;

描写句,以形容词为骨干;

判断句,以名词为骨干。

我们在本节里先论叙述句。叙述句是用来叙述一个事件的,譬如李先生买了一辆汽车,你知道了,你告诉你的朋友说:"李先生买了一辆汽车。"这种告诉法就叫做叙述,你是把李先生买汽车这一个事件叙述给你的朋友知道。

叙述句中的谓语,叫做叙述语,叙述句的谓词(谓语中主要的一个词),叫做叙述词②。动词最适宜于做叙述词。当动词用为叙述词的时候,有两种正常的情形:第一,动词后面能带着一个名词或代名词等等者,叫做及物动词,如"他吃饭"的"吃","我读书"的"读"等;第二,动词后面不能带名词或代名词等等者,叫做不及物动词,如"他去"的"去","鸟飞"的"飞"等〔1〕。汉语里,及物动词和不及物动词的界限不很分明;但是,大致的分别总是有的③,譬如"笑"字,在正常的情形之下,它总是不及物的;若在"他笑你"里,它才变为及物;又如"起"字,在正常的情形之下,它也是不及物的;在"起兵"里它才变为及物。

---

〔1〕 该句新知识本原作:"……第一,动词后面必须带着一个名词或代名词等等者,叫做及物动词,……第二,动词后面可以不带名词或代名词等等者,叫做不及物动词,……"此从文集本改。

句子形式也可以用如叙述词④,因为它只有一个单词的用途,例如"我肚子饿了"⑤,"肚子饿"只等于文言一个"饥"字。这种句子形式,里面的主语必须是人所领有的事物(如"肚子"),且以习惯所容许者为限⑥。

每一个句子里可以只有一个首品,如"鸟飞";但也可以有两个以上的首品,如"牛吃草"。由此看来,首品在句中,可有种种不同的地位,我们把这种地位叫做位⑦。

主语,因为是由首品构成的(参看上文第五章),所以它有它的位。我们就把它的位叫做主位。

叙述词如果是一个及物动词,那及物动词后面的名词(或代名词等等)所处的地位叫做目的位。那名词及其修饰语(如果有的话)叫做目的语⑧。普通每一个叙述词只有一个目的位;但"给、告诉、允许"一类的叙述词的后面却往往能有两个目的位,例如:

A. 给他们牌。(14)

B. 听我告诉你这缘故。(24)

C. 又许他们钱。(105)

我们把靠近叙述词的一个目的位叫做近目的位(A 例的"他们",B 例的"你",C 例的"他们");较远的一个叫做远目的位(A 例的"牌",B 例的"缘故",C 例的"钱")。在普通话里,近目的位指人(包括单位),远目的位一般指物[1]。有些方言在这一点上,次序和普通话相反,例如粤语"我畀十个银钱佢(我给十块钱他)",近目的位指物,远目的位指人⑨。这种不合普通话的习惯,在学习普通话时,是应该矫正的。

除了主位和目的语之外,还有一种关系位⑩。关系位所在的首品既不是主语,也不是动作的直接对象(目的语);它们和叙述

---

〔1〕 编者注:该句新知识本原无"包括单位"及"一般",从文集本补。

词所表示的动作只有间接的关系,如处所的关系、时间的关系、方式的关系等。

  A. 咱们雪下吟诗。(39)

  B. 贾琏气的墙上拔出剑来。(44)

  C. 凭你主子前辩去。(61)

  D. 这里薛姨妈将箱子里的东西取出。(67)

以上是处所的关系。

  E. 头胎养了双生子。(28)

  F. 临安伯第二天又打发人来请。(93)

  G. 这么大热天,我来了。(32)

  H. 迎春归去之后,邢夫人象没有这事。(81)

以上是时间的关系。

  I. 他以为这样就可以成功了。

  J. 不想一头就碰在一个醉汉身上。(24)

以上是方式的关系。

  注意,文言"读书于家"和白话"在家读书",在语法上的解释并不相同。"于"字是联结词,所以"家"字是关系位;"在"字是动词,所以"家"字是目的位("在家"是末品谓语形式⑪,修饰"读书")。同理,"当他来的时候,你已经走了",有了动词"当"字,"他来的时候"也就变了"当"字的目的位,不复是关系位了。

  叙述词有两个后附的记号,就是"了"和"着"。普通的叙述词总是由动词构成的,但是有些形容词和名词后面加上了"了"字或"着"字,也就变了叙述词,例如:

  A. 袭人见了,也就心冷了半截。(30)

  B. 宝妹妹急的红了脸。(99)

  C. 把你奶了这么大。(20)

  D. 他还不大着胆子花么?(16)

"了"和"着"，它们虽表示一种时间观念，却不是表示过去、现在或将来；它们只表示一种情貌⑫。

"了"字所表示的是完成貌。无论是过去的完成、现在的完成或将来的完成，只要说话人想表示那事情终结时的情态，都可以用"了"字表现出来。

> A. 我养了这些儿子，孙子，也没一个象他爷爷的。(29)
>
> B. 谁知二爷倒错会了我的意。(68)

以上是过去的完成。

> C. 已经惊动了人，今儿乐得还去逛逛。(29)
>
> D. 如今你奶奶已得了不是。(73)

以上是现在的完成⑬。

> E. 等他们新来的混熟了，咱们邀上他们，岂不好？(49)
>
> F. 等请了示下，才敢提去呢。(29)
>
> G. 明日煮熟了，令人在十字街结寿缘。(71)

以上是将来的完成。

过去的完成和现在的完成，不一定要把两件事相并着说；至于将来的完成，却必须两件事相并着说，表示将来乙事实现时，甲事已经完成了。

有三种情形是和将来的完成相近似的：第一种是假设的完成，就是假定甲事实现了之后，乙事就会实现，例如：

> A. 若得罪了我醉金刚倪二的街坊，管教他人离家散。(24)
>
> B. 倘有人小看了他们，我听见可不饶。(71)
>
> C. 强吃了倒不受用。(89)

第二种是希望和恐惧。希望者是希望事情的完成，恐惧者是恐怕事情的完成，所以都可以用完成貌"了"字，例如：

> A. 有那古时富贵人家儿装裹的头面拿了来才好。(28)
>
> B. 也可省了这些花儿匠，山子匠，并打扫人等的工费。(56)

以上是表示希望。

  C. 又恐当着众人问，羞了宝玉不便。（27）

  D. 只恐怕气味熏了姐姐们。（66）

以上是表示恐惧。

  第三种是祈使句。祈使句如是肯定的，就近似一种希望；如是否定的（禁止语），就近似一种恐惧。因此，祈使句也常用完成貌，例如：

  A. 取了我的斗篷来。（8）

  B. 你可都改了罢。（34）

以上是肯定的祈使句。

  C. 也别太苦了我们。（22）

  D. 别叫他糟蹋了身子才好。（34）

以上是否定的祈使句。

  情貌词“了”字和语气词“了”字是有分别的。试把白话译为文言，则见语气词“了”字可以译成“矣”字，而情貌词“了”字却没有文言的字和它相当，例如“念了十年书了”，译成“读书十年矣”，第一个“了”字是无法译出的。

  单就现代语而论，情貌词的“了”和语气词的“了”也是有分别的。我们可以分三方面来说[14]：

  1. 如果两个句子形式凑成一个复合句（参看下文第十四章），前一个句子形式里的“了”字就只能是情貌词，不能是语气词，例如：

  A. 他若死了（情貌词），她就活不成了（语气词）。

  B. 等他来了（情貌词），你就该去了（语气词）。

  C. 若有了金刚丸（情貌词），自然有菩萨散了（语气词）。（28）

  2. 情貌词只用于叙述句，语气词则可兼用于描写句和判断句,例如"她比前更美了"和"这就是茶了"里面的"了"字都不可认为情貌词。

3. 情貌词"了"字放在目的位的前面,语气词"了"字放在目的位的后面[15],例如:

A. $\begin{cases} \text{火车出了轨(情貌)。} \\ \text{火车出轨了(语气)。} \end{cases}$

B. $\begin{cases} \text{他吃了饭(情貌)。} \\ \text{他吃饭了(语气)。} \end{cases}$

叙述词前面若有否定词(如"不、没有"等),后面就不能有情貌词"了"字[16],例如"他若不死了"和"他没有吃了饭"都不成话。因为事情既被否定,就无所谓完成了。

"着"字所表示的是进行貌[17]。凡事情正在进行中者,就用"着"字表示,例如:

A. 史姑娘拉着我呢。(49)

B. 老太太等着你呢。(24)

C. 他两个在那里商议着要吃生肉呢。(49)[18]

所谓正在进行中,并不一定是说,当说话人陈述事情的时候仍在进行中;如果两件事同时说出来,甲事进行的时候,乙事尚未终了,也可以用"着"字,例如:

A. 凤姐正数着钱,听了这话,忙又把钱穿上了。(47)

听话时,数钱的事正在进行中。

B. 凤姐装着在床上歪着呢,见袭人进来,也笑着站起来。(67)

见袭人进来时,假装在床上歪着的事正在进行中。

因此,末品谓语形式里往往用得着"着"字,因为这种谓语形式所述的事情,正是和那主要叙述词所述的事情同时进行的,例如:

A. 贾母便吃了半盏,笑着递与刘姥姥。(41)

笑和递同时。

　　B. 倒要自己勉强扎挣着出来各处走走逛逛。(67)
勉强挣扎和出来同时。

　　C. 还是亏了平儿时常背着凤姐与他排解。(69)
背着凤姐和排解同时。

　　有时候,甲事和乙事差不多同时,也可以用进行貌,例如:

　　A. 宝钗答应着便去了。(45)

　　B. 贾赦答应着退出来,自去了。(84)

　　有时候,叙述词所叙述的事情虽则早已完成,然而它的结果还存在着,往往也用进行貌。这是进行貌的活用法[19],例如:

　　A. 后面又画着几缕飞云,一湾逝水。(5)

　　B. 票上开着数目。(14)

　　C. 只见宝玉头上戴着大箬笠,身上披着蓑衣。(45)

　　进行貌也像完成貌一样,可以用于祈使句。它们二者之间的分别是:如果祈使的事是不需要很长的时间,或完成的越快越好者,就用完成貌;如果祈使的事是有相当的持续性者,就用进行貌。下面是祈使句用进行貌的例子:

　　A. 你如今也讯听着,……只要模样儿配得上,就来告诉我。
(29)

　　B. 二爷好生骑着,这马总没大骑,手提紧着些儿。(43)

　　C. 你们两个别睡,说着话儿,我出去走走回来。(51)

　　有些行为具有相当的持续性,虽不在祈使句里,也可以用进行貌,例如:

　　A. 又赶上来打着平儿。(44)

　　B. 紫鹃忙忙端了痰盂,雪雁捶着脊梁。(82)[1]

―――――――――

　　〔1〕 编者注:文集本删该例。

C. 那只手仍向窗外指着。(83)

"着"字在最初的时候,并没有进行貌的用途。它只是一个方式末品词,表示到(或近似于到)的意思,如白居易诗"还应说着远游人"之类。这种用法,直到现代仍然存在,例如:

A. 今秋又遇着贾母高兴。(45)

B. 薛姨妈王夫人等恐碍着邢夫人的脸面。(47)

C. 我常见着在那小螺甸柜子里拿银子。(51)

D. 我想着他从小儿伏侍我一场。(54)

"着"字又有起来(或近似于起来)的意思。这种意义似乎产生于"到"的意义之后,但它也只是一种方式末品词,不是情貌词,例如:

A. 要使得,留着使。(45)

B. 只是他在家里说着好听。(48)

C. 这椅子坐着并不冷。(52)

D. 不过是远路带来的土物儿,大家看着新鲜些就是了。(67)

E. 你冻着也不好。(51)

上面所说的两种"着"字(方式末品词)虽不是情貌词,它的读音却是和情貌词一样的,都是念 zhe 轻声。另有一种方式末品词"着"字,它表示达到目的的意思,它的读音,依普通话说,就和情貌词"着"字大不相同,因为它是念 zháo 重声的。下面是"着"字念 zháo 重声的例子[20]:

A. 平儿听了,眼圈儿一红,连忙忍住了,说道:"也没打着。"(44)

B. 回到家,和绮儿纹儿睡不着。(50)

C. 我猜着了,必定是要的猴儿。(50)

D. 我找不着他,还哭了一场呢。(67)

　　"来着"本来是"来"和"着"的结合,但是,这一个复合情貌词和简单的情貌词"着"字所表示的情貌大不相同。"来着"所表示的是近过去貌。它所着重的不在过去,而在于近;凡事情过去不久者,都可用"来着"表示。它的位置是在句末(除非句末有语气词),例如:

　　A. 同宝姐姐顽来着。(20)

　　B. 我往大奶奶那里去来着。(52)〔1〕

　　C. 我方才……又打发人进去让姐姐来着。(62)

　　D. 我刚才听见……师父夸你来着。(88)

　　所谓近,完全是凭说话人的心理而定的。说话人要夸张事情尚在目前,昨天、前天的事情都可以说"来着",例如:

　　A. 昨日家里问我来着么?(65)

　　B. 我前儿听见秋纹说,妹妹背地里说我们什么来着。(82)

　　C. 前儿还特特的问他来着呢。(84)

　　D. 你听见二爷睡梦里和人说话来着么?(109)

　　甚至很远的事情也可以说"来着",只要说话人心目中觉得是近(往往指言语方面)就行了。

　　E. 当日你父亲怎么教训你来着?(33)

　　F. 他和我说来着:"早知担了个虚名,也就打正经主意了。"(109)

　　近过去貌"来着"只是北京及其附近区域所特有的情貌①〔2〕;一般官话不用它,别的方言如吴、闽、粤语及客家话等更没有它了。

注释:

　　① 王了一在他所有的著作中(包括 B4)都坚持着这种分类法,虽然在

---

　　〔1〕 编者注:文集本删该例。
　　〔2〕 编者注:该句中文集本据龙注将"只是"改为"主要是"。

他的 Bпр，上册第93—98页中，他表示了这样的见解（并没有拿出充分的语法根据来）：描写句和判断句彼此之间很接近（参看第十一章注①）；在吕叔湘的《语法学习》(1953)第14—16页中和在 Лчж 第六讲第一段中也可以看到类似的三分法。吕教授在他的三卷语法书——《中国文法要略》(1951年，上册3—5章)——中，把句子分成四类：第四种句子是从动词句中分出去的，那是包含动词"有"和"没有"的句子，相应地称它为"有无句"(无，即"没有"的文言词)。在 Лгр（《中国语文》1952年10月号）中，句子仍然被分成四类，但稍有不同：第一类（名词句）中只列入没有系词的句子（参看第十二章注③)，而谓语本身由整个句子来表示的句子则列入第四类（这一类型相应地称之为"主谓谓语句"）。最后，有些作者把谓语分成两种基本类型——体词谓语和动词谓语——但在它们之中仍包含着不同的内容：有些人把汉语的形容词当做动词，而与体词相对立（参看 Bпр，上册第136页注103），又有些人把汉语形容词看做体词，把它与名词相一致，而和动词相对立。比方高名凯在他的《汉语语法论》1951年第二版第一章中追随了 A.马伯乐（Maspero）的说法所提出的理论就是这样（但是，后来高名凯已经同意了王了一的分类法；见高名凯在《燕京大学学报》1951年第四期第109—110页的论文＊）。

　　＊译者注：这篇论文的题目是《语法杂识》(十、"是")，载《燕大学报》1951年第四十期，不是第四期。

　　② 参看 Bпр，上册第80页；并参看第四章注③。（叙述）谓语和（叙述）谓词（中心词）的不同，王了一在 B2 中引用了下面的例子来说明：

　　过去蕴藏在地下为外国人所看不见的伟大的俄国无产阶级及劳动人民的革命精力，在列宁、斯大林领导之下，像火山一样突然爆发出来了，……（毛泽东）

　　谓语是"在列宁、斯大林领导之下，像火山一样突然爆发出来了"；谓词（中心词）是"爆发"(B2，第36页)。

　　③ 在 B2 的第32页中也有类似的情形："我去了"是不及物，但是"我批评他"是及物；用的术语可不同了——王教授在本书里用的是"及物动词"和"不及物动词"，在他这篇新的论文中却用了"外动词"和"内动词"这样的术语。在汉语中及物动词和不及物动词的语法差别在于及物动词要求自己后面有一个直接的目的语，这目的语本身又具有两个特征的总和（C.E.雅洪托夫)，那就是它能转变为动词・前置词"把"的宾语（Ди，§95的脚注）以及在被动式中它可以变成主语。关于及物动词和不及物动词在复合动词结构中的作用和不及物动词跟性状形容词的接近，可看 Ди，§95—97和 Bпр，上册第5页。

④　关于术语"句子形式",参看第八章注⑥。

⑤　这一类结构是依照形容词的类型构成的,而"了"字在这些情况下不是动词词尾,而是表明由一种情况转变到另一种情况的语气词了。关于"了"的含义,参看第八章注⑧。

⑥　参看第十一章注④。

⑦　王了一把作为"附加"的"同位"也归入"位"的一类中去了。参看第五章注㉓。

⑧　目的语和目的位。在 B₂ 中,"目的语"这个术语被(叙述)"宾语"所代替了。"宾语"是在汉语语法中常用的术语,按词义是"句子的宾客",它是和"句子的主人"也就是"主语"相对立的。王了一把宾语(宾语群)和宾词(宾语的中心词)区分开来;比较本章注③,例如:

我们必须学会自己不懂的东西。(毛泽东)

宾语是"自己不懂的东西";宾词是"东西"。

⑨　然而,不能因此设想,从这些孤立的情况中可以建立这样一种"理论"的根据,似乎像粤语这一种汉语方言是一种独立的"语言";应当这样理解,在汉语方言间虽然存在着某种的个别的分歧,但是它们语法结构的基础是相同的(参看第七章注⑬)。

⑩　"关系位"这个术语,在 B₂ 中被"关系宾语"这个术语所替代。按王了一的说法,关系宾语可以带前置词(在王了一所赋予"介词"的含义上;参看第五章注⑨和第十章注⑪),也可以不带前置词。在前一情况下,关系宾语既能放在谓语之后,也能放在谓语之前(或者放在句首)。在第二种情况下,关系宾语只能放在谓语之前(或者放在句首)——例如在本书中王了一所举的 A—J 的例子全都是属于后一种的。

让我们从 B₂ 中引用一些带前置词的和不带前置词的关系宾语的例子,带有前置词的宾语:

我们仅仅施仁政于人民内部……(毛泽东)

谢谢马克思、恩格斯、列宁和斯大林,他们给了我们以武器。这武器不是机关枪,而是马克思列宁主义。(毛泽东)

在"武器"一词之前用了属于文言语的前置词"以",它是直接的和工具性的宾语的标志。参看第五章注⑲。"……给了我们以武器……","……供给我们以武器……"。

对于敌对的阶级,它是压迫的工具,……(毛泽东)

不带前置词的宾语:

任何政党,任何个人,错误总是难免的……(毛泽东)

⑪　"谓语形式"这一术语见本书第八章注④。

⑫　王了一在本书中基本上研究了汉语动词的两种情貌,认为它们是最可作为特征的,这就是完成貌(词尾"了")和进行貌(词尾"着")。而由于对词尾"着"的观察,他又指出了一种近过去貌(词尾"来着")。

王了一在 Впр,上册第 283—284 页中,列出了下面一张汉语动词情貌表:

(甲)普通貌,用一般的形式表现;

(乙)进行貌,用词尾"着";

(丙)完成貌,用词尾"了";

(丁)近过去貌,用词尾"来着";

(戊)开始貌,用词尾"起来";

(己)继续貌,用词尾"下去";

(庚)短时貌,用动词的"重叠",参看第三章注㉗和㉘。

⑬　假使考虑到完成貌在将来时中的使用是局限于一定范围的("将来的过去",例 E—G),而在现在时中的使用则取决于句中加副词"已(经)"(例 C—D),那么,事实上,完成貌就只有过去时了。王了一为了证明词尾"了"是表示"情貌"而不是表示"时制"而引证的全部例子,在把"了"看做是过去完结时[*]的标志的场合,也都可以解释得通的,——当然它也带有情貌的色彩;参看 Ди,§ 107—108,在那儿,这个词尾是被解释为与作为过去未完结时[**]的标志的词尾"过"相对应的。

[*]和[**]译者注:龙果夫在这里特别用 завершенное время(过去完结时)和 незавершенное время(过去未完结时)而不用 совершенный вид 和 несовершенный вид,就是为了要把"时制"和"情貌"区分开来。

⑭　王了一列举的区分情貌词"了"和语气词"了"的特征是不充分的,比方在"非行为"动词之后我们总是用语气词"了",例如"他会说中国话了"(参照 Лгр,《中国语文》1953 年 3 月号第 26 页)。谓语有前加成分和接尾部分的地方与这种情形相似,例如"不来了",参看 Ди,§ 114,2,3 项和 Дидгр,第 14—55 页。

⑮　王了一忽略了这样一种情况,即像"他写了信"(动词只带一个情貌词"了")一类的词组在北京方言和其他一系列方言中,都不能作为一个独立的句子来运用,而大致相当于俄语的副动词词组,Он,написав письмо(他,写完了信),要把这不完整句变成独立句,应当加上第二个"了"——语气词,即"他写了信了"(Он(уже)написал письмо)。

假使宾语之前带有数词定语,那就是另一回事了:"他写了三封信"和"他写了三封信了"这两个句子都是完整的。第一句的意思是"他写完了三封信",而第二句是"他已经写完了三封信",或"他写完了整整三封信";参看Ди,§178,及 Дидгр,第 22、29—33 页。

⑯　至于语气词"了",它完全可以和否定词并存的,例如"不来了、没有了"等等。

关于现代汉语中的否定词体系以及它们和语气·时间助词的关系,可以参看 Ди,§110—111,也可以参看 Дидгр,第 267、58—60、68—69 页;关于否定词和语气词作为谓语的形式标志的作用,可参看 A.A.龙果夫的论文《现代汉语句子中的附属成分》(《苏联科学院通报》文学和语言部分,1946 年第五卷第六期,第 484—489 页)。

⑰　词尾"着"在 Ди,§132 中有另一种解释,在那里它没有被看做情貌和时制的标志,而被看做由动词变来的体词的标志。由于这个词尾具有体词意义,所以在许多方言中它被另一个体词词尾"的"字取而代之了。"的"字"应用的地域更广,无论在词义上,在功能上,它的用途都是更周遍的"(Ди,§132);同时参看 Дидгр,第 81—82 页。

⑱　强调指出这一点是很重要的:在 A、B、C 三例中(同样在下面一类的例 B 中)不但含有词尾"着",而且也含有语气词"呢"。后面的这种情况是因为,词尾"着"是"一种形态基础,在这个基础上借助于否定词'没'和语气词'呢',在现代口语中建立了现在时的时点或时段的范畴"。参看 Ди,§133。

⑲　参照 Ди,§132 的说法。这词尾的意义是相当简单的:它"表明我们遇到的不是行为本身,而是持续状态的行为,或者是(限于及物动词)某一行为的某种状态的结果"。

⑳　"着"字归入不及物动词和性状词的一类,用来表示对"行为"动词的结果有所修饰(Ди,§94 和 96)。起这样作用的"着"绝对不是词尾,像通常一般错误了解的那样,而成了一个读第二声的实义词素了。

㉑　这话并不十分精确,例如词尾"来着"也出现于热河省的方言中。"一来"这个词尾,我们也能在其他方言中找到,譬如甘肃;同时参照 Шгр,第 119 页。

第十章 "把"和"被"

"把"和"被",它们两个本来都是纯粹的动词,后来又都变了助动词①。所谓助动词,就是帮助动词来叙述某一件事情的。在现代汉语语法里,我们只承认这一类的词是助动词。"把"和"被"的用途虽不相同,然而它们在语法组织上却有许多相通之点,所以我们把它们并在一章里讨论。

"把"字本来是握的意义。《国策·燕策》"左手把其袖";又《秦策》"无把铦推耨之劳",都是这个意思。后来"把"字渐渐用于末品谓语形式里,例如"把酒问青天",等于说"拿起酒来问青天"。到了现代,更渐渐由实变虚,由动词变为助动词,例如"把酒喝干了"这一句话,其初本像"把酒问青天"一样,等于说"拿起酒来喝干了";后来"把"字的本来意义渐渐消失,只剩一种语法上的意义,"把酒喝干了"差不多等于"喝干了酒"的倒装,不复有握或拿起来的意义了。

但是,"把酒喝干了"的意思和"喝干了酒"的意思并不完全相同。"喝干了酒"只是一种普通的叙述;"把酒喝干了"却是说明了人对于酒的一种处置。因此,我们把"把酒喝干了"一类的语言形式叫做处置式②。

处置式既然必须是表示一种处置的,如果行为不带处置性质,就不能用处置式。像下面的一些例子,只能出现于戏曲或弹词里,普通口语里是非常罕见的:

A. 将身且把官门进。(旧戏《狸猫换太子》)

B. 良登背我把楼登。(弹词《滴水珠》)

C. 尧帝历山把贤访。(同上)

D. 老天不把人怜悯。（同上）

仔细分析起来，凡有下列情形之一者，不能用处置式③：

1. 叙述词所表示者系一种精神行为，例如"我爱他"不能转成"我把他爱"；

2. 叙述词所表示者系一种感受现象，例如"我看见他"不能转成"我把他看见"；

3. 叙述词所表示的行为并不能使目的语所表示的事物变更其状况，例如"我上楼"不能转成"我把楼上"；

4. 叙述词所表示的行为系一种意外的遭遇，例如"我拾了一块手帕"不能转成"我把一块手帕拾了"；

5. 叙述词系"有、在"等字，例如"我有钱"不能转成"我把钱有"，"他在家"不能转成"他把家在"。

处置式的目的语是放在叙述词的前面的；目的语的后面，不能只跟着一个简单的叙述词。像下面的一些例子，普通口语里是非常罕见的：

A. 柴王澶州把位让。（《滴水珠》）

B. 爹爹在家把儿训。（同上）

C. 命人来把母女唤。（同上）

D. 莫非秉兰把他害。（同上）

因此，叙述词的后面往往带着"起来、下来、出去"之类，或"过、完、尽"之类；至少，也应该有"了、着"等字④，例如：

A. 请二爷把自己系的解下来。（28）

B. 要把一先的韵都用尽了。（52）

C. 把楼上打扫了，挂起帘子来。（29）〔1〕

否则，叙述词的前面也须有一个"一"字⑤，或后面有另一目的

---

〔1〕　编者注：文集本删该例。

位(近目的位),例如:

    A. 宝玉把竿子一晃。(81)

    B. 你来把我这边的被掖一掖罢。(51)

    C. 把那条还我罢。(28)

依北京话的习惯,如果处置式里的叙述词系表示损害者,叙述词的前面还粘附着一个"给"字。这"给"字在语法上没有什么意义,只当它是加重语意的就是了[6],例如:

    A. 小弟弟把茶碗给打破了。

    B. 狐狸把老虎给骗了。

"把"和"拿"的分别——汉语有些方言(如吴语),它们的处置式是用"拿"字不用"把"字的;但是,在普通话里,"把"和"拿"却大有分别。

1. "把"字用于处置式里。目的位系在叙述词的前面的;叙述词的后面不能有目的位(除非是有双目的位的),例如:

    A. 便把手绢子打开,把钱倒了出来。(26)

不能说成:"拿手绢子打开,拿钱倒了出来。"

    B. 快把这船打出去。(58)

不能说成:"快拿这船打出去。"

2. "拿"字不用于处置式里。它和它的目的位构成一种末品谓语形式,所以叙述词的后面还可另有一个目的位,例如:

    A. 拿真心待你,你倒不信了。(47)

不能说成:"把真心待你……"

    B. 怪不得他们拿姐姐比杨妃。(30)

不能说成:"……把姐姐比杨妃。"

"将"字——"将"字在古代(唐以前)等于现代的"拿",例如:

    A. 轻将玉杖敲花片。(张祜诗)

等于说:"……拿玉杖敲花片。"

    B. 不将萝薜易簪缨。(张说诗)

等于说:"……拿萝薢换簪缨。"

到了现代,它的意义却变为和"把"字的意义相同了,例如:

　　A. 周瑞家的将刘姥姥安插住等着。(6)

等于说:"……把刘姥姥安插住等着。"

　　B. 一面说,一面就将这碗笋送至桌上。(75)

等于说:"……把这碗笋送至桌上。"

不过,"把"字是现代口语里常用的字,"将"字只是古语的残留,甚至于也许是谬误的仿古,因为它本是拿的意思,不是把的意思。

没有"把"字的处置式——处置式里,"把"字的用途在于把目的位提到叙述词的前面;如果目的位省略了,"把"字自然应该同时被省略了的⑦,例如:

　　A. 却自己吟成一律,写在纸条上,搓成个团子,掷向宝玉跟前。(18)

把这诗写在纸条上,把这纸条搓成个团子,把这团子掷向宝玉跟前。

　　B. 你爱谁,说明了,就收在房里。(80)

把他收在房里。

　　C. 你把这些花瓣儿都扫起来,撂在那水里去罢。(23)

意思是把这个花瓣儿扫起来,再把它撂在那水里去罢,"把它"二字被省略了。

处置式的活用——有时候,处置式并非真的表示一种处置,它只表示此事是受另一事影响而生的结果。这种事往往是不好的事或不由自主的事⑧,例如:

　　A. 谁知接接连连许多事情,就把你忘了。(26)

　　B. 把牙磕了,那时候才不演呢!(26)[1]

　　C. 小红不觉把脸一红。(26)

----

〔1〕　编者注:文集本删该例。

D. 把我那要强心，一分也没有。(11)

普通处置式的叙述词必须是及物动词，活用时却可用不及物动词。下面的 E 例，就是用不及物动词的例子：

E. 偏又把凤丫头病了。(76)

和处置式有密切关系的，就是被动式。叙述句有主动式和被动式的分别。谓语所叙述的行为系出自主语者，叫做主动式，例如"他打了你"，"他"是主语，而"打"的行为是由"他"发出的。谓语所叙述的行为系施于主语者，叫做被动式，例如"你被他打了"，"你"是主语，而"打"的行为是施于"你"的。

咱们平常叙述一种行为的时候，总是用主动式居多；被动式只是一种特殊形式。这两种句子非但意义不完全相同，其作用也不完全相同。当我说"他打了你"的时候，我的目的在说"他"；当我说"你被他打了"的时候，我的目的在说"你"。有时候，是上下文的关系使咱们择定主动式或被动式，如说"你被他打了，却不曾还手"，这是用被动式适当些；若说成"他打了你，你却不曾还手"，非但多说了一个"你"字，而且句子的结构也显得松些了。

再说，并非一切的主动式都可改为被动式。在汉语里，尤其在现代，被动式的用途较主动式的用途狭得多。许多主动句都不能随便改为被动，例如"张三喜欢李四"不能说成"李四被张三喜欢"；"我读《红楼梦》"不能说成"《红楼梦》被我读"。

原来被动式所叙述的只是不如意或不企望的事，如受祸、受欺骗、受损害，或引起不利的结果，等等，例如：

A. 我们被人欺负了。(9)

B. 老太太也被风吹病了。(42)

C. 我哥哥……被县里拿了去了。(85)

D. 知是何三被他们打死。(112)

由此看来，咱们可以明白为什么"李四被张三打了一顿"是通的,而"李四被张三赏了十块钱"却是不通的;"张三被人毒死了"是通的,而"李四被人医好了"是不通的。因为受赏和治好了病都不是不如意的事情。近年书报上的文章为西洋语法所影响,渐渐不遵守这个规则了,例如"张延龄被任命为领事""李寿彭被称为球王""毛先光被新闻记者访问",等等。但这种欧化的语法尚未为民间所采纳;因此,就汉语原有的语法而论,我们仍旧认为"被"字是表示不如意或不企望的事的⑨。

除了"被"字之外,还有"叫"字。"叫"字由动词变为助动词(或写作"教"),比"被"字的语意轻些⑩,例如:

A. 太太……叫金刚菩萨支使糊涂了。(28)

B. 叫有学问的人听了,反笑话。(49)

被动式的古代形式是"为……所"。"为"字可认为助动词(词性和"被"字相似),但普通总是和"所"字相应的,例如:

A. 一个人倚在那里,却为一枝海棠花所遮。(25)

B. 只因为声色货利所迷,故此不灵了。(25)

有时候,古代被动式和现代被动式混合起来,于是"为……所"就变成了"被……所",如:

A. 父母已亡,或被叔伯兄弟所卖。(58)

B. 恒王遂被众贼所戮。(78)

把"被"字和"所"字配合,这恐怕是文人杜撰的语法,民众口语始终没有经过这个阶段。现在民众口语里的被动式只用"被"字(或"叫、让"等),"所"字是不用的。

被动式的结构是:主位+助动词+关系位+叙述词⑪。主位所代表的乃是受事者。关系位所代表的才是真正的主事者,例如"你被他打了","你"是主位,"被"是助动词,"他"是关系位,"打"是叙述词;又"你"是受事者,"他"才是真正的主事者。有了"被"字,普通总得有一个关系位,例如"我们被欺负"这类的句子是很少见的,习惯上总说成"我们被你欺负"或"我们被他欺负"等。至少也加上一个"人"字,如"我们被人欺负"。除非被动式转成了次品谓语形式,如"老爷可知这被卖的丫头是谁?"(4),才可以不用关系位。

没有"被"字的被动式——没有"被"字的被动式,在形式上看不出它和主动式的分别,只在意义上看得出来。依汉语的习惯,凡有下列两种情形之一者,不用"被"字,同时也不用关系位。

1. 主事者无说出的必要,或说不出主事者为何人,则不用关系位,同时也不用"被"字,例如:

　A. 五儿吓得哭哭啼啼。(61)

五儿被吓,以致哭哭啼啼。

　B. 两个人都该罚。(62)

两个人都该被罚。

　C. 这老货已经问了罪。(81)

这老货已经被问了罪。

现在有些人为西洋语法所影响,在这种地方也喜欢用"被"字,例如"两个人都该被罚""这老货已经被问了罪"之类,在喜欢欧化的人看来,非但不认为奇怪,而且认为应该的了。

2. 主语为无生之物,无所谓不如意或不企望的事,则"被"字必不能用,关系位也因此用不着了⑫,例如:

　A. 云板连叩四下。(13)

不能说:"云板连续被叩四下。"

　B. 偷来的锣鼓儿打不得。(65)

不能说:"偷来的锣鼓儿被打不得。"

　C. 各色香烛纸马并铺盖以及酒饭,早已预备得十分妥当。(65)

不能说成:"早已被预备得十分妥当。"

　D. 你二哥哥的玉丢了。(94)

不能说成："你二哥哥的玉被丢了。"

在这种情形之下，连喜欢欧化的人也还不肯添上"被"字，所以"你二哥哥的玉被丢了"一类的句子是不成话的。

上面说过，处置式和被动式有许多相通之点，它们都不是可以随便由任何主动式转成的。然而它们二者之间，倒是往往可以互相转成，例如：

A. 德国把奥国灭了：奥国被德国灭了。

B. 张三把李四打了一顿：李四被张三打了一顿。

C. 风把老太太吹病了：老太太被风吹病了。

此外还有一点最足以证明处置式和被动式的性质十分近似，就是"把"字的后面不能用否定语，"被"字的后面也不能用否定语，例如咱们只能说"我把那一封信烧了"或"那一封信被我烧了"，却不能说"我把那一封信不保存"或"那一封信被我不保存"[13]。

由此看来，汉语的被动式并不是普通主动式的反面，它只是处置式的反面[14]。然而被动式为古代汉语所有，处置式为古代汉语所无。直至现在，有些方言（如粤语和客家话）仍旧是没有处置式的。

注释：

① 带"把"字的结构和带"被"字的结构，在现代汉语中起着非常重大的作用，因此，王了一在自己的语法里用专门的一章来讨论它们，是正确的。但是，他把这些动词跟那样的一些动词如"在、给、从"之类分开，则是没有足够的语法根据的。因此，中国语法学者们（如 Лгр，吕叔湘）把它们归并在所谓"副动词"的一类，而把"助动词"这个术语用在"语气动词"的意义上（Лгр）。后来王了一也同意吕叔湘的看法，把"把"和"被"改称为"副动词"（参看 B₁ 注③）。"副动词"在 Ди 里被看做是"动词·前置词"（§103—105）。

关于"把"字和"被"字，在中国语言学家的著作中可参看 Лчж，第三讲第三段，Лгр，《中国语文》1953 年 3 月号第十二节，同时可以参看吕叔湘《语法学习》，1953 年，第 24—27 页。

② 参看 Впр,上册第 165 页。

③ 不能用处置式的情况可以概括为下列三项:

(甲)它不可能用在包括感受动词在内的"非行为"动词的前面(即王了一的 1、2、5 项);

(乙)它不可能用在带有间接目的语的动词的前面(即王了一的第 3 项);

(丙)它不可能用在听者(或者读者)对于"未定"的对象还一点也不了解的情况(即王了一的第 4 项)。

由此得出结论:这种处置式仅仅能和带有确定的直接目的语的"行为"动词用在一起;参看下注。

④ 这是因为,处置式只用在这些场合,即对于对话人(或读者)新鲜的并不是直接目的语,它的内容已为对方所了解,而是直接放在动词后面的东西,不管是表结果的词素(据王了一所列举的有"起来、下去、出去、过、完、尽"),"情貌词尾""了"和"着"(源于表结果的词素),还是某种其他间接的或数量的目的语;但在这些条件都不具备的地方,也就是说,在动词被用在纯粹的情貌的地方,这种处置式是不可能的;参看 A.A.龙果夫和周松元的教科书《汉语语法初步》,莫斯科-伯力,1934(汉语本),第 65—66 页,以及 A.A.龙果夫的论文《论现代汉语句子的附属成分》(《苏联科学院通报》文学和语言部分),1946,第五卷第六期,第 488 页,第三部分。

再说,这一切又都是由于这样一个原因:那就是按照汉语造句法的常规,所有最新的因而是最重要的成分通常总是被放在句子的末尾的。

⑤ 在能用处置式的情况表中,王了一把动词之前加"一"字的情况也列入了。但是这种情况只是这样一个规则的特例,即在动词之后必须具备数量补语或者间接目的语(或者,依王了一的术语系统,第二个近目的语,参看下文)。问题在于,在"看一看"这类汉语动词中,动词本身可能被省略,谓语的作用也就落在数量补语身上;比较一下王了一的例 A 和例 B:在第一个例子里,我们看到"一晃"的省略形式,而在第二个例子里,我们看到了完备的形式"掂一掂",也就是动词加数量补语,参看 Ди,§175。关于强调位于动词之前的那个词的形式,参看第十五章注⑤。

⑥ 恰恰相反,"给"这个字,从王了一所引证的例子里也可以明白看出,在汉语中具有特别的语法功能,并且和欧洲诸语言中的 dativus commodi 和 incommodi(有利与格和不利与格*)有同等的作用(Г.Н.赖斯卡娅注)。

　　*译者注:有利与格和不利与格是拉丁语的名词变格的两种结构形式。与格是名词中的一种格(dativus),主要是表示动作所达到的人物。有利与格是

说叙述词所表示的行为对于与格所表示的人物是有利的,例如汉语的"医生把他的小孩给救活了";不利与格是说叙述词所表示的行为对于与格所表示的人物是不利的,例如汉语的"小弟弟把茶杯给打破了"。

⑦ 目的语的省略仍然是由于目的语的内容已为对话人所了解;参看本章注④。

⑧ A.A.龙果夫在他的《现代汉语口语语法》的讲义(1941,§158)里指出,这类结构的内容是在于"动词的行为的被实现不以说话人的意志或愿望为转移"。在《苏联科学院通报》文学和语言部分,1946,第五卷第六期里,"又把他爹死了"一类句子被看做是单成句(所回答的问题是"发生了什么事情?"),它不同于双成句"他爹死了"。参看 Шгр,第 118 页。

⑨ 在王了一借以建立语法体系的古代长篇小说的语言里,情况是如此的,但在现代文艺作品里,不仅有中性性质,甚至有积极性质的被动式,远不是例外的,例如"李班主的班子被人爱着"(丁玲《陕北风光》)(赖斯卡娅注)。

⑩ 在现代汉语里像"叫"或"让"这些字的使用范围和动词·前置词"被"的使用范围是不一致的:前者用在表示某种不如意或不企望的事的结构中,而"被"字的用途,如王了一所指出的,要比它们广阔得多——在这方面也未必能够认为是受欧洲诸语言的影响。

⑪ 关于关系位参看本书第 125—126 页。王教授把位于动词"被"之后的名词解释为处在关系位,这对于说"被"字是动词·前置词是有利的(参看第九章注⑩)。

⑫ 用表示无生之物的名词来表示主语的被动式,在现代文艺作品和政治论著中是不罕见的,例如"他的要求被准许了"(丁玲《陕北风光》)(赖斯卡娅注)。

⑬ 这是因为否定词"不"和"没(有)"经常在整个谓语的前面,而任何动词·前置词结构,都可以进入这整个谓语里,作为主要动词的修饰语,例如:"池凤(цифэн)还没给我来回信。"关于这个理由参看《苏联科学院通报》文学和语言部分,1946,第五卷第六期,第 488—489 页。

⑭ 下面从毛泽东著作中摘录出来的包含"把"和"被"对立的例子很可以作为例证:

或者把老虎打死,或者被老虎吃掉,二者必居其一。(毛泽东)

第十一章　描写句,"得"字

　　描写句有一个特征,就是以形容词或形容性的仿语或句子形式来做它的谓语。因此,描写句是用来描写人物的德性的。人物的德性,普通总是没有发生的时间的;即使有发生的时间,这时间也往往是不可知的,例如说:"这一所房子很大。"这"大"只是描写语,咱们不能说它从何年何月何日具备了这"大"的德性。又如说:"这一所房子很旧。"咱们虽能悬想新旧两个时期,但咱们无从知道这房子在何年何月何日由新变了旧。非但德性发生的时间不可知,连终止的时间也不可知。因此,咱们可以说德性是比较地常在的,或比较地带绵延性的,普通的描写句都是描写常在或绵延的德性的[①]。

　　描写句中的谓语,我们把它叫做描写语。描写句中的谓词,我们把它叫做描写词。最简单的描写语就只有一个描写词,而这描写词的本质就是一个形容词[②],例如:

　　A. 石头冷。(55)

　　B. 这个容易。(62)

　　C. 迎春老实,惜春小。(46)

　　D. 这句话奇。(89)

较复杂的描写语是在描写词的前面加上末品,例如:

　　A. 这里的鸡儿也俊。(40)

　　B. 你太固执了。(78)

　　C. 今日天气很凉。(89)

　　首品仿语也可以偶然用如描写词,但那仿语里的名词必须是指人所领有的事物,而且以习惯所容许者为限[③],例如:

A. 他很粗心。

B. 他怪我多心。

C. 你太大意了。

句子形式也可以用如描写词,但那句子形式里的名词也必须是人所领有的事物,而且以习惯所容许者为限④,例如:

A. 狗儿名利心重。(6)

B. 凤儿嘴乖。(35)

C. 二奶奶本来事多。(55)〔1〕

D. 奶奶也太胆小了。(72)

E. 虽知贾家势败。(100)〔2〕

F. 我这两日嘴馋些。(109)

有时候,似乎主语和描写语的界限不清楚,例如"狗儿名利心重",既可认"狗儿"为主语,"名利心重"为描写语,又可认"狗儿名利心"为主语,"重"为描写语。但是,若连下文看起来,"谁知狗儿名利心重,听如此说,心中便有些活动起来",就明白"狗儿"是主语,因为"听"是"狗儿"听,而"名利心重"也就是描写语了⑤。

形容词用为修饰品时,它的位置在名词的前面;用为描写语时,它的位置在名词的后面,例如在"大国"里,"大"是修饰品;在"国大"里,"大"却是描写语。这样,咱们可以完全凭形容词的位置去辨认它是修饰品或描写语⑥。

但是,这上头还有一个有趣的事实。"大国"二字,它们本身的意义是很显明的;至于"国大",虽然构成了一个句子的形式(因为有主语,有谓语),意义却不显明了。到底是哪一国大呢?除非你在"国"字前面加上限制语,例如"我国大",或在上文已经提及某一国,

---

〔1〕 编者注:文集本删该例。

〔2〕 编者注:文集本删该例。

而这"国"字承上而言,就显然指的是那一国,又除非在假设的语句里,例如说"国大则民众",否则单说"国大"二字是毫无意义的⑦。

动词用为谓词,本是叙述句里的事,但是,如果及物动词后面不带目的语,而前面又有"可、好、难、易、够、中"一类的字,或后面带着"得、不得"一类的字者,那动词和它们合成的仂语(如"可杀、杀不得")可认为描写性仂语,它是等于一个描写词的用途的,例如:

　　A. 这孩子真可爱。

　　B. 这花很好看。

　　C. 这书非常难懂。

　　D. 这事很容易办。

　　E. 外头的高几儿怕不够使。(40)

　　F. 你太不中用了。

　　G. 偷来的锣鼓打不得。(65)

以上所说的描写句,它们的结构都是颇简单的;现在我们要谈一些结构较为复杂的描写句,例如《红楼梦》第八回:"我来的不巧了。""不巧"二字显然是描写语,然而它所描写的并不是"我",却是"来",因为不是"我不巧",只是"来"这行为"不巧"。由此看来,"我来的不巧了"这一句话里包含着两种句子的结构,"我来"是叙述句,"来的不巧"是描写句;"来"是"我"的谓词,而"不巧"又是"我来"的谓词。这种句子,我们叫做递系句⑧,因为句中的成分互相连系,"来"字一身兼两职,它既做"我"字的谓语,同时又做"不巧"二字的主语。然而就整个句子说,究竟是"不巧"二字最着重⑨,略等于说"我的来是不巧的",或"我这一来很不巧"。所以这种递系句可认为描写句之一种。下面还有些《红楼梦》的例子:

　　A. 小的天天都来的早。(14)

　　B. 贾政还嫌打的轻。(33)[1]

---

〔1〕 编者注:文集本删该例。

C. 尤氏办得十分热闹。(43)

D. 怎么他说了，你就依的比圣旨还快些。(8)〔1〕

注意这个"的"字，它是把这种递系句的描写语介绍给全句的主语的⑩。少了它就不行，例如咱们不能说成"我来不巧了"。这种"的"字，有时候也写作"得"（如 C 例）。其实应该写作"得"，因为吴语、粤语及华南许多方言在这种地方都说"得"不说"的"；不过因为在北京话里这种"得"字念成轻声，和"的"字的轻声相混，所以就"的、得"通用起来了。

这种递系句的叙述词以不带目的语为常。像"我来的不巧了"一类的例子，"来"是不及物动词，自然用不着目的语；就是像"贾政还嫌打的轻"一类的例子，普通也不说成"打的他轻"〔2〕。《红楼梦》第十九回："若说为伏侍得你好。""伏侍"之下还有"你"字，这是颇为少见的。又有一层应该注意的，就是即使有目的语，也应该放在"得"字之后，不该放在"得"字之前，例如"伏侍得你好"不能说成"伏侍你得好"⑪。

在递系句里，可认为有两个谓语形式。就一般说，第一个谓语形式是叙述性的，第二个谓语形式是描写性的，例如"我来的不巧了"，"来"是叙述，"不巧"是描写。但也有两种特殊的情形：第一个谓语形式也可以是描写性的，但是"得（的）"字后面只能用"很"字为谓语⑫，例如：

A. 两家和厚的很呢。(56)

B. 路上竟难走的很。(53)

C. 也就薄命的很了。(44)

---

〔1〕　编者注：该例文集本据人民文学出版社 1972 年版《红楼梦》改作"怎么他说了，你就依，比圣旨还快呢！"但因本章末段复引该例，仍作"你就依的比圣旨还快些"，故此处未从文集本改。

〔2〕　编者注："就是像……他轻"文集本删。

D. 妙的很。(50)

第二个谓语形式也可以是叙述性的(因为那谓词是动词)；但它在形式上虽是叙述性，在意义上却仍是描写性，因为实际上它是一种极度形容语^⑬，例如：

A. 怎么就打到这步田地。(34)

B. 怪道那两天二爷称赞大奶奶不离嘴呢。(67)

C. 湘云只伏在宝钗怀里笑个不住。(50)

注意，这种借叙述语为描写语的办法就不再用"得"字。另有些句子，它的第二个谓语形式本是纯粹描写性的，因为受了上面那一类形式的同化，也偶然可以不用"得"字^⑭，例如：

A. 凤丫头仗着鬼聪明，还离脚踪儿不远。(71)

B. 将冯公子打了个稀烂。(4)

"了不得"(或"不得了")也是表示程度的叙述语，但是"了不得"的前面必须有"得"字(或"的"字)，和上面的一些例子不同，例如：

A. 他们做诗，也不告诉他去，急的了不得。(37)

B. 奶奶们气的了不得。(58)

注意，第一个谓词如果是描写性的，第二个谓词多用"很"字，如"妙得很"；如果是叙述性的，则多用"了不得"，如"气的了不得"。

第一个谓词又可以是被动性的或处置性的，例如：

A. 这话说的太重了。(78)

"说"字是被动性的叙述词，意思是这话被说得太重了。

B. 你也忒把人看得小气了。(67)

"看"字是处置性的叙述词。

有一件很有趣的事实，就是由单系可以变为递系，由叙述可以变为描写，例如"两家很和厚"，这是单系；若变为"两家和厚得很",就变了递系。在"两家很和厚"里,"很"是末品;在"两家和厚得很"里,"很"是次品,并且是谓词⑮。又如"他慢慢地走",这是叙述句;若变为"他走得很慢",就变了描写句。在"他慢慢地走"里,"慢慢地"是末品;在"他走得很慢"里,"慢"是次品,并且是谓词。在"两家很和厚"和"他慢慢地走"里,"和厚"和"走"占句中最重要的地位;若在"两家和厚得很"和"他走得很慢"里,却是"很"和"慢"占句中最重要的地位⑯。

　　还有一层,汉语不惯把很长的末品仿语放在叙述词的前面,所以遇着末品仿语很长的时候,不如把它移到叙述词的后面,用"得"字介绍,变为递系句,说起来更顺口些,例如"尤氏办得十分热闹"和"你就依的比圣旨还快些",如果说成"尤氏十分热闹地办了"和"你就比圣旨还快些地依了",就很不像汉语了。

注释:
　　① 从描写句的意义的特征和判断句类似的特征的比较中,王了一作出结论(Впр,上册第97—98页):这些句子在某个方面是彼此近似的。但这个结论未必能得到赞同:以谓语资格出现的名词,照例要求必须具备系词,而形容词和动词一样,不要求有系词;名词不能跟否定词"不"直接连接,而形容词和动词一样,可以跟否定词"不"直接连接;用名词作的谓语,一般是断定和主语所指的同属一物,或者断定主语所指的人物属于某一范畴或种类(第122页),而用形容词作的谓语表述一种性质的状态,这种状态或者在强度上或者在时间长短上都有发生变化的可能(参看王了一的例子),这仍然使形容词和动词接近起来。因此,如果说到描写句跟什么接近的话,那么它们跟叙述句比跟判断句更接近一些。
　　② 描写语、描写词(参看 Впр,上册第99页)以后被译做 прилагательно-есказуемое(形容词谓语)。
　　③ 王了一正确地看出这一类属性的仿语同所谓不可分离的属性范畴的联系。参看下注。
　　④ 王了一指出这样的句子形式应当包含表明某种人所领有的事物的名词(在 B₃第44页里,王教授提到关于身体部分的名词)是正确的。在这方

面他的著作显然区别于荷兰汉学家缪勒（Jos.Mullis）的著作，缪勒对于这些结构的造句法分析用了许多篇幅，但是没有注意到最本质的地方，即它们同所谓不可分离的属性范畴的联系；参看缪勒的论文《汉语中的双重主语》（Le double nominatif en Chinois），《通报》第三十卷，1933，第231—236页。参看Ди，§37—43。

在 Лгр 里这类句子被看做是主谓谓语句的一种个别情况，在主谓谓语句里，谓语是由完整的句子来表达的；参看第十三章注①。

⑤　特别是否定词"不"字，各种半虚词性的副词也是一样，在这种场合一般总被放在整个"句子谓语"（也就是句子形式）的前面，更能清楚地看出这一点。

⑥　为了表达"作为句子成分的修饰语"这个概念，王了一在这儿采用了"修饰品"这个术语。在 Brp 里这个术语被用在"作为组合式仂语的从属成分"的意义上。参看第四章注③。

⑦　王了一用了文言的例子"我国大"，这儿也像在 Bпр 上册第102—103页一样，使读者的注意力集中在主语上，他并没对这样一件事给予应有的意义，就是在现代口语里作定式动词用的形容词同样要求一定的"修饰语"，即使是副词"很"字。在这一方面王了一教授在 Bпр 上册第102页所引用的那些例子很可以作为例证，如"好人"不能改成"人好"，却能改成"这人很好"；"大房子"只能改成"他家的房子很大"；"脏衣裳"只能改成"这一件衣裳很脏"。当然，在形容词谓语进入整个复合句的时候，就不要求必须有主语的或谓语的"修饰语"了，例如，"衣裳脏，就非洗不可"（例子借自 Bпр，上册第103页）。

应当着重指出，"很"字在这些场合，丧失了自己的词汇意义，并且转成某种"系词"，附属在形容词谓语里（参看 Bпр，上册第251页，以及王了一在《清华学报》1937年第十二卷第一期第38页上的论文*）。关于形容词谓语必需"修饰语"的理由和关于"很"字本身的词汇意义的消失，在 E.H.和 A.A.龙果夫的论文《汉语词类》（该文载于《苏联语言学》文集第三卷，1937年，第122—124页）以及在 Ди §142—143,202节中都详细地谈到过。

　　*译者注：这篇论文就是《中国文法中的系词》。

⑧　参看 Bпр，上册第187页及以下；又本书第169—172页。
我们从 B₄ 里引用一些递系句的例子：
中国人向西方学得很不少，但是行不通，……（毛泽东）
……我们的事情就办得好一些。（毛泽东）

⑨　这类句子很有趣的是，在"主语——谓语"的体系和逻辑上的"主

语——谓语"的体系之间很明显地表现出不一致(或者更确切地说,部分的不一致)。就交流思想的成分来说,应该是"我来的"(逻辑主语)——"不巧"(逻辑谓语);就句子的成分来说,就有另一种关系:"我"(主语),"来的不巧"(这是用整个句子形式来表达的谓语,而这谓语本身又可以被分析为主语"来的"和谓语"不巧";参看 Ди,§86)。

　　⑩　关于这个字在这样一类句子中的作用,参看 Ди,§86。

　　⑪　在用代名词表示目的语,或者用代名词加名词的仿语表示目的语的时候,这样一类的结构在现代方言里是不罕见的,参看 Ди,§209 末尾和§33。

　　⑫　在用文白混合体裁写成的作品里,副词"极"也可能以这种资格出现,但在现代陕北方言里则是副词"太";参看 Ди,§86,脚注②以及§203,关于副词"很"被用作谓语的原因,参看前面引证过的 E.H.和 A.A.龙果夫的论文《汉语词类》。我们指出,以谓语资格出现的"很"字完全保留着自己的词汇意义:甚。

　　⑬　王了一引用的例子是很不一样的:在第一个例子里我们发现"到"字,它在历史上是同"得"字("的"字)有联系的(参看 Ди,§86);最后一个例子包含"个"字,它在历史上仍然同"得"字("的"字)有很密切的联系;因此在方言里,同"哭得死去活来"并存的,可以说意义相同的"哭了个死去活来";末了,第二个例子包含有谓词"离"字,它的语法特性须要特别阐明。

　　⑭　这仍然是因为 B 例包含"个"字,A 例包含谓词"离"字;参看上注。

　　⑮　在俄译本中副词"很"如果以修饰语的资格出现的话都用括弧括起来,如果"很"字担任谓语的职务,那就用黑体字来排印;像上文已经指出的那样,"很"字在第一种情况下丧失了自己的词汇意义,而在第二种情况下保留了它的词汇意义。

　　⑯　王了一是正确的,他把用作谓语的"很"和"慢"等词看做是句中最重要的成分,虽然按照王教授所采用的三品体系,它们是属于次品的。

第十二章　判断句,"是"字

判断句是用来断定主语所指和谓语所指同属一物,或断定主语所指的人物属于某一性质或种类的。它和描写句有一个相同之点:都是没有发生的时间的^①。譬如说"他是张国光",咱们不能指明他在什么时候是张国光。又如说"他是好人",咱们也很难说出他在什么时候开始是好人。因此,判断句的作用只限于判断而已,它是不涉及时间的。

依刚才所说,判断句是可以细分为两类的:第一,是断定主语所指和谓语所指同属一物的,例如:

　　A. 他是李德耀。

　　B. 我们的校长是张华新。

　　C. 明天是八月十五。

　　D. 这是我的朋友李运乾。

这一类的判断句可以用一个等号来表示,例如:

　　　　我们的校长＝张华新

第二,是断定所指的人、物属于某一性质或种类的,例如:

　　A. 他是好人。

　　B. 咱们是好朋友。

　　C. 老虎是猛兽。

　　D. 石榴树是灌木。

这一类的判断句就不可以用等号来表示了,因为主语的范围较小,谓语的范围较大,所以只能用下面的一个图来表示:

在上面的一些例子里,咱们注意到,每一句都有一个"是"字。这"是"字是主语和谓语之间的连系物,它是把谓语介绍于主语的,我们把它叫做系词②。在现代汉语里,普通的判断句都用得着系词③。但是,在下面的两种情形之下,也可以偶然不用系词。

1. 在简单的问答句里,例如:

　　A. 你哪儿(的)人? ——我山东人。

　　B. 这话谁说的? ——我。

2. 有些句子,上一半是按语,下一半是断语(这是所谓按断语,参看下文第十四章)。按的部分如果是判断句的性质,是可以不用系词的,例如:

　　A. 我们好街坊,这银子是不要利钱的。(24)

　　B. 探春有心的人,想王夫人虽有委屈,如何敢辩?(46)

　　C. 你们山坳海沿子上的人,那里知道这道理?(53)

　　D. 你们女孩儿家,那里知道?(57)

　　E. 奶奶这么斯文良善人,那里是他的对手?(65)

在上古时代,判断句是不用系词的,只用判断语直接粘附于主语的后面,再在句尾加上一个"也"字,例如:

　　A. 伯夷叔齐,孤竹君之二子也。(《史记·伯夷列传》)

　　B. 陈良,楚产也。(《孟子·滕文公上》)

　　C. 诗书,义之府也;礼乐,德之则也。(《左传·僖二十七》)

　　D. 我,周之卜正也。(《左传·隐十一》)

如果语意加重,则在主语的后面加"者"字,与"也"字相应:

　　E. 管仲夷吾者,颍上人也。(《史记·管晏列传》)

　　F. 五霸者,三王之罪人也。(《孟子·告子下》)

也有不用"也"字的:

　　G. 天下者,高祖天下。(《史记·魏其列传》)

　　H. 虎者戾虫,人者甘饵。(《战国策·秦策》)

也有"者、也"都不用的:

　　I. 荀卿,赵人。(《史记·荀卿列传》)

　　J. 朕,高皇帝侧室之子。(《汉书·文帝纪》)

　　可见"者、也"都不是构成判断句的要素;主要的只是主语和判断语两部分直接粘合。至于系词"是"字,它乃是六朝以后的产品④。在这一点上,咱们可以看得出古今判断句形式的异同。

　　由描写句变来的判断句——在现代汉语里,差不多每一个描写句都可以变成判断句,只要在主语和谓语之间加上一个系词"是"字,再在句尾加一个"的"字,就行了,例如"这一所房子很大",可变为"这一所房子是很大的"。但是,二者的意义并不相同:前者是描写这房子的德性的,当说话时,心中不必有别的德性存在;后者是断定这房子所属的种类的,意思是说,这房子是属于大的一类的,当说话时,心中往往联想到别的德性,如"那一所房子是很小的"之类⑤。因此,由描写句变来的判断句最适宜于同时陈说两种事物的不相同的两种德行,例如:

　　A. 银子是白的,眼睛是黑的。

　　B. 核桃是硬的,要用硬东西砸;柿子是软的,不用砸。

　　由叙述语变来的判断语⑥——有些叙述语也可以加上"是……的"式,使它变为判断语。这可以有两种情形:

　　1. 把原来的叙述语转成形容词的用途,例如:

　　A. 他是留了胡子的。

　　B. 这里虽还有两三个婆子,都是不关痛痒的。(8)

　　C. 却不知宝玉是不要人怕他的。(20)

　　2. 把原来叙述语的目的位转成主位,再加"是……的",例如:

　　A. 咱们用砖头砌成墙壁:墙壁是用砖头砌成的。

　　B. 张先生带这一个小孩来:这小孩是张先生带来的。

　　没有主语和系词的判断句——在答复的句子里,判断句的主语和系词都可省略,例如我指着收音机问你"这是什么?"你可以简单地回答说"收音机"(但这种省略法不是判断句所独有,参看第十五章)。除此之外,凡在富于情感的句子里,主语和系词也都可以省略⑦,例如:

　　A. 李纨道:"好主意!"(56)

　　B. 凤姐笑道:"好丫头!"(74)

　　C. 有一人起身大笑,接了出来,口内说:"奇遇! 奇遇!"(2)

　　D. 没有的事! 我们烧着吃呢。(49)

　　E. 什么稀罕物儿?(19)

　　F. 什么臭男人拿过的? 我不要这东西。(16)

　　在发问的时候,情形恰恰相反:有时候,问者只须提出主语,让答者说出判断语。但这种说法甚是少见;只在询问姓名籍贯的时候用得着它⑧,例如:

　　A. 您贵姓?

　　B. 妹妹尊名?(3)

　　判断句的形式当叙述句用——有时候,为了要加重语意,可以在叙述句里加上"是……的"⑨。这种说法,在形式上是变了判断句了,但在意义上仍是叙述的性质,例如:

　　A. 我原是留着的;那会子李奶奶来了,他要尝尝,就给他吃

了去。(8)[1]

B. 那廊上金架子上站的绿毛红嘴儿是鹦哥儿，我是认得的。(41)

C. 难道你是不出门子的吗？(71)

D. 等生了儿子，自然是知道的。(66)

E. 糟蹋了花儿，雷也是要劈的。(59)

F. 你别怕，我是不告诉人的。(19)[2]

这种句子，可以叙述过去(如 A)，可以陈说现在(如 B)，也可以预言将来(如 C、D、E、F)。因为用判断句的形式说出，所以格外显得有力。但它们却不是真正的判断句，因为它们并没有断定主语所指的人、物属于某一性质或某一种类的缘故。试拿"核桃是硬的"和"雷也是要劈的"相比较，前者可以解说成为"核桃是硬的东西"，而后者不能解说成为"雷也是要劈的东西"，这是必须分别清楚的。

不合逻辑的判断句⑩——有些句子的意义，在逻辑上是讲不通的。除非咱们认为说话人的话有所省略，把省略的话补了出来，然后讲得通。这种情形，是由于语言的经济所致。最常见的不合逻辑的句子乃是判断句。某一些判断句在形式上已具备了主语、系词和判断语三个要素，然而它的判断语却不能合于逻辑上的谓语，例如：

A. 他是阳间，我们是阴间。(16)

B. 程子兴的美人是绝技。(42)

C. 众位姑娘都不是结实身子。(51)

D. 不知他们是什么法子？(56)

E. 宝玉明知黛玉是这个缘故。(67)

---

[1]　编者注：文集本删该例。

[2]　编者注：文集本删该例。

F. 幸而那杯子是我没吃过的。(41)

G. 我今儿是那里来的晦气?(75)

H. 秋纹见这条红裤是晴雯针线。(78)

I. 衣裳也是小事。(37)

J. 我喝酒是自己的钱。(104)

系词"是"字的活用⑪——"是"字自从用为系词之后(它在上古不是系词),越来越灵活了,于是生出了许多似系词而非系词的用途。在下文里,我们所举各例,都不能认为真正的系词,只能认为系词的活用,换句话说,就是离开了系词的正当用途,扩充到别的领域去。这几种"是"字已近似副词或虚词,不是纯粹的系词了。活用的"是"字,大约可分为四类:

1. 是认或否认某一事实,例如:

A. 想是没了,就只有这个。(77)

B. 他去了,就是要回苏州去了。(57)

C. 不是阴尽了又有一个阳生出来。(31)

有时候,"是"字不用也可以,用了则语气更强:

D. 我虽没受过大荣华,比你们是强些。(74)

E. 这些混账事,我们爷是没有的。(16)

F. 亏得妙师父和彩屏,才将姑娘救醒,东西是没失。(111)

凡故意先作极端肯定的语气,然后作转折语者,亦归此类:

G. 东西是小,难得你多情如此。(45)

H. 咱们走是走,我就只不舍得那个姑子。(112)

2. 解释原因,例如:

A. 他吩咐你几句话,不过是怕你在里头淘气。(23)

B. 昨日已好了些,今日如何反虚浮微缩起来?敢是吃多了饮食?不然,就是劳了神思。(53)

C. 那张华不过是穷急,故舍了命才告。(68)

　　D. 黛玉笑道："那是顶线不好。"（70）

　　E. 我是为照管这园子的花果树木，来到这里。（83）[1]

如果及物动词后面不带目的位，就须在后面加一个"的"字。这种"的"字只是语气词（参看上文第八章），不是修饰品的记号，所以不可错认为判断句中的"是……的"式，例如：

　　F. 这又是那起没脸面的奴才挑唆的。（60）

　　G. 众人都说是秋菱气的。（80）

　　H. 我是刚才眼睛发痒揉的，并不为什么。（81）

凡要求解释原因的问句，亦可归入此类：

　　I. 这是为什么？（39）

　　J. 三人都诧异问道："这是为何？"（56）

　　3. 等于末品的记号⑫。这种"是"字，在理论上是可以不用的，但若用它则语气更为舒畅，例如：

　　A. 只是太富丽了些。（17）

　　B. 先是进内去和尤氏并丫头姬妾说笑了一会。（19）

　　C. 哥儿已是不中用了。（25）

　　D. 若是姑娘使了奶妈子们，他们也就不敢说闲话了。（56）[2]

　　E. 老太太既是做媒，还得一位主亲才好。（57）

　　F. 就是哭出两缸泪来，也医不好棒疮。（34）

　　G. 宝玉虽是依允……（60）

　　H. 自然是不敢讲究。（56）

　　I. 横竖是给你放晦气罢了。（70）

　　4. 以虚代实。有些本该用实词的地方，只用"是"字，靠上下

---

〔1〕　编者注：文集本删该例。

〔2〕　编者注：文集本以例I替换了此例。

的衬托,就显得出比较"实"些的意思,例如:

　　A. 从里面游廊过去,便是惜春卧房。(50)

略等于说:"便看见惜春卧房。"

　　B. 倘或有人盘问起来,倒又是一场是非。(60)

略等于说:"倒又要生出一场是非。"

　　C. 鸡蛋,豆腐,又是什么面筋,酱萝卜炸儿!(61)

略等于说:"又要什么面筋,酱萝卜炸儿。"

　　D. 我能够和姊妹们过一日是一日。(71)

略等于说:"过一日算一日。"

　　E. 那一股清香,比是花都好闻呢。(80)

略等于说:"比一切花都好闻呢。"这一个例子和前四个例子颇不相同:前四个例子的"是"字都是替代叙述词的,这一个例子的"是"字却是替代修饰品的。

　　非系词的"是"字⑬——在上面所说的系词活用法里,"是"字虽不是真正的系词,到底还是由系词转变而成的。下面所举的三种"是"字,只是一种形容词,和系词是毫无关系的了。

　　1. "是"略等于"有道理",例如:

　　A. 要如此方是。(17)

　　B. 倒是让他一步儿的是。(20)

　　C. 二人皆说:"是极!"(37)

　　D. 你嫂子这也说得是。(88)

　　2. "是"略等于"可以"或"对",仅用于"就是了"一个仂语里,例如:

　　A. 每月支领就是了。(23)

　　B. 你只好生答应着就是了。(23)

　　3. 恭敬的答应语用"是"字,例如:

　　A. 贾政忙躬身答道:"是。"(15)

B. 赖大连忙答应了几个"是"。(93)

注释:

①　参看第十一章注①。

②　王了一把谓语的体词部分叫做"表语"(本书第 36、171 页;在 Brp 上册第 98、104 页里称作"表位")。在 Лчж 第一讲第四段里和吕叔湘的《语法学习》一书(北京,1953)第 15 页上,"表语"被了解为谓语的最重要的部分,这谓语是用名词或形容词来表达的,不管是不是有动词·系词在一起。在 B2 里,系词"是"被看做是动词,而谓语的体词部分被看做是动词的特殊目的语,即"判断宾语"。王了一把动词"是"认为是判断谓语的核心(中心词)(B2),但是因为"是"字是个虚词,所以王了一仍然认为判断句的骨干是名词(B4,脚注①),例如在"这是错误的想法"一句里,"是"字是谓语的核心(B2),而"想法"是它的骨干。

③　没有系词的体词句比起王了一(后来又有高名凯,参看上面第九章注②*里提到的高名凯的论文)所推想的,要更常见,更多种多样(参看 Лгр,《中国语文》1952 年 12 月号,第 21—22 页);尽管这样,王了一指出一点仍然是完全正确的,即在现代汉语中有动词·系词是合乎规范的,而不用系词的情形是不合规范的(吕叔湘在 1953 年版的《语法学习》的第 15 页上和在 Лгр 第一讲第四段里也同意这样的意见),在"是"字也被看做是动词的 Лгр 里,体词谓语(标记实物的谓语)被归入没有系词的类型,这是没有充分的根据的。

关于在 A、B 两例中缺乏系词的原因,参看 Ди,§ 43 和 76。

　　*译者注:应该是第九章注①中提到的《语法杂识》,注②里并没有提到高名凯的文章。

④　参看王力的论文《中国文法中的系词》,《清华学报》第十二卷第一期,1937,第 38 页。

⑤　参看 Ди,§ 152,在那里有略微不同的解释,而且带着系词和性状谓语的句子在那里被看做是和它平行的不带系词的句子的一种变体*,它表示强调和夸张。问题在于:汉语里来自代词的系词(比较俄语的 Дети—это наше будущее)就是在平行的系词句中也具有强调的性质;在汉语的语气词的体系中,系词"是"同语气词"的"是相呼应的,其差别就是"是"字着重强调积极的一面,而"的"字强调消极的一面:系词"是"字总是使它后面那个词显得特出,至于"的"字却永远表示重要的决不是它前面那个词,而是句子里某个别的词或伪语。系词"是"的语气性质说明了现代汉语中它的作用的多样

性和它同印欧语系词用法的不一致性。

　　＊译者注:例如"那一所房子很小",可以变为"那一所房子是很小的"。

　　⑥　参看上注。

　　⑦　像由这些例子可以看出的一样,这类的主语的省略在别的语言里也都找得到,并不包含什么汉语本身的特点。

　　⑧　例如,在询问的时候可以说:"您贵姓是……?"

　　⑨　王教授说"是……的"结构在这儿用来强调谓语,这是正确的;但是他没有说明"是"字,特别是"的"字,在这种场合的作用。在这些例子的翻译中,谓语的强调是用这样一些词来表达的:действительно(真正地)、точно(确切地)、вовсе(完全地)等等。还有重要的一点应当指出,王了一所引的全部例句,其中的谓语或者用"非行为"动词——"认得、知道"(例 B 和例 D)来表示,或者虽用"行为"动词,但附带着某种"记号"(词尾)来表示(例 A,词尾"着"),或者也用前加成分来表示(例 C 和例 F,否定"词头""不";例 E,将来时的"词头""要")。参看 Ди,§116,第 2 和第 3 项。

　　⑩　这类句子是因为系词"是"在句中强调的不是谓语本身,而是进入谓语的某个修饰语,如在例 A 里,系词"是"强调修饰语"阳"和"阴";参看 Ди,§5,脚注。

　　例 F 算例外,因为它是按照另一种结构类型("是……的",参看本章注⑨)构成的。

　　⑪　王了一所谓系词的"活"用,其实只是在语气上强调意义的"是"字用法的个别场合;王教授对它们的分类仍然是根据意义的,而不是根据语法的。

　　⑫　王了一引证的这些例子是有趣的,因为它们可以证明"是"字有某种趋势,使它逐渐变成某些半虚词性的副词的形态标志;参看 Ди,§6 脚注及 §250。

　　⑬　在这些情况下,"是"字在现代汉语里确实是一个不同于系词的独立的词,虽然同系词有历史上的联系。

第十三章　包孕谓语　包孕句　递系句

简单的句子只有一个主语和一个谓语,例如"鸟飞""马跑""北风吹落叶""你应该好好地读书"等。但是,并非一切句子都是这样简单的:有时候,谓语之中还有一个谓语形式,句子之中还有一个句子形式[①];又有时候,句子之中虽没有一个句子形式,却像是两个句子焊在一起,中间没有语音的停顿。这些情形,我们分别地叫做包孕谓语、包孕句和递系句。

一、包孕谓语

所谓包孕谓语,就是谓语之中还包孕着另一谓语形式。这另一谓语形式可以是首品,可以是次品,又可以是末品[②],例如:

A. 我不喜欢赌钱。

"赌钱"是首品谓语形式,因为它是"喜欢"的目的语。

B. 再不必起赎我的念头了[③]。(19)

"赎我"是次品谓语形式,因为它是目的语"念头"的修饰品。

C. 贾母倚阑坐下。(40)

"倚阑"是末品谓语形式,因为它是谓词"坐"字的修饰品。

假使你说"我赌钱",这"赌钱"就是整句的谓语;现在你说"我不喜欢赌钱",整句的谓语是"不喜欢赌钱",于是"赌钱"变为谓语的一部分(目的语),但它并不因此失去了它的谓语形式("赌"仍是动词,它仍带着它自己的目的语"钱"),所以叫做包孕谓语。余可类推。

但是,我们对于末品谓语形式想要作更详细的讨论。凡两种行为同时说出,其中有一种行为是主要的(后说),另一种行为可认为那一种行为的实现方法(先说),那么这非主要的一种行为就变了末品谓语形式④。除了上面所举"贾母倚阑坐下"一个例子外,我们还可以在《红楼梦》里找出许多例子:

A. 便趁时拐骗起来。(4)

B. 大家侧耳听了一听。(20)

C. 忽见袭人招手叫他。(25)

D. 你放心去罢。(20)

E. 我若死了时,变驴变狗报答你。(72)

有时候,末品谓语形式的动词后面,可以粘附一个"着"字或"了"字⑤,例如:

A. 我少不得忍着疼下去取去。(35)

B. 我偏着母亲说大爷大娘不成?(46)

C. 贾兰也不言语,只管抿着嘴儿笑。(88)

D. 又有邢夫人的嫂子,带了女儿岫烟进京来投邢夫人的。(49)

E. 他也随后带了妹子赶来。(49)

F. 只见贾蓉捧了一个小黄布口袋进来。(63)

注意,如果那末品谓语形式是一种否定语,就不得用"着"或"了",例如:"你为什么不穿上衣裳就过来?"(109)不能说成:"你为什么不穿上了衣裳就过来。"

此外,有些谓语形式却是专用于末品的。这就是说,它们虽具有谓语的形式,却永远不做整句的谓语;它们只能用来修饰句中的谓词⑥,例如:

A. 我从杭州回来。

B. 才打学房里回来,吃了要往学房里去。(91)

C. 大家都往前头来见王子胜夫人。(70)

D. 这十来个人,从小儿什么话儿不说,什么事儿不做?(46)

E. 咱们当面说清楚。

试拿"你放心去罢"和"我从杭州回来"相比,"你放心"成话,"我从杭州"不成话,因为"从杭州"不能做整句的谓语。但是,"从"字毕竟是一个动词(和"从军"的"从"词性相同),所以"从杭州"仍该认为一种谓语形式[7]。

末品谓语形式最值得咱们注意,因为它是汉语语法的大特色。同样的一个谓语形式,在某一个句子里它是真正的谓语,在另一个句子里它只是一个末品。在下面每一对的例子中,上例是真正的谓语,下例是由谓语变成的末品[8]:

他在书房里:他在书房里看书。

这房子朝南:这人朝南走。

我的心向你:他向你开口要钱。

他靠左边:他靠左边走。

我们用筷子,不用刀叉:我们用筷子夹菜,不用刀叉。

哥哥拿笔,妹妹拿针:哥哥拿笔写字,妹妹拿针缝衣裳。

我完全依照你的意思:我完全依照你的意思办理。

今天我替你:今天我替你上课。

我做这事,实在是为你:我做这事,实在是为你造福。

又在下面每一对的例子中,虽然谓语的结构稍有不同,仍可以从上例悟到下例的谓语形式是末品。

我对他不住:我对他生气。

我到了上海:我到上海去。

我比不上他:我比他差些。

总之,"从、打、往、当、在、朝、向、靠、用、拿、依、替、为、对、到、比"等字,无论在任何情形之下,都该认为动词[9]。一般汉语语法学家把我们所谓末品谓语形式里的"从、在、用、比"等字认为介词,这是呆板地抄袭西洋语法,是我们所不能赞同的。

二、包孕句[⑩]

包孕句和包孕谓语是同样的道理,就是句子之中还包孕着另一句子形式。所不同者:这被包孕着的句子形式只能是首品和次品,不能是末品,因为如果句子形式被用于末品时,我们就认为复合句(参看下章),不复认为包孕句了。

首品句子形式往往是用于目的位的[⑪],例如:

　　A. 我们不知道张先生来。

"张先生来"是一个句子形式,同时它又是"知道"的目的语。

　　B. 不说贾府依旧唱戏,单说薛姨妈回去。(85)

"贾府依旧唱戏"和"薛姨妈回去"是两个句子形式,它们是"说"的目的语。

如果用于主位,就往往把那首品句子形式中的主语省去,看起来只像一个谓语形式[⑫],例如:

　　A. 办事要紧。(85)

等于说:"妈妈办事要紧。"

　　B. 撂在水里不好。(23)

等于说:"你撂在水里不好。"

　　C. 吃个双份儿也不为过。(36)

等于说:"他妹妹吃个双份儿也不为过。"

次品句子形式总是用为修饰品的,而且往往只用于修饰处所和修饰时间[⑬],例如:

　　A. 二人来至袭人堆东西的屋内。(51)

　　B. 仗着主子好的时候儿,任意开销。(106)

有时候,它也可以表示人物的德性,但这次品句子形式中的主语必须是它所修饰的名词所领有的东西,例如:

　　A. 我看见一个年轻貌美的女子。

"年"是那女子的年,"貌"也是那女子的貌。

B. 我昨天看了一本思想很新的书。

"思想"是书中的思想。

有时候，次品句子形式所修饰的就是它自己的动词的目的语，例如：

A. 我见二爷时常带的小荷包儿有散香。(43)

B. 上面设着寿昌公主于含章殿下卧的宝榻。(5)

C. 昨天冯紫英荐来他幼时从学过的一个先生。(11)

最后说的这一种句子形式是不完全的。因为它的动词的目的语是由它所修饰的名词兼任的⑭。

三、递系句

普通的句子只有一次的连系，就是把谓语连系于主语的后面；但是，有时候一次的连系还不能充分地把意思表达出来，于是再加另一次的连系，以补充未完的意思。我们把第一次的连系叫做初系，第二次的连系叫做次系。次系本身用不着主语：它或借初系的目的语为主语，或借初系的表语（即判断语中除了"是"字不算）为主语，或借初系的谓语为主语。这样的句子，我们叫做递系句⑮。

（一）目的语为主语

1. 次系叙述一种要求。直接的语言里，要求是可以不用主语的，例如"来"，就是向对话人发出一种要求。若在间接的语言里，就不同了：非但要说出被要求的人，连那要求的人也往往要说出，例如"你叫他来"，"你"是初系的主语，"他"是初系的目的语，同时又是次系的主语。下面是几个《红楼梦》的例子：

A. 一时又叫彩云倒盅茶来。(25)

B. 对不上来，就叫你儒大爷爷打他的嘴巴子。(88)

C. 凤姐趁势又请贾母一同过去看戏。(8)

D. 我劝你两个看宝兄弟面上都撂开手罢。(21)

E. 而且老太太又打发了人来安慰你。(44)

2. 次系叙述一种称号。称号的递系句和要求的递系句,在结构上极相近似。所不同者:在要求的递系句里,次系的谓语所叙述者是一种具体的行为;在称号的递系句里,次系的谓语所表示者只是一种极抽象的引申意义。试比较下面两个例子:

　　A. 他叫木匠做一张桌子。

　　B. 他们叫林黛玉做潇湘妃子。

　　A 例的"做"是具体的行为,B 例的"做"只是一种引申的意义,比 A 例"做"字的意义空灵了许多。然而它们在结构上是完全一样的。"木匠"是初系的目的语,"林黛玉"也是初系的目的语;"木匠"是次系的主语,"林黛玉"也该认为次系的主语。现在再举一些《红楼梦》的例子:

　　A. 以后都叫他做潇湘妃子就完了。(37)

　　B. 你听说那位太太、太爷们封了我们做小老婆?(46)

　　C. 果然王夫人已认了薛宝琴做干女儿。(49)

3. 次系陈说一种理由。凡初系叙述一种行为,而次系的任务在乎解释此种行为的理由者,初系的目的语也可以兼做次系的主语。此类又可细分为三类:

　　(1)次系是叙述性的,例如:

　　A. 多谢姐姐提醒了我。(30)

"提醒了我"是"谢"的理由。

　　B. 凤儿嘴乖,怎么怨得人疼他?(35)

"疼他"是"怨"的理由。

　　(2)次系是描写性的,如:

　　C. 宝叔要不嫌侄儿蠢……(24)

"侄儿蠢"是"嫌"的理由。

　　D. 倒抱怨我轻狂。(31)

"我轻狂"是"抱怨"的理由。

（3）次系是判断性的,如:

　　E. 都欺负我不是太太养的。(20)

"我不是太太养的"是"欺负"的理由。

　　4. 初系用动词"有、无"。有些"有"字,只表示某事物的存在;它的反面"无"字("没有")只表示某事物的不存在。它们是没有主语的。除了承说法之外,"有、无"如果仅带着一个简单的目的语,是不能成为一个句子的,例如你说"有人",这话没有什么意思。若要把意思说得完整,可以有两种办法:第一,是加上表示处所的末品,如"有人在屋子里";第二,就是在目的语的后面再加一次连系,如"有人来了"。下面是《红楼梦》里的一些例子:

　　A. 至院外,就有跟贾政的小厮上来抱住。(17)

　　B. 你打后门去,有小子和车等着呢。(37)

　　C. 且喜无人知道。(77)

　　D. 连问几声,无人答应。(75)

　　这种递系句里,初系和次系具有不可分性。A 例并不是说至院外时才有小厮,而是说小厮在那时上来抱住;B 例并不是说后门有小子和车,而是说小子和车在那里等着。其余可以类推。

　　(二)表语为主语

　　递系句的初系又可以是判断性的:这种判断往往没有主语,只用一个"是"字带着它的表语,例如"是他"。但是,除了承说法之外,"是他"不能成为一个句子;咱们必须在表语后面再加一次连系,例如说成"是他撕破了我的书",然后意思才算完整。这种初系用"是"字的递系句,和上面所说的初系用"有、无"的递系句,在形式上是很相像的。

　　若就意义而论,当咱们须要郑重地把主事者特别指出的时候,就把"是"字加在主语的前面,成为递系句。试拿"他撕破了我的书"和"是他撕破了我的书"相比较,前者只是一种普通的叙述,后者则有特指的意味,意思是说是他,不是别人。凡追究、发现或解

释,都往往用得着这种形式,例如:

  A. 是谁起这样刁钻名字?(23)(追究)

  B. 原来是云儿有这个。(29)(发现)

  C. 只见是两个人在那里。(71)(发现)

  D. 幸亏是宝二爷自己应了。(60)(解释)

(三)谓语为主语

  上面所说的目的语为主语,或表语为主语,都是把两次连系嵌接在一起就是了;这里所说的谓语为主语,除了嵌接之外,还须在初系的谓词后面加上一个"得"字(亦可写作"的"),例如:

  A. 真正皇恩浩荡,想得周到。(53)

  B. 真正先生说得如神。(10)

  C. 你这话说的也是。(81)

  D. 睡得早,所以醒得早。(89)

  E. 病的蓬头鬼一样。(52)

  关于这一种递系句,我们在第十一章中已有叙述,现在不必再加详细的陈说了⑯。

注释:

  ① 关于"谓语形式"和"句子形式"这两个术语,参看第八章注④和注⑥。

  ② 王了一在他的 B₃ 里没有采用叶斯泊生的"三品"的名称,而只说谓语形式用作某种句子成分——主语、目的语和修饰语(不管修饰主语、目的语还是谓语);参看第八章注④和注⑤。

  让我们从 B₃ 里引用一些例子。

  1. 谓语形式用作主语(它相当于本书里的首品谓语形式),例如:

   走俄国人的路——这就是结论。(毛泽东)

  2. 谓语形式用作主语的修饰语或目的语的修饰语(它相当于本书里的次品谓语形式),例如:

   阶级消灭了,作为阶级斗争的工具的一切东西,政党和国家机器将因其丧失作用,没有需要,逐步地衰亡下去,……(毛泽东)

……我们欢迎这种善良的要求重新学习的态度。(毛泽东)

洪秀全、康有为、严复和孙中山，代表了在中国共产党出世以前向西方寻找真理的一派人物。(毛泽东)

③　王了一把动词"起"看做是及物动词，因此解释"念头"一词为目的语，而不看做是"依存主语"。关于这一点参看第十五章注⑧。

④　让我们从 B₃ 里引用一些谓语形式用作谓语的修饰语的例子(它相当于本书里的末品谓语形式)：

中国人民在中国共产党领导之下，在驱逐日本帝国主义之后，进行了三年的人民解放战争，取得了基本的胜利。(毛泽东)

依靠这三件，使我们取得了基本的胜利。(毛泽东)

全世界共产主义者比资产阶级高明，……(毛泽东)

⑤　既然末品谓语形式实质上就是副动词结构(参看第八章注⑤)，那么在这种形式中动词常和词尾"着"或"了"在一起就完全可以理解了。

⑥　这是由于这种谓语形式里的动词并不是像王了一所想象的那种普通的动词，而是动词·前置词(参看 Ди，§103—105)。大家知道，在汉语的一般动词范畴里被分出一类特殊的动词，这类动词有些学者就管它叫"副动词"(Лгр，第十二章，《中国语文》1953 年 3 月号；吕叔湘的《语法学习》，1953，第5—6页)，而别的一些学者就管它叫"动词·前置词"(Ди)。这些动词在语法上不同于普通的动词，首先，它不能够作为谓语里的主要成分(Лгр和吕叔湘：《语法学习》第6页)，其次，除了"被"和"给"以外，它不可能被用在不带目的语的地方(Лгр)。显然，可能有这种情况，即同样一个动词事实上有时列入"副动词"类，有时列入普通动词类(Лгр 和吕叔湘的《语法学习》)。在 Ди 里副动词被看做是动词·前置词，而且龙果夫对它们所作的语法叙述较之中国学者又有所不同。参看 Щгр，第 145 页。

⑦　在仂语"从杭州"里"从"字是动词·前置词，而"从"字在仂语"从军"中却是一个完全动词，但它不属于口语形式，而属于文言形式。

⑧　在左边一栏的是普通动词，而右边一栏的是动词·前置词("助动词")。

⑨　我们不能赞同这个意见，因为问题在这儿不涉及普通的动词，而涉及所谓动词·前置词(参看第十章注①)。

⑩　在 B₄ 里把包含句子形式的句子(就是带有扩展成分的句子，参看第八章注⑥)看做简单句(在 Лчж.第二讲第二段里也有类似的看法)，王了一在那里并不认为有采用专门术语"包孕句"的必要。

⑪　让我们从 B₃ 里引用一些句子形式(扩展成分)作主语的例子：

中国人找到马克思主义，是经过俄国人介绍的。（毛泽东）

一九四九年的七月一日这一个日子表示，中国共产党已经走过了二十八年了。（毛泽东）

⑫　这就是说，拿欧洲诸语言的范畴来说，动词不定式结构（或形动词结构）在这些情况下和作为状语的副动词结构有表面的相似之处。

但是应当指出，王了一在他本人的其他著作里并不把这种情况看做"句子形式中的主语省略"，而看做是普通的"谓语形式"；参看 Bпp，上册第 71—72 页和 Brp，上册第 68 页以下。在 B₃ 里，王了一认为谓语形式和句子形式基本上是相同的，仅仅只有这样一点不同：句子形式有自己的主语，而谓语形式没有主语。

⑬　"修饰品"直译为 Определительный разряд；参看第十一章注⑥。

⑭　王了一在 B₃ 里，另有一种颇为不同的分类法。这种分类法是完全建立在语法基础上的。

1. 句子形式本身有它的目的语，例如：

帝国主义的侵略打破了中国人学西方的迷梦。（毛泽东）

本书第一项* 例 A 就是属于这一类的。

2. 这一类在各方面都同本书第三项* 相一致。像下面这种情况就是属于这一类的：

孙中山临终时讲的那句必须联合国际革命力量的话，早已反映了这一种经验。（毛泽东）

3. 主谓结构的仿语不包含目的语，因为其中谓语用形容词来表达。本书的第二项* 全部，即包括不可分离的属性的名词的结构，以及第一项例 B 都是属于这一类的。

   *译者注：这里所谓第一项就是指次品句子形式"用于修饰处所和修饰时间"的；第二项是指次品句子形式用来表示人物的德性的；第三项指"次品句子形式所修饰的就是它自己的动词的目的语"。

⑮　让我们从 B₄ 里引用一些递系句的例子：

孙中山……欢迎中国共产党和他合作。（毛泽东）

我们还有帝国主义站在旁边，……（毛泽东）

⑯　在第十一章注⑧里有从 B₄ 里引来的这类递系句的例子。

第十四章　复合句　联结成分　紧缩式

在上章里,我们说过,句子形式可以只是句子的一部分。凡一个句子里所包括不止于一个句子形式者,可以有下列的两种情形:

1. 句中虽有句子形式,但是它嵌接得那样紧,以致咱们不能在那被包含的句子形式的起点或终点作语音的停顿。这叫做包孕句[①],例如"我们不知道张先生来"不能念作"我们不知道,张先生来";"二人来至袭人堆东西的屋内"不能念作"二人来至,袭人堆东西,的屋内"。

2. 句子有两个以上的句子形式,而且它们的联结是比较地松弛的,所以咱们可以在每一个句子形式的终点作语音的停顿。这叫做复合句,例如"你死了,我做和尚",两个句子形式的中间是停顿的。

包孕句已在上章谈过了,在本章里,我们只谈复合句。首先要声明的就是:谓语形式为语音停顿所隔断者也该认为句子形式的省略,因为主语显然可知时是可以不必说出的。

复合句里既有两个以上的句子形式,它们之间的连系有时候是可以意会的,叫做意合法[②],例如"你死了,我做和尚"。有时候却有一二个虚词来表示它们的连带关系,例如"若是说明,又恐老太太着急"(107)里面的"若是","你还能说,况且你又病着"(112)里面的"况且"。这一类的虚词我们叫做联结成分。

复合句又可以紧缩起来,非但不用联结成分,而且因语言简短的缘故,往往可以不用语音的停顿,例如"不是冤家,不聚头",普通总念成"不是冤家不聚头"。这可以称为紧缩式[③]。

下面在分述复合句的时候,我们随时附带叙述联结成分及紧缩句。复合句可大别为两类:等立句,其中所包含的句子形式是有平等价值的;主从句,其中所包含的句子形式是有主要和从属的分别的④。

一、等立句

等立句又可细分为五类:积累式;离接式;转折式;按断式;申说式⑤。

(一)积累式　是把几个叙述、几个描写或几个判断积累起来,成为一句,例如:

A. 你是头一个出了名的至善至贤的人,他两个又是你陶冶教育的。(77)

B. 今日正遇天气晴朗,又值家中无事。(10)

C. 我也不等银子使,也不做这样的事。(15)

这里的"又"字和"也"字,可以称为关系末品,因为它们处在末品的地位,同时它们又是表示两个句子形式之间的关系的。关系末品就是联结成分之一种。

积累式所包含的两个(或更多)平行部分如果字数不多,一口气念得完,也就变了紧缩式,例如:

A. 大家吟诗做东道⑥。(81)

B. 择了吉日,重新摆酒唱戏请亲友⑦。(99)

(二)离接式　是表示几件事不是同时实现的,或几个判断不是同时存在的,例如:

A. 你或是教导我,戒我下次,或骂我几句,打我几下,我都不灰心。(28)

B. 或出门上车,或在园子里遇见,我们连气儿也不敢出。(65)

C. 就演罢,还是再等一会儿呢?(41)

D. 还是单画这园子呢,还是连我们众人都画在上头呢?(42)

"或"和"还是"也是一种关系末品,因为它们往往是同样的字前后照应，而且可以放在主语的后面。但是，现代文章里，有些欧化的"或"字就不必再认为关系末品，而应该认为联结词。

（三）转折式　是把性质相反的两件事情并成一句，例如：

A. 凤姐儿见了，心中十分难过；但恐病人见了这个样子反添心酸。(11)

B. 这话自然如此；但更有可奇可叹之事。(78)

"但"字是纯然的一个联结词（不是关系末品），因为它的位置永远在两个句子形式的中间，其他和"但"字性质相同的词，如"但是、然而、然、只"等，也归此类。

（四）按断式　是论据在前，结论在后的⑧，例如：

A. 这个令儿也不热闹，不如蠲了罢。(108)

B. 咱们家的班子都听熟了，倒是花几个钱叫一班来听听罢。(43)

C. 我屋里的人也多得很，姐姐喜欢谁，只管叫了来。(28)

D. 你去不去由你，犯不上恼我。(39)〔1〕

E. 你不能为我解烦恼，反来拿这个话堵噎我；可见我心里时时刻刻皆有你，你心里竟没有我了。(29)

依普通话习惯，按断式的判断部分（即结论）喜欢用反诘语气。这类的例子特别多，如：

A. 你又禁不得风吹，怎么又站在那风口里？(28)

B. 赏脸不赏脸在人家，何苦来拿我们这些没要紧的垫踹儿呢？(113)

C. 人家比你大五六岁呢，就给你做儿子了？(24)

D. 你只管你就是了，你好我自然好，你何必为我把自己失了？(29)

---

〔1〕　编者注：文集本删该例。

E. 原来他们比我的知觉在先,尚未解悟:我如今何必自寻苦恼?(22)

F. 林黛玉的花颜月貌,将来亦到无可寻觅之时:宁不心碎肠断?(28)

按断式是汉语特有的一种句式,用不着任何联结成分^⑨。

（五）申说式　可认为按断式的倒置,它是陈说在前,解释在后的,例如:

A. 你且不必往我们家去,二爷病了在家里呢。(48)

B. 太太只管放心,我已大好了。(78)

C. 你回去就告诉一声罢,我不打发人说去了。(48)

D. 咱们不敢收;等衙门里来了,踏着了才好收呢。(112)

申说式也是不用联结成分的。但是,如果解释的话分为两项（或更多）,可用"一则、二则"等字样,作为两项之间的联结成分。有时候,"一则"可以省略,单用"二则",例如:

A. 这不好,一则年轻;二则老爷也不许;三则宝玉见袭人是他的丫头,纵有放纵的事,倒能听他的劝;如今做了跟前人,那袭人该劝的也不敢十分劝了。(36)

B. 赚钱也罢,不赚钱也罢,且躲躲羞去;二则逛逛山水,也是好的。(48)

申说式的紧缩,往往是因为申说的部分太短了,以便和那被申说的部分之间没有停顿,例如:

A. 身子更要保重才好。(81)

B. 且商量咱们八月十五赏月是正经。(75)

如果主要部分的谓语是"不及……、不如……"之类,则申说的部分只算是一种赘语（例C）,或一种补充的解释（例D）。

C. 这山上赏月虽好,总不及近水赏月更妙。(76)

D. 我是受不得这样磨折的,倒不如死了干净。(111)

此外,像下面的两个例子,也可算是申说式的紧缩;然而被申说的部分却是比那申说的部分更短:

A. 仔细那上头挂的灯穗子招下灰来迷了眼。(31)
"那上头"至"迷了眼"是申说其所以要"仔细"的理由。

B. 只纳罕他家怎么就这样富贵呢?(16)
"他家怎么就这样富贵"是申说"纳罕"的理由。

二、主从句

以上谈的是等立句,现在再谈主从句。主从句的从属部分可认为末品句子形式。末品是具有修饰作用的;所以末品句子形式的作用就在于修饰主要部分,使它的意义更完全。主从句子又可细分为七类:时间修饰;条件式;容许式;理由式;原因式;目的式;结果式⑩。

(一)时间修饰 是以某一件事发生的时间去修饰一个叙述句的,例如:

A. 众人听了,越发骇异。(67)

B. 你死了,我做和尚。(30)

C. 黛玉赶到门前,被宝玉叉手在门框上拦住。(22)

D. 这口气没了,听不见,看不见,就罢了。(36)

E. 未至池前,只见几个婆子手里都捧着一色摄丝戗金五彩大盒子走来。(40)

汉语的时间修饰是不用联结成分的。如果句子短(主从两部分都短,或其中一部分短),就变了紧缩式,中间没有语音的停顿,例如:

A. 到阶下便朝上跪下磕头。(62)
这是从属部分短。

B. 待张材家的缴清再发。(14)
这是主要部分短。

(二)条件式 是拿某一个条件来修饰一个叙述、一个描写或一个判断的。有些事是等待另一事发生或不发生,然后能实现或不实现的,这另一事就是一种条件。把相待的两件事同时说出来,表示此事必赖彼事而后实现或不实现。这叫做条件式,例如:

　　A. 你再这么着,这个地方儿可也就难住了。(24)

　　B. 你不厌我,就认了。(57)

　　C. 碰坏一点儿,你可仔细你的皮!(6)

　　D. 依我的主意,咱们竟找花大姐姐去!(19)

　　依汉语的旧习惯,多数条件式是不用联结成分的。如果要用联结成分的话,就用"若、要、倘或"等字样。它们该认为关系末品,不是联结词,因为它们的位置不是在主要部分和从属部分的中间的,例如:

　　A. 明日若不交来,奶奶不要了。(39)〔1〕

　　B. 若懒怠吃,也就罢了。(42)

　　C. 你要有个好歹,叫我指望那一个呢?(35)

　　D. 倘或老太太知道了,倒把我这几年的脸面都丢了。(72)

　　条件式的句中没有停顿的都可认为条件式的紧缩。这种结构,或因从属部分太短,或因主要部分太短,以致句中用不着停顿,例如:

　　A. 你一去就没了兴头了。(47)

　　B. 不问他还不来呢!(52)

　　C. 越给钱越闹的凶。(85)

　　D. 我不听见便罢。(73)

尤其是在平行的两个条件式里,紧缩的情形更为常见:

　　E. 嫁鸡随鸡,嫁狗随狗。(81)

　　F. 给了更好,不给也没妨碍。(46)

---

〔1〕　编者注:文集本删该例。

（三）容许式　是说话人容许乙事的存在，同时又不承认它能对于甲事有所影响。容许式又可细分为两种：从属部分所说的是一种既成事实，可称为事实的容许；从属部分所说的是一种假设，可称为假设的容许。

事实的容许用关系末品"虽、虽然"等字放在从属部分，又往往在主要部分用"却、也、又、到底"等字和它相照应，例如：

  A. 那花园虽不及大观园，却也十分整齐宽阔。（47）

  B. 我虽疼他，我又怕他太伶俐了也不是好事。（52）

  C. 今年果子虽糟蹋了些，味儿倒好。（67）

  D. 虽然如此，到底该请大夫来瞧瞧是什么病。（72）

假设的容许用关系末品"便、就、纵、纵然、那怕"一类的字表示，主要部分往往有"也"字和它们相照应，例如：

  A. 你便要去，也不敢惊动。（30）〔1〕

  B. 就是哭出两缸泪来，也医不好棒疮。（34）

  C. 就是穿得，他也不穿了。（101）

  D. 古来桃花诗最多：纵作了，必落套。（70）

  E. 那怕再念三十本《诗经》，也是掩耳盗铃，哄人而已。（9）

假设的容许里，如果从属部分没有"纵使、那（哪）怕"一类的字眼，就往往变为紧缩式，例如：

  A. 去了也是白去的。（6）

  B. 不用出来也使得。（70）

（四）理由式　表示乙事是甲事所根据的理由。从属部分是表示理由的，往往用"既"字（或"既然"）作为关系末品，例如：

  A. 蓉儿既没他的事，也该放出来了。（107）

  B. 我既应了你，自然快快的了结。（15）

---

〔1〕　编者注：该例文集本改为：便老太太放去，我也不依！（57）

  C. 姨妈既这么说,我明日就认姨妈做娘。(57)

  D. 既这样,皇天自然不负他的。(96)[1]

  理由式和按断式的分别,就在主从句和等立句的分别上。在按断式里,按的部分和断的部分是同样着重的;在理由式里,只着重在一件事情,另一件事情只算是一个理由。咱们在形式上也很容易分辨:理由式往往是有"既"字的,按断式是没有"既"字的。

  (五)原因式　　表示主要部分和从属部分有因果关系。从属部分是因,主要部分是果。从属部分往往包含关系末品"因、为"等字,主要部分往往包含联结词"所以、故"等字,例如:

  A. 你们因不知诗,所以见了这浅近的就爱。(48)

  B. 因为宝姐姐要看呆雁,我比给他看。(29)

  C. 他见前头陪客的人也不少了,所以在这里照应。(105)

  D. 怕人笑话,故此送一个。(57)

  原因式偶然也可以紧缩,例如"才有事往后头去了"(64),因为"有事",才"往后头去了"。不过,这种紧缩的原因式是颇罕见的。

  (六)目的式　　是拿从属部分表示主要部分的目的。主要部分在前,从属部分在后(次序和普通的主从句相反)。从属部分往往用"好"字(例A、B);偶然不用"好"字也行(例C、D),例如:

  A. 晚上再悄悄的送给你去,早晚好穿。(57)

  B. 我也要作几篇熟一熟手,好去诓这个功名。(118)

  C. 那边去老老实实的坐着,咱们说话儿。(19)

  D. 把那孩子拉过来,我瞧瞧肉皮儿。(69)

有时候,从属部分用"让"或"省的(省得)",也可算是目的式,

---

  〔1〕　编者注:文集本删该例。

例如：

　　E. 你先出去，让我们起来。(21)

　　F. 不如趁空儿留下这一份，省的到了跟前扎煞手。(47)

在文言里，从属部分有"以便、俾"等，例如：

　　G. 请将相片寄来，以便代为报名。

　　H. 务祈详示，俾有所遵循。

　　目的式的紧缩，就是在从属部分省去"好、让"等字，并且因为从属部分太短，它和主要部分之间不复能有语音的停顿，例如：

　　A. 叫香菱来倒茶妹妹喝。(35)

　　B. 还要买一个丫头来你使。(48)

　　C. 宝玉因和他借香炉烧香。(43)

　　D. 我送他几两银子使罢。(83)

　　E. 妹妹有槟榔，赏我一口吃。(64)

　　(七)结果式　　是拿从属部分去说明主要部分所叙的行为的结果，也是主要部分在前，从属部分在后。从属部分往往用"弄到、弄得(弄的)"等，例如：

　　A. 他穷得很，弄到书也念不成。

　　B. 兄弟不学好，不上心念书，才弄的学房里吵闹。(10)

在文言里，从属部分有"以致、至于"等，例如：

　　C. 张德彰不守校规，以致被开除学籍。

　　D. 李生家贫，至于不能举火。

　　结果式往往拿结果之严重来加添主要部分的力量。它和原因式不同：原因式的主要部分在后，结果式的主要部分在前。原因式的从属部分叙述原因，结果式的从属部分叙述结果。

　　结果式的紧缩，是把联结成分"以致"或"弄到"取消，另换一个"得"字("的"字)，中间不再有语音的停顿，例如：

　　A. 说的满座哄然大笑起来。(9)

B. 哄得宝玉不理我,只听你的话。(20)

C. 个个人都叫他养的无法无天的。(88)

D. 穷的连饭也没的吃。(48)

E. 宝玉见问,慌的藏了。(23)

F. 他们是憨皮惯了的,早已恨得人牙痒痒。(30)

G. 以后便疼的什么都不知道了。(81)

H. 宝玉……羞的满面紫涨。(32)

"得"字在这种地方虽也像一个联结成分,其实它是连着上文念的,只算是一种后附的记号罢了。

注释:

① 在 B₄ 里这种句子被认为是简单句的变形。

② 意合法直译为 Смыловой способ(соединения предложений)。在 B₄ 里无连词句被叫做意合句,如王教授在这篇论文中所强调指出的,无连词句在汉语里比起带连词句来更加常见,而在某些类型的句子里连词一般是不用的。

③ 在 B₄ 里这种句子被叫做紧缩句,例如:

　　人到老年就要死亡,……(毛泽东)

④ 让我们从 B₄ 里引用这两类复合句的一些例子。

Ⅰ 等立句

1. 不用连词联结(意合句):

　　我们熟习的东西有些快要闲起来了,我们不熟习的东西正在强迫我们去做。(毛泽东)

2. 用连词联结:

　　真正的友谊的援助只能向这一方面去找,而不能向帝国主义战线一方面去找。(毛泽东)

　　中国人向西方学得很少,但是行不通……(毛泽东)

Ⅱ 主从句

1. 不用连词联结(意合句):

　　不承认这一条真理,就不是共产主义者。(毛泽东)

　　没有工人阶级的领导,革命就要失败,……(毛泽东)

2. 用连词联结：

他们如果不愿意劳动,人民的国家就要强迫他们劳动。(毛泽东)

这是值得庆祝的,因为这是人民的胜利,因为这是在中国这样一个大国的胜利。(毛泽东)

⑤ 这种分类法也像主从句的分类法一样(参看下面注⑩),基本上是根据意义的标准而不是根据语法的标准。

⑥ 这种句子也可以认为是带同等成分的简单句。

⑦ 参看上注。

⑧ 关于按断式同理由式的分别参看本书第 182 页。

⑨ 这种情形在 B₄,第 46 页和第 48 页注③也被强调指出来,例如:

错误总是难免的,我们要求犯得少一点。(毛泽东)

⑩ 参看上面注⑤。在我们苏联汉学家的著作中,讨论主从复合句的,有 C.E.雅洪托夫的论文《现代汉语中借助于虚词性副词所组成的主从复合句》,《苏联科学院东方学研究所学报》1952 年第四卷第 374—409 页,这篇论文是根据严密的语法原则写成的。

第十五章　语言的变态

——省略、复说和倒装

一般人所认为正常的句子是这样的：

1. 句中具备主语和谓语。如系叙述句，而叙述词又是一个及物动词，就必须带一个目的语①。如系判断句，系词后面必须带一个表语。

2. 主语和谓语各部分都没有多余重复的字。

3. 主语在谓语之前；叙述词在它的主语之后，目的语之前。

由此看来，凡不合于上面的三种情形的，可认为语言的变态。违反第一种情形的，我们叫做省略法；违反第二种情形的，我们叫做复说法；违反第三种情形的，我们叫做倒装法。省略、复说和倒装，都有它们的特殊原因，现在我们分别加以叙述。

一、省略法

省略法多半是由承说法生出来的。所谓承说法，就是接着别人的话说下去（如答复、辩论等），或接着自己的话说下去。前者叫做他语承说，后者叫做自语承说。无论他语承说或自语承说，都比会话刚开始的时候省力些。本该用许多字句的话，因是接着说，便可省去那些刚才已说过的部分，甚至可用极简单的形式把它表达出来。

（一）主语的省略　咱们应该把不用和省略分别清楚。像"下雨了"和"不怕慢，只怕站"一类的句子②，只是不用主语，不是省略；然而若像下面的几个例子，就是省略而不是不用了：

A. 因就回说："管家奶奶们才散了。"小丫头道："既散了，你们家里传他去。"（71）

"既散了"上面省去了主语"管家奶奶们"。

　　B. 主上又问道："贾范是你什么人?"我忙奏道："是远族。"(104)
"是远族"上面省去了主语"贾范"。

　　以上是他语承说。

　　C. 大老爷原是好养静的;已修炼成了,也算得是神仙了。(11)
"已修炼成了"上面省去了主语"他"字。

　　D. 你太太瞧了,告诉你老子,又说疼儿子不如疼孙子了。(109)
"又说"上面省去了主语"你老子"。

　　以上是自语承说。

　　(二)目的语的省略　　汉语里,目的语比主语较少省略,但也不算罕见。凡某人或某物在上文已经提过了的,下文再用它们做目的语,就不妨省略了,例如:

　　A. 你这遭吃茶是托他两个的福;独你来了,我是不能给你吃的。(41)
若不省略,该说:"我是不能给你吃这茶的。"

　　B. 宝玉道:"今儿老太太喜喜欢欢的给了这件褂子。谁知不妨,后褂子上烧了一块……"麝月道:"这怎么好呢? 明儿不穿也罢了。"(52)
若不省略,该说"明儿不穿这件褂子也罢了"或"明儿不穿它也罢了"。

　　(三)关系位的省略　　关系位是处所末品、时间末品之类,在承说语里也是可以省略的,例如:

　　A. 黛玉道:"你上头去过了没有?"宝玉道:"都去过了。"(82)
这是处所末品的省略。若不省略,该说:"上头都去过了。"

　　B. 我问他今天俱乐部里遇见了什么人,他说:"遇见了二表兄。"
这是时间末品和处所末品都省略了。若不省略,该说:"今天俱乐部里遇见了二表兄。"

（四）表语的省略　表语是判断语中的首品，它是在"是"字后面的。表语省略，就是"是"字后面不再有字，例如：

　　A. 探春笑着问道："可是山涛？"李纨道："是。"（50）

　　B. 主上又问："苏州刺史奏的贾范是你一家子么？"我又磕头奏道："是。"（104）

（五）谓词的省略　在承说法里，谓词的省略也是可能的，例如我问一声"谁敲门？"你可以简单地回答一声"我"。就普通说，有两种情形往往使谓词可以省略：第一是"能、敢"等字替代了谓词的用途；第二是在答语里，"没有（未）"后面的叙述词可省③，例如：

　　A. 宝玉……又让他同到怡红院里去吃茶。香菱道："此刻竟不能。"（79）

　　B. 宝玉……向麝月袭人道："……不如你们两个同我一块儿吃……"麝月笑道："这是二爷的高兴，我们可不敢。"（89）

　　C. 黛玉道："你上头去过了没有？"宝玉道："都去过了。"黛玉道："别处呢？"宝玉道："没有。"（82）

除了承说的省略之外，还有习惯的省略，例如"我、你"两字，不必是承说，也可以省略。又如日子的序数和年龄的基数，也常被省略，"三月二十一日"可说成"三月二十一"；"今年七十三岁"可说成"今年七十三"。诸如此类，这里不能详述了。

二、复说法

复说法有意复和词复两种，兹分别叙述于下：

（一）意复　意复者，字面上并不重复，只是用代词复指，例如：

　　A. 你珍大嫂子的妹妹三姑娘，他不是已经许定给你哥哥的义弟柳湘莲了么？（67）

　　B. 昨儿宝丫头他不替你圆谎,你为什么问着我呢? (28)
以上是复主位。

　　C. 和你素日嬉皮笑脸的那些姑娘们,你该问他们去。(30)

　　D. 这位年近九十岁的老人家,难道还指望他辛辛苦苦跟了我去不成? (《儿女英雄传》19)

　　E. 连邢姑娘我还怕你哥哥糟蹋了他。(57)

　　F. 这个老命还要他做什么? (74)

　　G. 我想这个人生他做什么? (91)
以上是复目的位。

　　H. 跟宝姑娘的莺儿,他妈就是弄这个的。(56)

　　I. 况且环哥儿他妈尚在庙中病着。(112)
以上是复次品加语。

　　代词复指,往往是因为其所指的首品仿语太长(A、C、D、H),但有时候却是为了加重语气(B、E、F、G),或纯然是习惯使成(H、I)[④]。

　　(二)词复　词复和叠字叠词都不相同。叠字和叠词都是紧相连接的,而词复却是有别的词隔开。大致说来,词复可分为两大类:

　　1. 有语法上的作用者,例如:

　　A. 从小儿一处淘气淘了这么大。(54)

　　B. 你办事办老了的还不记得,倒来难我们! (55)

　　C. 一个个黑家白日挺尸挺不够! (73)

　　D. 我因喝酒喝了三个钟头,所以来晚了。

　　依现代汉语语法,末品补语必须和它所修饰的叙述词紧粘在一起;如果它被目的语隔开了,就只好复一个叙述词,仍旧使它们相连。所以我们说是有语法上的作用,又如:

　　A. 各人家有各人的事。(67)

　　B. 岂不是自己糟蹋了自己身子。(67)

假使只说"各人有事"和"自己糟蹋身子",自然不必词复;如果在"事"和"身子"的前面加上一个修饰品,就只能说成"各人的事"和"自己身子",因为"各人有他的事"和"自己糟蹋他的身子"是不合汉语的习惯的。

　　2. 有修辞上的作用者,例如:

　　　　A. 他是他的,我送的是我送的。(60)

　　　　B. 这是那里的话?顽是顽,笑是笑! 这个事非同儿戏,你可别混说! (94)

这是故意郑重地说,叫对话人把事情弄清楚,别瞎缠,又如:

　　　　A. 咱们只管乐咱们的。(8)

　　　　B. 你只管睡你的去。(42)

　　　　C. 我死我的,与你何干? (20)

　　　　D. 你只受用你的就完了。(45)

　　　　E. 你也不必合他们一般见识,你且细细搜你的。(74)

这是表示别的事情和这人没有关系,或这事情和别人没有关系。加上"我的、你的"之类,界限分明,就非常显得没有关系了,又如:

　　　　A. 陪过来的一共四个,死的死,嫁的嫁。(65)

　　　　B. 他们姊妹们病的病,弱的弱。(71)

　　　　C. 后来大人知道了,打的打,骂的骂,烧的烧。(42)

　　　　D. 走的走,跑的跑,还顾主子的死活吗? (106)

　　　　E. 越发偷的偷,不管的不管了。(61)

这往往是从坏的方面说,表示非此即彼,决逃不出这两三个范围。有时候,差不多同是一件事,却分为两项说(例 B、D),无非是加重语气而已。又如:

　　　　A. 不知大有大的难处。(6)

　　B. 穷也有穷的好处。(35)[1]

　　C. 不大说话的又有不大说话的可疼之处。(35)

这种说法总是就价值立论的,做的都是"翻案文章"。谓词必须是"有"字,目的语总不外是"好处、坏处、可疼之处、讨厌的地方"等,表示和一般人的见解不同,又如:

　　A. 妙却妙,只是不知怎么变?(19)

　　B. 有却有了,只是不好。(37)

　　C. 奴才说是说了,还得太太告诉老太太,想个万全的主意才好。(96)

　　D. 我给是给你,你若得了他的谢礼,可不许瞒着我。(26)

这是承认或同意某一件事,而又有转折的意思。在意义上,它和容许式很相近似,所以可认为容许式的变相(参看上文第十四章)。又如:

　　A. 听见秦氏有病,连提也不敢提了。(10)

　　B. 好妹妹,你去只管去。(75)

这是动词复说,用于夸张的语气,中间往往用"也不"或"只管"一类的字隔开。又如:

　　A. 况且我长了这么大,文不文,武不武。(48)

　　B. 鬼不成鬼,贼不成贼,那一点儿象个佳人?(54)

　　C. 才来了几个女人,气色不成气色。(75)

这和前一类的性质很相近,也包含着多少夸张的意思。如 A 例,意思是:"若论文,却不文;若论武,却不武。"总是从否定方面说。复说的字可以是形容词(例 A),也可以是名词(例 B、C)。

　　由此看来,复说法并不是繁赘的语言;它有它的用处。各种复说法的用处又各不相同;不过,在词复上,用一个似乎多余的字来

---

[1]　编者注:文集本删该例。

加重语气,却是它们所同具备的特征。

三、倒装法

倒装法可分为两种:必要的倒装;自由的倒装。兹分别叙述于下:

(一)必要的倒装　　凡非倒装不可者,叫做必要的倒装。此种又可细分为五类⑤:

1."连……也"式。凡把目的语提到叙述词的前面,目的语前面加一个"连"字,叙述词前面加一个"也"字(或"都"字),叫做"连……也"式。有时候,可以不用"连"字,单用"也"字;或不用"也"字,单用"连"字。有时候,甚至"连"字和"也"字都不用,却隐藏着"连"和"也"的意思,例如:

A. 嫂子连我也不认得了。(11)

B. 怎么近来连一句好好儿的话都不和我说了?(113)

C. 一碗茶也争,难道我手上有蜜?(15)

D. 连那些衣裳我还没穿遍了,又做什么?(35)

E. 人的高下不识,还说灵不灵呢!(3)

2."什么……不"式。反诘句里,"什么"和"不"字相应,也必须用倒装法,例如:

A. 这十来个人,从小儿什么话儿不说,什么事儿不做?(44)

B. 你在家里什么事作不得?(88)

3."一概"式。凡目的语里包含着"一概、一切、一应"之类者,必须放在叙述词的前面,成为倒装。有时候,单用"都"字,也可以倒装,例如:

A. 只用请安,一概仪注都免。(83)

B. 凡一应事都是他提着太太行。(39)

C. 大凡有些姿色的都不敢挑。(92)

D. 前儿的丸药都吃完了没有?(23)

4."可惜、难得"之类。"可惜、难得"之类,用为描写语,而它的主语又是一个句子形式者,依习惯是倒装的,例如:

A. 可惜这新衣裳也沾了。(44)

B. 可恨我小几岁年纪。(16)

C. 可喜尤氏又带了佩凤偕鸾二妾过来游玩。(63)

D. 可怜绣户侯门女,独卧青灯古佛旁。(5)

E. 难得你多情如此。(45)

F. 怪不得你老爷生气。(82)

G. 少不得写信来告诉你。(16)

H. 何苦来操这心。(61)

5. 叙述词后面有"得"字。在递系式里,叙述词后面有"得"字("的"字)者,不得再带目的语,所以目的语必须放在叙述词的前面,例如:

A. 这谣言说的大家没趣。(9)

B. 他棋下得很好。

(二)自由的倒装　所谓自由的倒装,乃是可以倒装,而又常常倒装,然而并不是非倒装不可的。此种又可大致分为五类:

1."是……的"式。"是……的"式本是判断语的形式,然而有时候却有叙述语的用途。当它被用为叙述语的时候,如果包含有目的语,则此目的语非但往往置于叙述词之前,而且往往置于主语之前⑥,例如:

A. 你的评阅,我们是都服的。(37)

B. 胡道长我是知道的。(92)

2. 否定语。否定语比肯定语容易倒装,例如"我今天不喝酒"可说成"我今天酒不喝",但"我今天喝酒"却不能说成"我今天酒喝"⑦。下面是几个《红楼梦》的例子:

A. 现成主子不做去,错过了机会,后悔就迟了。(46)

B. 没见天日的东西,可惜你们小孩子吃不得。(49)

C. 倒是宝玉定亲的话不许叫他们知道倒罢了。(90)

D. 亲还没有定。(93)

3. 分别语。两种以上的事物,须分别处置或分别说明者,此事物虽在目的位,也可提至叙述词的前面或句首,例如:

A. 我深知你们软的欺,硬的怕。(68)

B. 荷包你拿去,这个留下给我罢。(42)

C. 别的我做不来;若要写经,我最信心的。(88)

4. 无定的"来、去"和"死"。叙述词如果是"来、去"或"死",往往放在它的主语的前面,但这主语又往往是无定的(不能确指的),所以主语的前面往往带有"一个"之类的字眼[8],例如:

A. 只见黑魆魆的进来一个人。(12)

B. 那里来的这么个渔翁?(45)

C. 刚刚去了一个巡海夜叉,又来了三个镇山太岁。(55)[1]

D. 村子里又死了一个人。

5. 其他。自由的倒装并不限于上述的四种;大致说起来,凡说话人着重在目的语,就可以把它提到叙述词的前面或句首[9]。现在举出几个例子,是不属于上述四种自由的倒装的:

A. 今儿甄家送了来的东西,我已收了。(7)

B. 黛玉……听他说"只说一句话",便道:"请说。"宝玉笑道:"两句话说了,你听不听呢?"(28)

C. 这个小东道儿我还孝敬得起。(35)

D. 那灯笼叫他们前头点着。(45)

---

〔1〕 编者注:文集本删该例。

注释：

① 汉语的目的语包含在谓语群里，因此"主语——谓词——目的语"* 这个基本公式没有反映出事情的真实情况，这是由于这个公式把主语、动词、目的语放在平等的地位。汉语句子的成分首先是按照"主语（逻辑主语）——谓语（逻辑谓语）"这样一条线来分析的，这样，一切句子都是按照"主语——谓词——目的语"** 的公式来建立的。

　　*和** 译者注："主语——谓词——目的语"这个公式就是三分法，例如"猫‖追｜老鼠"，龙果夫教授主张的"主语——谓词—目的语"公式就是二分法，例如"猫‖追｜老鼠"。

② 在"下雨"这个例子里，问题在于所谓无定主语或"依存主语"，参看下面注⑧。

③ 谓语的局部省略常常是在选择性问题中遇到，例如"你知道不？"是"你知道不知道？"或"你知不知道？"的另一种说法。

④ 在例 H 和例 J* 里的"复说"是由于这些结构包含有亲属称呼，参看Ди§36。

　　*译者注：应是例I，原文作例J是错了的。

⑤ 头三种情况，从语法上看来，只算一种情况：只有在这样的条件下，即动词前面有某种半虚词性的副词，其中不仅包括"都"或"也"，而且首先包括否定词"不"或"还没"（"还没"比较少见），它们才有可能。参看例A（也不……）、例B（都不……）、例C（也……）、例D（还没……）、例E（不……）；同时参看第2类例A、B（不……）和第3类例A（都……）、例B（都……）、例C（都不……）、例D（都……），比较第十章注⑤。

⑥ 在这里目的语成为所说的话的逻辑主语，而整个句子成为逻辑谓语，句子的谓语就用语气词"是……的"来强调。因此，例B可以分析为逻辑主语"胡道长"和逻辑谓语"我是知道的"，相应的翻译是 Что касается Ху Дао-чжана, то я его прекрасно（是……的）знаю（至于胡道长，那我知道他很清楚〔是……的〕）。

⑦ 比较上面注⑤。

⑧ 王了一把不及物动词的主语的倒装局限于"来、去"和"死"等动词。这是由于他不适当地缩小了不及物动词的范畴，而把"下雨了"一类的情形也算是及物动词。这未必有什么足够的根据（比较 Шгр，第99—100页）。

⑨ 当目的语（就其内容来说）已经是听话人所知道了的，并且对于对话人来说重要的不是它而是关于它所谈到的新东西的时候，才会有目的语的倒装；在这时候，目的语变成出发点，变成了句子的逻辑主语，而被提到前面来，也就是，或者被提在谓语之前，或者放在句子的开头。

第十六章　语言的着色
——拟声法和绘景法

拟声法就是用语音来摹仿自然的声音；绘景法就是用特殊的语言形式来描绘人、物的情状。拟声和绘景，目的都在于把事物"形容尽致"，这好像在语言里加上了鲜艳的色彩。

一、拟声法

拟声法不一定能把声音摹仿得很像，只是习惯上这样说，大家心理上也觉得颇像就是了。就用字的形式而论，拟声法可分为五种：

（一）单字法。单字法是只用一个字来摹仿某种声音，这种声音必须是短促的，不连续的，例如：

A. 陡听得当的一声。（6）

B. 哇的一声，都吐出来了。（29）

C. 彩云打开一看，嗤的一笑。（60）

D. 半日，又拍的一响。（87）

E. 只听唰的一声。（101）

（二）单字两用法。共用两个单字，表示两种声音相连，例如：

A. 宝玉和袭人都扑嗤的一笑。（31）

B. 只听咕咚一声响，不知什么倒了。（42）

C. 只听咯噔的一声门响。

这种拟声字后面加不加"的"字都可以。但这两个字须认为一个词，所以如果重叠起来，必须用叠词法，不得用叠字法。

D. 在砖地上咕咚咕咚碰的头山响。（67）

不是"咕咕咚咚"。

（三）叠字法。叠字法是相同的两个字重叠起来,摹仿一种连续的声音,例如：

　　A. 听得吱吱的笑声,薛蝌连忙把灯吹灭了。(91)

　　B. 便哈哈的笑道:"是了! 是了!"(116)

　　C. 那女子见了,不觉呵呵大笑起来。(《儿女英雄传》5)

（四）单字加叠字法。单字之后再加叠字,表示前一种声音是短促的,后一种声音是连续的,例如：

　　A. 哗喇喇一净桶尿粪从上面直泼下来。(12)

　　B. 忽听吱娄娄一声,院门开处,不知是那一个出来。(26)

　　C. 只听豁啷啷满台的钱响。(53)

　　D. 坐到三更以后,听得房上嘈碌碌一片响声。(87)

　　E. 做了自己的功课,忽听得纸窗呼喇喇一派风声。(89)

（五）双叠字法。前后两个拟声字都重叠起来,叫做双叠字法。此法往往是表示连续不断的一串声音,例如：

　　A. 只见秋纹碧痕唏唏哈哈的笑着进来。(24)

　　B. 口内嘟嘟囔囔的又咒诵了一回。(25)

　　C. 大清早起,就咭咭呱呱的顽成一处。(70)

　　D. 凤姐带病,哼哼唧唧的说。(105)

　　双声叠韵和拟声法的关系——声母相同的字,叫做双声;韵母相同的字,叫做叠韵。汉语里,拟声法有时候不是用叠字法,而是利用双声叠韵,例如：

　　A. 又把一溜檐瓦带下来,唏溜哈拉,闹了半院子。(《儿女英雄传》31)

"唏"和"哈"是双声,"溜"和"拉"是双声。

　　B. 只听得嘻喇哗喇的乱响。(64)

"嘻"和"喇"是叠韵,"哗"和"喇"是叠韵。

　　拟声字的叙述词用途——拟声字有时候可以有叙述词的用

途,只把它放在叙述词所常在的位置就是了,例如:

    A. 宝玉听了"出嫁"二字,不禁又嗐了两声。(19)

    B. 不觉得疼痛难禁,由不的嗳哟一声。(47)

    C. 什么大事,只管咕咕唧唧的?(72)

    D. 听见里面有人喊喊喳喳的,又似哭,又似笑。(101)

二、绘景法

绘景法是要使所陈说的情景历历如绘。为了这个目的,咱们利用下面所说的三种方法:

(一)叠字法。相同的两个字相叠,往往有夸张的意思;咱们就借这夸张的意思来尽量形容某一种情景。叠字绘景法又可细分为三种:

1. 附于形容词的后面,用为末品,例如:

    A. 乱烘烘人来人往。(13)

    B. 只见黑魆魆的进来一个人。(12)

    C. 白汪汪穿孝家人,两行侍立。(14)

    D. 越发说的人热剌剌的扔不下。(26)

    E. 冷清清没有什么玩的。(43)

    F. 大家来至王夫人上房,只见黑压压的一地。(49)

    G. 怪道寒浸浸的起来。(54)

    H. 一大碗热腾腾碧莹莹绿畦香稻米饭。(62)

    I. 脸上红扑扑儿的。(100)

    J. 凤姐听了,气的眼睛直瞪瞪的。(111)

这种叠字,在意义上不能加添些什么,然而在修辞上却很重要。譬如"乱烘烘"并不等于"很乱",而是把乱的情景描绘出来;"热腾腾"并不等于"很热",而是把热的情景描绘出来。

2. 附于动词的前面,用为末品,例如:

    A. 香菱怔怔答道。(48)

B. 只瞅着嘻嘻的傻笑。（96）

C. 生生被云丫头作践了。（49）

D. 直把个当槽儿的活活打死了。（99）

E. 巴巴儿的想这个吃。（35）

F. 你好好儿的赔我们的鱼罢。（81）

G. 兴兴头头往里来找龄官。（36）

H. 便抽抽搭搭的哭起来。（29）

3. 用如描写词,例如:

A. 初时黛玉昏昏沉沉,吐了也没细看。（82）

B. 这几年看着你们轰轰烈烈。（107）

C. 这里弯弯曲曲的,回去的路头都要迷住了。（87）

D. 你二哥哥还是那么疯疯癫癫。（108）

E. 可不是又同刚才学里的八两一样重重叠叠?（56）

（二）骈语法。骈语就是像对对子似的,把性质相似的字排成对立的形式。骈语法有时候并不是表达思想之所必需;譬如应该只用一个谓语已经可以把意思说完,说话人偏要用上两个谓语形式。就表面上看来,这是繁赘;然而它有一个目的,就是使语言更生动,更有力。再者,除了表达思想之外,它往往还带着多少情绪。这些特性都不是普通直说的语式所能具备的。

骈语法在意义上又有一个特性,就是不着实,譬如"左右、东西、长短、这那、三四、七八"之类,意义都是很空虚的,并非真有左边、右边……的意思,例如:

A. 左等不来,右等也不到。（54）

B. 说着,又东瞧瞧,西走走。（89）

C. 然后又陪笑问长问短。（35）

D. 你们也不必怨这个,怨那个。（34）

E. 天天还是察三访四。（72）

F. 七手八脚，都忙着拿出来。(70)

G. 姨太太这几天浮来暂去。(88)

H. 他娘倒欢天喜地。(72)

I. 你怎么不怨宝玉外头招风惹草的呢？(34)

有时候，整个绘景部分都是不着实际的，只是譬喻的说法，或甚言之词，例如：

A. 我近来看着云姑娘的神情儿，风里言，风里语的。(32)

B. 年轻的媳妇儿，也难卖头卖脚的。(6)

C. 人家牵肠挂肚的等着。(26)

D. 我也丁是丁，卯是卯的。(43)

有时候却是一实一虚，骈语的上一半是正意所在，下一半却是用作陪衬的，例如：

A. 人不知，鬼不觉的，不好吗？(31)

B. 我劝你把脾气改改罢。一年大，二年小。(79)

C. 看你们这一辈子都别头疼脑热的。(51)

形容别人说话的情景，也可算是这一类：

D. 大清早起，死呀活的，也不忌讳。(28)

E. 比不得宝姑娘什么金哪玉的。(28)

有时候，比较地近于事实，甚至完全是事实。但是，越是近于事实，倒反越欠生动，越少力量了，例如：

A. 只是我愁宝玉还是那么傻头傻脑的。(99)

B. 谁家痨病死的孩子不烧了？也认真开丧破土起来？(69)

C. 众人应了，自去寻姑觅嫂。(31)

D. 你兄弟媳妇本来老实，又生的多病多痛。(47)

用骈语时，平常不用的形式也可以出现，例如处置式"把"字后面是不用否定语的，但在绘景的骈语里却可以用了：

A. 不把我放在眼里，三日不理，四日不见的。(28)

单词是不能拆开的,但在绘景的骈语里却可以拆开:

B. 手里不干不净的,怎么拿? (29)

(三)赘语法。赘语法是绘景部分里头有一两个字是多余的,以致它是费解的。这种赘语法,无非要凑足四个字,使语意更有力量而已,例如:

A. 坐了一回,无精打彩的出来了。(81)

这个成语是从"无精彩"三字来的,"打"字赘。

B. 向来是低声静气,慢条斯理的惯了。(《儿女英雄传》4)

这个成语是从"条理"二字来的,"慢"和"斯"都是赘语。

C. 我糊里糊涂就答应了。

"糊涂"是正意,"糊里"是赘语。

D. 他真是胡说八道!

"胡说"是正意,"八道"是赘语。

E. 他的屋子里乱七八糟,也不想清理清理。

"乱"是正意,"七八"和"糟"都是赘语。

拟声法和绘景法,如果用的是叠字、双声或叠韵,就是古人所谓联绵字,从上古就有的,例如:

A. 喓喓草虫,趯趯阜螽。(《诗·召南》)

B. 坎坎鼓我,蹲蹲舞我。(《诗·小雅》)

C. 风雨凄凄,鸡鸣喈喈。(《诗·郑风》)

以上是叠字。

D. 何有何亡,黾勉求之。(《诗·邶风》)

E. 击鼓其镗,踊跃用兵。(同上)

F. 爱而不见,搔首踟蹰。(同上)

以上是双声。

G. 窈窕淑女,君子好逑。(《诗·周南》)

H. 蔽芾甘棠,勿剪勿伐。(《诗·召南》)

　　I. 隰有苌楚，猗傩其枝。(《诗·桧风》)

以上是叠韵。

　　至于绘景的骈语法和赘语法，就可以说是近代的产品了。拟声法和绘景法似乎只是修辞学上的事，其实和语法也有关系，因为这两种修辞学上的风格是需要一种特殊的语言形式来表示的，而特殊的语言形式却是属于语法范围的。

附　录

俄译本注解中所引用的参考书简称表

Вгр—王力《中国现代语法》(Грамматика современного китайского языка),上册第三版,上海,1947,共 413 页。

Впр—王力《中国语法理论》(Принципы китайской грамматики),第二版,上海,1951,上册 371 页,下册 430 页。前两章曾由 К.古萨尔耶克(Karel Husárek)翻译为捷克语,标题为 Wang-Li　Theorie č inské gramatiky, DilI, Kapitola I.a Ⅱ,布拉格,1950,Ⅲ+149 页。

В₁—王了一《汉语的词类》(Части речи в китайском языке),《语文学习》1952 年 4 月号,第 30—36 页。

В₂—王了一《词和语在句中的职务》(Функции слова и словосочетания в предложении),同上,1952 年 7 月号,第 34—40 页。

В₃—王了一《谓语形式和句子形式》(Сказуемостный оборот н развернутый член предложения),同上,1952 年 9 月号,第 40—44 页。

В₄—王了一《句子的分类》(Классификация предложений),同上,1953 年 1 月号,第 44—50 页。

Ди—А.А.龙果夫《现代汉语语法研究》(Исследования по грамматике современного китайского языка),第一章《词类》(Части речи),苏联科学院东方学研究所,莫斯科—列宁格勒,1952 年,共 231 页。

Дидгр—А.А. 龙果夫《东干语语法研究》(Исследования в области дунганской грамматики),第一章《东干语(甘肃方言)中的情貌范畴和时间范畴》(Категория вида и времени в дунганском языке〔диалект Ганьсу〕),《苏联科学院东方学研究所通报》,27 期,莫斯科—列宁格勒,1940,第 86 页。

Лгр—《语法讲话》(Лекции по грамматике)(中国科学院语言研究所),《中国语文》1952—1953。

Лчж—吕叔湘、朱德熙《语法修辞讲话》(Лекции по грамматике и стилистике),《人民日报》1951。

Пгр—А.И.依凡诺夫(Иванов)、Е.Д.巴里凡诺夫(Поливанов)《现代汉语语法》(Грамматика современного китайского языка),莫斯科,1930,共 304 页。

Шгр—П. П. 史密特 (Шмидт)《官话语法探索》(Опыт Мандаринской Грамматики),第一版,海参崴,1902,共 Ⅷ + 105 + 208 页。

（本书各章的注解是由石安石、潘兆明、唐作藩三人合译,王力校订的）

中国古文法

目　录

序

　　这是 1927 年我写的一篇研究生论文。我是 1926 年夏天考进清华大学国学研究院的。当时规定国学研究院学制为一年，我的这篇《中国古文法》本想写成一本书，但是时间不够，只写两章就算毕业了。毕业后，马上准备去法国留学，所以这本书没有继续写下去。1932 年回国，在清华大学讲授普通语言学和中国音韵学，也没有时间续成这一部《中国古文法》。1936 年，我写了一篇《中国文法学初探》，发表在《清华学报》上。1938 年秋，我在西南联合大学讲"中国文法研究"。后来遵照闻一多先生的建议，分为两部书，第一部是《中国现代语法》，第二部是《中国语法理论》，交商务印书馆出版。我自以为我在语法学上有了进步，不想再续成我的旧稿《中国古文法》，从来不考虑把这半部书（其实不够半部）拿去出版。

　　今年三月，《人民日报》要我写一篇怀念赵元任先生的文章，我查阅了当年赵先生在我的毕业论文上的几条批语，忽然想起要影印这篇论文。

　　我这篇论文是梁启超、赵元任两先生共同指导的。梁启超先生在封面上写了一个总批："精思妙悟，为斯学辟一新途径。"论文里边还有"卓越千古，推倒一时"的评语。赵元任先生正相反，他对我的《中国古文法》不曾给予一句褒语。他用铅笔小字作眉批，专找我的毛病，其中最严厉的一句批评的话，就是："言有易，言无难。"这六个字后来成为我的座右铭。

　　我影印出版这篇论文是为了保存两位老师的手泽，同时我认为这样做也有一个用处，就是可以作为大学培养研究生的借鉴。我们要像梁启超先生那样鼓励我们的研究生，使他们有信心攀登科学的高峰；我们更应该像赵元任先生那样，严格要求我们的研究生，指出他们的缺点，使他们成为真正的学者。

　　至于这篇论文的缺点，我在《中国现代语法》的自序中已经作了自我批评。但是，我认为当时我反对"削足适履"、反对"以英文法为棺"，这个道理还是对的。后来我写《中国文法学初探》，仍然是讲这个道理。今天我重读这篇论文，觉得不无可取之处。希望识者披沙拣金，用批评的眼光去读它。

王　力

1982 年 7 月 5 日

导言　文法学概论

今之治中国文法者,盖有二途:其一,专于我国词句之组织求其类别,此外不更分析,则所成之文法视远西为特简;其二,则以西文律诸我国,合者用之,不合者去之,又以我国特有者加入,则所成之文法视远西为特繁,或繁简相等。此二者皆能自成文法之学,前者以简胜,后者以详胜。然而前者乃文法学之正轨,后者已轶出文法学之范围,欲知其故,宜先究文法学之定义:

文法学者,究论文字组织之法则,俾作文者有所遵守,读书者得以通晓者也。

由此观之,但令人作文不越法则,读书不昧词意,已尽文法家之能事;过此以往,分析至精极微,亦于吾人读书作文不能更有裨益。盖分析务极精微者,语言学家之事,已非文法学之范围矣。文法学为普通常识,故令人知法而止;语言学为专门学问,故令人详究其理。其界限有可得而言者,如下图:

既知文法学之定义与范围,则知专于我国词句之组织求其类别,实为正轨,凡不依英文法详加分别,而于作文读书无碍者,要不能谓为文法学家之过,盖其责任止于此矣。善乎严几道之言曰(《英文汉诂·序》):"文法有二。有大同者焉,为一切语言文字之所公;有专国者焉,为一种之民所独用。而是二者皆察于成迹,举其所会通以为之谱;夫非若议礼典刑者有所制作颁垂,则一而已。文谱者,讲其所已习,非由此而得其所习也。"如严氏者,可谓真知文法学者矣（近人刘半农先生亦知此意）。夫所谓大同者何也？文以表言，言以表事，主事者必有其名称与其动作，而名称与动作又往往以字限制之、关系之，故名词、动词、限制词、关系词四者，环球莫能外也。感叹之词，以声绘意，岂惟人类，虽禽兽尚犹能之，大同之义，于斯为极。文法家所宜敬恪遵守者也。若夫详分细析，要在恰当国情；强我就人，殊无足取。比附不当无论已；就令比附吻合，亦徒费词，无裨实际。抑吾人何不比附蒙文、日文，而独比附西文耶？学者苟欲为语言之学，当合世界文法，观其会通，不当限于西文也；若治中国文法，则当自其本身求之，不必以西文律之也。西文在今日诚能行远，其文法学之名词可采者多，诚不必处处创立新名词，以炫诡异；甚或中国旧译名词，未尽恰当，而吾民既习见习闻，亦有不必再事更改者；然必奉之为金科玉律，以为西国文法书如是规定，吾亦不可不如是规定，则失之凿矣。陈承泽谓："坊间通行之中国文法，大抵以外国文法为楦，而强以中国文纳之，所谓削趾适履之文法。"此又言之过激，未足服人。自马眉叔以来，诸谈文法者，未尝不知斟酌去取，如动词三时，名词三性，皆不论列，又增助词一类，岂能与漫无采择者比？独惜其知增删而不能充其量耳！陈君矫然勇于增删，其志则卓，其法未尽善也。享年不永，遂无嗣响。古人如王伯申俞曲园刘确山辈，未尝以西文律吾文，然其所成就者实训诂之学，未足称文法之学。尝谓三先生之所蔽，非不通西文之害，乃不知文法学之害耳。苟有人告之以文法之学，俾知字有品而句有法，则其所成就，必胜眉叔多矣。盖三先生纯乎客观者也；眉叔特以西文法先入为主，而为主观的演绎，苟非万不可比附者，必令比附而后已，此其所以不能尽善也。近人变本加厉，往往修改中国文法以求合于西文，造"她、牠"之字以别名词之性；其于句也，先"然"而后"虽"，先"则"而后"苟"，皆摹仿他人，惟恐不肖。是欲如议礼典刑者有所颁垂也，欲由此而得其所习，非讲其所已习也。严几道所谓察于成迹，举其所会通以为之谱者，今之人盖莫能由此道矣。夫文法者，叙述之事也，非创作之事也；习惯之事也，非论理之事也；客观之事也，非主观之事也。凡不整齐者，不宜强使之整齐；凡不繁琐者，不宜强使之繁琐。譬之对镜，妍者不能媸，媸者不能妍也。或曰：述而不作，则中国文法永无进步之望，将奈何？应之曰：文法之进步，顺乎自然，不任驱迫者也。文根于言，言不改进，则文无所依据；故欲改进文法，必先改进语法，吾闻有语变而文尚未变者矣，未闻有语未变而文先变者也。故今之欲改进中国之文法者，徒笔之于书无益也，必先宣之于口。如"他、她、牠"三字，必以三音表之，口称既熟，则下笔有所依据。又如先"然"后"虽"，先"则"后"苟"，亦必先之以口称，迨语法既变，文法随之变矣。虽然，语法之变，亦岂能使之然哉？必也，听其自然，或由外铄，或由内嬗。外铄云者：异国相接，其语法互有影响；内嬗云者：历时既久，渐失常轨，如今沪甬间语法，有以"阿"字置于句首，以代问辞"否"字之用者，此古语所无也。中外之交糅，古今之递嬗，虽有大力，莫之能逆。吾料千百年后，中国语法必当大变，文法亦随之而变，岂待吾人为之规定哉？

　　余对于文法学之解释，既如上述，循是求之，则知中国文法有二特性。此二特性者，远西未尝无之，而以中国为尤显；惟求诸中国文之本身，然后能得之；若以外国文法为规准，则终身不能知也。一曰，中国文法宜分二时代，曰未固定之文法，曰已固定之文法。在文法未固定之时，字无定义，词无定品，要以音韵为枢纽。故"史、吏，飞、蜚"，可以同义；"为"乃母猴，转为动词；"爰"为狙类，转为连词，名、动、连、介之分，无所施矣。又有字无意义，但取延声者，"有虞有殷、不闻不谏、宜岸宜岳、爰居爰处"凡诸语词，有声无义，若以已固定之文法律之，皆不可通。贤如眉叔，乃以未固定之文法与已固定者并举，如誓辞之"所"字，与"无所辱命"之"所"，"君子所其无逸"之"所",皆有声无义,而强命之曰代字。陈承泽争之,以为非代字,别引《孟子》"国之所存者幸也"、《吕氏春秋》"皆有所乎尤也"诸语为例。二君俱失之矣。治中国文法者,不以数千年常用之文法为依据,乃以数千年前人所偶留已死之文法为争端,徒见其惑而已矣!故文法家宜以利刀斩乱麻之手段,划分未固定、已固定二期。未固定时,其法宽;已固定时,其法严。法宽者几于无法,而非文法家之罪也,上古之人思想自不缜密也;法严者封域井然,则中古之人思想已能缜密之所致,亦非文法家有以助之也。文法家犹镜也,鉴妍成媸,鉴媸成妍,皆非良镜;今以吾人缜密之思想,加之浑浑噩噩之古人,尚得为良文法家哉?然则分期之说,固可以解纠纷而便陈说矣,而二问题亦随之发生:未固定已固定时期之划分,当以何代为标准耶?中国有文字至今,历数千年之久,岂可仅分二期耶?此二问者,吾尝昼夜思维,始获解答。

文法之固定也,以渐不以骤,以零不以整。甲法固定于周初,乙法固定于周末,丙法固定于秦汉之间,非同时诸法皆固定也。故无论何时,皆不适宜为未固定与已固定之界线。要之,实字之组织法易于固定,虚字反是,此特大较然耳,不能指定何时也。故观未固定、已固定之名义,显分二期;实则不过分为二种。所谓未固定者,周秦两汉之间偶见于书,其后数千年不复有人用之者也;所谓已固定者,无论起于上古、中古、近古,其用能历千年而不替者也。然则第一问题,当以不解答为解答。至于分期之多少,亦有可论者。中国语法可分多期,而文法大别分二期足矣。盖数千年来常用之文法,不外先秦语法之遗留,偶有变化,亦只一二字之微,无关词句。国人仿古观念,牢不可破,故不肯以当时之语法为文法,而特以先秦之语法为当时之文法。吾人若故分多期叙述,必致雷同可厌,故惟宜分二期也。六朝骈文,颇有异致;唐宋诗歌,亦非若古诗之与文同法;此二者自当别论,今特著为外篇,以穷其异。至于先秦以后语法,则变化颇繁,独惜史料甚少,于汉赖《史记》有一二俗语,于晋赖有《世说新语》,南北朝语法史料难觅,于唐则笔记偶有涉及,宋元以来则恃词曲小说,诸如此类,亦仅字义为异,文法之差别盖寡。由此观之,分期之不必繁多,亦已明矣。盖文法之用,在令人作文有所遵守,读书得以通晓而已,可简则简,不必细分。至于考据家欲藉文法为利器,以证明古书真伪及其时代,则时期自宜缩短;然此非所论于普通之文法书也。且考据之所资,不宜限于文法,凡言语之变迁,皆宜考究,如某字何时用为某词,乃文法家所不必计及之事,而考据家转视为重要,此当别论者也。上古文法之未固定者,或不久即成固定,或终归消灭而不能固定。其终归消灭者,或成死句,或成死法。死句者,后人不复用此语句也;死法者,后人虽用其语句而不用其法则也。国人向慕古人,惟恐不肖,虽生当文法已固定时代,犹效文法未固定时代之语句以为古雅。然吾人须知彼等但敢用古人之成语,不敢用古人之法则。今人敢言"有众",而不敢言"有群";敢言"有北",而不敢言"有东";敢言"爰居爰处",而不敢言"爰坐爰行";敢言"自诒伊戚",而不敢言"自寻伊乐";敢言"室于怒而市于色",而不敢言"父于孝而君于忠";敢言"凄其以风",而不敢言"霎其以雨";敢言"之子于归",而不敢言"之人于往";敢言"钳之舌而夺之气",而不敢言"降之志而辱之身";敢言"螽斯",而不敢言"蝗斯";敢言"利有攸往",而不敢言"害有攸至";敢言"自时厥后",而不敢言"自时厥前"。诸如此类,皆足证明今时已无此等文法,可谓文法已废,古语仅存而已。若据"室于怒而市于色"一语,遂谓副格可置介词之前;据"钳之舌而夺之气"一语,遂谓"之"字可用为领格,以一例万,岂通论哉? 故未固定与已固定之分期,诚最妥善之法。未固定文法之研究,仅欲以读古人之书;已固定文法之研究,则兼以为作文之程式;分则两利,合则两伤。吾国人为文难于通顺,未始非文法家有以误之;盖自眉叔以来,皆以未固定之死法与已固定之活法融为一炉,令人眩惑,不知所从。谓宜划分封域,昭示后学,此中国文法之特性一也。

二曰,中国有影响变性之文法。何谓影响?词当独立时,本无此性;及其入句也,以上下文之影响,其词性即变。当此之时,但能认为变质,不能认为本质。譬如月之有光,借日之光以为光,能谓光为月之本质乎?影响之为用大矣,不知影响之理而论词之品质,鲜不误者。故代名词"之"字之前不能不为动词;介词"之"字之后不能不为名词;"也"字非能代"耶",惟有"岂、焉、安、何"等字为之先则可代"耶";"哉"字非能反诘,惟有"岂、焉、安、何"等字为之先则能反诘。诸如此类,皆非字之本质。若谓"也、耶"通用,"乎、哉"同义,则谬甚矣!"耶、乎"本质可为问辞,"也、哉"本质不能成问,必赖上文有发问之词,而后助之成问耳。故"何为者耶"可作"何为者也",而"是耶非耶"不可作"是也非也";"岂有既乎"可作"岂有既哉",而"伤人乎"不可作"伤人哉"。王伯申以"也、耶"为同义,马眉叔以"乎、哉"同属传疑助字,皆不知影响变性之理也。中国文法家对于"所"之一字,聚讼纷纭,莫衷一是。马眉叔以"所"为代字,或驳之以谓受动词前之"所"字不能谓之代字。今按"所"字虽非代字,实为带代字性之助词;至受动词前"所"字之所以丧失代字性者,则因上文受动性的助动词"为"字语意太重,影响及于"所"字。"所"字不能不丧失其代字性而复其古时有声无义之本质。此种有声无义之字,殊为无谓,今俚语直将"所"字取销,惟行文不敢擅变习惯之文法,故仍加"所"字耳。然如《论语》"不为酒困",《庄子》"卒为天下笑"之类,亦已略去"所"字。"所"字可略而"为"字不可略,则知"为"字意重而"所"字意轻,意轻者为意重者所影响,自易变其性质。譬之清水,加盐则咸,加糖则甜,糖多盐少,则但觉其甜不觉其咸。明乎此理,则字之本质,及其变质之理,可以了然矣。又如"士兵之、诸侯之士门焉、人其人、火其

书、庐其居"等句,"兵、门、人、火、庐"诸字之本质,非能为动词也,
必依某种影响变性之定律,而后能为动词。设今有人仿西洋字典
之法,于中国字典每字之下注其词品,以"兵、门、人、火、庐"等字
为有名动两性,可谓不通之至!盖其本质但为名词而已,与本质为
动词者迥异。试以"火其书"与"焚其书"二语相比,"火"字必赖
"其"字之影响,然后成为动词;苟减去"其"字,则"火书"复成何
语?"焚"字不待"其"字之影响,虽减去"其"字,"焚书"之意犹昭
然也。"火其书、庐其居"之类,文法家谓之活用,或谓之假借,然
知其然而不知其所以然。予尝疑活用、假借云者,岂漫无规律者
耶?则何以"诸侯之士门焉","焉"字略去,则"门"字不成其为动
词;"士兵之","之"字易以普通名词,则"兵"字不成其为动词。因
搜罗活用之语句,比例而同之,触类而长之,乃恍然悟其一定之规
律,著为影响变性之定律一章以穷其旨,向之惊为神妙者,今则变
为平庸;向之不知所以然者,今则能言其故。马眉叔于斯未尝深
究,特发假借之例,而不知其规则,乃喟然叹曰:"古人用字之神,有
味哉!有味哉!"夫治文法者,所贵乎观其会通,求其律例,岂徒恃
咏叹所能塞责者?影响变性之例既明,神奇之说自破,此中国文法
之特性二也。二者特其荦荦大者,其他与外国文法相异者尚多,俟
下文述词之分类时再详说之。

　　中国文法之特性既明,则文法之学,思过半矣,然犹有蔽焉。
晚近治古文法者常有古今优劣之见存,以周秦两汉之文为古雅,下
至于唐,则仅采及韩柳,一若以此为文法之正宗,合乎此者,谓之合
法;不合此者,谓之非法。不悟文法之为物,但赖习惯以成,例不十
则法不立;所谓合法非法,当以合习惯非习惯为标准,不当以见于
名人之文为标准。设有一种文法,流行数千年,用之者千百人,见
于载籍者千百次,虽未尝见于周秦两汉之书、韩柳之文,要不能谓
之不合文法;反之,若流行不及百年,用者仅一二人,见于载籍者不

满十次，虽尝见于周秦两汉之书、韩柳之文，要不能谓之合法。故治文法而截自周秦以上，或限于名家之文，皆有所蔽，非得其道者也。今所采择，自有史以来，至于今世，凡常见之例，随意征引；盖认文法已固定后，绝少变化，虽视数千年如一日可也。偶有带时代性者，附加说明而已。予固尝主时代之说，然细察之，则觉中国自周秦而后，语文背驰，语法有变，而文法几于一成不变，故知多分时代，亦徒劳耳。

　　余对于文法学之见解，略具于此，读者即此以察余全书，则如挈纲振领，无不了然矣。

卷上　已固定之文法

第一章　总　略

一、古文法与今文法

古文法者，数千年沿用之文法也；今文法者，今人以语体为文之文法也；不直称之曰"语体文法"者，以别于古之语体文也。古文之起原，实以语体为之；其后感于简册之繁重，乃以简明为工；简明之至，遂殊言文而二之矣。《老子》曰："为无为，事无事，味无味。"《孟子·尽心上》曰："食而弗爱，豕交之也；爱而不敬，兽畜之也。"《公羊传·隐公元年》曰："何以不地？"又曰（《桓公七年》）："曷为国之？"《穀梁传·僖公八年》曰："夫人之，我可以不夫人之乎？"此种简明之句法，必非当时口语。古之为文者，肆其笔锋之所至，不求有合于口语，只求其意不含胡；至于疑似则止矣。"朝、聘"二字，同属外动词，用"朝"字时不必言其何所朝，国无二君，不问而知其所朝者谁也；用"聘"字时必言其所聘何国，邻国非一，非昭示无以明也。又如忠臣孝子之"忠"，与忠君爱国之"忠"，位置相同，而词性迥异，上"忠"字为区别词，下"忠"字为外动词，此其故何也？尽忠之君，名不顺也；君忠于臣，理所无也；名不顺与理所无，皆所以免人之疑，吾人一见而知其词性者，非字之能表词性，实赖意会而知之。吾人研究古文法，首宜注意于此，则变化省略之理，胥可循是推之矣。古文所有之文法，多为今文所无；今文所有之文法，亦非古文所能备具，此吾所以分古文法与今文法为二也。

二、字与词

字也者,限于单字之称;词也者,表示一种观念者也。一字可成一词,而一词不限于一字。统其类别,约有五种:

(一)单字词　如"天、地、人、汝、我、彼、富、贵、贤、愚、动、静、语、默、之、而、乎、者"之类。

(二)合字词　合字词者,二字以上合为一词,如狼狈之相依,不能拆开而独用其一字者也。

名　词　如:鹦鹉　芙蓉　夫人　大夫　君子

动　词　如:踟蹰　蹀躞

限制词　如:委靡　霹雳

语气词　如:呜呼　於戏

(三)连字词　同义之字连用,谓之连字词。其所以别于合字词者,合字词拆开即不可独用;连字词拆开犹可独用也。

名　词　如:宰相　树木

动　词　如:飘摇　攻击

限制词　如:骄傲　犹且

关系词　如:然而　则是

语气词　如:噫嘻　乎哉

(四)附字词　字附于词颇似两词实则当视同一词者,谓之附字词。

代名词　如:我等　汝等

区别词　如:五斗　百斤

〔附言〕"五斗、百斤"之类,不当视同两词,理由见第二章数量区别词附言。

(五)准合字词　两词相连,实则习惯上但有一个观念者,应视同合字词。如:

天下　天子　四海　六合　诸侯　海内　宇内

陛下　寡人　至于　况于　是以　是故　而已

三、词关系与意关系

词以达意,故词与意适相当者常也;然亦有意在言外者,以事甚显明,可以理推,不待烦言也。言外之意,不能谓与词性有关,研究文法者,于词关系与意关系之界线,务须明了,否则未有不误者,例如:

> 吾非至于子之门,则殆矣。(《庄子·秋水》)
> 非痛折节以礼诎之,天下不肃。(《史记·武安侯列传》)
> 故明据先王,必定尧舜者,非愚则诬也。(《韩非子·显学》)

骤察之,"非"字与"不"字相应,或与"则"字相应,皆似有连词性;故或谓"非……不、非……即"为连词。其实不然,"非"字之上,皆有"若"字之意,所谓意在言外者也。若谓"非"字为连词,倘补出"若"字,岂非二重连词? 有是理乎? 句为相待之句,而略去相待连词若字,犹相配之句略去相配连词与字也。词略而意存,则其所以能相呼应者,意为之也,非词性有是也。尚有一事可证吾说:凡连词必连二子句,故必用于复句之中;而"非、不"等字常可用于单句,可见其非连词也。

又如"哉"字本质不能成问,惟上下文显有反诘意之时,则亦似为反诘助词。此亦意关系,非词关系,例如:

> 虽有大奸贼,敢睥睨其间哉? (苏轼《志林》)
> 则古书之或有录而亡,或无录而在者亦众矣。非可惜哉?
> (曾巩《列女传目录序》)

若据此等例以谓"哉"字本有诘问之性质,则陷于谬误。试略去"哉"字,仍有反诘之意,则知其为意之关系也。又如"能不悲哉、敢不敬哉"诸反诘句,皆意之关系,虽减"哉"字,亦可示诘也。凡欲知词之本性,当于单句中求之,"哉"字用于单句不能成问,"乎"字用于单句仍成问辞,如《论语》曰"伤人乎",不可易以"哉"字,一则本性如是,一则待他语或他词之影响而后成问也。

由上二例推之，吾人之辨词类，必先察其本性，固不可以词害意，亦不可以意害词，倘误认意关系为词关系，所谓以意害词者也。

四、语句构造概说

语句之剖析，为字、词、短语、子句、句五者。字与词已于上文说明之，今再说明：

短语——二词或数词相连，未能成句者，谓之短语。但助词与其他一词相连时，不能谓之短语，如：

赐也，何敢望回？回也，闻一以知十；赐也，闻一以知二。（《论语·公冶长》）

"赐也、回也"皆宜视同一词附带语尾，不能称为短语。盖助词仅有声气，而无称谓动作限制关系诸作用者也。

子句——凡有主语、述语而辞意未全者曰子句。

句——凡有主语、述语而辞意已全者曰句。

语句必须有主语述语，述语之中，或更有宾语、表语、补足语、附加语。兹分述如下：

（一）主语　句中所叙述之主体也。

〔附言〕主语显然易知者，往往略去，详见第三章。

（二）述语　句中所以叙述主体之辞也。主者动作之涉及其他事物者，必有连带之成分，曰宾。

（三）宾语　主者动作影响所及，谓之宾语。

（四）补足语　主者动作关系所及，谓之补足语。

（五）表语　凡用于述语以表示事物之性状或数量者，谓之表语。如"仁者人也、义者宜也"之类。

〔注意〕宾语、表语、补足语皆在述语范围之内。

（六）附加语　凡附加于主语、宾语、表语、补足语以限制之者，谓之附加语。

〔附言〕以上所述皆其他文法书所详道者，不待赘述，兹特从略。

五、格

语句之中,最主要者为名词,所谓言必有物者也。名词之位置谓之格,格有四种:

（一）主格　名词为叙述之主体者也。

（二）宾格　主格动作影响所及者也。

（三）副格　介词后之名词,谓之副格。

（四）领格　名词附加于其他名词,以示领有之者,谓之领格。领格又分三类:

1. 所有格　占有各种事物,谓之所有格,如:

农夫之妻　小儿之玩具　国民之责任　海滨之鱼

2. 范围格　大范围包括小范围,即小范围为大范围所管领也,如:

三分之二　圣之清者　岛之小者

3. 势力格　非能占有事物,但动作之所及,暂认为势力范围,如:

冀之北土,马之所生,无兴国焉。（《左传·昭四年》）

天之所覆,地之所载,日月所照,霜露所队,凡有血气者,莫不尊亲。（《礼记·中庸》）

六、句之种类

（一）从性质上区分

1. 叙述句　叙述事情者也,如:

晋武帝讲武于宣武场。（《世说新语·识鉴》）

2. 表明句　非叙述事情,但表明其是非者也,如:

故非我而当者,吾师也;是我而当者,吾友也。（《荀子·修身》）

人臣之于其君,非有骨肉之亲也。（《韩非子·备内》）

知子莫若父,知臣莫若君。（《管子·大匡》）

其胁于名分,相与影响,固不足深责。（邹浩《送田承君序》）

〔附言〕西文法以叙述句、表明句合为一类,中国文法有分别之必要,如"也、矣"二字用法之不同,即叙述与表明之异也。

3. 命令句

4. 疑问句

5. 感叹句　以上三种易明,不必解说。

(二)从构造上区分

1. 单句　如"孟子见梁惠王、齐人归女乐"之类。

2. 包孕句　凡以子句为句中之主格、宾格或副格者,谓之包孕句,如:

　　古人耻其君不为尧舜。(王羲之《与会稽王笺》)

　　余从鲁斋先生游,最故且久。(姚燧《送雷季正序》)

3. 等立句　子句并立,不分主从者也,如:

　　身轻于鸿毛,而谤重于泰山。

　　朕深念异国远僧,欲其安堵;且令于两都及太原信响处行教。(唐武宗《赐回鹘可汗书》)

4. 主从句　子句并立,而分主从者也。如:

　　苟义之所在,岂得让劳居逸?(晋元帝《遗贺循书》)

　　不以杀戮,威武弗行。(南唐主李昪《举用儒吏诏》)

5. 反照句　先以宾格或宾格之领格置于句前,更以代字复指之,谓之反照句,如:

　　高者,抑之;下者,举之;有余者,损之;不足者,补之。(《老子》)

　　老者安之;朋友信之;少者怀之。(《论语·公冶长》)

　　高明之家,鬼瞰其室。(扬雄《解嘲》)

　　天下之祸,不患其有可观之迹而发于近,而患其无可窥之形而发于迟。(何去非《西晋论》)

6. 纲目句　先立纲领,如命题然,后乃或述或论,谓之纲目句,如:

大：有天下，小：有一国，必自为之然后可，则劳苦耗顿莫甚焉。(《荀子·王霸》)

贵：为天子；富：有天下；而身为禽者，其救败非也。(贾谊《过秦论》)

然而，公，不见信于人，私，不见助于友。(韩愈《进学解》)

夫论天下：论其胜败之形，……不若穷其所由胜败之处。(苏辙《唐论》)

伯夷，非其君不事，非其友不友。(《孟子·公孙丑上》)

大儒之效：武王崩，成王幼，周公屏成王而及武王以属天下。(《荀子·儒效》)

第二章　词之分类

词类总说——词类者，审词之性质，别其部居之谓也。《马氏文通》分为九品，实则可约为五类，即：称谓词、动作词、限制词、关系词、语气词。

五类之中，更细析之，则如下表：

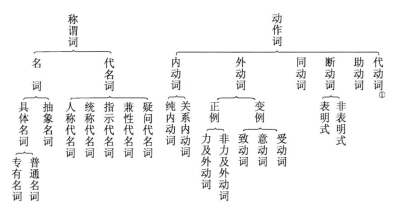

---

① 编者注："代动词"山西本无，从文集本补。

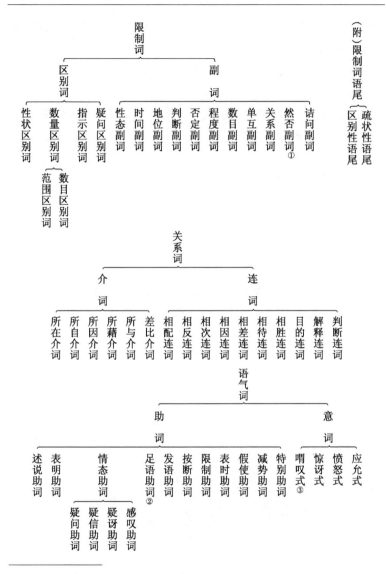

---

① 编者注:"然否副词"山西本无,从文集本补。

② 编者注:"足语助词"山西本作"足言助词",从文集本改。

③ 编者注:"喟叹式"山西本作"叹喟式",从文集本改。

一、称谓词

称谓词者，表事物之称谓者也。大别为二，即：名词、代名词。

（一）名词

名词者，识别一切事物之名称者也。又分二类，即：

1. 具体名词　所以称谓有形之物者也。复分为二：

（1）专有名词　名为一物所专有者也，如：

尧　舜　周公　孔丘　孙中山

泰山　黄河　盐铁论　太平洋会议

（2）普通名词　名非一物所专有者也，如：

马　牛　杯　盘　葫芦　牡丹

2. 抽象名词　所以称谓事情者也，如：

事　状　情　志　名　号　禄

福　道　德　品　格　礼　政

〔附言〕严格言之，抽象名词不若具体名词之多。凡本质为动作词、限制词者，皆不可谓之抽象名词。如"和、乐、病、辱、喜、悲"之类，必赖他字之影响而后变为名词，要不能视为抽象名词之正例也。参阅第五章。

（二）代名词

代名词者，与名词相代为用者也，别为五类：

1. 人称代名词　所以代人之名称者也，如：

人之有技，若己有之；人之彦圣，其心好之。（《书·秦誓》）

子曰："弗如也。吾与女弗如也。"（《论语·公冶长》）

2. 统称代名词　人与事物之名称，皆可以此代之者也。此类常用者仅有"彼、此、其、之、者"五字，如：

圣人为腹不为目，故去彼取此。（《老子》）

今城中多老树,苟其下无水,树安得活?（纪昀《记新疆边防》）

虎在此,乡党邻里幸与我共杀之!（苏伯衡《杀虎记》）

目中见美竹多矣,亡逾此者。（姚希孟《包山寺志》）

3. 指示代名词　所以代事物之名称者也,如：

不教人战,是谓弃之。（杜牧《上周相公书》）

礼之用,和为贵;先王之道,斯为美。（《论语·学而》）

帝念哉! 念兹在兹;释兹在兹;名言兹在兹;允出兹在兹。惟帝念功!（《尚书·大禹谟》）

4. 兼性代名词　代名词之兼有他种词性者也。分三种：

（1）兼介词性者　此类仅有"诸"字,即等于代名词"之"字下加介词"于"字：

子张书诸绅。（《论语·卫灵公》）

置诸畚,使妇人载以过朝。（《左传·宣二年》）

（2）兼助词性者　又分二种：

（甲）兼足语助词者　其所兼之助词性,但有补足语气之用者也,此类仅有"焉"字,如：

众恶之,必察焉;众好之,必察焉。（《论语·卫灵公》）

〔说明〕"察焉"犹言"察之",但兼有煞句语气耳。

（乙）兼疑问助词者　此类仅有"诸"字,等于代名词"之"字下加助词"乎"字：

求善贾而沽诸?（《论语·子罕》）

《书》云:高宗三年不言,言乃讙。有诸?（《礼记·檀弓下》）

敢不诺而铭诸?（韩愈《李公墓志铭》）

（3）兼介词助词二性者　此类亦以"焉"字为之,如：

制,岩邑也,虢叔死焉。佗邑唯命。（《左传·隐元年》）

纣之不善不如是之甚也,是以君子恶居下流,天下之恶皆归焉。(《论语·子张》)

〔附言〕文法家但以此类"焉"字解为"于彼、于此",实则尚有收煞之语气,故有时不能与"于是"二字互易,见第四章。

5. 疑问代名词　以代未知之名而示疑问者也,如:

孰能有余以奉天下? 唯有道者。(《老子》)

何以知之? 以其处家者知之。(《墨子·天志》)

作亭者谁? 山之僧曰智仙也。(欧阳修《醉翁亭记》)

二、动作词

动作词者,词以表示动作者也。其类有五,即:内动词、外动词、同动词、断动词、助动词。

(一)内动词

动作之不及物者也。有二种:

1. 纯内动词　动作之不涉及他物者也,如:

蟹有爪兮不能驰;鱼有翅兮不能飞。(陈起《书南言》)

诗之兴也,谅不于上皇之世。(郑玄《诗谱序》)

2. 关系内动词　动作之涉及他物者也,如:

仲尼适楚,出于林中。(《庄子·达生》)

孟子去齐,居休。(《孟子·公孙丑下》)

(二)外动词

动作之及物者也。有正例变例之分,正例者,语意径直者也;变例者,语意委曲者也。

1. 正例　分为二种:

(1)力及外动词　动作之势力及于他物者也,如:

越巫自诡善驱鬼物。(方孝孺《越巫》)

此为逾人之墙垣,格人之子女者。(《墨子·天志》)

(2)非力及外动词　动作之势力不及于他物,仅其事涉及他

物者也,如:

　　叔虞喜,以告周公。(《吕氏春秋·审应览·重言》)

　　君亦悔祸之延,而欲徼福于先君献、穆。(《左传·成十三年》)

　　予尝闻周穆王八骏之说,乃今获览厥图。(李观《周穆王八骏图序》)

　　〔附言一〕在中国文法,非力及外动词与关系内动词,直可不必区别;今以一般人习惯,聊分为二。

　　〔附言二〕力及、非力及之分,在中国最为重要。力及外动词必须紧接宾格,非力及者则不必紧接,详见第四章。

　　2. 变例　分为三种:

　　(1)致动词　以一词表示使人为某种动作之意者曰致动词,如:

　　天之亡人国,其祸败必出于智所不及。(苏轼《志林》)

　　太史公读秦记至犬戎败幽王。(《史记·六国表序》)

　　铿锵发金石,幽眇感鬼神。(韩愈《荆潭唱和诗序》)

　　小子鸣鼓而攻之可也。(《论语·先进》)

　　〔说明〕"亡人国"者,使人国亡也;"败幽王"者,使幽王败也;"感鬼神"者,使鬼神感也;"鸣鼓"者,使鼓鸣也。故谓之致动。

　　(2)意动词　以一词表示断定事物之性质为何者,曰意动词,如:

　　元冀好读古书,甚贤鬼谷子。(柳宗元《辩鬼谷子》)

　　自谓庶几义为利矣;然而应科举者多迁之。(章学诚《周书昌别传》)

　　秦王足己而不问,遂过而不变。(贾谊《过秦论》)

　　时充国年七十余,上老之。(《汉书·赵充国传》)

　　〔说明〕"贤鬼谷子"者,断定鬼谷子为贤也;"迁之"者,断定周书昌为迁也;"足己"者,以一己为已足也;"老之"者,以充国为老也。故谓之意动。

（3）受动词　其动作施及主格者也，如：

百姓之不见保，为不用恩焉。（《孟子·梁惠王上》）

劳心者治人，劳力者治于人。（《孟子·滕文公上》）

汤尚如此，虽复破绝筋骨，暴露形骸，犹复制于唇舌，为嫉妒之臣所系虏耳。（《汉书·陈汤传》）

〔注意〕致动、意动、受动，皆无固有之字，须待上下文之影响而成，详见第五章。

（三）同动词

无动作表现于外，但示事物之所属者也。此类仅有"有、无"二字，如：

庖有肥肉，厩有肥马，民有饥色，野有饿莩，是率兽而食人也。（《孟子·梁惠王上》）

齐侯曰："室如县罄，野无青草，何恃而不恐？"（《左传·僖二十六年》）

〔附言〕若以英文比附言之，"民有饥色"之"有"，……，"野有饿莩"之"有"，皆为断动词；然最不合中国习惯。观"庖有肥肉"四语，显然一例；且中国文法，无生之物，亦得领有他物，试易"有"字为"之"字，"庖之肉、厩之马、民之饥色、野之饿莩"，皆可通也，故知应同归一类也。参阅第四章名词之用法。

（四）断动词

无动作表现于外，但有断定之意者也。分为二种：

1. 表明式　表明事物之是非同异者也，如：

画有李范许郭诸人高品，就中薛稷六鹤，最为超绝。（元好问《故物谱》引）

文中子，……非诸子流也。（赵秉文《中说类解》引）

摄齐升堂，鞠躬如也，屏气似不息者。（《论语·乡党》）

天时不如地利，地利不如人和。（《孟子·公孙丑下》）

2. 非表明式　非表明是非同异,但断定事物之有无者也,如:

今有璞玉于此,……必使玉人雕琢之。(《孟子·梁惠王下》)

有朋自远方来,不亦乐乎? (《论语·学而》)

有为神农之言者许行,自楚之滕。(《孟子·滕文公上》)

水银泻地,无孔不入。(苏轼文)

〔注意〕非表明式断动词与同动词之异,在一有主语,一无主语。

〔附言〕表明式、非表明式,在英文无别,中国文显然以"有、无"二字与"是、非"等字为二类,不容混而为一也。《马氏文通》以此归入同动词,以"有"字后之名词为止词,微嫌混同,尚无大弊。今人或以"有"字后之名词为主语,"有"字为其述语,则拘于外国文法,不顾中国文之特性矣。

(五)助动词

词置于主要动词之前,以助其势者,曰助动词。其类有四:

1. 能力的　以示能力及于此动作者也,如:

不明察不能烛私……不劲直不能矫奸。(《韩非子·孤愤》)

音之数不过五,而五音之变不可胜听也。(《淮南子·原道》)

陛下哀愍海内新离祸毒,保宥生人,使得苏息。(朱浮《日食疏》)

其心曰"是何足与言仁义也"云尔。(《孟子·公孙丑下》)

2. 意志的　以示意志在于此动作者也,如:

又欲以其辱行漫我,我羞之①。(《吕氏春秋·离俗览》)

臣不敢望到酒泉郡,但愿生入玉门关。(班超《请还朝疏》)

明之所著书未就,客欲索其书上之朝,明之遂不肯出。(刘

---

① 编者注:"我羞之"后山西本尚有"而自投于苍领之渊"八字,从文集本删。

跋《田明之行状》）

3. 命令的　以示命令希望或责任者也，如：

若书中言退之不宜一日在馆下。（柳宗元《与韩愈论史官书》）

万世帝王之计，当先定所向。（苏洵《审势》）

适有事务，须自经营。（应璩《与满炳书》）

4. 受动的　以示动作为主格所受者也，如：

厚者为戮，薄者见疑；则非知之难也，处知则难也。（《韩非子·说难》）

其顽钝椎鲁，足以为笑于天下。（苏辙《三国论》）

若反言汉已破矣，齐趣下三国，不，且见屠。（《史记·齐悼惠王世家》）

错卒以被戮。（《史记·酷吏列传》）

或被分割队伍。（韩愈《论淮西事宜状》）

及吕公复相，公亦再起被用。（欧阳修《范公神道碑》）

〔注意〕助动词与副词之别，在有无限制性。有限制性以缩小动作之范围者，曰副词；否则为助动词。如言"我为此事"，"已为、方为、将为"，皆包括在内，范围较大；若言"我将为此事"，则"已为、方为"，皆在范围外矣。故"已、方、将"等字应认为副词。又如言"某人来"，来之可能性至若何程度，未可知也；若言"某人必来、某人或来"，则可能程度可以见矣。此皆不必谓之助动词。"必、或"二字，就字源言之，尤不宜归入助动。

〔附言〕或谓"为、被"等字为介词，非也。试观"厚者为戮，薄者见疑"二句，"为、见"互举，皆非介词可知。又韩愈《王君墓志铭》云"遭谗而贬"，又云"被谗而出"，则"被"字实有"遭"字之意。盖"被、为、见"三字皆由外动变为助动，断不能谓之介词也。

（六）代动词

某种动作，见于上文，以词代之，谓之代动词。

1. 肯定性的

　　吾何以知其然哉？以此。(《老子》)

　　勿尔！堕矣。(《聊斋·婴宁》)

　　未能免俗,聊复尔尔。(《世说新语·任诞》)

　　公曰:"杀人者,汝也。"因不知所以然。(《言行龟鉴·民政门》)

2. 否定性的

　　又不知当时二疏之去,有是事否。(韩愈《送杨少尹序》)

　　予所否者,天厌之！天厌之！(《论语·雍也》)

　　〔附言〕"然、否"二字,文法家皆以为副词,余细思之,实未尽当。按中国文法,"其"字后必有名词或动词,"勿"字、"复"字后必为动词。若以"然"字为副词,则"其然、勿尔、聊复尔尔"皆不合文法矣。又"所"字后必有动词,若以"然、否"为副词,则"予所否者"及"不知所以然"等语亦不合文法矣。且"然、否"二字,分明代表动作,何以不能谓之动词？既有代名词,不妨更立代动词之目,虽似好奇,实不得已也。

　　三、限制词

　　限制词者,词以限制名称或动作,使其意义变狭者也。如言"人",则凡圆颅方趾者皆在人之范围;若言"贤人",则非贤者在范围外矣。又如言"飞",则凡奋翮上举,皆可以是称之也;若言"高飞",则凡飞而不高者皆在范围外矣。故曰意义变狭也。限制词之上,复可加限制之词,如言"颇贤之人"则意义尤狭矣。限制词之类有二,即:区别词、副词(疏状词)①。

　　(一)区别词

　　词以区别事物之德性或种类者也。其类有四,即:性状区别词、数量区别词、指示区别词、疑问区别词。

---

　　① 编者注:此处山西本作"区别词 疏状词",从文集本改。

1. **性状区别词**　区别事物之性状者也,如:

张道士,嵩高之隐者,通古今学,有文武长材。(韩愈《送张道士序》)

汉王所以具知天下厄塞,户口多少,强弱之处。(《史记·萧相国世家》)

2. **数量区别词**　区别事物之数量者也。其类有二:

(1)范围区别词　示事物之范围者也。又可细分五类:

(甲)全指的　如:

人皆可以为尧舜,有诸?(《孟子·告子下》)

而神林鬼冢魑魅之穴,与夫仙人释子恢谲之观,咸付托焉。(王安石《灵谷诗序》)

一物以上,悉送行营,充给所召募人。(韩愈《论淮西事宜状》)

(乙)偏指的

尽问诸生。诸生或言反,或言盗。(《史记·叔孙通列传》)

今之少年,或能讥弹先生。(梁启超《南海先生七十寿言》)

(丙)逐指的

子入太庙,每事问。(《论语·八佾》)

今若分为四道,每道各置三万人。(韩愈《论淮西事宜状》)

〔注意〕"每、各"二字之别,见第四章。

(丁)指大部分的

道路观者,多叹息泣下,共言其贤。(韩愈《送杨少尹序》)

至于高祖光有四海,叔孙通颇有所增益减损,大抵皆袭秦故。(《史记·礼书》)

(戊)指小部分的

以欲从人,则可;以人从欲,鲜济。(《左传·僖二十年》)

夫君有天下而不得万姓之欢心者,鲜不危殆。(《三国志·魏志·明帝纪》)

〔注意〕范围区别词常置于其所区别之名词之后,甚或远隔或略去其名词。详见第四章。

〔附言〕《马氏文通》以此类为代字,不合中国之语法;甚至以"诸侯多谋伐寡人者""多"字为正次,"诸侯"为偏次,殊可骇怪。近人或以为副词,较为近理。然设以下列语句相比较:

四方士多上书言得失。(《汉书·东方朔传》)

名公器也,不可多取。(《庄子·天运》)

今之少年,或能讥弹先生。(梁启超《南海先生七十寿言》)

先生其亦或可稍纾悲悯。(同上)

"多上书"之"多"与"多取"之"多",皆为数量,而词性大异。一则限制主格之范围,一则限制动作之分量。"或能讥弹"与"或可稍纾悲悯"两"或"字词性亦异,一则以示所谓"今之少年",非全体的,乃部分的;一则以示"稍纾悲悯"之可能为带或然性。故前者应认为区别词,而后者为疏状词。苟皆谓之疏状,未免淆混矣。

(2)数目区别词 有四种:

(甲)带别称者 称事物之数量时,有字以示数之单位,谓之别称,如"酒几斤、布几丈"之类。别称独立不成词,应认为数量区别词之附带字,不必认为两词,如:

陈夏千亩漆,齐鲁千亩桑麻。(《史记·货殖列传》)

牛大小十一头,橐驼三头。(韩愈《画记》)

黄金二百五十两,白金一千五百两,钞一万贯。(虞集《句容郡王世绩碑》)

〔说明〕谓别称独立不能成词者,独立则词性变也。如言"酒一杯","杯"字为数量之单位;若但言"杯"字,则变为有实质之物,非原意矣。至于"丈、步、仞、寸、分、石、里、斤、两、个"之类,尤不能独立,独立则意义大变。故知别称非词也,但为附带字耳。

〔附言〕英文对于别称,认为名词;然其别称在句中之位置,殊与中国文法大相径庭。如言"饮一杯之酒",反云"饮酒之一杯",以"杯"为正次,以"酒"为偏次,以中国语法直译之,则其所饮者杯也,非饮酒也。文法家谓即以杯象征此酒,未能自圆其说。中国文法既无此病,吾人不宜更效他国文法家之说,当自择最简便之解释。余谓序数之"第"字,与别称之"斤、石、丈、仞"等字,其字原本皆名词;"第三、第四"云者,次第在三、四之数也,然若认"第"字为名词,则析句殊感困难;同理,"斤、石、丈、仞"本为度量衡之名称,自可认为名词,然就全句观之,名词必须有格,今别称既非主格、领格,又非宾格、副格,则将何以名之? 曷若以为区别词附带字之为愈耶?

(乙)带"第"字者　序数之前,往往带一"第"字,亦宜认为附带字,不必认两词,如:

昌言及第第四人。(苏洵《送石昌言使北引》)

君课第六,裁自脱,何暇欲为左右言?(《汉书·萧望之传》)

〔附言〕中国文法,序数、基数无明显之界限,如言"三月不读书",解为"不读书已三月"或"春三月不读书"皆可。故不别立一类也。"第"字用于序数,在汉代以后。

(丙)带"余"字者　数目之后加"余"字或"有余"二字者,亦认为附字词,如:

诸侯军救巨鹿下者十余壁。(《史记·项羽本纪》)

地之相去也,千有余里;世之相后也,千有余岁。(《孟子·离娄下》)

〔注意〕"二十八、三十一"等词,谓之合字词,此则谓之附字词;因"余"字本为动词,非数字也。

(丁)无附带字者　但标数目,无附带之字者也,如:

公为大理寺丞,决诸道滞狱万七千人,天下服其平。(范仲淹《唐狄梁公碑》)

十岁能为诗赋,十二三时,群居庠序中,如老成人。(程颐《程伯淳行状》)

〔注意〕"十二、十三、万七千"皆合字词。

3. 指示区别词　词加于名词,以指彼此之别者也,如:

此心之所以合于王者,何也?(《孟子·梁惠王上》)

焉用彼相矣。(《论语·季氏》)

伯夷,非其君不事,非其友不友。(《孟子·公孙丑上》)

食夫稻,衣夫锦,于女安乎?(《论语·阳货》)

〔注意〕"其"字既为领格代名词,何以又谓之指示区别词? 理由详第四章。

4. 疑问区别词　区别词之有疑问性者也,如:

是诚何心哉?(《孟子·梁惠王上》)

不知杨侯去时,城门外送者几人,车几两,马几匹。(韩愈《送杨少尹序》)

〔注意〕古文中"几"字仅用于疑问,与"数"字不用于疑问者适相反,不可通用。

(二)副词

词以限制动作词或区别词者也。分十一种,即:性态副词、时间副词、地位副词、判断副词、否定副词、程度副词、数目副词、单互副词、关系副词、然否副词、诘问副词。

1. 性态副词　表示动作或区别之性态者也,如:

天油然作云,沛然下雨,则苗浡然兴之矣。(《孟子·梁惠王上》)

怀抱利器,郁郁适兹土。(韩愈《送董邵南序》)

2. 时间副词　表示动作之时间者也,如:

良业为取履,因长跪履之。(《史记·留侯世家》)

往者,天子方有意于治。(苏洵《上欧阳内翰书》)

俎豆之事,则尝闻之矣。(《论语·卫灵公》)

君将不堪①。(《左传·隐元年》)

公闻之,问于申繻曰:"犹有妖乎?"(《左传·庄十四年》)

〔说明〕"犹"字以示现在之事如是,将来不如是也;"尝"字示过去之事如是,现在、将来皆不必如是也。

3. 地位副词　表示动作之地位者也,如:

先进于礼乐,野人也;后进于礼乐,君子也。(《论语·先进》)

东败于齐,长子死焉;西丧地于秦七百里;南辱于楚。(《孟子·梁惠王上》)

〔注意〕此类无固有之字,乃受上下文影响而成,见第五章。

4. 判断副词　断定其事之可能性或真实性者也,如:

是故无贤者也。有,则髡必识之。(《孟子·告子下》)

滕君,则诚贤君也;虽然,未闻道也。(《孟子·滕文公上》)

殆不可伐也。(《礼记·檀弓下》)

迁于夏商,或数千岁。(《史记·高祖功臣侯者年表》)

盖有之矣;我未之见也。(《论语·里仁》)

先生其亦或可稍纾悲悯。(梁启超《南海先生七十寿言》)

天其或者欲使卫讨邢乎?(《左传·僖十九年》)

5. 否定副词　否定事情者也。分二种:

(1)对于动作区别皆能否定之者　常用但有"不"字,如:

上德不德,言其神不淫于外也。神不淫于外则身全。(《韩

---

① 编者注:此句山西本作"遂恶之,君将不堪,不如早为之所",从文集本改。

非子·解老》)

两战而败,公之不幸也。(刘三吾《晋卞忠贞公庙碑》)

（2）仅能否定动作者　常用但有"弗、未"二字,如:

为之于未有,治之于未乱。(《老子》)

郑人劝我,弗敢从也;楚人求成,弗能好也。(《左传·宣十二年》)

智之实,知斯二者弗去是也。(《孟子·离娄上》)

〔注意〕"未"字与"已"字对称,谓已往之事不如是也,等于时间副词与否定副词之结合。然有时竟失去时间性,如言"未尝",犹云"不曾"也,"未"字等于"不"字矣。又如下列二例:

死,然后知之,未为晚也。(刘向《说苑》)

用人之难难矣,未若听言之难也。(欧阳修《为君难论》)

则纯然否定之意矣。故知"未"字否定意重,时间性犹其次也。是以列于此类;实则当另列为一类,谓之时间否定兼词。

〔附言一〕《论语》"未尽善也"之"未",似能否定区别词,实则其语意谓未为尽善。"未"字限制断动词"为"字,非限制区别词"善"字也。下有"也"字,则断动词例须略去,见第四章。

〔附言二〕《马氏文通》曰:"正义云'弗者,不之深也'。与不字无异,惟较不字辞气更遽耳。"今按"弗"之与"不",一则仅能限制动词,一则并能限制区别词,安能无异？至云"辞气更遽",亦非确论。《孟子》:"食而弗爱,豕交之也;爱而不敬,兽畜之也。""弗、不"互文,将何以别其辞气耶？

6. 程度副词　以示动作区别之程度者也,如:

颇聪明识道理。(韩愈《与孟尚书书》)

有甚忧两陷而无所逃。(《庄子·外物》)

7. 数目副词　以示动作之数目者也,如:

一不朝,则贬其爵;再不朝,则削其地;三不朝,则六师移之。

（《孟子·告子下》）

　　设未得其当，虽十易之不为病。（柳宗元《桐叶封弟辩》）

　　〔注意〕此类无固有之字，赖上下文影响而成，见第五章。

　　〔附言〕凡言"一次、二次"之类，应认为附字词，然此乃最近之文法，在古文上最为罕见，故不具论。

　　8. 单互副词　以示动作之单互关系者也，如：

　　山木自寇也，膏火自煎也。（《庄子·人间世》）

　　出入相友，守望相助，疾病相扶持，则百姓亲睦。（《孟子·滕文公上》）

　　群儿自相贵耳。（《汉书·霍光传》）

　　〔附言一〕单互副词又有"交、互、递"等字，然为动词变成，非本质也。"交"字之用，见于《孟子》；"互、递"二字，则为最近之文法。"互"字由交互之义变为"相"字之意，"递"字由传递之义变为轮流之意，大抵宋明后稍用之，今则盛行矣。

　　〔附言二〕"自相"二字连用者，对外则称"自"，对内则称"相"。如言中国人自相残杀，中国人杀其同国之人，谓之自；人相杀，谓之相，意甚易明。《马氏文通》乃谓"《霍光传》'群儿自相贵'者，各人自贵，又交相贵"。则误矣。群儿贵其同侪，故谓之"自"耳，安有所谓"各人自贵"者哉？

　　9. 关系副词　副词之关系及于他语者也，如：

　　虽累百世，垢弥甚耳。（司马迁《报任安书》）

　　蔓草犹不可除，况君之宠弟乎？（《左传·隐元年》）

　　文王有明德，故天复命武王也。（《〈诗·大雅·大明〉序》）

　　然郑亡，子亦有不利焉。（《左传·僖三十年》）

　　王王赵非楚意，特以计贺王。（《史记·陈余列传》）

　　长卿第俱如临邛，从昆弟假贷，犹足为生，何至自苦如此？（《史记·司马相如列传》）

　　〔说明〕"垢弥甚"者，曩已有垢也；"复命武王"者，曩已命文王也;"子亦有不利"者,郑亦有不利也;此关系于前者。"蔓草犹不可除",君之宠弟更不可除;此关系于后者。"特、第、但、仅、惟、独"等字,关系于前后或隐去其关系语均可。

〔注意一〕时间副词"犹"字与关系副词"犹"字之别,一则有时间性,一则无时间性。"尚"字同。"尚、犹"用于关系副词时,可以"且"字代之,用于时间副词则不可代以"且"字。

〔注意二〕"复、又、更"等字与数目副词之别,一则与上句有关系,一则无关系。譬如有二语如下:

　　将军可谓勇矣!再战再胜,遂定中原。

　　将军可谓勇矣!复战复胜,遂定中原。

　　将军可谓勇矣!又战又胜,遂定中原。

第一条合文法,第二、三条皆不合文法。何以故?"再战再胜"者,连战二次皆胜也,独立而意已完;"复战、又战",其上文必须更叙第一次战事,否则语意未完,即为不合文法。由此推之,言"再战皆捷",则可;言"复战皆捷",则不可。古文中"再、复"二字区别甚严,唐宋以后,偶有以"再"为"复"者,今人为口语所影响,多不知此二字之别矣。

10. 然否副词　某种动作,见于上文,以词代之,谓之然否副词。

11. 诘问副词　副词之表示诘问者也。其类有二:

(1)问故的　问动作之原因者也。常用者有"何、胡、奚、曷"等字,如:

　　夫子何哂由也?(《论语·先进》)

　　归去来兮,田园将芜,胡不归?(陶潜《归去来辞》)

〔注意〕第一条为真问,第二为假问,真假为意关系,非词关系也。

(2)反诘的　但有反诘之意,非欲问故者也,常用者有"岂、安、焉、乌、恶"等字,如:

民欲与之偕亡,虽有台池鸟兽,岂能独乐哉?(《孟子·梁惠王上》)

乌有城坏,其徒俱死,独蒙愧耻求活?(韩愈《张中丞传后叙》)

〔注意〕反诘副词与问故副词不可混用,问故副词用于假问时,与反诘相似;反诘副词则万万不可表示真问。如"夫子何哂由也"之"何",断不可改为"岂、安、乌、焉"等字也。"岂"字与"安、乌、焉、恶"又有微别,见第四章。

(附)限制词语尾

限制词语尾,置于限制词或限制语之后,以连属于其所限制之词者也。其类有二,即:区别性语尾、疏状性语尾。

(一)区别性语尾

语尾下连名词,上连区别词、区别语或领格名词者也。此类但有一"之"字。

1. 上连区别词者　如:

阁下负超卓之奇材,蓄雄刚之俊德。(韩愈《上于相公书》)

大小之势轻重之权。(《汉书·贾山传》)

〔注意〕中国文字讲究声调,往往以偶为佳,故语尾之上,罕用一字者;语尾之后,则不拘论。

2. 上连区别语者　所谓区别语,或长至十余字,或短至二字,凡以限制名词之德性或种类者,均可以语尾连之,如:

自古受命帝王,及继体守文之君,非独内德茂也,盖亦有外戚助之焉。(《汉书·外戚传》)

则有记过之史,彻膳之宰,进善之旌。(《汉书·贾谊传》)

3. 上连领格者　如:

子服尧之服,诵尧之言,行尧之行,是尧而已矣。(《孟子·告子下》)

蔡泽,山东之匹夫也。(扬雄《解嘲》)

〔注意〕领格为变相"之"区别词,盖凡限制名词者,皆区别词也。故此类仍可谓之区别性语尾。

〔附言〕领格后"之"字语气,实与英文语尾's为近;若以of比之,颇嫌不伦。英文介词,一律置于副格之前,故谓之前置词;今中国若以"之"字与"于、以"等前置词为类,未便陈说。而于上连区别词或区别语者,又无以明之;马眉叔、章行严皆谓区别词变抽象名词,殊为牵强;今人或知以此为语尾,而于领格后者仍存介词之说,是自相鉏铻也。余谓同是位于区别性之词语之后,何妨一律以语尾称之。

(二)疏状性语尾

语尾下连动词或动词短语,上连副词或疏状短语者也。此类有"而、以"二字。

1. 上连副词者　如:

欲常常而见之,故源源而来。(《孟子·万章上》)

其所以放其良心者,亦犹斧斤之于木也。旦旦而伐之,可以为美乎?(《孟子·告子上》)

兢兢而自完,犹且不给;而何足以制中原哉。(苏洵《权书》)

宪官法吏,目击其事,亦恬而不问。(苏洵《衡论》)

始舍之,圉圉焉,少则洋洋焉,攸然而逝。(《孟子·万章上》)

使我欣欣而乐与! 乐未毕也,哀又继之。(《庄子·知北游》)

往往而聚者,百有余戎。(《史记·匈奴列传》)

我拂然而怒;而适先生之所,则废然而返。(《庄子·德充符》)

步自西门,以求其墟,伐竹披奥,欹仄以入。(柳宗元《永州

万石亭记》）

　　以多疾之体，有不平之心，居异宜之俗，其能郁郁以久乎！（欧阳修《送杨寘序》）

　　〔说明〕"郁郁以久"之"久"字已变动词性。

　　2. 上连疏状短语者　如：

　　不数载而天下大坏，其有由矣。（柳宗元《封建论》）

　　于此之时，虽有佛无由而入；……后二百余年而佛至乎中国。（欧阳修《本论上》）

　　至此冬十二月才二十四月，非二十五月，是未满三年而图婚也。（张柬之《驳行三年之服议》）

　　正之之兄官于温，奉其亲以行。（王安石《送孙正之序》）

　　振长策而御宇内。（贾谊《过秦论》）

　　早夜以思，去其不如周公者，就其如周公者。（韩愈《原毁》）

　　昼而作夕而休者凡人也。（李翱《复性书》）

　　童而习之，白首而不得其源。（苏洵《易论》）

　　〔说明〕"早夜、昼、夕"谓当早夜、昼、夕之时；"童"与"白首"，亦谓当童之时、白首之时，故归之短语；然但谓之副词亦可。

　　〔附言〕此类"而、以"二字，何以不可谓之介词、连词？盖介词所介，限于名词，而不能介动词也；连词必须连二子句，不得连一词于其他子句也，例如：

　　成王以桐叶与小弱弟戏。曰：以封汝。（柳宗元《桐叶封弟辩》）

　　吏不奉法，辄以举劾。（苏洵《衡论》）

　　正之之兄官于温，奉其亲以行。（王安石《送孙正之序》）

前二条之"以"字为介词，后一条之"以"字为语尾。前二条为略去副格，后一条非略去副格也。故前二条可补出副格，云"以此封汝、以此举劾"；后一条则不可云"奉其亲以此行"。故知其词性有异也。又如：

> 圣贤以此镂金版而镌盘盂，书玉牒而刻钟鼎。（刘峻《广绝交论》）

> 虽有佛无由而入。（欧阳修《本论上》）

> 天下之人促促然而争，循循然而佞，浑浑然而偷。（《史记·日者列传》）

前一条"而"字为连词，后二条"而"字为语尾。何以知之？连词"而"字所连，必为二子句，各有主语、述语，虽常略下子句之主语，然可补出也。语尾"而"字，非连二子句，故下子句之主语不可补出。如下例：

> 圣人以此镂金版；圣人以此镌盘盂；圣人以此书玉牒；圣人以此刻钟鼎。

语虽重复可厌，而合文法。若云：

> 虽有佛无由，虽有佛入。

> 天下之人促促然，天下之人争，天下之人循循然，天下之人佞，天下之人浑浑然，天下之人偷。

则荒谬绝伦矣。故知二者之词性有异也，又如：

> 辽太祖阿保机乘时而起。（修端《辨辽金宋正统》）

> 我朝治教休明，淹通宏博之士，相继而起。（刘开《学论》）

及"顺道而行、背道而驰"之类，"而"字皆宜视为语尾。"顺、背"等字，虽可以英文之介词比附之，余意视为动词较当；即认为介词，"而"字亦不能不谓之语尾也，至于：

> 趋而避之，不得与之言。（《论语·微子》）

> 仰而思之夜以继日。（《孟子·离娄下》）

趋避无后先之序；仰虽先于思，而思时尚是仰时。谓之连词或语尾均可，而以语尾为便于解说也。"登高而呼、弃甲曳兵而走"之类，"而"字尤有两可之词性，宜观其上下文语气而定其词类可也。要之，语尾之"而、以"，似为连词、介词渐变而成，然变至于性质大异之时,断不能仍归同类。如副词"复"字本由反复之义变来,连词"况"字本由比况之义变来,能谓"复、况"仅能为动词乎?

四、关系词

关系词者,词以表动作与事物之关系,或此动作与他动作之关系者也。其类有二,即:介词、连词。

（一）介词

表动作与事物之关系者也。其类有六,即:所在介词、所自介词、所因介词、所藉介词①、所与介词、差比介词。

〔附言〕此定义与西洋文法有异。西洋文法,介词可表两事物之关系,即以介词附带副格而限制名词,中国则无此例,"之"字既谓之语尾,则更无表两事物之关系者矣。

1. 所在介词 表动作之所在者也,如:

纣蹈于京;厉流于彘;鲁哀奔吴;项羽屠裂。（徐铉《君臣论》）

汉魏以来,有宅经,有葬经,皆出于堪舆形法家之言。（全祖望《宅经葬经先后论》）

2. 所自介词 表动作之所自者也。分二种:

（1）介动作所从来之处所 如:

虎圈啬夫,从旁代尉对上所问禽兽簿,甚悉。（《史记·张释之列传》）

自其异者视之,肝胆楚越也;自其同者视之,万物皆一也。（《庄子·德充符》）

〔注意〕介词与动词分别之标准,须视其词能否表示动作而定。试观下列二语:

啬夫从旁

啬夫代尉

---

① 编者注:"所藉介词"山西本作"所用介词",从文集本改。

第一句无可解，则知"从"字为纯粹之介词；第二句可解为"啬夫为尉之代表"，则"代"字非介词也。为析句便利起见，谓之准介词亦可。

〔附言〕以西文比附之，则"代"字可称介词，窃谓中西有不可强同之处，故定动介分别之标准如下，余可类推。

（2）介主动者　如：

弥子瑕见爱于卫君。（《史记·韩非列传》）

善战者致人而不致于人。（《孙子·虚实》）

3. 所因介词　介词以表动作之所因者也，如：

玉斗一双，欲与亚父；会其怒，不敢献。公为我献之！（《史记·项羽本纪》）

乃欲以一笑之故杀吾美人。（《史记·平原君列传》）

4. 所藉介词　以示动作之所凭藉者也，如：

君曰："是固尝矫驾吾车，又尝啖我以余桃。"（《韩非子·说难》）

以之修身，则同道而相益；以之事国，则同心而共济。（欧阳修《朋党论》）

5. 所与介词　主格之动作，与副格之动作同时，或交互，以词置于副格之前，谓之所与介词。

诸君子皆与驩言，孟子独不与驩言，是简驩也。（《孟子·离娄下》）

上官大夫与之同列，争宠，而心害其能。（《史记·屈原列传》）

6. 差比介词　以示相差之比较者也，如：

老臣窃以为媪之爱燕后，贤于长安君。（《战国策·赵策》）

与人善言，暖于布帛；伤人之言，深于矛戟。（《荀子·荣辱》）

〔附言〕差比介词，以比附于英文法，似连词；实则有大不同之处。英文性状区别词用于比较时,语尾往往发生变化,否则加程度副词于其上;中国无是也。晚近英语,习惯上亦认为介词矣。

（二）连词

表动作与动作之关系者也。其类有十:

1. 相配连词　表二事之相配者也,如:

蚤作而夜思;勤力而劳心。（柳宗元《送薛存义之任序》）

明者远见于未萌;而智者避危于无形。祸固多藏于隐微,而发于人之所忽者也。（《史记·司马相如列传》）

不为许远立传,又不载雷万春事首尾。（韩愈《张中丞传后叙》）

且汝梦为鸟而厉乎天,梦为鱼而没于渊。（《庄子·大宗师》）

惟我与尔有是夫!（《论语·述而》）

赂外嬖梁五与东关嬖五。（《左传·庄二十八年》）

夫达也者,质直而好义,察言而观色。（《论语·颜渊》）

古之君子,其责己也重以周;其待人也轻以约。（韩愈《原毁》）

〔说明〕“我与尔有是”者,我有是尔亦有是,此二动作相配,略去其一,以免重复。“赂外嬖梁五与东关嬖五”,亦谓赂外嬖梁五且赂东关嬖五也。“重以周、轻以约”,乃表词,断动词隐而不现,为古文之惯例。详译之则可云:“是很重的,而且是很周到的。”则知连词“以”字乃示两断动之关系者也。

〔注意一〕连词“与”字与介词“与”字大有区别,连词所连动作之主者有二,否则受者有二,介词所介动作之主者受者但有一,例如:

诸君子皆与驩言。

惟我与尔有是夫。

“我、尔”皆主格,故“与”乃连词;“驩”非主格,故“与”非连词也。

〔注意二〕"又"字在古文中仅用为连词,唐宋以后偶有用为副词者。其分别之标准,凡因甲事联及于乙事者,为连词;一事再为之者,为副词,即关系副词也,例如:

其言太任之娠文王也,目不视恶色,耳不听淫声,口不出敖言;又以谓古之人胎教者皆如此。(曾巩《列女传目录序》)

前度刘郎今又来。(刘禹锡《再游玄都观》)

第一条"又"字为连词,因言"太任之娠文王"而联及古人胎教;第二条"又"字为关系副词,谓复来也。

〔注意三〕相配连词之位置,各有不同,详第五章内。

2. 相反连词　表二动作之相反者也,如:

君子之道淡而不厌,简而文,温而理。(《礼记·中庸》)

周勃重厚少文;然安刘氏者必勃也。(《史记·高祖本纪》)

子晳信美矣,抑子南夫也。(《左传·昭元年》)

於期每念之,常痛于骨髓,顾计不知所出耳。(《史记·刺客列传》)

〔说明〕若详说之,当云:"周勃重厚少文,似不能安刘氏;其实能之。""吾每念痛于骨髓,欲出计;而不知所出。"

3. 相次连词　表二事之相次者也,如:

亲亲而仁民,仁民而爱物。(《孟子·尽心上》)

养其根而俟其实;加其膏而希其光。(韩愈《与李翊书》)

郑穆公使视客馆,则束载厉兵秣马矣。(《左传·僖三十三年》)

〔注意〕凡相次连词,必以事之先发者置前,后发者置后。如上例"束载厉兵秣马"之事虽在前,而自郑穆公方面发觉此事,则在"使视客馆"之后。故先后之序,仍未倒置也。

4. 相因连词　表二事之因果关系者也。分二种:

(1)由因论果者　着意在因,论果所以表因也,如:

仁则荣,不仁则辱。(《孟子·公孙丑上》)

随事时宜而字养之,则婴儿皆自便适而康壮矣。(范纯仁《奏陈青苗等法疏》)

尊五美,屏四恶,斯可以从政矣。(《论语·尧曰》)

(2)由果论因者　着意在果,论因所以表果也,如:

有人之形,故群于人;无人之情,故是非不得于身。(《庄子·德充符》)

桓公尝有继绝存亡之功,故君子为之讳也。(《公羊传·僖十七年》)

5. 相差连词　表二事程度之相差者也。分二种:

(1)客观的　纯然客观的比较者也,如:

夫千乘之王,万家之侯,百室之君,尚犹患贫;而况匹夫编户之民乎?(《汉书·食货志》)

夫以子之不遇时,苟慕义强仁者,皆爱惜焉,矧燕赵之士,出乎其性者哉?(韩愈《送董邵南序》)

〔说明〕"况"字但示比较之意,未有高下之意也。但吾人一观而知下句重于上句,则因语意之关系。"千乘之王"自不如匹夫之贫,非慕义强仁者,自胜于慕义强仁者,故曰此意关系非词关系。"况"字之词性,仅示比较而已矣。

(2)主观的　以意志决定事之优劣者也,如:

与其杀不辜,宁失不经。(《书·大禹谟》)

与吾得革车千乘,不如闻行人烛过之一言也。(《韩非子·难二》)

〔说明〕"与"字亦但示比较意,"宁"字为意志助动词,意志在此,则此优于彼可知矣。次条直云"不如",尤为明显。

6. 相待连词　甲事之实现与否,须视乙事之实现与否而定,此二事,以词连之,谓之相待连词,如:

君若去之以为成,我以郑为内臣,君亦无所不利焉。(《左传·僖七年》)

使天下之人,皆仁义之人耶,则吾捐国而与之,有不受者矣。（张耒《敦俗论》）

借使秦王论上世之事并殷周之迹,以制御其政;后虽有淫骄之主,犹未有倾危之患也。（贾谊《过秦论》）

7. 相胜连词　甲事之实现,似有碍乙事之实现;然乙事终能实现,似战胜其障碍者,此二事,以词连之,谓之相胜连词。其类有二:

（1）对于事实的障碍或假定的障碍均可用者　此类但有一"虽"字,如:

虽君有命,寡人弗敢与闻。（《左传·隐十一年》）

越职触罪,危言世患,虽伏质横分,臣之愿也。（《汉书·梅福传》）

〔说明〕第一条"君有命"为事实,第二条"伏质横分"为假定。

（2）仅用于假定者　此类但有一"纵"字,近世有用"即"字者,如:

纵江东父兄怜而王我,我何面目见之?（《史记·项羽本纪》）

纵上不杀我,我不愧于心乎?（同上,《张耳陈余列传》）

善即无赏,亦不可不为善。（近人常语）

8. 目的连词　为甲事之目的,在使乙事之实现,此二事,以词连之,谓之目的连词。此类但有一"以"字,如:

晋人以垂棘之璧,与屈产之乘,假道于虞以伐虢。（《孟子·万章上》）

夫卜者多言夸严以得人情,虚高人禄命以悦人志,擅言祸灾以伤人心,矫言鬼神以尽人财,厚求拜谢以私于己。此吾之所耻。（《史记·日者列传》）

〔注意〕目的连词"以"字,与疏状性语尾"以"字之别,一则着意在上子句,一则着意在下子句,例如:

秉烛以读书,声琅琅震屋瓦。

读书以求其志。

第一条与第二条皆着意在读书,而前者读书一事在下子句,故知"以"字为语尾;后者在下子句,故知"以"字为目的连词也。然二者终是同源,今取便陈说,故分为二耳。

〔附言〕目的连词,以英文之 to 字当之,似甚适当;何以不谓之介词? 此有三因:

其一,英文 to 字有向往之意,凡动作所向之目的地,皆可介以 to 字;中国文"以"字则否,如言"往以上海",则不合文法矣。此不能相提并论者一。

其二,英文 to 字之后,必为附带语;中国文"以"字前后皆有为附带语之可能。例如"辟地以种花",此语可认"辟地"为主要述语,亦可认为附带语。此不能相提并论者二。

其三,英文 to 字后语,视同名词语,中文"以"字后语不可视同名词语。此不能相提并论者三。

要之,"以"字既以连二动作,自可认为连词。

9. 解释连词　词以连解释之语者也,如:

告子未尝知义,以其外之也。(《孟子·公孙丑上》)

圣人不病,以其病病,是以不病。(《老子》)

不赂者以赂者丧,盖失强援,不能独完。(苏洵《权书》)

〔注意〕"以、盖"二字之别,见第四章。

10. 判断连词　词以连判断之语者也,如:

因雄书而孟氏益尊,则雄者亦圣人之徒与? (韩愈《读荀子》)

然终以不振,则东迁之过也。(苏轼《志林》)

故天将降大任于是人也,必先苦其心志。(《孟子·告子下》)

故王之不王,不为也,非不能也。(同上,《梁惠王上》)

〔注意〕判断连词"故"字,与相因连词"故"字之别,一则依因果之顺序,一则据事实而判断之,往往先言其结果,而后论其原因。故用于判断连词时,可代以"由此观之"四字;若用于相因连词,则不可代也。

〔本节总注意〕"而、则"二字本质,但有连属性;惟因上下文语意之影响,遂变各种词性耳。

〔本节总附言〕或立比较连词之目,而以"若、如"等字归之。窃谓不当。盖中国文法,任何语句皆可为名词句,置于主格或宾格,故"若、如"等字可认为断动词,犹云甲事与乙事相类也。或又以"非……不、不……不"为连词,则不明词关系与意关系之区别者矣。

五、语气词

语气词者,词非以示名称动作限制关系,仅示种种神气者也。其类有二,即:助词、意词。

(一)助词

语气词之置于语句中者也。可分十一类。

1. 述说助词　凡述说一事,或述其已然,或想其当然,或料其必然,以词助之,示其所述说之必可信者,曰述说助词。此类但有"矣、已"二字,例如:

(1)述已然者:

险阻艰难,备尝之矣。(《左传·僖二十八年》)

自夏以往,其流不可闻已。(《汉书·礼乐志》)

(2)想当然者:

父在观其志,父没观其行,三年无改于父之道,可谓孝矣。(《论语·学而》)

齐卿之位,不为小矣。(《孟子·公孙丑下》)

可谓仁之方也已。(《论语·雍也》)

(3)料必然者:

今智伯帅二国之君伐赵,赵将亡矣。(《战国策·赵策》)

如有不嗜杀人者，则天下之民，皆引领而望之矣。(《孟子·梁惠王上》)

晋侯闻之，而后喜可知也。曰："莫余毒也已。"(《左传·僖二十八年》)

〔注意〕想当然者，属于论断之口气；料必然者，料其将来必如此也。

〔附言〕"已"字由时间副词变来，故其语气轻于"矣"字。

2. 表明助词　助词以表明事之是非者，曰表明助词。但有一"也"字，如：

夫相者，文德昭者也；将者，武功烈者也。(曹植《陈审举疏》)

自古以来，未有由百姓逸乐而致倾败者也。(魏征《论十渐不克终疏》)

〔注意〕述说助词与表明助词之详细区别，见第四章。

3. 情态助词　词以表示惊疑喟叹之语气者也。可分四种：

(1) 疑问助词　真有所疑，以词表示欲知之语气者也。此类但有一"乎"字，如：

厩焚。子退朝，曰："伤人乎?"不问马。(《论语·乡党》)

天地果无初乎? 吾不得而知之也。生人果有初乎? 吾不得而知之也。(柳宗元《封建论》)

(2) 疑信助词　疑信参半，或信多于疑者也。此类但有一"欤"字，古作"与"，如：

子路宿于石门，晨门曰："奚自?"子路曰："自孔氏。"曰："是知其不可而为之者与?"(《论语·宪问》)

在昔神谌谋野而获，宓子弹琴而理，乱虑滞志，无所容入，则夫观游者果为政之具欤? (柳宗元《零陵三亭记》)

兹荣也，祇所以为愧欤? (王安石《书义序》)

子曰："师也过，商也不及。"曰："然则师愈与?"(《论语·先

进》）

（3）疑讶助词　于疑问之中带诧异意者也。此类但有一"耶"字，古作"邪"，如：

　　君未谕前画意耶？（《汉书·霍光传》）

　　小生乃欲相吏邪？（《汉书·朱云传》）

（4）感叹助词　词无疑问意，但示感叹语气者也。此类但有"哉、夫"二字，如：

　　寔能容之，以能保我子孙黎民，尚亦有利哉！（《礼记·大学》）

　　小人哉！樊须也。（《论语·子路》）

　　悲夫！悲夫！事未易一二为俗人言也。（司马迁《报任安书》）

　　古人用字之神，有味哉！有味哉！（《马氏文通》）

〔注意〕以上四种，当以（1）（2）（3）为一类，（4）自为一类。（1）（2）（3）之界限不甚严，盖疑问疑信疑讶，本甚相似也。然有时必不可相易，则以语气太重故也。如"伤人乎"一语，以表急欲知之情，易以"欤、耶"，则不合矣；"观游者果为政之具"一语，颇堪自信，易以"乎"字，则疑意增，而文势减矣；"小生乃欲相吏"一语，讶意甚重，易以"欤"字，亦减文势。即此求之，"乎、欤、耶"三字之同异可知矣。感叹助词与上三类尤有大异之处。"哉"字上无反诘副词时，但示感叹；若上应反诘副词，则带反诘性，而仍不失感叹性。"乎、欤、耶"则不示感叹，常示疑问，若上应反诘副词，则带反诘性。可以表示之如下：

疑问	乎	（欤）	（耶）	○	○
疑信	（乎）	欤	（耶）	○	○
疑讶	（乎）	（欤）	耶	○	○
反诘	（乎）	○	（耶）	（哉）	○
感叹	○	○	○	哉	夫

上表有括弧者,往往须待副词、连词之影响而后变性。加空圈者,示不可用也。"荡荡乎"之"乎",归足语助词;"猗欤",归意词,不在此例。

4. 足语助词　词以助足语气,微有顿挫之神情,而不表示态度者也。分四种:

(1)助称谓词者

是鸟也,海运则将徙于南冥。(《庄子·逍遥游》)

吾生也有涯,而知也无涯。(同上,《养生主》)

微二子者,楚不国矣。(《左传·哀十六年》)

至子桑之门,则若歌若哭,鼓琴曰:"父邪! 母邪! 天乎! 人乎!"(《庄子·大宗师》)

夫尧舜禹汤之事远矣;及有周而甚详。(柳宗元《封建论》)

〔说明〕"生也、知也",均视同名词;以"有涯、无涯"为表明语也。

〔注意〕"乎、耶"二字,仅得用于单呼之名词之下。"有"字限于助朝代之名。

(2)助动作词或动作语者

宗庙之事,如会同,端章甫,愿为小相焉。(《论语·先进》)

隐于是焉而辞立。(《公羊传·隐元年》)

于诗见商与周焉而不详。(苏洵《书论》)

中州清淑之气于是焉穷。(韩愈《送廖道士序》)

故为之序论以发其端云。(曾巩《列女传目录序》)

〔附言〕此类"焉"字与兼助代名词同出一源,因既有宾格或副格,故受影响而失去其代名词性耳。"云"字或谓从动词变来,余未肯信,盖古人以"云"为助词者,如《诗经》"伊谁云憎"之类甚多,惟古则位置无定,其后则用于尾耳。

(3)助副词者

昔者,吾尝欲观古之变而不可得也。(苏洵《书论》)

　　向也不怒而今也怒，向也虚而今也实。（《庄子·山木》）

　　天下之人视其向也如此之危，而今也如此之安，则宜何从。（苏洵《乐论》）

　　至于兄弟夫妇人伦之际，无不大坏，而天理几乎其灭矣。（欧阳修《新五代史·一行传叙》）

　　终之，齐有田氏之祸。（苏辙《商论》）

　　荡荡乎，民无能名焉。（《论语·泰伯》）

　　且年未盈五十，而谆谆焉如八九十者，弗能久矣。（《左传·襄十一年》）

　　闵子侍侧，訚訚如也；子路，行行如也；冉有、子贡，侃侃如也。（《论语·先进》）

　　子路率尔而对曰。（《论语·先进》）

　　喁喁然皆向风慕义，欲为臣妾。（《汉书·司马相如传》）

　　于是释之言秦汉之间事，秦所以失而汉所以兴者久之。（《史记·张释之列传》）

　　愈始者望见吾子于人人之中，固有异焉。（韩愈《答张籍书》）

　　有顷

　　〔注意〕"然"字专助副词，故凡加"然"字于区别词之下，即变副词，见第五章。

　　〔附言一〕"然"字本有如此之意，用于性状副词之下，谓其状如此也。故"然"字由副词变来。"尔"字同。"如"字则由断动词变来。古籍中尚有用"若"字者，如《诗》"六辔沃若"之类①。

　　〔附言二〕尚有区别词叠用"而、以、乎"字隔之者，如韩愈谓孟子"醇乎醇者也"，"乎"字亦是足语助词。

————————

　①　编者注："六辔沃若"文集本改作"其叶沃若"。

（4）助连词者

况乎以不贤人之招招贤人乎？（《孟子·万章下》）

于是乎以秦人巴人灭庸，而楚始大。（苏轼《志林》）

余既重柳请，又嘉浮屠能喜文辞，于是乎言。（韩愈《送浮图畅师序》）

〔说明〕"于是"二字，本为介词及其副格，今视同连词。

〔注意〕观下表则知足语助词各字之异同。

助称谓　也　（乎）　者○○　（有）　○○○○
助动作　○　○　　○焉○　○　　云○○○
助副词　也　乎　者焉之　（有）　○然如尔
助连词　○　乎　○○○　○　○○○○

5. 发语助词　凡将发议论或按语，先舒声以助其势，曰发语助词。

（1）助议论者　有"夫"字，如：

夫孤军独进，不能成功，自古已然。（吕祖谦《梁论》）

夫所病夫取予之难者，非一不足之难，而皆不足之难也。（陆九渊《刘晏知取予论》）

（2）助按语者　有"惟"字，如：

……将播之学校，而臣某实董周官。惟道之在政事，其贵贱有位，其后先有序，其多寡有数，其迟数有时。（王安石《周礼义序》）

下其说太学，班焉。惟虞夏商周之遗文，更秦而几亡，遭汉而仅存。（同上，《书义序》）

口之于味，有同耆者也。……惟耳亦然。……惟目亦然。（《孟子·告子上》）

譬如唱戏人，此出可为帝王，他出可为走卒，惟字之于文辞言语亦然。（严复《英文汉诂》）

〔注意〕助议论与助按语之别，一则偏于议论，一则偏于事实。

故"惟"字之后,时或不必发议;"夫"字之后,则必有议论发挥。传记文中罕见"夫"字者,以不必议论也。

〔附言〕文法家多以"夫"字为连词。按连词所以挈合句段者也,若析其所挈合者为二文,则其语意必不完全矣。惟"夫"字则不然,直可与上文分离,而自成完全之语意。例如,苏轼《贾谊论》云:

> 非才之难,所以自用者实难。惜乎,贾生王者之佐,而不能自用其才也。
>
> 夫君子之所取者远,则必有所待;所就者大,则必有所忍。

此两条各成片段,尽可独立,不必相依,而语意已完;连词"而、则、故、然"等字,能如是乎?且"夫"字而为连词,连上文乎?连下文乎?必曰连上文,则有时竟用于一篇之首,将谓何所连属耶?例如:

> 夫树国固必相疑之势……(贾谊《治安策》)
>
> 夫臣能谏,不能使君必纳谏,非真能谏之臣。(苏洵《谏论》)
>
> 夫君臣之义,固交徼而相成者也。(陶贞一《为君难为臣不易论》)
>
> 夫创守难易之分,房玄龄魏征论之详矣。(吴骐《创守难易论》)
>
> 夫天之道也,东仁而首,西义而成。(李邕《麓山寺碑》)

此皆用于篇首,更何所连属耶?古文中偶有用"盖闻"二字于篇首者,不能与"夫"字比论;"夫"字为活法,"盖"字为死法;"盖"字下必须连一"闻"字,方能用于篇首,"夫"字与任何字相连,皆可用也。"盖"字之起原,本与"夫"字同一性质;迨文法固定时,"盖"字变为解释连词,其用于篇首者,仅有"盖闻"二字,偶见于骈文中而已;"夫"字仍保存其有声无义之性质,然既助发论之语气,在于句首,故被称为连词耳。

或曰："夫字非连上段,乃连下段耳。"然而苏子由《三国论》最后一段云:"夫古之英雄,惟汉高帝为不可及也夫!"既无下段,又将何所连属耶?

"夫"字非特无挈合之用,有时反以为隔断之用,例如:

> 然考之三朝,未尝立法也;而天下之学者,知以注疏为重,则人心之向背,顾上之人如何耳。夫取果于未熟,与取之于既熟,相去旬日之间,而其味远矣。(陈亮《论传注》)

注疏之事,与取果之事,几于风马牛不相及;若连属言之,恐人误以为一事也,故以"夫"字隔断之,以示取果之事,无关于注疏,聊以为譬喻耳。由此言之,谓"夫"字为连词,事实上适得其反也。

6. 按断助词　凡将下断语时,先加按语,而以词助其势者,曰按断助词,如:

> 臣之不敢爱死,为两君之在此堂也。(《左传·成三年》)
>
> 三代之得天下也,以仁;其失天下也,以不仁。(《孟子·离娄上》)
>
> 民之苦劳而乐逸也,若水之走下。(苏洵《易论》)
>
> 天下之权,在于小人,君子之欲击之也,不亡其身,则亡其君。(苏轼《大臣论》)
>
> 由是言之,弟子之号之也。(柳宗元《论语辨》)
>
> 如切如磋者,道学也;如琢如磨者,自修也。(《礼记·大学》)
>
> 性也者,与生俱生也;情也者,接于物而生也。(韩愈《原性》)
>
> 常也者,无治而不治者也;时也者,无乱而不治者也。(苏洵《明论》)
>
> 吾属廷尉者,将致之族。(《史记·张释之列传》)
>
> 然亡国破家相随属,而圣君治国,累世而不见者;其所谓忠者不忠,而所谓贤者不贤也。(《史记·屈原列传》)

〔注意一〕"之、也、者"三字之异，见第四章。

〔注意二〕"之"字之下非名词或名词语者，不得谓之区别性语尾；"也"字用于按语者，不得谓之表明助词；"者"字无所代者，不得谓之代字；故另立一类也。

7. 限制助词　词以表示舍此无他之语气者曰限制助词。此类但有"耳、尔"二字，如：

子盗父兵，以救难自免耳，臣窃以为无邪心。(《汉书·戾太子传》)

不崇朝而遍雨乎天下者，唯泰山尔。(《公羊传·僖三十一年》)

便便言，唯谨尔。(《论语·乡党》)

庄王围宋，军有七日之粮尔；尽此不胜，将去而归尔。(《公羊传·宣十五年》)

〔注意〕尚有"而已"二字，可代"耳"字之用，《日知录》云"耳"即"而已"之合音，可信。然"而已"尚可认为两词，变而为"耳"，则不能认为两词矣。

8. 表时助词　时间副语，以词助其势，谓之表时助词。

始臣之解牛之时，所见无非牛者。(《庄子·养生主》)

迨天之未阴雨。(《孟子·公孙丑上》)

诸葛亮之为相国也，抚百姓，示仪轨，约官职，从权制，开诚心，布公道。(《三国志·诸葛亮传》)

昔者，圣王之治天下也，参其国而伍其鄙。(《国语·齐语》)

及其将死也，召其大夫曰。(《左传·昭七年》)

〔注意〕此类"之、也"二字，与按断助词性质略同；然按断助词下子句对于上子句施断语，为等立句；而表时助词则否，但为时间副语附于句耳。此类不可用"者"字，亦与上异。

9. 假设助词　词以助假设之语气者也。此类但有一"而"

字,如:

假令晏子而在,余虽为之执鞭,所欣慕焉。(《史记·管晏列传》)

如使今世而尚用古之篆书简策,则虽欲繁多,其势无由。(苏轼《始皇论》)

后世若少惰,陈氏而不亡,则国其国也已。(《左传·昭二十六年》)

且先君而有知也,毋宁夫人而焉用老臣?(同上,《襄二十九年》)

而洞而止而沉者,饮如筹之数。(柳宗元《序饮》)

〔注意〕此类"而"字与连词"而"字之别,连词必连二事;若但一事,则非连词,"而"为助词矣。《经传释词》谓"而、若"同义;然如第一、二条易以"若"字则嫌重复。盖"而"字仅有轻微之语气,非若"若"字显有连词性也。

10. 减势助词 凡言语之示信示疑或有命令希望之意者,以词减少其语势之分量,谓之减势助词。分四种:

(1)减可信之分量 已决断之意而以未决断之语气出之,示不敢武断也,如:

微管仲,吾其被发左衽矣。(《论语·宪问》)

圣人之始作礼也,其亦逆知其势之必如此也。(苏洵《乐论》)

呜呼! 知此,其足以为大臣矣。(苏轼《大臣论》)

今其言曰:"圣人不死,大盗不止;剖斗折衡,而民不争。"呜呼! 其亦不思而已矣。(韩愈《原道》)

且为人臣而不顾其君,捐其身于一决,以快天下之望,亦已危矣。(苏轼《大臣论》)

刘备惟智短而勇不足,故有所不若于二人者,而不知因其所不足以求胜,则亦已惑矣。(苏辙《三国论》)

虽有区区之意,亦已疏矣。(嵇康《与山巨源绝交书》)

或作歌诗以嘉童子,童子亦荣矣。(韩愈《赠张童子序》)

丈夫官至刺史亦荣矣。(韩愈《赠崔复州序》)

(2)减可疑之分量　　不疑之意而以怀疑之语气出之,亦示不敢武断之意也,如:

舜其大孝也与?(《礼记·中庸》)

无忧者,其唯文王乎?(同上)

困而不失其所,亨,其唯君子乎?(《易·困卦》)

复,其见天地之心乎?(同上,《复卦》)

作《易》者,其有忧患乎?(同上,《系辞上》)

术者言我今年当得一贤佐,助我中兴。卿其是乎?(欧阳修《为君难论》)

余欲削荀氏之不合者,附于圣人之籍,亦孔子之志与?(韩愈《读荀子》)

而俚言俗说猥有存者,亦其有幸不幸者欤?(欧阳修《唐书·艺文志序》)

考其辞,时若不粹;要其归,与孔子异者鲜矣,抑犹在轲雄之间乎?(韩愈《读荀子》)

(3)减反诘之语势者　　反诘之时,加减势助词则较为委婉,如:

子曰:“学而时习之,不亦说乎?”(《论语·学而》)

不亦待其身者已廉乎?……是不亦责于人者已详乎?(韩愈《原毁》)

人之生也,固若是芒乎?其我独芒,而人亦有不芒者乎?(《庄子·齐物论》)

天而既厌周德矣,吾其能与许争乎?(《左传·隐十一年》)

〔注意〕“其、亦”二字,用于反诘者,须待影响而成,见第四章。

(4)减命令希望之语势者　　命令他人,加减势助词,有委婉商

量之意;希望自己,加减势助词,所以传悬拟之神情也,如:

君其往也! 苟有寡君,在楚犹在晋也。(《左传·昭三年》)

吾子其奉许叔以抚柔此民也! 吾将使获也佐吾子。(同上,《隐十一年》)

孤虽归,辱社稷矣。其卜贰圉也!(同上,《僖十五年》)

少君之费,寡君之欲,虽无粮而乃足。君其涉于江而浮于海!(《庄子·山木》)

君其自为计!(《史记·刺客列传》)

其以沛为朕汤沐邑!(《史记·高祖本纪》)

今名号不更,无以称成功,传后世,其议帝号!(秦始皇诏)

汝其往衣服饮食予士! 无寒无饥,以既厥事。(韩愈《平淮西碑》)

不可究武,予其少息!(同上)

鳄鱼其不可与刺史杂处此土也!(韩愈《祭鳄鱼文》)

尚一乃心力! 其克有勋。(《书·大禹谟》)

尚慎旃哉!(《诗·魏风》)(尚本作上)

〔注意一〕今人书札中往往有"尚祈、尚乞"等语,古文中有"尚其勉之"等语皆此类也。

〔注意二〕(4)类不可用"亦"字、"已"字、"抑"字,(2)(3)类不可用"尚"字,(1)类在上古有用"尚"字者,如"尚亦有利哉"之类,后世罕见。

〔注意三〕"其"字以代称谓者为代名词,"亦"字表重复之意者为关系副词,"已"字表过去 0 之意者为时间副词,"尚"字在他处亦为关系副词,或时间副词,"抑"字表转折之意者为相反连词;皆与此处所举者有别。

〔附言〕"亦、已、尚"三字,由副词变来,"抑"字由连词变来,"其"字或亦由代名词变来;然既性质大变,必不可复归原类。如"其"字为助词时,仍认为代名词,则语气全失;且"吾其、君其、汝其、予其"连用,若皆代名,用其一足矣,奚必重叠冗赘如此哉? 眉叔颇知此意,谓"其"字有拟议不定之意者,亦状字也;然如上例(1)(2)(3)类可谓拟议不定,(4)类则不可谓之拟议不定,盖眉叔犹认(4)类为代名词也。至认为状字,未尝不可;岂独"其"字,即"也、矣、乎、耶"等字,亦可认为状字。今既别立助词之目,自当以之归于其中,盖"其"字但表语气,非若"岂、安、乌、恶"之显有限制性者;犹"而"字用为假设助词,非若"若、如、苟、使"等字之显有连属性者也。

〔本节总附言〕《马氏文通》立助词之界说云:"凡虚字用以煞字与句读者曰助字。"陈承泽评之曰:"此等界说,似失之狭。夫非名象动副,而又无连介之作用,又不如叹字之得独立表示意思者,皆助字也。初不必以煞字与句读者为限。"按陈君之言是也。助词但语气耳,语气之助言语,前置后置,无施不可,岂独限于收煞乎?眉叔拘于煞字与句读之界说,虽遇语气词,不敢谓之助字,则在在窒碍矣。其书卷七页十三有云:"之字之用,有时不为义,而惟以足他字之语气者。"试问既不为义,不入助词,将何所归?且既云以足语气,非助词而何? 又卷九页十五有云:"先以其字以状其属望之辞气。"夫能状辞气者,亦助词耳。然其所以终不敢认为助词者,狃于常习,未肯创论故也。今特为厘分,或可更切当也。引例甚多,将以坚人之信。

11. 特别助词　助词有特别作用,不仅以足语气者也。此类但有一"所"字。"所"字有二特性:

(1)对于下文助动作之势。故必下连动词,或动词短语,或有动作性之介词。

(2)对于上文助领格之势。故其所助必可视同名词短语,例如:

　　安能舍其所乐,而从其所惧哉? (嵇康《与山巨源绝交书》)

盖闻见机而作,《周易》所贵;小不事大,《春秋》所诛;此乃吉凶之萌兆,荣辱之所由兴也。(孙楚《为石苞与孙皓书》)

〔说明一〕"乐、惧、诛"皆动词;"贵"字本区别词,以受"所"字影响,亦变为动词;"由"字为有动作性之介词。故曰,"所"字对于下文助动作之势。

〔说明二〕"其"字为领格,"所乐、所惧"即其所属之名词短语,犹言"所乐之事、所惧之事"也。《周易》《春秋》亦领格,即以书名代表著书之人;"所贵、所诛"即其所属之名词短语,犹言"所贵重之事、所诛责之人"也。"荣辱"亦领格,"所由兴"即其所属之名词短语,故以领格语尾"之"字连之,犹言"所由兴之处",换言之,即"荣辱之萌兆"也。

〔注意一〕所谓领格,指势力格言之,参看第一章。

〔注意二〕第(2)种特性,若受某种影响,则失其作用,见第四章。

〔附言〕《马氏文通》以"所"字为接读代字,盖比附西文而然,然亦殊不相似,例如:

赐我南鄙之田,狐狸所居。(《左传·襄十四年》)

若欲酷肖西文,当改为:"赐我南鄙之田,所狐狸居。"如此方成其为接读,今不能尔,则不宜以之比附也。且"所"字之前,往往有领格语尾"之"字,若谓"所"为接读代字,则"之"字岂非赘疣? 又如下例:

卫太子为江充所败。(《汉书·霍光传》)

"所"字苟认为代字,则此句成表明句,非叙述句。然玩其语意,非谓卫太子为江充所败之人,乃谓卫太子败于江充耳,故知非表明句也。则"所"字非代字也明矣。又如下例:

仲子所居之室……所食之粟。(《孟子·滕文公下》)

马氏谓前词后乎"所"字,然则区别性语尾"之"字,又岂非赘疣?

且有并无前词者,如:

> 所求乎子,以事父未能也。(《礼记·中庸》)

犹谓之接读,未免牵强矣。其后杨遇夫、陈承泽诸人皆有所驳难,杨氏即以下连受动词之"所"字为论据,然能破而不能立。其谓"所"字等于英文被动性助动词,实未甚可信,例如:

> 吾不忍为公所为;公所为,不合古。(《史记·叔孙通列传》)
>
> 令我日闻所不闻。(同上,《陆贾列传》)

此等句中"所"字,安能以助动词当之?陈承泽以还原法证明马氏之误,谓"所"字既为倒置代字,何以不可还原?此诚足破马氏之说;其认"所"为助字,尤为卓见。然谓"所"字但含有指示作用,未足以尽其特性也。今按陈氏所谓指示作用,颇似余所述第(2)种特性;尚有第(1)种特性,则陈氏所未言。凡名词上连"所"字,必变动词,故知"所"字尚有助动作之势之特性也。关于"所"字诸问题,容于第四章、第六章更述之。

(二)意词

词以意会,不以言传者也。古文中常用者,约有四类:

1. 喟叹式　又分二种:

(1)赞美及慨叹皆可用者,常用但有"呜呼"二字,古作"於戏":

> 呜呼!其可谓贤于人也已!(王安石《李公神道碑》)
>
> 呜呼!可谓忠矣!(欧阳修《翰林学士杨公墓志铭》)
>
> 呜呼!先生有道者欤?(陈绎邵《古墓志铭》)
>
> 呜呼!可达可寿,而废斥夭短,岂非命欤?(陈瓘《唐充之墓志铭》)

〔说明〕第一、二、三条用于赞美,第四条用于悲叹。

(2)仅用于慨叹者:

> 嗟嗟!子厚而至然耶?(韩愈《祭柳子厚文》)
>
> 后数日,其家以书来,而茉云死矣。吁!可痛哉!(龙启瑞

《刘苿云哀辞》）

　　颜渊死。子曰："噫！天丧予！天丧予！"（《论语·先进》）

　　唉！竖子不足与谋！（《史记·项羽本纪》）

　　嗟乎！寡人得见此人，与之游，死不恨矣。（同上，《老庄申韩列传》）

　　于嗟乎！陷阱之中，不义不为，况庙堂之上乎？（范仲淹《唐狄梁公碑》）

　　〔注意一〕"嗟"字本语气词，其后有用为动词者。"吁、嗟、噫、唉"之类，在先秦不限于用为悲叹之词；今云仅用于悲叹者，指常例也。

　　〔注意二〕意词下连助词，如"嗟乎"之类，当认为意词之连字词，以其但助口气，未尝助语句也。

　　2. 惊讶式

　　武帝下车泣曰："嘿！大姊，何藏之深也？"（《史记·外戚世家》）

　　帝即其卧所抚光腹曰："咄咄！子陵不可相助为理耶？"（《后汉书·严光传》）

　　〔注意〕惊讶式在古文中少见，近人往往用"咦"字为之。

　　3. 愤怒式

　　威王勃然怒曰："叱嗟！而母，婢也。"（《战国策·赵策》）

　　谭堕马，顾曰："咄！儿过我！我能富贵汝。"（《后汉书·袁谭传》）

　　〔说明〕上所举"咄"字，但有盛气凌人之意，后人多用为愤怒之语气矣。

　　4. 应允式

　　范睢曰："唯唯。"（《战国策·秦策》）

　　子曰："诺。吾将仕矣。"（《论语·阳货》）

〔附言〕尚有表承认否认之单词，如"然否"之类；表许可或禁止之单词，如"可毋"之类，其字本有实义，不可谓之意词，但可谓之准意词，见下章。

〔本节总附言〕在口语中之意词，尚有怀疑、追究、欢笑、讥嘲等类，不胜枚举；而古文中罕见，故不叙及。又如《庄子·秋水篇》："仰而视之曰'吓！'"注云："吓，怒其声，恐其夺己也。《诗》笺云：'以口拒人曰吓。'""吓"亦意词，即此可类推也。又如下例：

　　淮人寇江南，临阵之际，齐声大喊"阿瘤瘤"，以助军威。（陶宗仪《辍耕录》）

　　郭胜静因奸民妇，被鞭，羞讳其事。曰："胜静不被打。——阿瘤瘤！"（《朝野佥载》）

第一条之"阿瘤瘤"，为呐喊作力声。第二条则为负痛声，谓胜静欲讳其事，言未已而呼痛，终不能讳也。即此可见意词用字往往相类，而当时呼声，必不相类。努力之声勇，负痛之声悲，纵同一音，而音之高下疾徐久暂，足令意义大变。穷言其极，意词当附音高图，方能形容尽致，此以文表言之难也。

〔本章总附言一〕词类之分，自宜根据词性；然中国文字中，往往每字有其个性，若根据个性分类，则不胜其繁，故举其大略而已。别为词之用法一章，注重个性，以补本章所不及。

〔本章总附言二〕词有本性，有准性，有变性。本性者，不论其来源，但视其不藉他力而能有其作用者皆是也。准性者，显非此性，为析句便利起见，姑准定为此性也。变性者，因位置关系，受他词之影响，遂变其性者也。本章所叙，限于本性，其有非本性者，特加声明。准性于第三章叙之，变性于第五章叙之。

〔本章总附言三〕词类之分，往往藉句而显。故严几道曰："欲指一字部居，徒认定字无益也。譬如唱戏人，此出可为帝王，他出可为走卒；惟字之于文辞言语亦然。欲指所属之部，必审其字于一句中所居何职。"严氏之言是矣。然吾书惟于析句时以句为本位，而于分词类时犹以词为本位者,非不知活用之道也;诚以词各有其原质,亦各有其变质;知其原不知其变,固不足贵;知其变不知其原,亦岂穷究文法之道哉? 吾之分词类也,以严氏之喻譬之,无异使唱戏人一一现其真面目,为男为女,为老为幼,为肥为臞,皆无遁形;至于析句也,又若优孟皆已粉墨登场,男者女而女者男,老者幼而幼者老,肥者臞而臞者肥,曲尽变化之能事,吾乃一一摄其影于纸上,并能指以示人曰:"此人今在此出为某职,而实某伶之所扮演也。"岂非天下之快事哉? 以句为本位者,譬犹知优伶之化身而不知其本相也;以字为本位者,譬犹知优伶之本相而不知其化身也;以字为本位,而又大谈假借之说者,譬犹指优伶之本相语人曰"此伶能化身为某职"也。皆非尽善之道也。吾故于词类之区分,甚为严格,苟非本性,必表出之;而于析句,则准性变性皆备举焉,庶几两全之道欤?

六、词之便宜归类

词之分类,既如上述。然词有本为甲类,而颇有乙类之性质者,苟以之归入乙类,则较便于析句。此可谓之准某词,谓其本质不若是也。

(一)准代名词　例:

莫我知也夫。(《论语·宪问》)

莫余毒也已。(《左传·僖二十八年》)

〔说明〕"莫"字本否定副词,而"莫"字之前,往往略去名词,俨然替代名词之职,故曰准代名词。

(二)准助动词　例:

贼死突不能入,平地便奔走,牢困山谷,牢就擒灭。(《续碑传集·朝议大夫台湾府知府盖君(方泌)墓志铭》)

〔说明〕就者自来相就,示其无能也。本动词,准受动的助动词,如"被"字、"见"字。

(三)准副词　例:

水信无分于东西,无分于上下乎?(《孟子·告子上》)

〔说明〕"信"字本动词,意谓水无分于东西之事可信也;然玩其语气,但作顿挫之势,以起下文之不可信,则此"信"字直与"固"字、"洵"字同功,故曰准副词。又例:

泪尽至以血继之。(常语)

贫乏至不能炊。(常语)

〔说明〕"至"谓至于此极,本为动词;而难于图解。若以为副词,则易析矣。

(四)准介词

1. 准所在介词 例:

于礼乐之事未尝不寓以射,而射亦未尝不在于礼乐祭祀之间也。(王安石《言事书》)

由周公而上,上而为君,故其事行;由周公而下,下而为臣,故其说长。(韩愈《原道》)

自公以下,苟有积者,尽出之。(《左传·襄九年》)

自有生民以来,未有孔子也。(《孟子》)

自今日以往,既盟之后,行者无保其力,居者无惧其罪。(《左传·僖二十八年》)

阃以内者,寡人制之;阃以外者,将军制之。(《史记·冯唐列传》)

自武父以南,及圃田之北境。(《左传·定四年》)

于是商贾中家以上,大率破。(《史记·平准书》)

〔说明一〕凡言"之中、之间、之上、之下、之内、之外"等,"中、间、上、下、内、外"皆名词也。然往往有不必加"之中、之间"而仍加者,徒取声调之延长,颇失名词之性质,如上文云"未尝不在于礼乐祭祀"可矣,乃加"之间"二字,一似附于"于"字,以作介词之语尾者,故曰准所在介词。

〔说明二〕凡言"而上、而下、以上、以下、以前、以后、以往、以来、以还、以东、以西"等，"而"字、"以"字皆无意义，虽微有连介之性，实则仍保存原始有声无义之本质。至"上、下、东、西、前、后"，皆名词也；"往、来、还"，皆动词也。然习用既久，遂以"而、以"二字有概括之作用，尤以"以"字为最常见，如言"自长江以北"，即包括江北诸地，一似附于"自从"等字，而为响应之介词，犹云"自某处至某处"，故曰准所在介词。

〔注意〕既认"以上、以下"等为介词，则须知主格宾格之所在，盖此等语句，往往略去主宾格名词，不可不察也。例如"由周公而上"，主格非"周公"，乃由周公以上诸圣耳。然不述诸圣之名，但云"由周公而上"，仅一区别语而已。又如《论语》"中人以上，可以语上"，"中人"亦非主格，主语隐藏，若勉强补出，则可云"中人以上之人"，"人"字方可称主格也。又如"阃以内，寡人制之"，"阃"非宾格，阃以内之人民，方可称宾格也。有时主宾格不隐藏，如《史记》云"于是商贾中家以上大率破"，"商贾"主格，"中家以上"区别语，未尝省略也。

2. 准相比介词　例：

以公命曰："视邾滕。"（《左传·襄二十七年》）

此视彼为优。（常语）

〔说明〕"视邾滕"之"视"，本动词，犹言比观邾滕如何便如何耳。至于近人常语"视彼为优、视此为佳"，"视"字直可视同介词矣，又今人常云"较佳、较高、较长、较好"，此类"较"字，但可认为副词，非介词也。必云较某物稍高、稍长，"较"字方可称介词，然亦不过准介词而已，因"较"字仍以动词性为多也。

（五）准连词

1. 准支派连词　例：

所与交往相识者……或以事同，或以艺取；或慕其一善；或以其久故；或初不甚知，而与之已密，其后无大恶，因不复决舍；或其人虽不皆入于善，而于己已厚，虽欲悔之不可。（韩愈《与

崔群书》)

　　或生而知之,或学而知之,或困而知之,及其知之一也。或安而行之,或利而行之,或勉强而行之,及其成功一也。(《礼记·中庸》)

　　〔说明〕"或"字本为偏指的范围区别词,犹言一部分相识者以事同,又一部分相识者以艺取……云云,然如此分析,虽于条理最合,而于析句时颇感不便,故又谓之准连词,以期便于图解耳。然"或"字在十种连词之中,无可归类,可别名之曰支派连词,盖在一范围之中分出各部分,如树之有枝,水之有派也。第一条以所识者为范围,而分为六部分;第二条以人之为道者为范围,虽未明言,而意已显。此范围分二方面解剖,每方面各分三部分。

　　〔注意〕所谓准连词者,因其仍可称为区别词,不必别立支派连词之目也。然今人之文,受西文之同化,以"或"字为连词,如云彼将与某甲或某乙结婚,甲或乙将来上海,此类"或"字,乃纯粹的连词,必不可谓之区别词矣,然非古文所固有,故不列。

　　2. 准相配连词　例:

　　　至于负者歌于涂,行者休于树。(欧阳修《醉翁亭记》)

　　　有器械而不练,与徒手同;至于练,则费不可胜言矣。(龙翰臣《复唐子实书》)

　　　若夫成功,则天也。(《孟子·梁惠王下》)

　　　仍居太学;已而病不能朝。

　　〔说明〕"至于"云者,谓吾将论述至于某事也。"至"字动词,"于"字介词,本无疑义。惟在图解时,必须将下一段文章尽括于"于"字之下,以为其宾格,不便之至。故以为准连词也。此外如"至如、至若、至"等,皆可类推。至于"若夫"二字,"若"字本为断动词,与"至若"之"若"、"至如"之"如"同类,"夫"则助词也。又"已而"二字，本以"已"字自为一句，谓前一事已为之矣，而后一事复开始也。"已"字副词，"而"字连词，亦最易明。然若以"已而"为连词之连字词，尤易图解，故又以为准连词也。

〔附言〕《马氏文通》以"已"字为终止之义，认为动词，吾意以为未安，盖如上文仍居太学之事固未终止，而遂病矣。

3. 准相反连词　例：

然而成败异变，功业相反也。（贾谊《过秦论》）

然而抵触忌讳，说或甚于谏。（苏洵《谏论》）

虽然，麟之出，必有圣人在乎位。（韩愈《获麟解》）

〔说明〕"然"字本代动词，承上而代替所述事者也。今又谓"然而、虽然"为连词之连字词。

〔注意〕在《孟子》书中，"然而"为相次连词，非相反连词。

4. 准解释连词　例：

何者？其身之可爱，而盗贼之不足以死也。（苏轼《留侯论》）

百仞之山，任负车登焉，何则，陵迟故也。（《荀子·宥坐》）

〔说明〕"何"字副词发问，"者"字有声无义，"则"字但连下文，意与二文不属，马眉叔辨之当矣，今因习惯，并取便析句，聊谓之准解释连词，"何也、无他"诸连属字，皆归此类。

5. 准相次连词　例：

于是设武举，购方略。（苏轼《蓄材用》）

然后践华为城，因河为池。（贾谊《过秦论》）

〔说明〕"于是"者，于是时也；"然后"者，既如此而后如彼也。"于"字介词，"是"字代名词，"然"字副词，"后"字名词，皆甚易明。乃谓之准连词者，以二字相合，则等于连词性也。"于是"二字意轻，"然后"二字意重，故凡自然之顺序，多用"于是"；凡必循之次序，多用"然后"。

6. 准相待连词　例：

自非大亡道之世者，天尽欲扶持而全安之。(董仲舒《贤良策对》)

〔说明〕"自"者从也，从此言之也。然若训"自"为苟，则尤易明，故曰准相待连词。

7. 准判断连词　例：

是故非聪明睿智不惑之主，则不能全其用。(苏轼《贾谊论》)

是以

〔说明〕是故，因是故也。是，指示区别词，故，名词。是以，以是也。是，指示代名词，以，介词，倒置。今皆谓之准判断连词。

(六)准助词　例：

视碧桃开未?(《聊斋·婴宁》)

若书熟否? 先生曾扑责否?(刘才甫《章大家行略》)

〔说明〕"否"字本属代动词，谓不如此也。"未"字本属副词，谓未如此也。用于问句，颇似与"乎"字同功，实则用"否"字、"未"字则正反两面语气皆重，用"乎"字则偏矣。盖"否、未"二字本质不能成问，所能成问者语气耳。故仅能谓之准助词也。

(七)准意词　例：

子之哭也，一似重有忧者。而曰："然!"(《礼记·檀弓下》)

曰："唯唯;否否!"(常语)

王曰："否! 吾何快于是，将以求吾所大欲也。"(《孟子·梁惠王上》)

惠王曰："善! 寡人听子。"(《战国策·楚策》)

〔说明〕"然、否"本为代动词，"善"字本为区别词，然吾人想当时语气，必带情感，故亦可谓之准意词。

〔本节总注意〕词之便宜归类,未能尽述,要当以意会之;惟太无理由之归类,仍当避免,如以"为、被"等字为介词,必不可通,亦不容谓之准介词也。

词　　类

目　录

一 划分词类的作用

讲语法为什么要划分词类？这是我们研究汉语语法的时候，首先要回答的一个问题。假使我们说，"讲语法的时候，照规矩不能不分词类"，"从来没有一部语法书不分词类"，这样空洞的答复是不能解决问题的。

就西洋语言来说，这个问题是很容易回答的。就拿俄语来说吧。在俄语里，名词有变格，动词有变位，如果不知道哪一个词是名词，哪一个词是动词，怎么能知道它该变格还是该变位呢？就汉语来说，情况就不同了。汉语的名词没有变格，动词没有变位，许多汉族人民不懂得分辨名词和动词，照样地会说很正确的话，会写很合乎汉语规范的文章。

这样，就汉语来说，不但有没有划分词类的必要成为问题，而且连有没有学习语法的必要也成了问题了。我们说，语法的学习是必要的；虽然从前的著名作家们没有念过汉语语法书也曾经写过很好的著作，但是，一般人学习汉语语法可以更好地培养写作能力，更正确地运用祖国的语言，那是无庸怀疑的。可惜的是：在汉语语法学界中，的确有人只知道重视句法的作用，不知道重视词类划分的作用，我自己过去就是这样的。

我们在讲汉语语法的时候为什么要划分词类？这是一个不很容易回答的问题。

依我看来，在汉语语法中，划分词类之所以成为必要，是因为它能起下面的两种作用：

从语言实践方面说，它能使学生们根据各类词的语法特点来正确地使用祖国的语言；

　　从语法的阐述上说，它是叙述的出发点，使词法和句法的叙述成为可能。

　　举例来说，"成就"是一个名词。我们之所以肯定"成就"是一个名词，是因为它具有名词的一切特点。例如，它的前面不能加"不"字，正如我们不能说"不成绩"一样，我们也不能说"不成就"。

　　"成就"不是一个动词。我们之所以肯定"成就"不是一个动词，是因为它没有动词的语法特点。例如，它的后面不能跟着"了、着、过"等字，我们只能说"完成了一件伟大的事业"，不能说"成就了一件伟大的事业"。

　　"成就"不是一个形容词。我们之所以肯定"成就"不是一个形容词，是因为它没有形容词的语法特点。例如，它的前面不能加"很"字，我们只能说"这件事情做得很成功"，不能说"这件事情做得很成就"。

　　"成就"这一个词，就它的语源来说，它是从动词变来的。我们说"东成西就、东不成西不就、高不成低不就"的时候，"成"和"就"还都是动词。但是，当"成就"连用作为双音词的时候，就不再有动词的用途。这是语言发展的结果，也是汉语词类逐渐专职化的好现象。

　　由于"成就"是从动词来的，我们就不能说永远没有个别的作家在个别的地方偶然把它当做动词用过一两次。但是我们应该注意两件事：第一，语法书永远只能就全民的语言实践的一般法则来加以说明，不能照顾个别作家的特殊癖好（甚至于是一时的疏忽）；第二，语法书应该注重语言的规范化，不能让个别作家的特殊语式和一般语法规律分庭抗礼。所以我们说：从实践方面说，词类的划分能使学生们根据各类词的语法特点来正确地使用祖国的语言。

　　在西洋，传统的语法分为三部分：语音学；词法学（即形态学）；句法学。汉语的语法书很少有从语音讲起的。至于词法，也往往不和句法区别开来。在过去,我们以为由于汉语名词没有变格,动词没有变位等,词法部分没有什么可讲。其实这是错误的。汉语词法部分也有许多可讲的东西,例如我们谈到动词的变化(《汉语》第三册 5·32—5·34)①,那就是词法。因此,我们必须先把词类划分清楚,然后好讲词法。

当然,在汉语语法里,词法和句法的界限也不是很清楚的。所以《汉语》课本里也没有把它们截然分开。但是,即使要专讲句法,也必须先讲词类,因为词类和句子成分是有密切关系的,譬如说,主语和宾语一般是由名词或代词来表示的,如果不先讲清楚了词类,主语和宾语就很难讲得清楚。在西洋,一般总是先讲词法,后讲句法。在词法中,也往往先把词类划分了,然后再逐一分开来讲。偶然也有先讲句法,后讲词法的,那是假定读者对词类已经有了基本的认识;否则读者是不会看得懂的。

既然无论讲词法和句法都必须先讲词类,可见单凭语法叙述上的需要,我们就必须划分词类。何况像上文所说的,词类的划分对汉语的语言实践来说还有极其重大的意义呢。

---

① 编者注:此处文集本原注:5·32、5·34 等数字,是指 1956 年人民教育出版社出版的初中课本《汉语》的分节。例如 5·32,就是指初中课本《汉语》"5·32 重迭"那一分节,见课本第三册第 53 页。下面都不再举出"《汉语》第×册"字样,请读者注意。

二　划分词类的标准

划分词类的标准在汉语语法中是一个很严重的问题。在俄语里,名词有变格,动词有变位,因此我们可以说,凡有变格的都是名词(形容词、数词也有变格,但在俄语里它们和名词是属于一个大类的,这里不细说),凡有变位的都是动词。对汉语我们就不能这样说。那么,我们怎样去划分词类呢?

有些人把问题看得很简单,以为词的分类就是按照概念来分类,例如表示事物的名称就是名词,表示动作的就是动词,形容事物的性状的就是形容词,等等。其实,词的分类并不是词的逻辑分类;词的分类是词的语法分类。换句话说,在语法上,我们不应该按照逻辑的标准来划分词类,而是应该按照语法的标准来划分词类。

当然,我们也不能把词的语法特点和词的意义割裂开来。相反地,对汉语来说,特别要把词的意义和词的语法特点密切联系起来观察,才能解决词的分类问题。

(一)词的意义

这里所说的词的意义,指的不是个别的词的意义,例如"鸡"是家禽之一种,"人"是会说话、会创造工具的动物等等。这里所谓词的意义,指的是每一类词的意义。各类词的意义是从事物的共性和特性抽象出来的。譬如我们说"表示人或者事物,这就是名词的意义"(5·21),这里面包含着共性和特性。所谓共性,那就是说,所有的名词都具有表示人或者事物的意义。所谓特性,那就是说,所有名词以外的词都不具有表示人或事物的意义;这个意义是名词所特有的。

关于各类词的意义,大致可以这样说:

表示人或者事物的词类,叫做名词;

表示行动或者变化的词类,叫做动词;

表示性质或者状态的词类,叫做形容词;

表示数目的词类,叫做数词;

表示事物和行动的单位的词类,叫做量词;

用来代替名词、动词、形容词或者数量词的词类,叫做代词;

专用来表示性质或者行动的范围、程度、时间、方式等的词类,叫做副词。

上面说过,单凭意义不能作为划分词类的标准。举例来说,每一种语言都有表示数目的词,但并不是每一种语言都需要分出数词这一个词类来。在英语和法语的语法书中,数词是归入形容词一类的。为什么呢?因为在英语和法语中,那些表示数目的词并没有什么语法特点来和形容词区别开来。再说,在俄、英、法、德等语言里,都有极少数的词在意义上近似汉语的量词(比较:俄语 щтука,英语 piece,汉语"个"),但是,由于这些个别的词并没有什么语法特点来和名词区别开来,所以在俄、英、法、德等语法书中它们都被归入名词一类去了。

单凭意义来划分词类,事实上还有许多困难。我们把词分为实词和虚词两大类(5·1—5·8):实词是具有独立意义的词;虚词是有帮助实词表达意义、配合实词造句的功用的词。虚词既然没有独立的意义,它们就很难根据意义来分类。所以《汉语》课本里说"我们按照它们的功用来给它们分类"(5·4)。

就拿一般所谓实词来说,也不是每一类实词都具有独立的意义的。代词并不能独立地表示一种概念,它们只是代表其他实词的。"他"字所指的是谁呢?"他"可以是张三,可以是李四,也可以是王五,要看情况而定。数量词也不是指称具体的事物的。严格地说来,真正具有独立意义的词类就只有名词、动词和形容词。如果按照意义来分类,就只能分出这三个词类来。而且这样分出的三个词类还只是词的逻辑分类,不是词的语法分类。因此,要划分词类,就非同时根据各类词的语法特点不可。

(二)词的语法特点

就汉语来说,词的语法特点可以分为两方面来谈:第一是词的形态,第二是词的组合能力。

1. 形态

简单地说起来,词的形态就是词形的变化。举例来说,俄语的名词有变格,动词有变位,那就是俄语的形态。汉语有没有形态呢? 曾经有一个很长的时期,中国语法学家都认为汉语没有形态;直到现在还有人不承认汉语有形态。西洋的语言学家也常常认为汉语没有形态,把汉语叫做无形语。

当然,如果把西洋的形态学整套地搬用在汉语头上,汉语可以说是无形语。但是,如果把形态了解为词形的变化,汉语还是有形态的,只不过汉语的形态没有西洋语言的形态那样丰富罢了。

在《汉语》课本里,"形态"二字没有被正式地提出来,但是书上讲到动词的变化(5·32—5·34)和形容词的变化(5·52—5·53)。实际上这些变化也就是一种形态。再说,像名词后面附加的辅助成分"子、儿、头"等,从宽来看也可以认为形态,那是广义的形态。

根据这些形态,我们可以把某些词的词类划分出来,例如某些词经常有"了、着、过"跟在后面,它们就被判定为动词;某些词可能有嵌音,它们就被判定为形容词。某些词经常被重迭,它们可能是动词(5·32),可能是形容词(5·52),而在一般情况下它们不会是名词,因为除了文言和成语(如"家家户户")之外,现代汉语的名词是不重迭的。某些词经常带"子",带"儿"或者带"头",我们也可以判定它们是名词。当然也有极少数的例外;例外应该当做特殊情况来处理。

虚词的词类是按照它们在句中的作用来分类的,所以并不需要从形态来辨别它们的词类;事实上它们也不可能有形态变化。至于实词,它们在西洋语言里是可以从形态来辨别它们的词类的;在汉语里还不能完全做到,例如"政治"这一个词,它既然不带"子",不带"儿",不带"头",我们怎能断定它是名词呢? 因此,划分词类,除了形态的标准之外,还应该有一个组合能力的标准。

2. 组合能力

所谓组合能力,就是某类词能和另一类词相结合的能力。此外,能够担任句子的某种成分也可以看做组合能力,例如:

名词可以用数词作定语,表示人的名词还可以在后边加上"们"表示多数;它的前面不能加副词,而且一般不能独立作为谓语。

动词能够跟副词组合,能够独立作为谓语。

形容词能修饰名词,能够跟副词组合,能够独立作为谓语。

人称代词一般不受别的词类的修饰。

副词只能修饰动词、形容词或者其他副词,不能修饰名词。

介词必须用在名词或者代词前边。

这样,就凭组合能力已经可以划分出来某些词类。举例来说,名词就凭不能跟副词组合这一点和形容词、动词区别开来。可以拿一个"不"字来作测验,名词前面是不能加"不"字的,而形容词和动词前面是可以加"不"字的。当然特殊的情况总是要除外的。例如"不男不女",单说"不男"不行,单说"不女"也不行,总得连起来说;这是个成语,这里的"男"和"女"不能当成一般的名词看。

组合能力应该和形态结合起来看,这样对于一个词的语法特点才能看得全面。举例来说,形容词和动词在组合能力方面并没有很大的差别,但是,在形态方面,形容词能有嵌音,而一般动词不能有。在双音词重迭的时候，如果是动词，一般总是迭词不迭字（"研究研究、商量商量"）；如果是形容词，一般总是迭字不迭词（"清清楚楚、高高兴兴"）。这样，划分词类就容易了。

有些词类的语法特点，在《汉语》课本里虽然没有说，或没有明白说，但是它们也都是有语法特点的。

拿数词来说，它在现代口语里一般不能直接和名词组合（我们只说"五个苹果"，不说"五苹果"）。这就是数词的语法特点，使它和形容词区别开来。

拿量词来说，它能和数词组合来表示数量。这是量词的语法特点。

虚词在句子里所起的作用也可以认为是它们的语法特点。举例来说：

介词在句中的作用是和名词或代词合成介词结构，从而使这个结构成为状语或补语。

连词能够把两个词或者比词大的单位连接起来。

助词附在一个词、一组词或者一个句子后边，表示一些附加的意义。

除了形态和组合能力以外，某些词还有其他的语法特点，例如：

动词能够用肯定否定相迭的方式表示疑问。

形容词能够用肯定否定相迭的方式表示疑问。

副词一般不能单独回答问题。

介词不能单独使用。

由此看来，汉语的各个词类并不是没有语法特点的。有了语法特点，词的语法分类就成为可能。这是很重要的，因为如果没有语法特点，单凭意义来分类，就等于承认汉语语法上并没有词类了。

（三）词的意义和语法特点的关系

谈到这里，有人会问：词的意义和语法特点有没有关系呢？我们认为它们之间是有关系的，而且关系是很密切的。

各个词类的语法特点并不是从天上掉下来的，而是由各个词类的意义关系，配合着语言的民族特点，产生出来的。

举例来说，动词后面经常带上"了、着"等，这是汉语动词的语法特点。但是，"了"字表示动作、变化已经完成，"着"字表示动作、变化正在进行，假使不是具有动作、变化的意义的词，试问它们怎能带上"了、着"等字呢？因此，在"来了、坐着"这一类的结构中，与其说因为有了"了"和"着"才使"来"和"坐"形成了动词，不如说因为"来"和"坐"具有动作的意义，才具有带上"了"和"着"的能力。

再举例来说，代词前面一般不受别的词类的修饰（5·61、5·63、5·67）。代词之所以有这个语法特点，正是它的意义所造成的。我们知道，一般的修饰语总是把被修饰的词的意义范围缩小的，例如"山"字前面加"高"字来修饰之后，就只指"高山"，而不高的山就不在内了。这样，加修饰语就是限制了意义范围。代词的意义范围是不可能被限制的，"我"就是"我"，不可能说"高我"，因为不可能另有一个"矮我"。

拿俄语来说，俄语的名词有阴性、阳性、中性等，因为动物本是有性别的，非动物也连带有了性别。动词有第一人称、第二人称、第三人称，因为行为总有一个施事者，而施事者不是第一人称（我、我们），就是第二人称（你、你们）或第三人称（他、他们）。

但是，有一点必须注意：词类的意义只是有可能产生某种语法特点，并不是必然产生某种语法特点（特别是词的形态）。因此，俄语名词有性的变化，而汉语的名词没有；俄语的动词有人称的变化，而汉语没有。

（四）词汇·语法范畴

现在我们的《汉语》课本的词类划分是基本上依照词汇·语法范畴的原则的。为了使大家更彻底地了解汉语词类划分的标准,让我们谈一谈词汇·语法范畴。

先讲什么叫做范畴。"范畴"本来是哲学名词,指的是最一般、最本质的概念。把最一般、最本质的概念分成若干大类,叫做范畴。《书经·洪范》有"九畴","九畴"指的是"大法九类",所以人们摘取"洪范九畴"里面的"范畴"二字,来翻译西洋哲学上最一般、最本质的概念。简单地说,"范畴"和"种类"的意义比较近似。由于范畴包含有种类的意思,所以语法范畴才和词类有关。有些人把"范畴"和"范围"混为一谈,那完全是错误的。

再讲什么叫做语法范畴。这可以从两方面来看:一方面,从各种形态所表示的语法意义来看,例如俄语名词、形容词、动词都有数的范畴,名词、形容词都有格的范畴,名词、形容词和过去时的动词都有性的范畴,等等;另一方面,从各类词的本身来看,则有名词范畴、动词范畴等。无论从哪方面看,语法范畴和词类的关系都非常密切。就后一种说法来看,可说语法范畴实际上就是词类。

近代和现代有许多语法学家都认为单凭语法范畴来划分词类是不够的和不很合理的,因为如上面所说,词类和词义有必然的关系,而且可以说没有词义也就没有词类。谢尔巴院士说过(转引《中国语文》1955 年 1 月号,第 5 页):"与其说是因为它们变格,我们才把 стол(桌子)、медвецъ(熊)等等列入名词,毋宁说是因为它们是名词,我们才叫它们变格。"因此,在苏联有很多语法学家都同意这一点:就是划分词类所根据的标准不仅仅是语法范畴,而是词汇·语法范畴。

对汉语语法来说,在划分词类的问题上,词汇·语法范畴尤其重要。苏联汉学家龙果夫教授说(转引同上):

　　这种式样的词的种类,每一类都具有基本意义上和语法特征上(在汉语中,首先是句法上,其次才是形态上和语音上)的共同性,我们称之为词义·语法种类,或是词义·语法范畴。

　　我们说词义·语法范畴而不单纯的说语法范畴,因为决定汉语的词的句法功能和词的各种句法上联系的是词的意义。

我们只有遵守词汇·语法范畴(也就是词义·语法范畴,这只是译名的分歧)的原则,然后词类的划分才是正确的;专凭词义和专凭语法特点都是不妥当的。

三 划分词类的具体问题

我们在上面说过,划分词类的标准在汉语语法中是一个很严重的问题,就是因为语法学家们在划分词类的具体问题上有着很多的争论。如果大家同意上面所说的标准(《汉语》课本基本上遵照了这个标准),争论就会少一些(完全没有争论是不可能的);如果大家不同意上面所说的标准,争论就更多了。

现在我们分三方面来讨论这个问题。

(一)交错现象

交错现象是指某一类词和另一类交错。既然我们要凭语法特点来区别词类,那么,在归类问题上就要考虑哪些词依照它们的语法特点是属于哪些词类的。拿上文所举的"成绩"和"成就"来说,它们都是属于名词一类的,因为它们都具有名词的语法特点,譬如说它们前面都不能加副词;"完成"和"造成"是属于动词一类的,因为它们都具有动词的语法特点,譬如说它们前面都能加副词("不完成、不造成、再完成、再造成"等),而且它们后面都能带"了"字("完成了任务、造成了损失"等);"完备"和"完整"是属于形容词一类的,因为它们都具有形容词的语法特点,譬如说它们前面都能加副词("不完备、不完整、很完备、很完整"等),而且都能修饰名词("完备的装置、完整的机器"等)。但是,在汉语里,我们也必须承认:有些词是兼属两类的,因此某一类词和另一类词之间是存在着交错现象的。现在我们把各种交错现象分别加以讨论。

1. 名词和动词的交错现象

名词和动词的交错,主要是由于动词的名物化。某些动词,通过了名物化的过程,最后完全变了名词。例如"思想"这个词,从前还有人说"思想起来"(京剧《四郎探母》),但是现在一般人不再把它当动词用了,只把它当名词用("打通思想、思想进步"等),这样倒也简单,不发生词类的交错问题。上文所举的"成就"也是属于这一类的。

但是,有些动词经常名物化,经常到了那种程度,它已经具有名词的一切语法特点;同时,在另一些场合它们又保存着动词的一切语法特点。这样,当区分词类的时候,我们不能不说:它们既是动词,又是名词。举例来说,"批评"显然是一个动词,因为它的前面能加副词("不批评、再批评"等)或加状语("尖锐地批评了他一顿"),又能用作谓语("我批评他");但是,在"接受批评、抗拒批评、尖锐的批评、群众的批评"这一类结构里,它又显然是名词,因为在"接受"和"抗拒"的后面,"批评"处于宾语的地位,在"尖锐"的后面,"批评"受形容词定语的修饰,在"群众"的后面,"批评"受名词定语的修饰。有一部分动词如"工作、建筑"等,都是兼属名词的。

2. 名词和形容词的交错现象

名词和形容词的交错,主要也是由于形容词的名物化。举例来说,"秘密"显然是一个形容词,因为它的前面能加副词("不秘密、很秘密"等);但是,在"保守秘密"这一类结构里,它又显然是名词。

我们要看形容词名物化的程度深浅来判断它们是否兼属名、形两类。可以拿能不能加量词作为一个标准。举例来说,"秘密"之所以是名词,是由于它的前面能加"一种"("这是一种秘密");"热闹"就不能认为名词,因为我们不能说"一种热闹"(至少是不顺口)。虽然我们能把许多形容词用作宾语,如"我喜欢热闹、你喜欢安静"等,但那仅仅是名物化而已,这一类名词还不能认为兼属名词。

3. 动词和形容词的交错现象

动词和形容词的交错，往往是由于形容词转化为动词。举例来说，"端正"本来是一个形容词（"五官端正"），但是现在我们说"端正了我们的学习态度"，"端正"变了动词。"丰富了展览会的内容"的"丰富"，"密切了党和群众的联系"的"密切"等，都是属于这一类的。转化以后，如果在别的情况下仍旧用作形容词，它们就兼属形、动两类了。

4. 动词和介词的交错现象

动词和介词的交错，是因为介词多数是从动词演变而来的。有些词虽然经常用作介词，但同时仍旧保存原来的动词性质，具有动词的语法特点。《汉语》课本说（5·80）："'在'和'到'经常具有动词的一般特点和介词的特点。它们是属于两类的词。"又说（5·88）："'比'有时作动词（如'我们俩比一比、我比不过你'），但经常作介词，用来表示性状的比较和程度的差别。"实际上，"在、到"和"比"在古代都是十足的动词；它们用作介词是后起的现象。它们的旧语法特点和新语法特点同时存在于现代汉语里，它们就兼属动、介两类了。

5. 名词和量词的交错现象

名词和量词的交错，是由于量词来自名词。最明显的情况是像"一杯茶"的"杯"、"一桌菜"的"桌"、"一床被"的"床"等。一方面，"杯、桌、床"等用作量词；另一方面，在另一些情况下，它们仍旧是名词。仔细分析起来，"杯、桌"还不是十足的量词，因为"杯"是容器，"桌"是类似容器的东西；但是像"一床被"的"床"却是十足的量词，因为"床"在这里和容器无关，"一床被"的"床"和"一条被单"的"条"不但在语法特点上没有分别，而且在词汇意义上也差不多。但是，"床"在另一种情况下（如"一张床"），又是十足的名词。

词类交错的现象很复杂，有许多地方尚待更深入的研究，所以我们只谈到这里为止。

词类交错，会不会因此完全泯没了汉语各种词类之间的界限，从而使汉语词类的区分成为不可能呢？我们认为不会的。既然只是交错，那就不是混同。古人说两个邻近的国家"犬牙交错"，意思只是说它们交界的地方并不是直线划分的，而是两国的边疆互相插入，这样并不是说两个国家就混合成为一个国家。

举例来说，动词和形容词虽然有一部分名物化了，在一定情况下具有名词的语法特点，但是，从另一方面看，名词一般不用作动词和形容词。"天、地、水、火、眉、眼、脸、牙、政治、法律、哲学、文学"之类——换句话说，即绝大部分的名词——都仅仅具有名词的语法特点，这样，名词的独立性就非常突出。我们虽然也承认汉语各种词类之间的界限不像西洋语言（特别是俄语等）那样清楚，因此词类交错的现象也比西洋语言多些，但是，如果从此引出汉语无词类的结论，那还是不对的。

（二）兼类现象

兼类现象是指个别的词兼属于两个词类。实际上，兼类现象和交错现象只是一件事情的两面。从词类出发，我们要看词类和词类之间有没有交错现象；从个别的词出发，我们要看它只隶属于一个词类呢还是兼属两个以上的词类。

假定我们编写一部词典，我们不能不在每一个词的底下注明它属于哪一个词类。在大多数情况下，每一个词只应该属于一个词类，例如："天"，名词；"热"，形容词；"走"，动词；"再"，副词，等等。但是，也有一小部分的词是兼属两类的，例如"科学"，名词（"语言科学、科学方法"），又形容词（"他的研究方法很不科学"）；"报告"，动词（"报告上级"），又名词（"做个报告"），等等。

有一种情况很像兼类现象，其实并不是兼类现象。有时候，本来是两个词，它们的来源不同，因此意义也不同，语法特点也不同，只是碰巧用同一个字表示。我们不应该为字形所迷惑，而应该把它们认为毫不相干的两个词。举例来说，在古代，"雲"和"云"是不同的；"雲"是名词，"云"是动词。最近汉字简化，"雲"简化为"云"（同音代替）。我们能不能说"云"字兼属名词和动词两类呢？这显然是不能的。撇开简化字不说，也还有不少不同来源而同字形的词。例如"打"字，既是动词（"打人"），又是集体量词（"一打毛巾"）。但是我们知道，量词的"打"是英语 dozen 的译音，和动词的"打"毫无关系。若以北京话来说，这两个"打"字的声调并不相同（前者念阳平，后者念上声），更不是同一个词。如果我们编写词典，量词的"打"应该另立一条。我们绝对不能说"打"字兼属动词和量词。

即使同一字形的两种意义在历史上有一定的关系，只要一般人不意识到这种关系，虽然字形相同，字音相同，也应该认为不同的两个词（或三个词），因此也不发生兼类的问题。例如"点"字，"点灯"的"点"、"三点钟"的"点"、"污点"的"点"虽然同一来源，我们不能说这是一个词兼属动词、量词和名词；又如"刀"字，"钢刀"的"刀"和"一刀纸"的"刀"虽然同一来源，我们不能说这是一个词兼属名词和量词；又如"该"字，"该做不该做"的"该"和"该他五块钱"的"该"可能也属于同一的来源，但是我们也不能说这是一个词兼属于能愿动词和一般动词。如果按照这一个标准来衡量，我们将看见汉语词类中的兼类现象并不像一般人所想象的那样，成为汉语词类划分的严重障碍。

（三）转类问题

汉语词类划分问题的主要争论在于转类问题。转类问题牵涉到句本位问题。有些语法学家认为：汉语的词类是从句子的结构中显示出来的；离开了句子，汉语的具体的词应当属于哪一个词类，无从分辨清楚。有人举一个譬喻来说明汉语词类的这种特点：

在戏剧和电影中,同一演员在这部剧本里可以扮演皇帝,在另一部剧本里可以扮演叫化子(严复在他的《英文汉诂》里有过这种说法;三十年前我做研究生的时候,我的毕业论文也采取了类似的说法)。譬如说,凡用作主语和宾语的,一律认为名词;凡用作定语的,一律认为形容词;凡用作状语的,一律认为副词。这样,从表面上看,好像很简单而容易地解决了汉语词类的问题。

其实,问题并没有真正解决。我们知道,主语、宾语、定语、谓语、状语等,只是指词在句中的职务来说的,它们和词类虽有密切的关系(见下节),但是它们和词类毕竟不是同一的东西。名词、形容词、动词、副词等词类的辨认,这是词法方面的事情;主语、宾语、定语、谓语、状语等句子成分的辨认,那是句法方面的事情。二者不能混为一谈,否则结果会走向"一线制"。所谓一线制,就是不需要两套名称:或者只用句子成分的名称就够了,或者只用词类的名称就够了。一线制在事实上是否定了汉语词类划分的可能性。

根据词在句中的职务来划分词类,那就可以说汉语词无定类。事实上,某些汉语语法学家也的确公开地承认汉语词无定类。我们认为:说汉语词无定类和说汉语没有词类在本质上是一样的,只不过措词不同罢了。

在第二章里,我谈到词的语法特点的时候,也谈到词的组合能力。从组合能力来判定词类,和从句子结构来判定词类,二者之间有没有分别呢?我认为是有分别的。所谓组合能力,往往只指一个词和另一个词的组合,非但不能成为一个句子,甚至不能成为一个复杂仂语(词组),例如我们说名词不能和否定副词"不"字结合,这就不牵涉到句子成分的问题。有时候,也可能牵涉到句子成分的问题,例如我们说动词可以单独用作谓语,谓语当然是一种句子成分,但是,当我们说明这个规律的时候,是从千万个句子当中抽象出来这个规律,并不是临时在某一个具体句子中指出某一个词,说它由于在这一句子中所担任的职务,才认定它是动词。特别是当我们说名词不能单独用作谓语的时候,更不是从某一个具体句子出发来辨别词类的,而只是从它的组合能力来看问题。

我们虽然承认汉语的词类有兼类现象,但是我们不承认有转类现象。承认有兼类现象,是承认某些具体的词具有两个词类的语法特点;不承认有转类现象,是不承认词无定类的说法。我们不能说,词的本身没有任何语法特点,有了具体的句子,才能辨别词类。我们必须强调词有定类,类有定词。从《汉语》课本看来,兼类现象只是少数的现象,比从句子成分判定词类的方法所造成的转类现象要少得多。现在举出几种主要的情况来谈:

1. 名词的转类问题

《汉语》课本说名词可以用作定语(5·25),这是和某些语法书不同的。某些语法书认为所有的定语都是形容词。《汉语》课本所举的两个例子:"正面墙上挂满了模范红旗""邮局的检信员让他查了查信",其中的"模范"和"邮局"依某些语法书的体系是应该属于形容词的,而《汉语》课本认为它们是名词。《汉语》课本这样做,就解决了将近一半的转类问题。现在我们来讨论一下:《汉语》课本这种处理方法合理不合理呢?

我认为是合理的。"莎士比亚的作品"在英语里是 the works of Shakespeare,"莎士比亚"被认为介词后的名词;在俄语里是 произведеиия Щекспира,"莎士比亚"被认为名词定语,没有任何语法书把用于定语的名词认为是形容词。《马氏文通》(中国人所写的汉语语法的第一部著作,马建忠著,书成于 1898 年)也说(校注本,上册 15 页):"凡数名连用而意有偏正者,偏者居先,谓之偏次。"所谓偏次,也就是名词定语。因此,我们不把名词定语看做形容词,是有理论根据的。

2. 代词的转类问题

当人称代词作为定语的时候,也引起转类的问题。例如"你父亲"(或"你的父亲"),"她姐姐"(或"她的姐姐"),对于主张句本位的人来说,也应该把"你"和"她"认为形容词。但是,实际上,在中国语法学界中,似乎并没有人这样归类过。因此,这里就不讨论了。

当指示代词作为定语的时候,有人依照英语语法,把它们认为指示形容词。这样,同是一个"这"字,在"这是我买的"里,"这"是指示代名词,在"这书是我买的"里,"这"又变了指示形容词,这样又是词无定类了。由此类推,"这么"和"那么"还应该认为"指示副词",因为"这么"和"那么"经常被用在状语的地位("他来得这么快""我吃不了那么多")。

问题之所以如此纠缠不清,是由于传统的西洋语法把代词看做是名词的代替物,所以叫做代名词。就汉语的特点来看,我们没有必要把它叫做代名词;只叫做代词就行了。既然是代词而不是代名词,它的职务就不仅仅是代替名词,而是可以代替形容词、副词等。这样,也就不发生转类问题了。

在疑问代词当中,"谁"是和人称代词相当的,"什么、哪、怎么"等是和指示代词相当的。这里不讨论了。

3. 形容词的转类问题

《汉语》课本(5·55)承认形容词有名物化用法("语言的生动,形象的鲜明,是这篇小说的特点")。这就是说,形容词在一定的格式里丧失了本身的一些语法特点,同时取得了名词的一些特点。既然只有在一定的格式里才能名物化,可见它们本身不是名词。这样分别词类,是和某些语法书不同的。我同意这种分类法,因为这样是比较合于客观事实,"生动"和"鲜明"一类的词,它们经常所处的地位是定语或谓语的地位,用作主语或宾语(名物化)只是它们的临时职务。

当形容词用作状语的时候,对于转类论者来说,更是纠缠不清。同是一个"快"字,在"特别快车"里,由于"快"用作定语,被认为形容词;在"快走"里,由于"快"用作状语,被认为副词。其实,"快"在用作状语的时候,仍然可以认为形容词,它没有丧失形容词的语法特点,并不因为它在句中职务不同而变更它的词性。《汉语》课本把"他每天来得最早,走得最晚"里的"早"和"晚"认为形容词,又把"屋子打扫得干干净净的"里的"干干净净"认为形容词(5·49),那是完全合理的。

4. 动词的转类问题

《汉语》课本(5·37)承认动词有名物化用法("党和政府非常关心青年们的学习")。这就是说,动词在一定的格式里丧失了本身的一些语法特点,同时取得了名词的一些特点。既然只有在一定的格式里才能名物化,可见它们本身不是名词。理由和上文所述形容词名物化的理由相同。

当动词用作定语的时候,它并没有丧失动词的语法特点,所以它并不像某些语法书所说的,已经转变为形容词。例如"喝的水必须是烧开了的"(《汉语》课本5·36),"又过了九日,是我们启程的日期"(5·132),"喝"和"启程"虽然处在定语的位置,并不因此就转变为形容词。

动词偶然用作状语("机器轮子飞快地转")。但是,用作状语的动词更不能认为已经转变为副词,否则势必得出词无定类的结论。拿"飞"字来说:假使我们认为"鸟飞"的"飞"是动词,"飞鸟"的"飞"是形容词,"飞快"的"飞"是副词,"鸟的飞,兽的走"的"飞"是名词,那不是词无定类吗? 那又和主张汉语无词类的人们有什么区别呢?

总之,必须强调词有定类,类有定词。在汉语词类划分的问题上,兼类现象只是一种特殊现象,不是一般现象,决不可以随时按照词在句子的职务来划分词类,以致无所不通,无所不转。必须认定:词的意义和词的语法特点结合起来就构成了词类划分的标准;我们不需要从句子的结构上区别词类。

（四）个别词的归类问题

个别词在归类上显得特殊一点。就一般情况来说,甲类词和乙类词之间的关系是一致的。举例来说,我们把介词和连词分成两类,绝大多数的介词和绝大多数的连词都是可以这样分开,没有什么纠葛的。但是,"和"字的情况就比较特殊:它既是连词("我和你都是少先队队员"),又是介词("我和你说过我已经申请加入少先队")。像这一类的情况,就应该当做特殊问题来处理,不可以因此泯灭了两个词类的界限,更不可以因此得出结论,说介词和连词的区别是完全由句子结构来决定的。

名词和动词的界限是很清楚的;它们的语法特点大不相同。动词名物化的情况虽然多见,但名词动作化的情况却是非常少见。在动词名物化的时候,我们已经不能说动词变了名词,至于名词动作化呢,可以说基本上没有这回事。但是,这并不妨碍个别的名词身兼两职;它既是名词,又是动词,例如"奶"字,在"吃他母亲的奶"里,它是名词;在"她自己奶孩子"里,它是动词。又如"包"字,在"包个包儿"里,第一个"包"是动词,第二个"包"是名词。但"包"和"奶"的情况还是不同的;"奶"后面不加辅助成分,"包"后面加辅助成分"儿"字。

说到辅助成分"儿"字(有人称为词尾),我们顺便谈一谈北京话里动词的转化为名词。在北京话里,有些动词加"儿"就变了名词,例如"唱个唱儿、打个穿儿、打个截儿、俩人是新交儿、一截儿木头、没了救儿了、鸡打了鸣儿了、捻个捻儿、没有盼儿、卷成一个卷儿"等。这些加"儿"的动词应该认为已经转成名词,因为它们已经具备了名词的一切特点。

但是,我们不能因此泯灭了名词和动词的界限。像"天、地、山、水"等,绝大多数的名词都不能转化为动词;像"说、哭、走、跑"等,绝大多数的动词都不能转化为名词。

总之,要区别一般和特殊,才能全面看问题,不至于认为词无定类或汉语无词类。

(五)例外问题

我们一方面肯定汉语的词能分类,另一方面也承认汉语的词有兼类现象,就无所谓例外了。但是这里我们还想谈一谈极端特殊的一些情况,也可以说是例外吧。因为有些语法学者喜欢找一些很特殊的例子来否定一般,所以这里谈一谈例外问题还是有必要的。

如果从句本位的观点出发,又如果找一些偶然的例子来充数,几乎可以说任何一个词都能具备名、动、形三性。刚才我们说,像"天、地、山、水"等,绝大多数的名词都不能转化为动词,可能就有人援引古书来辩驳,例如《公羊传》说过"何以不地?""地"字被用作动词。撇开古书不提,在现代汉语里也可以找出一些突出的例子。下象棋的人们可能说"用象象了他的马",第二个"象"变了动词。有的不担任行政工作的人在整风的时候说"我们无官可僚","僚"字变了动词。这一类不合汉语规范的例子,可能被某些人引用来说明词无定类(当然所举的例子和上面所举的不会相同,但是性质是差不多的)。再举例来说,连词和名词、动词应该可以区别开来了吧? 但是,有这样一个故事:从前有个学生作文喜欢滥用"而"字,老师给他一个批语说:"当而而不而,不当而而而,而今而后,已而,已而!"这里的"而"字有作连词用的,有作动词用的,有作名词用的。岂不是连词和名词、动词都打通了吗? 再举例来说,助词和名词应该可以区别开来了吧? 但是,当我们说"'呢'和'吗'都是助词"的时候,"呢"和"吗"作为主语,就带有名词的性质,岂不是名词和助词之间也没有明确的界限了吗?

我们认为这些说法都是很不妥当的。像"当而而不而,不当而而而"之类,是游戏的文章,不是语言的正轨;像"'呢'和'吗'都是助词"之类,是把"呢"和"吗"看成被判断的事物,它们并不是以助词的资格出现的。

词类的划分问题,还有许多值得讨论的地方,我们不说《汉语》课本的划分法可以作为定论(我个人虽然在大多数情况下同意这种划分法,但也有不同意的地方)。但是,讨论的时候,要从词的语法特点去讨论,而不是以偏概全,以特殊代替一般,甚至以偶然的现象作为词无定类的理论根据。这一点是应该肯定的。

四 词类和句法的关系

我们虽然反对句本位的词类划分法,但并不是说,词类和句法没有任何关系。相反地,词类和句法之间是有着密切的联系的。现在分为两方面来讨论。

(一)词类和句子成分的关系

词类和句子成分的关系,主要是指实词和句子成分的关系。副词虽属于虚词一类,但它带有几分实词的性质,所以也和句子成分发生关系。依据《汉语》课本的说法,实词、副词和句子成分的关系是这样:

名词的主要用途是:作主语;作宾语;作谓语;作定语(5·25)。

动词的主要用途是作谓语(5·36)。

形容词的最主要的用途是作定语(5·54)。

数量词的用途是:表示物量的数量词经常用在名词前边,作名词的定语;表示动量的数量词经常用在动词后边,作动词的补语(5·60)。

代词的用途跟它们代替的词类的用途相同(5·62)。

副词的基本用途是作状语(5·72)。

现在我们分别讨论这五种词和句子成分的关系。

1. 名词 名词为什么经常被用作主语和宾语呢？这是和名词的意义有关系的。主语是谓语陈述的对象,指出谓语说的是谁或者什么(5·13),宾语是动作的对象,指出动词说的是谁或者什么(5·14),对象一般是人或事物,而名词正是表示人或事物的(5·21)。

名词为什么经常被用作定语呢？我们知道,定语是用来回答"谁的？什么样的？多少？"这类问题的(5·16)。在提出"谁的？"这一问题的时候,问话人是想要知道某一个人或某一件事物是隶属于什么人的,因此,这个"谁的？"就必须用名词来回答,例如:"谁的儿子？——张三的儿子""谁的书？——老师的书"。和"谁的？"性质相同的问题是"什么东西的？""什么地方的？"等等,例如:"什么东西的价钱？——书的价钱""什么地方的书？——图书馆的书"。

除了表示隶属关系必须用名词以外,在回答"什么样的？"的问题的时候,也有可能用名词,例如:"你和他是什么样的关系？——亲戚关系""你买的是什么样的书？——物理学的书"。

名词为什么能被用为谓语呢？我们知道,就一般说,名词是不能单独用作谓语的,一般要求前边有判断词"是",构成合成谓语(5·22)。而判断词所判断的,一般只有两种情况:其一,主语和谓语所表示的是同一的人或事物,例如"他是我的父亲""北屋是合作社的办公室""最早的文学是民间口头的文学"。其二,主语所表示的人或事物是属于谓语所表示的人或事物的一类的,例如"他是好人""合作社是我们的共同事业"。无论是第一种情况或第二种情况,判断词后面的谓语都表示人或事物,而名词正是表示人或事物的,所以适宜于作判断词后面的谓语。

2. 动词　动词为什么经常被用作谓语呢？谓语是对主语加以陈述的(5·13);所谓陈述,最主要的是叙述一件事情。而所谓事情,就是人或事物的动作、发展变化、心理活动和其他活动;就动词的意义来说,它正是适宜于表示这些活动和变化的(5·29)。

3. 形容词　形容词为什么经常被用作定语呢？这是因为人或事物都有一定的形状或性质(5·48),我们说到人或事物的时候,往往把那人或那事物的形状或性质同时说了出来,例如"大树、小狗、好马、香花"等等。定语的用处正是在于指出事物的所属、性

状或者数量(5·16),而就形容词的意义来说,它正是适宜于表示
事物的性状的。拿形容词的意义和定语的用处结合起来看,我们
能很清楚地看出二者之间的密切关系。

　　形容词又能表示动作或者行为的状态(5·48),而状语的用
处之一也正是表示动作或者行为的状态(5·17)。因此,形容词
和状语也有一定的关系("慢走、愉快地歌唱")。此外,形容词也
可以作补语("做得好、跳得高")。

　　当形容词放在名词前面的时候,一般是用作定语的;但是,当
形容词放在名词后面的时候,一般是用作谓语的(比较"大树"和
"树大")。这是把人或事物的性状抽出来,放在陈述部分。

　　形容词虽然和状语、补语、谓语都发生关系,但是这种情况比
用作定语的情况要少一些,所以《汉语》课本里说"形容词的最主
要的用途是作定语"(5·54),这种说法是有分寸的。形容词除了
用作定语以外还有其他的主要用途,不过比较起来,定语的用途最
为重要罢了。

　　4. 数量词　　数量词作为一个整体来看(数词+量词=数量
词),它的作用大致等于一个形容词或一个副词。

　　(1)表示物量的数量词　　经常用在名词前边,作为定语,可见
作为一个句子成分来看,它的作用是和形容词的作用差不多的。
但也有不同之处:形容词能用作状语和谓语,表示物量的数量词一
般不能用作状语和谓语。

　　(2)表示动量的数量词　　经常用在动词后边,作为动词的补
语(如"去一次、打两下")。动词的补语,其性质和动词的状语差
不多,只不过一个放在动词后边,一个放在动词前边罢了。所以我
们说,表示动量的数量词的作用大致等于一个副词。

　　5. 代词　　为了分析得仔细一点,我们把人称代词、疑问代词
和指示代词分别加以讨论。

　　(1)人称代词　　可以作:主语;谓语(前边加判断词"是");宾

语;定语(5·62)。在这种情况下,代词所代替的是名词,可以称为代名词。

(2)疑问代词　可以作:主语;谓语;宾语;定语;状语;补语(5·64)。为什么它的用途那样复杂呢? 因为有些疑问代词是代替名词的,如"谁、什么、哪儿"等,它们像名词一样,可以用作主语、宾语和定语,前边加"是"还可以用作谓语;有些疑问代词是代替形容词的,如"什么样、怎么样"等,它们像形容词一样,可以用作定语,"怎么样"还可以用作状语、补语和谓语;有些疑问代词是代替数量词的,如"几、多少",它们像数词一样,可以用作定语。有些疑问代词是代替副词的,如"怎么、怎样、多会儿、几时"等,它们一般只用作状语。

(3)指示代词　跟疑问代词一样,也可以作:主语;谓语;宾语;定语;状语;补语(5·67)。有些指示代词是代替名词的(代替词组或句子时,其作用和代替名词相同),如"这、那、这个、那个"等,它们像名词一样,可以用作主语、宾语和定语,"这个"和"那个"前边加"是"还可以用作谓语;有些指示代词是代替形容词的,如"这样、那样"等,它们像形容词一样,可以用作定语、状语和补语,前边加"是"还可以用作谓语;有些指示代词是代替数量词的,如"这么些、那么些"等,它们像数量词一样,可以用作定语;有些指示代词是代替副词的,如"这么、那么、这会儿、那会儿"等,它们一般只用作状语。

6. 副词　副词和句子成分的关系很简单:副词一般只用作状语("他的衣服太脏了")。只有极个别的例外,如"极、很"和"突然"可以用作补语("多极了、好得很、来得突然")。

(二)词类和句子结构的关系

除副词外,虚词不能用作句子成分;但是,有些虚词却可以助成句子的结构,它们是句子结构的要素,是句子的脉络。这些虚词是:结构助词;介词;连词。现在分别加以叙述。

1. 结构助词　结构助词是助成结构的语法工具,例如:

(1)"的"　表示它前边的词或者词组是定语,它把这个定语和主语或者宾语联系起来("中国的边疆、他的书");"地"表示它前边的词或者词组是状语,它把这个状语和谓语联系起来("他愉快地歌唱")。

(2)"得"　用在动词或者形容词后边,表示在"得"后边的是补语。它把这个补语和谓语联系起来("我走得很快")。

2. 介词　介词的作用,一般是把谓语部分里边除宾语以外的名词(或代词)介绍给谓语,所以它叫做介词。举例来说,在"他对于这个问题提出了自己的看法"这一个句子里,主语是"他",谓语是"提出","看法"是宾语,"自己"是用来修饰宾语的定语,"问题"在这里是宾语以外的名词,"这个"是用来修饰"问题"的定语。"问题"既不是宾语,就不能直接地和谓语结合,所以需要介词来介绍。有些语法书也把介词后的名词叫做宾语,那是介词后的宾语,也叫做间接宾语,和《汉语》课本里所谓宾语不同。

上面说过,除副词外,虚词不能用作句子成分;但是,《汉语》课本说"介词结构的基本用途是状语"(5·78),状语不是句子成分吗? 这不是和《汉语》课本的说法有矛盾吗? 我们说没有矛盾。

介词结构,作为一个整体来说,它是可以作状语的,因为介词结构里边包含着实词(名词或代词),和简单的介词不同。在上面所举的例句中,"对于"本身并不是状语,但"对于这个问题"却是状语。

3. 连词　连词的用途是把两个词或者比词大的单位连接起来(5·89)。连词可以大致分为两种:其一,它在两个或更多的词或词组的中间起着联系的作用("和、与"等);其二,它在两个或更多的句子的中间起着联系的作用("但是、如果"等)。

副词既然是虚词,它们有时候也起着一定的结构作用。因此,某些副词可以跟连词配合,互相呼应(5·75)。

　　由上述的许多语言事实看来,词类和句法的关系还是很密切的。特别是在汉语里,词类和句法的关系比西洋语言更加密切。我们一方面否认句本位的词类划分法,主张把词类的意义和语法特点结合起来看问题;另一方面也不要忘了词类和句法的有机联系。特别是虚词方面,它们和句法的关系更不容否认,因为拿介词和连词来说,撇开了句子结构它们就得不到恰当的说明。即以语气助词而论,它们既然用于句末,也就不能说和句法没有关系。真正和句子结构没有关系的,恐怕只有叹词一类。但是,叹词有时候被借用为动词或名词(例如老舍《骆驼祥子》"他啊了一声""打了句哈哈");当它活用的时候,它仍然是和句子结构发生关系的。

汉语的词类

一　什么是词？

　　词是语言的最小单位。大多数的词都表示一种概念；而有的词并不表示概念，只表示词和词之间的关系，或句和句之间的关系，甚至有些词只表示一种语气。

　　表示概念的词，叫做实词，也可以叫做概念成分，例如：

人　物　手　脚　山　水　草　树　牛　羊　骆驼　葡萄
国家　世界　政治　经济　科学　艺术　社会　阶级
大　小　多　少　红　黑　容易　艰苦　老实　诚恳
积极　勇敢
说　笑　打　闹　学习　劳动　工作　创造　斗争　结合
发展　研究　进行

　　不表示概念的词，叫做虚词，也可以叫做语法成分。为什么叫做语法成分呢？因为句子靠它们来组织或润饰。如果说实词是句子的骨骼，虚词就是血脉，例如：

与　且　但　而　于　以　则　虽　因为　难道
吗　呢　吧　啊　呀　唉　哦　哎呀　呸　哈哈

　　一个词可能是一个字，也可能是两个以上的字。一个字的词叫做单音词，两个字以上的词叫做复音词，也可以叫做双音词、三音词，等等。

　　假定有两个相连的字，咱们怎么知道是一个词或两个词呢？

一般地说,要看这两个字中间能不能插进另一个字,例如"白马",这是两个词的组合,因为咱们可以说"白的马"。但"黄河"只是一个词,因为它是某一条河的专名,并不等于说"黄的河"。"香烟"也只是一个词,因为并不是"香的烟"的意思。"火车、银行"之类也是双音词;火车是一种交通工具,并不等于说"火的车";"银行"是一种金融机关,并不是存银的地方。

下面的一段话,是依照词儿连写的规则写下来的。凡是复音词,就把两个或更多的字连在一块儿写:

> 人民　民主　专政　需要　工人　阶级　的　领导。因为只　有　工人　阶级　最　有　远见,大公无私,最　富于　革命　的　彻底性。整个　革命　历史　证明,没有　工人　阶级　的　领导,革命　就要　失败,有了　工人　阶级　的　领导,革命　就　胜利　了。在　帝国主义　时代,任何　国家别的　任何　阶级,都　不　能　领导　任何　真正　的　革命　达到　胜利。中国　的　小　资产　阶级　和　民族　资产　阶级　曾经　多次　领导　过　革命,都　失败　了,就是　明证。(毛)①

由上面的例子可以看出来,词的标准并不十分严格。像"大公无私",依它本来的意义看来,尽可以分成四个词,至少可以分成三个词("大公、无、私")或两个词("大公、无私")。"远见"和"明证"都可以分成两个词。"专政、彻底性"和"多次"也可以分成两个词。甚至"帝国主义",照字面来说,也可以分成两个词,甚至三个词。这种两可的情形是有的,但不能因此就说漫无标准。像"领导、革命、阶级、历史"之类,决不能认为两个词;"最有、都失败、多次领导"之类,决不能认为一个词。

---

① 举例限于毛泽东、鲁迅、丁玲、老舍、赵树理五家,分别注上"毛、鲁、丁、老、赵"字样,不通的例子,大部分借自吕叔湘、朱德熙在《语法修辞讲话》中所批改的例句。

当两个以上的字,本来可以认为两个以上的词,但为方便起见,只认为一个词的时候,这种词可以称为组合词。

二　词的分类

汉语的词,大致可以分为九类:

(一)名词　表示实物的词,叫做名词。思想、意识之类,虽不是实物,而是物质的反映,所以也是名词。国家、社会之类,是人类集体的表现,所以也是名词。政治、经济、法律之类,是社会的制度或生产关系,所以也是名词。科学、艺术、文学之类,是人类活动的具体表现,所以也是名词。

在武松看来,景阳冈上的老虎,刺激它也是那样,不刺激它也是那样,总之是要吃人的。(毛)

我们现在的任务是要强化人民的国家机器,这主要地是指人民的军队,人民的警察和人民的法庭,借以保护国防和保护人民的利益。(毛)

名词之中,有一种叫做单位名词。"丈、尺、斤、两"是单位名词,咱们买东西,有时候以丈或尺为单位,有时候以斤或两为单位。"辆、盏、把、张"是单位名词,咱们买车论辆,买灯论盏,买刀论把,买床论张。"个、只"也是单位名词,咱们买梨,有时候不论斤而论个;买小鸡,不论斤而论只。由此类推,"队、组、对、双"等,也都是单位名词。普通名词也可以用为单位名词,如一"桶"水、一"船"人等。

(二)形容词　表示德性的词叫做形容词。一般来说,形容词是放在名词的前面去形容某一种事物,或放在名词的后面去描写或说明某一种事物。

> 我们走过了曲折的道理。（毛）
>
> 他是咱们的真朋友,常常给咱们写新词儿。（老）
>
> 阎家山这地方有点古怪。（赵）

一般人把数目字归入形容词一类。为了方便,这样做是可以的。但应该注意两点:一般形容词后面可以有"的"字,数目字后面不能有"的"字;一般形容词后面不能跟单位名词,数目字后面常常跟着单位名词。

（三）动词　表示动作或行为的词叫做动词。表示一种感受的也是动词,例如"见"和"闻"。表示一种事件的也是动词,例如"病"和"死"。

> 只许他们规规矩矩,不许他们乱说乱动。（毛）
>
> 我们的思想解放了,由封建的变成民主的。（老）
>
> 日本鬼子压迫我们,我们就反对日本鬼子;土豪恶霸压迫
>
> 我们,我们就反对土豪恶霸。（赵）

一般人把动词分为两类:内动词和外动词。内动词只表示一种行为,没有承受这种行为的人或物,例如"我去了";外动词表示一种行为,这种行为是施及某一人或物的,例如"我批评他"。这一种分别在汉语语法里没有很大的用处,但也值得顺便提一提。

"有"字和"是"字也可以归入动词一类①。它们虽不表示一种行为,但它们和动词也有相似的地方（试比较"我买书"和"我有书","我做组长"和"我是组长"）。

"把"字和"被"字叫做副动词②。它们不能单独表示一种行为,只能帮助某一个动词表示一种行为,和"把"字同意义的"将",

---

① 在另一些书里,我们把"是"字称为系词。这在理论上虽有一些根据,但在语法的说明上没有很大的用处,因此,为方便起见,就把它归于动词里去了。

② 我本来是把"把"和"被"叫做助动词的;现在接受了吕叔湘先生的意见,改称为副动词。

和"被"字同意义的"叫(教)、让",都是副动词。副动词可以附属于动词一类。

　　在二十二年的长时间中,蒋介石把中国拖到了绝境。(毛)

　　眼前国民党反动派被我们所推翻,过去日本帝国主义被我们及各国人民所推翻。(毛)

　　(四)副词　有一种词,它们不能表示实物,也不能表示德性或行为,只能表示某种德性的程度、某种行为的时间、某种德性或行为的范围,或表示对于德性行为的否定,等等。这一种词叫做副词,例如:"很、颇、太","才、忽、渐、再、又、还、已","都、只、也","不、未、必"。

　　中国共产党已经走过了二十八年了。(毛)

　　但是我们的事情还很多,譬如走路,过去的工作只不过像万里长征走完了第一步。残余的敌人尚待我们扫灭。(毛)

　　(五)代词　代词是代替名词、形容词、动词或副词的。它们本身没有表示什么概念,但当它们代替了名词等等之后,却又表示着很明确的概念。这好像代数里的 x 和 y,它们并不代表着固定的数目,但在某一算题中,它们又代表着确实的数目。

　　他们懂得辩证法,他们看得远些。(毛)

　　十月革命帮助了全世界的也帮助了中国的先进分子,用无产阶级的宇宙观作为观察国家命运的工具,重新考虑自己的问题。(毛)

　　我们完全可以依靠人民民主专政这个武器。(毛)

　　什么恶魔,打成这样子了!(丁)

　　怎么弄的,你这蠢才!(丁)

　　(六)介词　有一种词是表示实词和实词之间的关系的,叫做介词。"介"就是在中间的意思。现代口语里的介词很少,常用的只有"和"字、"或"字和"的"字等。但是古代留传下来的还有一些介词,例如"于、以"等。

　　这里所说的民权主义,是和我们所说的人民民主主义或新民主主义,相符合的。(毛)

　　划清革命派和反动派的界限,揭露反动派的阴谋诡计,引起革命派内部的警觉和注意,长自己的志气,灭敌人的威风,才能孤立反动派,战而胜之,或取而代之。(毛)

　　我们仅仅施仁政于人民内部,而不施于人民外部的反动派和反动阶级的反动行为。(毛)

　　现时英美的统治者还是帝国主义者,他们会给人民国家以援助吗?(毛)

　　(七)连词　连词是表示句子和句子之间的关系的。本来可以是两个句子,但经过连词的结合,往往变成了一个句子。

　　也对他们作宣传教育工作,并且做得很用心,很充分,像我们对俘虏军官们所做过的那样。这也可以说是"施仁政"罢,但这是我们对于原来是敌对阶级的人们所强迫施行的,和我们对于革命人民内部的自我教育工作不能相提并论。(毛)

　　连词有些是放在两个句子中间(如上例),把它们连成一个句子;但也有些是放在第一个句子的前面,或第一个句子的里面,不过它们的作用仍然是联结两个句子成为一个句子,仍旧可以认为连词。

　　假如没有苏联的存在……假如没有这一切的综合,那末,堆在我们头上的国际反动势力必定比现在不知要大多少倍。(毛)

　　他们如果不愿意劳动,人民的国家就要强迫他们劳动。(毛)

　　(八)语气词　语气词放在句末,表示一种语气,如肯定的语气、怀疑的语气、反问的语气、感叹的语气等。

　　一切别的东西都试过了,都失败了。(毛)

　　这是因为什么呢?(毛)

　　你们不是要消灭国家权力吗?(毛)

　　我们怕您着急生气呀!(老)

（九）感叹词　感叹词不在句子的结构里面,它们只单纯地表示一种感叹的声音,如表示愤怒、惊讶、悲哀等。

　　嗯! 你们就不告诉我一声! (老)

　　噢! 多年朋友了,你成心撅我? (老)

　　啊哈! 你敢跟我顶嘴? (老)

　　喂! 近来些罢。(丁)

　　唉! 你还不知道我那糊涂老汉。(赵)

语气词和感叹词的性质很相似。二者之间的主要分别是:语气词是句子结构里的一个成分,感叹词是在句子结构之外的。

除了上述的九类词之外,还有词头和词尾。词头和词尾都不能成为单独的词,只能构成词的头部或尾部。词头如"第"字(第一、第十),"老"字(老二、老四)等;词尾如"儿"字(驴儿、事儿),"子"字(椅子、场子、孩子),"着"字(拿着、走着),"了"字(吃了饭、开了会),等。

名词、形容词和动词都是实词;介词、连词、语气词和感叹词都是虚词。副词半虚半实。代词的本质是虚词,但它所替代的是实词。

三　词类的基础

词类并不是模仿外国语法定出来的东西,它在汉语里是有根据的。现在我们分三方面来证明它:

（一）从文学上看　中国古代的文学里有骈偶的句法,由骈偶的句法产生了对联文学,就是普通所谓对对子。对对子的办法是名词对名词,形容词对形容词,动词对动词,虚词对虚词。对得工整的是单位名词对单位名词,数目字对数目字,副动词对副动词,连介词对连介词,语气词对语气词,等等。对得更工整的是天文对天文,地理对地理,形体对形体,动物对动物,植物对植物,等等。

　　墙上芦苇,头重脚轻根柢浅;

　　山间竹笋,嘴尖皮厚腹中空。(毛)

　　横眉冷对千夫指;

　　俯首甘为孺子牛。(鲁)

"头"对"嘴","脚"对"皮","眉"对"首","夫"对"子","墙上"对"山间","根柢"对"腹中",是名词对名词;"重"对"尖","轻"对"厚","浅"对"空",是形容词对形容词;"横"对"俯","对"对"为",是动词对动词("横"字在这里当动词用)。"冷"对"甘"也是形容词对形容词,但有些人因为它们居于副词所常在的地位,则认为副词对副词①。

(二)从语音上看　古代有用读音区别词性的办法,例如:

名词—动词。衣:衣服,名词,读平声;给人穿衣,动词,读去声。语:语言,名词,读上声;对人说话,动词,读去声。

外动—内动。去:除去、离开,外动词,读上声;走了,内动词,读去声。

形容词—副词。三:数目字,形容词,读平声;多次(再三),副词,读去声。

动词—副词。复:回的意思,动词,读入声;再的意思,副词,读去声。

这些分别在现代语言里是没有了;但像下面这些分别仍然保存着。

形容词—动词。好:好坏的"好",形容词,读上声;爱好的"好",动词,读去声。

---

　　①　还有"指"对"牛"也可以认为名词对名词。"指"字在这里虽是动词,但它在另一些地方是名词,这叫做借对。"柢"对"中"也可以认为借对,因为"柢、底"同音而义近。如果意思很好,偶然有一个字不拘也不要紧,例如"千"对"孺"。

动词—介词。为：做的意思，动词，读平声；为了，介词或连词，读去声。

而且还发展出一些新的分别来，例如：

名词—动词。背：名词，读去声；动词（或作"揹"），读平声。扇：名词，读去声；动词（或作"搧"），读平声。学：名词（大学、小学的"学"），念ㄒㄩㄝ；动词，念ㄒㄧㄠ（北京话）。

形容词—副词。多：多少的"多"，形容词，读阴平声；副词（多大、多高的"多"），读阳平声（北京话）。

（三）从关系上看　上面说的两点，是从分的方面看；现在说的这一点，是从合的方面来看。为什么我们把代词认为本质上是虚词呢？不但在理论上应该如此，就是从语言的历史上看，也应该如此。代词和介词、连词或语气词，在古代原是相通的，例如：

其：他的的意思，代词；古代又当副词或语气词用①。

之：代词（"杀之"的"之"）；又介词（"人之初"的"之"）。

乃：你的的意思（"乃父、乃兄"的"乃"）；又连词。

尔：你的意思，代词；又语气词，和"耳"或"而已"相通。

焉：疑问代词（"焉能、焉敢"的"焉"）；又语气词（"心不在焉"的"焉"）。

由上面所说的看来，可见词的分类是有根据的，不是随便分的。同时，却又不能要求每一个人完全同意这种分法。不过，有一点必须声明：词的分类并不是汉语语法的主要内容。把词分开来，只是为了叙述上的一些便利罢了。

（载《语文学习》1952 年 4 期；又收入《汉语的词类问题》，中华书局 1955）

---

① 《诗经》"北风其凉""击鼓其镗""夜如何其"。

虚词的用法

目　录

什么是虚词和怎样用虚词

要知道什么是虚词，必须先知道什么是词。

词是意义的单位，它是由字构成的。有时候，一个字就是一个词，如"天、地、人、马、说、笑、大、小"等；有时候，要两个字才能构成一个词，如"葡萄、蝴蝶、电影、电话、火车、铁路"等；有时候，要三、四、五个字才构成一个词，如"拖拉机、发动机、共产主义、社会主义、马克思主义"等。

上面所说的那些词都是实词。实词指的是实实在在的东西。天、地、人、马、葡萄、蝴蝶、电影、电话、火车、铁路、拖拉机、发动机都是眼睛看得见的实物。说、笑、大、小虽然不是实物，但也是看得见的情形。譬如我看见一个人在说、在笑，你看见一棵树很大，另一棵树很小。至于像共产主义、社会主义、马克思主义自然是眼睛看不见的了，但是我们每天都能看见共产主义、社会主义、马克思主义具体表现出来的伟大事业，如工人阶级的劳动竞赛等等。因此，实词所表示的都是实实在在的东西。

另外有一种词叫做虚词。为什么叫做虚词呢？因为它的意思是比较空虚的，它指的不是实实在在的东西，例如"但是"这一个词儿，它能表示什么呢？没有一样实在的东西叫做"但是"的。因此，"但是"是一个虚词。除了"但是"之外，还有"于是、因为、所以、因此、那么、却、不过、不但、而且、其实、至于、甚至、无论、然而、既然、对于、关于、的、了、呢、吗"等等。它们都是虚词。

既然虚词的意思是比较空虚的，我们说话做文章，还要虚词做什么？让我拿建筑来做譬喻吧。实词好比砖、瓦、石头，虚词好比青灰、三合土。砖、瓦、石头固然是重要的；但是，如果缺少了青灰、三合土,房子还是造不起来。因此,虚词是很重要的。

　　同志们在初学文化的时候,对于虚词的运用是感到困难的。有一种容易用的虚词,如"的、了、呢、吗"等,那是天天不离口的一些字眼儿,不大会用错的。但是,也有一种不容易用的虚词,如"其实、至于、于是、甚至、无论、然而、既然、对于、关于"等。这些虚词,同志们在日常谈话里是不大说的,只有在念书的时候才看见;因此,自己写起文章来就没有把握。听说有一位工人同志写一篇文章,一开头就来一个"于是",这是因为念书的时候见了个"于是"而没有了解,用起来就错了。

　　虚词并不是真的空虚,它是有它的意义和作用的。我们必须彻底了解它的意义和作用,然后才有可能把文章做好。譬如:我们看见了一个"于是",首先要问这一个虚词是什么意思;其次我们要问它在句子里能起什么作用;在什么情况下用得着它。这一本小册子就是用来帮助同志们了解一些虚词的意义和作用的。

　　虚词又叫做助词。在较早的时候,还叫做虚字和助字。虚词分为多少类,各家的说法不同。一般说来,有下列的几类:

　　1. 连词　它们的作用是把两个或更多的简单句子联系起来,成为一个复杂的句子,如"因为、所以、那末(那么)、但是"等。

　　2. 介词　它们的作用是把两个词或两件事物联系起来,如"对于、关于、的(中国的领土)、和(我和他说话)"等。

　　3. 语气词　它们用在句尾,表示肯定、怀疑、命令、惊奇、叹息,如"了、呵、吧、呢、吗"等。

　　4. 感叹词　它们常常在句子外面独立使用,表示感叹、高兴、惋惜、惊讶,如"哎哟、哈哈、唉"等。

　　有些语法学家把虚词的范围看得大些,连代词(如"我、你、他")和某些副词(如"最、太、很、也、都、却"等)也认为是虚词。在这一本书里,我没有把代词算做虚词(其实代词也可算是半虚词),一般的副词也不算是虚词,但是某些副词能起联系的作用,如

"也、却"等，仍旧应该认为是虚词。

在这本小册子里，不可能把一切的虚词都解释一番。这里主要是讲连词，因为大多数的连词都是平常谈话里不大用的，容易用错的。有些连词同时也用作副词，那就顺便讲一讲它的副词作用。

"既然、无论、其实、甚至"等，虽也有人认为是副词，但是它们能起联系的作用，所以也讲它们。"却"字显然是个副词，但也因它能起联系的作用，所以讲到它。

关于介词，我只讲"对于"和"关于"，因为它们容易用错。至于"的"和"和"，大家都不会用错，我就不讲了。有人把"对于、关于"叫做副动词，我觉得叫做介词妥当些。

语气词和感叹词在这里用不着讲，因为大家都天天不离口，会说会用，这里就可以节省一些篇幅了。

下面共分十六条来谈，每条谈一个虚词，也有两三个并在一起来谈的。书里所举的例子，大多数是出于工人出版社出版的职工业余学校中级班国文课本。

因为 所以

例 子

第一类

（1）在美国……因为我是未成年的孩子，所以只能拿成年工资的一半；又因为我是个黑人，所以只好拿一半的一半了。

第二类

（1）如果不能抓住每个英雄模范的特点，就不能用他们的事迹经验突出地说明某个问题，就会把这些英雄模范写得千篇一律，写出来的经验也是平平淡淡的。所以，要把这些人写出来，就要详详细细进行了解，看他为什么能当英雄。

（2）我们的报主要是为工农兵服务，帮助工农兵在政治上、文化上翻身，所以最欢迎工农兵写的稿子。

第三类

（1）地主欺压佃户，要在租种地上加租子，因为办不到，就趁大年除夕，威胁着我家要退佃，逼着我们搬家。

（2）因敌军阻力过大，我们就采取"兜圈子"的办法。

（3）我因身体弱，跑不快，被打了两棍。

第四类

（1）比如你说某个地方实行了民主，这还是一句没有具体内容的话；因为光说民主，人家并不能知道他的民主表现在哪里。

（2）最怕人家偷的是田寡妇，因为她园地里的南瓜豆荚结得早。

用　法

"因为"和"所以",是用来回答一个"为什么"的。假定有人问:"雪为什么融了呢?"回答是:"因为太阳出来了,所以雪融了。"试拿第一类的例子来看。假定有人问:"为什么你只能拿成年工资的一半的一半呢?"回答是:"因为我是未成年的孩子,所以只能拿成年工资的一半;又因为我是个黑人,所以只好拿一半的一半了。"由此看来,我们用"因为"和"所以",是为了对于某一种事讲明一个道理。

有时候,可以把"因为"省掉,单说一个"所以",意思还是一样的。试拿第二类(1)例来看。假定有人问:"为什么要详详细细地了解那些英雄模范,才把他写出来呢?"回答是:"(因为)如果不能抓住每个英雄模范的特点……写出来的经验也是平平淡淡的,所以就要详详细细地进行了解了。"又拿(2)例来看。假定有人问:"为什么最欢迎工农兵写的稿子?"回答是:"(因为)我们的报主要是为工农兵服务,帮助工农兵在政治上、文化上翻身,所以最欢迎工农兵写的稿子。"由此看来,"因为"的意思还是有的,不过不说出来罢了。

有时候,不是把"因为"省掉,而是把"所以"省掉,剩下来只有一个"因为"。试拿第三类(1)例来看。我们可以补上"所以",说成:"因为办不到,(所以)就趁大年除夕……。"(2)(3)两例也是一样,我们可以说成:(2)"因为敌军阻力过大,(所以)我们就采取'兜圈子'的办法。"(3)"我因为身体弱,跑不快,(所以)被打了两棍。"

上面第一、二、三类的例子,都是先说出原因,再说出那原因所造成的一件事实(太阳出来了是原因,雪融了是太阳出来所造成的一件事实)。现在谈到第四类的例子,正好相反,这类的话是先说出一件事实,再说出造成这件事实的原因。比如说,"雪融了,因为太阳出来了。"这样倒过来说,意思还是一样的。不过要注意一点,这样倒过来，就用不着"所以"了。如果要用"所以"，就得再掉一个头，恢复"因为……所以"的次序。试拿第四类(1)(2)两例来看。可以改成:(1)"因为你光说民主，人家并不能知道……所以这还是一句没有具体内容的话。"(2)"因为田寡妇园地里的南瓜豆荚结得早，所以最怕人家偷的是田寡妇。"用哪一种次序好些呢?那就要看具体情况了。

　　"因为"可以简单说成"因"〔第三类(2)(3)两例〕。"因为"不一定放在一句话的开头〔第三类(3)例〕;"所以"一定要放在一句话的开头。

因　此

例　子

(1)附近农民因为这个厂的出米率高,都非常乐意把稻谷挑来加工,因此十月份该厂超额完成了生产计划和财务计划。

(2)工人们这样地警告着他们,因此谁也没有敢动我一下。

(3)如果碰着漩涡,人跟船都会被卷下去,因此渡河的时候,一只船至少要用十二个熟练的船夫。

(4)她们中的一位戴淑贞在开车时,头撞在铁板上,鲜血直流,她们也因此不安心了许久。以后经过上级的鼓励、安慰才又振作起来。

用　法

“因此”是因为这个或因为这样的意思。它和前篇讲的“因为、所以”,意思差不多,但是不完全一样。“因此”可以说是“因为”和“所以”结合起来用的;凡是用“因此”的地方,都可以换成:“因为这样,所以。”(1)例可以换成:“因为这样,所以该厂超额完成了计划。”(2)例可以换成:“因为这样,所以谁也没有敢动我一下。”(3)例可以换成:“因为这样,所以渡河的时候,一只船至少要用十二个熟练的船夫。”(4)例可以换成:“她们也因为这样,所以不安心了许久。”

“因此”也说明为什么的。前篇举的例子:“因为太阳出来了,所以雪融了。”这个句子也可以改用“因此”,说成:“太阳出来了,因此雪融了。”

反过来,凡用"因此"的地方,都可以改用"因为……所以"。前面四个例句可以改成:"因为附近农民都非常乐意把稻谷挑来加工,所以十月份该厂超额完成了计划。""因为工人们这样地警告着他们,所以谁也没有敢动我一下。""因为如果碰着漩涡,人跟船都会被卷下去,所以渡河的时候,一只船至少要用十二个熟练的船夫。""因为她们中的一位戴淑贞在开车时,头撞在铁板上,鲜血直流,所以她们也不安心了许久。"这里须注意不能说成"她们也所以不安心了许久",因为"所以"这个词一定要放在一句话的开头。

不过,这样用"因为……所以"来代替"因此",有时候就非把话说得啰嗦不可,例如:

> 附近农民因为这个厂出米率高,都非常乐意把稻谷挑来加工;因为附近农民都非常乐意把稻谷挑来加工,所以十月份该厂超额完成了生产计划和财务计划。

平常我们说话哪里有这样啰嗦的?"因为附近农民都非常乐意把稻谷挑来加工,所以"这二十个字太浪费了,可以大大地节省,省为两个字——"因此"。

假使不用"因为……所以"来替代"因此",而是单用"因为"替代"因此",行不行呢?那不行。单用"所以"替代"因此",那倒是可以的。像上面所举(1)(2)(3)这三个例子都可以改用"所以"。只有(4)例不行。因为那个"因此"摆在句子的中间,那位置对于"所以"这个词是不合适的。

不但……而且

例　子

（1）你们把身体累坏了,不但对不起全体同志的培养,而且会使得妇女们失掉参加重工业劳动的信心。

（2）我母亲对我这一举动不但不反对,还给我许多慰勉。

（3）不但水流很急,……水里还到处是礁石。

（4）我们不单要起桥梁作用,同时还得起带头作用。

（5）这样一次一次地吸收经验,不但提高了写作能力,对思想也是一种锻炼。

（6）黑人不但在南方受欺负,就在美国其他地区也同样受欺负。

用　法

凡是用得着"不但……而且"的地方,都是讲两件事的。"不但"的意思就是不只是这一件事,"而且"的意思就是同时还有那件事。比如说:"不但风大,而且雨大。"风和雨这两件事都说出来了。

但是,这两件事并不常常是同等重要的;相反地,这两件事常常是有重点的,重点就在第二件事上。比如某一位劳动模范说:"我不但到过北京,而且看见过毛主席。"显然地,他所要强调的是看见过毛主席这一件事。上面（1）例也是这个道理:"对不起全体同志的培养"自然是不好,但更不好的是"使妇女们失掉参加重工业劳动的信心"。

　　上句的"不但"也可以说成"不单"〔如(4)例〕；下句的"而且"也可以不用，只用一个"还"字〔如(2)(3)两例〕，或者连用"同时还"三个字〔如(4)例〕；又可以不用"还"字，改用"也"字〔如(5)(6)两例〕。有时候，"而且"和"还"同时都用，或者"而且"和"也"同时都用，也行。例如我们可以说："不但水流很急，而且水里还到处是礁石。"又可以说："不但提高了写作能力，而且对思想也是一种锻炼。"

　　不管下句用不用"而且"，重点总是放在第二件事。(3)例强调礁石多，(4)例强调带头作用，(5)例强调锻炼思想，(6)例强调黑人在美国到处受欺负。第一件事常常只是为了引出第二件事。

　　有时候，并不是真正的两件事，只是一件事的更进一步。拿(2)例来说，他的母亲"不反对"已经够好了，但还能更进一步，就是给他"许多慰勉"。这样就是把一件事分作两层来说，重点摆在第二层。

既然　既

例　子

第一类

(1)菊花的妈……笑了笑说:"……这次既然是翠英先拿了(三班长的被子去洗),她又不让,我看,菊花,你就丢手吧,这回让你翠英姐拿去,咱们先洗别的同志的吧。"

(2)他(小喜)一见是二妞,便道:"好!这可抓住暗八路了!管你是七路八路,既然是个女的,巧巧不在你就抵她这一角吧!"

(3)但是,假如你们问我:你当日所选定的,正是这样一条生活的道路(荆棘横生的一条窄道),难道你那时不后悔么?对这个问题我应当回答你说:一个人既极力想去过伟大生活,想真正过美满有趣的生活,而不是过一种只打算保证个人福利,保证纯粹小市民福利的狭隘庸俗生活,那末,对于这种人说来,绝不能有另一条道路可走!

第二类

(1)既看不出他们有高明的知识,又看不出他们有丰富细致的感情。

(2)我们既同姑娘们游玩,也同姑娘们约会。

(3)既非过路官员,亦非本府属员。

用　法

第一类和第二类的用法大不相同。现在要分开来谈:

第一类可以用"既然"〔如(1)(2)两例〕,也可以单用一个

"既"字〔如(3)例〕。"既然"的意思是要说明一个理由,再凭这个理由来下一个结论。拿(1)例来说,翠英先拿了三班长的被子是一个理由,菊花的妈就凭着这个理由来说服菊花。拿(2)例来说,是女的是一个理由,小喜就凭着这个理由要拿二妞去抵巧巧。拿(3)例来说,想过伟大生活是一理由,由此得出一个结论,就是绝不能有另一条道路可走。

前面有理由,后面有结论,就需要有字眼儿把它们联系起来。怎样联系呢?就是前面摆一个"既然",后面摆一个"就"或"那末"和它照应〔(1)(2)例用"就",(3)例用"那末"〕。咱们平常说话,可以省掉"既然",单说"就"或"那末"就够了。加上一个"既然",是为了要求语言的组织更加严密些。

第二类只能单独用一个"既"字,不能用"既然"。这种"既"字不但和"既然"不同,而且和第一类(3)例的"既"字用法也不同。这种"既"字经常和"又、也、亦"等字互相照应,表示要同时说明两件事。前面摆个"既"字来指出这是第一件事,后面摆个"又"字("也、亦")来指出这是第二件事。拿(1)例来说,第一是看不出他们有高明的知识,第二是看不出他们有丰富细致的感情。拿(2)例来说,第一是同姑娘们游玩,第二是同姑娘们约会。拿(3)例来说,第一不是过路官员,第二不是本府属员。因为都是平行的两件事,所以用"既"字和"又、也、亦"相照应。

用"既"字和"又、也、亦"相照应,意思是跟"不但……而且"差不多的。因此,(1)例可以换成"不但看不出……,而且看不出……";(2)例可以换成"不但……游玩,而且……约会",(3)例可以换成"不但不是……,而且不是……"。但是,用法也稍有不同。如果用"不但……而且"的话,重点在后一件事;如果用"既……又"的话,就不是特别强调后一件事了。

于　是

例　子

志愿军伤病员要来九江休养的消息才传来的时候,人们就讨论着要怎样来迎接最可爱的人。九江市居民抬担架还是破天荒第一次,可是各街的居民组都抢着要抬。……

担架到哪儿去找呢? 居民们举起手来说:"我们自己负责。"于是藤椅、竹椅、帆布椅、竹床、钢丝床都搬出来了,不到一个下午,就已经绑扎齐全。大家又想起了一个问题:担架硬绷绷的,伤病员躺在上面不难受吗? 于是,有的人拿被子,有的人拿褥子,有的人拿毯子。……

毛毛雨下开了,大家都说:"最可爱的人在战场上吃了苦,现在还能叫他再淋到雨吗?"于是拿雨伞、拿油布、拿雨衣的都来了。

用　法

"于是"本来是在这个时候的意思。"于"等于说"在","是"等于说"这个"。但是,我们平常讲解的时候,不需要拆开来讲,只解释做"在这个时候"就是了。

我们做两件有关系的事,常常不是同时做的,而是有先有后。一件事做完以后,在这个时候,再做第二件事情。这两件有关系的事,就平常的情况说,前一件事常常是原因,后一件事常常是结果。拿上面的例子来说,居民们愿意自己负责是原因,藤椅、竹椅……搬出来是结果;大家怕伤病员躺在硬绷绷的担架上难受是原因,拿被子、褥子出来是结果；大家怕伤病员淋着雨是原因，拿雨伞、油布、雨衣出来是结果，因此，"于是"虽然本来是在这个时候的意思，但是，必须认为：它的作用是把前后两件事之间的关系表示出来，它的实际意义不完全等于"在这个时候"。

如果我们不呆板地依照字面来解释的话，"于是"还可以解释为"做了某事以后……就……"。仍拿上面的例子来说，我们可以不用"于是"，说成："居民们说完了这话以后，藤椅、竹椅、帆布椅、竹床、钢丝床就都搬出来了。""大家这样想了以后，有的人就拿被子……""大家这样说了以后，拿雨伞、拿油布、拿雨衣的就都来了。"

平常，我们说话的时候，用"做了某事以后……就……"的多，用"于是"的少；写文章为了避免啰嗦，就用"于是"的多。我们写文章，两种都可以用。如果用"于是"，字句简单明了，还能够表示出前后两件事之间的关系。

那末(那么)

例　子

第一类

（1）什么要紧的信呵，那么着急送！

（2）别那么小性，那么点杏树叶子算什么好的？

第二类

（1）如果您要迎合我的心意，那末我们的谈话就没有什么好处。

（2）要在祖国遇见这样情形（房子烧着了）我能够进去（救人），那末在朝鲜我就可以不进去吗？

（3）你奇怪我为什么这么兴奋吗？那末让我写下去。

（4）……他们为什么被审判呢？就因为他们是共产党。那末，人们还有什么权利可以说话呢？

用　法

那末，也可以写成"那么"。写起来虽然不一样，但意思是一样的。

第一类的"那末"就是"那样"。"那么急"就是"那样急"，也就是"急成那个样子"；"那么小性"就是"那样的小性"；"那么点"就是"那样的一点儿"。

第二类的"那末"是连接上下文的字眼儿。它常常是和上文"如果"或"既然"互相照应着的，又常常是和下文"就"或"还"互相照应着的。

第二类(1)例在上文先有了"如果",(2)例在上文先有了"要"("要"也就是如果的意思),都是和"那末"互相照应的。在这两个例子里,下文都有"就"字。一个"那末"摆在一个"如果"和一个"就"的中间,就把整个句子都焊起来了。

第二类的(3)(4)两个例子在上文暗含着"既然"的意思。(3)例的意思是说:"你既然奇怪我这么兴奋,那末你就让我写下去吧!"这里是可以用"就"字(也可以不用)和"那末"互相照应的;但如果是一句反问的话,就不是用"就"字,而是用"还"字。(4)例的意思是说:"既然是这样,那末,人们还有什么权利说话呢?"

"那末"这个字眼儿,是用来下结论的。如果是那样,我的结论就会是这样。既然是那样,我的结论也就不能不这样。

第二类的"那末",有时可以用简单的一个"那"字来替代,例如:"如果您要迎合我的心意,那我们的谈话就没有什么好处。"

第一类的"那末"不能用简单的一个"那"字替代。

至 于

例 子

（1）这样，我又突破了写稿的一个难关。至于写信，我早就不受哥哥的批评了。

（2）又有一次，是收粮的时候，我到村里统计各种庄稼的亩数。我统计的数目字，都在肚子里记着。……哪知报告起来，好多数目字在肚子里化掉啦，吐不出来啦！叫区长批评了一顿，只得辛辛苦苦又去重新统计了一回。至于收公粮的工作，就更复杂了，那年赶把公粮收起来，我就得了头痛病。

（3）另外，有些同志知道五要素（新闻通讯五要素）重要，写稿时也在注意五要素，但把五要素弄得模模糊糊，写时间，总是不写出确切的年月日和钟点。写当事人是谁，总是不写出他的全名。写地点，根本不写出哪省哪市哪区……，弄得要写信、打电报去问，也没有办法。至于一些必要的数目字，也往往是大概估计，来个差不多，根本未确切计算。

用 法

"至于"就是再说到的意思。先说了一件事，再说到另外一件事，就用这个"至于"来过渡。

像（1）例是先说写稿不难了，再说到写信更加不难了。写稿和写信是两件事，所以用"至于"。

像（2）例是先说统计庄稼的亩数是一件不简单的事情，再说到收公粮的工作更加复杂了，统计和征收是两件事，所以用"至于”。

在(3)例里稍有不同。这里不止两件事,而是好几件事。第一件是写时间写得不明确,第二件是写当事人是谁写得不明确,第三件是写地点写得不明确,第四件是写数目字写得不明确(下文还有第五件、第六件、第七件)。这样,我们就不能用许多“至于”,那太啰嗦了,就只好拣一个适当的地方来安放这个“至于”。作者在写了时间、当事人、地点以后,认为那三件事的性质比较接近的,就归成一类,所以在第四件事才用“至于”来过渡。

用“至于”,大概有两种作用:第一种作用是把意思推进一层,像(1)例,是由容易说到更容易;(2)例,是由难说到更难。第二种作用只是简单地把两件事或两类事情隔开,使文章的段落更清楚些,像(3)例就是这样做的。

甚　至

例　子

（1）他平时非常注意节约,甚至一根火柴也不肯浪费。

（2）有的人高兴得甚至流出眼泪来。

（3）稿子寄走后,天天盼着回信,真是度日如年。我跑到收发处去找回信,又跑到邮局去找,甚至在夜间也做起梦来。

用　法

"至"就是到,"甚"就是极(很)。"甚至"这个字眼儿表示一件事到了极点,到了尽头,到了最厉害的程度,最糟的程度,或者是最好的程度。

一个人非常注意节约,连一根火柴也不肯浪费,不是节省到了极点了吗? 所以说:"甚至一根火柴也不肯浪费。"

一个人高兴,高兴得流出眼泪来,不是到了尽头了吗?

一个人盼望回信,在夜间也做起梦来,不是盼望到了最厉害的程度了吗? 所以说:"甚至在夜间也做起梦来。"

用"甚至"的时候,是要强调一件事,因此,它和别的强调的字眼(如"也、连、都、还"等)常常用在一块儿。(1)例和(3)例用了一个"也"字。(2)例如果换一个说法,也可以说成"甚至连眼泪也高兴出来了"。(1)例也可以加个"连"字,说成"甚至连一根火柴也不肯浪费",(3)例的"在"字也可以换一个"连"字,说成"甚至连夜间也做起梦来"。

大家都知道,"不但"和"而且"这两个字眼儿也是表示强调一件事的。"甚至"的用法和"不但、而且"的用法有点儿像。拿(3)例来说,不但跑到收发处和邮局去找信,而且在夜间也做起梦来。拿(1)例来说,他不但大处注意节约,而且连一根火柴也不肯浪费。这样看来,"甚至"的意思差不多就是"不但"和"而且"合起来的意思。我只说差不多。我不说完全一样。因为"甚至"这个字眼儿有到了极点的意思,而"不但"和"而且"没有这个意思。

无 论

例 子

（1）为什么那里的同志，无论是男的还是女的，都这么热心地关切别人的前途和生活呢？

（2）无论什么水果，我都爱吃。

用 法

"无论"是不管怎么样的意思。（1）例的意思是说："不管是男的还是女的。"（2）例的意思是说："不管什么水果。"

"无论"这个字眼儿表示在任何情况之下都没有例外。要是那里的同志只有男的关切别人的前途和生活，女的不关切，那就不能用"无论"了。要是只有一种水果是不爱吃的，也就不能用"无论"了。那里的同志不分性别，都关切人，所以说是"无论"。水果不分酸的甜的都爱吃，所以也说是"无论"。

"无论"是在两种情况之下用得着的：

第一种情况是说出几种人或几样东西来，加上一个"无论"表示不能有例外。上面所举（1）例是属于这一类的。现在再举几个例子来看：

> 无论对下级，对上级，都可以批评。
> 无论大事小事，他都经常留心。
> 无论工人、农民、工商界、宗教界，只要是爱国主义者，没有一个人不是真诚拥护中国共产党的。

第二种情况是不必说出几种人或几样东西，只在"无论"后面加上"谁、什么、怎么、多么"一类的字眼儿，就能充分地表示没有例外。上面所举(2)例("无论什么水果")就是属于这一类的。现在再举几个例子来看：

　　无论是谁，都可以批评。

　　无论什么事情，他都经常关心。

　　无论什么人，只要他是爱国主义者，他就拥护中国共产党。

　　无论怎么样(无论如何)，我们一定要完成任务。

　　无论反革命分子伪装得多么巧妙，总会被人民揭露出来的。

　　请注意"无论"和什么字眼儿配合着用。它除了和"谁、什么、怎么、多么"配合着用之外，还经常和"都"字配合着用，因为"都"字正是表示没有例外的。

　　从上面所举的例子来看，这两种情况只是一件事情的两种说法。我们试拿下面两个例子来比较：

　　无论白天夜里，海防部队都在防守着。

　　无论什么时候，海防部队都在防守着。

　　这两句话都是表示时时刻刻的意思，不过是表现方法不同罢了。

可是 但 但是

例 子

（1）九江市居民抬担架还是破天荒第一次，可是各街的居民组都抢着要抬。第一区原定要四十副担架，可是自认的有六十副。原定抬担架的只要男居民，可是妇女们也争着要抬。

（2）生产可不像认字那么困难，种田咱可是内行。

（3）拴孩和喜元又不是铁打的人，怎能不有些泄气。但想到自己是干部，是劳动模范，就又积极行动起来。

（4）两星期投了两篇稿，也没见登出来。我光怕人家说落后，所以虽然很灰心，但还是继续着写。

（5）先说这篇稿子的优点：第一反映了工人的生活和学习；第二材料很实际，并没有讲空话。但是，这篇稿子有一个很大的毛病，就是没有中心。

用 法

"可是、但、但是"，这三个词都表示前后两句话有相反的意思。上面我们所举的五个例子，除了（2）例之外，都是相反的两件事放在一起。本来应该是那样，事实上不是那样，就用"可是、但"或"但是"。像（1）例，九江市居民抬担架还是第一次，本来应该不会争着要抬，事实上却争着要抬。原定要四十副担架，本来应该自认四十副就够了，事实上却自认六十副。在这前后两件相反的事情的连接地方，用了"可是"。总起来说，"可是、但"和"但是"都是用来转弯的。像（3）例，先说拴孩和喜元有些泄气，后来转个弯，就说他们又积极起来。又像（5）例，先说有优点，后来转个弯，就说有毛病。有时候，在前面一句话里摆一个"虽然"，"虽然"这个词就表示下面要转弯，所以"虽然"和"但、但是"或"可是"是互相照应的，像（4）例。

"可是、但、但是"，这三个词在用法上没有很大的分别。我们平常说话用"可是"的时候多些。"可是"常常表示小转弯，"但是"常常表示大转弯，所以"但是"后面可以加个逗号，但是这种分别不是严格的，有时候大转弯也可以用"可是"。"但"字只是"但是"的简单化，有时候，一句话后面还有"是"字，前面省去一个"是"字好念些，像（4）例的"但还是继续着写"，不说"但是还是继续着写"。

在（2）例里面的"可是"是另一回事，它不是"但是"的意思。在这里，"可"和"是"是拆开来讲的。主要的意思是说"种田咱是内行"，"可"字加上去是加强语气的，这"可"字和前面"生产可不像认字那么困难"的"可"字是同一个意思。这种"可是"既然不是"但是"的意思，所以不能换成"但是"。我们不能说："种田咱但是内行。"

"可是、但、但是"都不应该多用。必需的时候才用它。有人在一段文章里总共用了八九个"可是"，那就太多了。说话是简单明了的好，写文章也是简单明了的好。转弯的意思，如果是一听就明白了的，就不一定要用"可是"。例如说："他来了，坐了几分钟又走了。"这里转弯的意思已经很明显；如果说成："他来了，可是坐了几分钟又走了。"虽然也可以，但是这种句子是不够精炼的。

却

例　子

（1）说起来亡国奴的滋味真不好受！工照样要你做,饭却不叫你吃饱。

（2）这类地主富人家看也不看的饭食,母亲却能做得使一家吃起来有滋有味。

（3）以前每听写一段便有好几个生字,现在却不然了,听写两大段都没生字,写得还很快。

（4）三月底我们回渡乌江,派了一个支队佯攻贵阳,吸引敌方兵力,我们却突然从贵阳城东用急行军直下黔南。

（5）佃农家庭的生活自然是很苦的,可是由于母亲的聪明能干,却也勉强过得下去。

用　法

"却"表示转变一个意思。

怎样才算是转变意思呢？拿（1）例来看:工要你做,饭总该叫你吃饱了吧？但是偏不让你吃饱。所以这句话是转了一个意思。拿（2）例来看:地主富人家看也不看的饭食,总该是不好吃的吧？但是偏偏能做得有滋有味。所以这句话也是转变了一个意思。这种"却"字可以换上一个"可是"或"但是",因为"可是"或"但是"也是表示意思的转变的。但是,在换的时候,要注意把"可是"或"但是"放在一句话的开头,例如:"饭却不叫你吃饱",可以说成"但是饭不叫你吃饱";"母亲却能做得有滋有味",可以说成"但是母亲能做得有滋有味"。"但是"和"却"全都用上也行，例如："但是饭却不叫你吃饱。""但是母亲却能做得有滋有味。"

前后的两件事情形相反，或者同时的两件事情形相反，也可以用"却"字。拿（3）例来看：现在的事和以前的情形相反。拿（4）例来看：直下黔南和佯攻贵阳的情形相反。但要注意"却"字该用在下一句。

上面说过，"可是"或"但是"和"却"可以全都用上。有时候，"可是"和"却"字不一定同用在一句里，离开远些也行。（5）例正是"可是"和"却"全都用上了。

我们平常说话，不大说这个"却"字，但是许多人写起文章来喜欢用它。只要记住它是表示转变意思的，就好懂了。

然 而

例 子

（1）他（米丘林）的重要的事业不久就引起了公众的注意。自然，沙皇政府并不曾给他任何帮助；然而在遥远的美国，有些资本家却对米丘林的实验感到极大兴趣，邀请他到美国去。但他拒绝离开俄国。

（2）打这里到泸定桥有二百四十里路程，又是高低不平的山路，时间又这样迫促，还偏偏下着大雨，加上随时跟敌人作战，战士们简直没有时间停下来吃饭。然而钢铁般的先头团居然克服了一切困难，在五月二十九日拂晓，准时到达了泸定桥。

（3）"睡吧，孩子，"妈妈说道，"睡吧！我的小宝贝……睡觉好，睡梦里是不想吃东西的。"然而，我即使在梦里也是想吃东西的。

用 法

"然而"就是"但是"的意思，它表示前后两句话或两段话的意思正相反。对于某一件事情，一般人猜想是那样，事实上不是那样，就用"然而"。拿（1）例来说，沙皇政府不曾给米丘林任何帮助，似乎是没有人注意到他的事业了，但是，事实正相反，美国的资本家却邀请他到美国去。拿（2）例来说，由大渡河到泸定桥路很远，很难走，时间迫促，并且随时要跟敌军作战，依一般人猜想，应该不能在第二天拂晓准时到达泸定桥了，但是，事实正相反，先头团居然准时到达了泸定桥。拿（3）例来说，在小孩心目中，妈妈的话该是不错的吧,但是,事实正相反,妈妈的话不灵,小孩子在梦里仍旧想吃东西。这三个例子都说明了"然而"这个字眼儿是表示转弯的意思的。

"然而"和"但是"的意思既然是一样的,自然就可以替换着用了。(1)例"然而在遥远的美国"可以说成"但是在遥远的美国","但他拒绝离开俄国"也可以说成"然而他拒绝离开俄国"。(2)(3)两例里,"然而"换成"但是"也是一样的。

既然意思一样,那么,单用"但是"不就成了吗?为什么还要用"然而"呢?这因为"然而"是很古的时候传留下来的字眼儿,拿它和"但是"替换着用,使语言多样化,也是有好处的。拿(1)例来说,如果前面的"然而"换成"但是",就和后面的"但"字重复了。

不　过

例　子

（1）志愿军在前线作战，常常几天几夜不吃不睡，我不过熬了一夜，算什么？

（2）起初订计划一天认五个字，后来越学越熟，一天订到十七个，也能记下。不过写时还困难。

（3）马玉祥长着一副微黑透红的脸膛，稍高的个儿，站在那儿，像秋天田野里一株红高粱那样的淳朴可爱。不过因为他才从阵地上下来，显得稍微疲劳些，眼里的红丝还没有退净。

（4）我有了工夫就照着课本写写画画，不过心里总是这样想："唉！我们这些老粗有什么可学习的……"

（5）朝鲜天气很冷，不过我们都早穿上了棉衣。

用　法

"不过"，本来是不超过的意思。比如说"不过三人"，就是不超过三人的意思。后来"不过"的意思渐渐发展了，两个字成为一个整体了，就变了只有或只的意思了。例如"我们不过三个人"，就是"我们只有三个人"的意思。上面（1）例"我不过熬了一夜"，也就是"我只熬了一夜"的意思。

"不过"又常常表示意思的转变。在这种情况下，"不过"是只有一点的意思。上面（2）例，意思是说，认字是没有困难了；只有一点，就是写字还有困难。（3）例的意思是说，马玉祥长得很可爱，只有一点，就是眼里的红丝还没退净（因为打仗太疲劳了）。

这只有一点的意思是由"只"的意思发展来的。

再发展下去,"不过"就和"但是"的意思差不多了。(4)例和(5)例的"不过",都可以当"但是"讲。

总起来说,应该分为三种情况来看:第一种"不过"是不放在句子的开头的〔如(1)例〕,这种"不过"不能换成"但是"。第二种"不过"是放在句子的开头的,它只表示意思的小转弯〔(2)(3)两例〕,这种"不过"虽也可以换成"但是",不换更妥当些。第三种"不过"也是放在句子的开头(有时候还放在一段的开头),它表示意思的大转弯〔如(4)(5)两例〕,这种"不过"完全可以换成"但是"。

从这里我们可以明白:我们简单地说某词和某词意思相同是不够的;应该说,它们在什么情况下意思相同,在什么情况下意思不相同。

其　实

例　子

（1）制造这个开闭器的经过,就是这样的简单,其实算不了什么发明。

（2）想学司机,先要学当火伕;要学火伕,……先得练习投炭。有的人吓唬她们:"当火伕一分钟要投二百八十锨煤,你们能行?……"其实是一刻钟,两个人才要投二百八十锨。

（3）比如有一位同志说:赵树理写的《李家庄的变迁》一书中,铁锁这人可能现在就在,把一切都给老赵谈过了,所以他能写出来,而小喜即使在,也不会给老赵谈那些东西,所以不知道他是怎样得到材料的。其实完全不是这么回事,不只小喜不曾跟老赵谈,连铁锁也不曾跟老赵谈,而且根本就没有这些人,没有这么回事。

用　法

"其实"就是"实在"。（1）例里的"其实不算什么发明"就是"实在不算什么发明"。

因为"其实"就是"实在",所以我们有时候说了一件不合实在情况的事实之后,再要说出真实的情况,就用"其实"这个字眼把这两种情况连接起来。先说不真实的,再说真实的,所以用得着"其实"。

拿（2）例来看:有人拿不真实的情况来恐吓田桂英和她的伙伴们,说当火伕一分钟要投二百八十锨煤;作者想纠正这个错误,把真实的情况说出来,所以说:"其实是一刻钟(不是一分钟),两个人(不是一个人)才要投二百八十锹。"

由此看来,"其实"是用来纠正错误的话或错误的看法的。在(2)例里,纠正的作用是很明显的了。就是在(1)例里,也可以算是不同意别人的看法。赵海鹏做了一个电门自动开闭器,大家都认为是一种发明,他不同意大家的话,所以说"其实不算什么发明"。当然,那是赵海鹏的客气话。

因为"其实"这个字眼是用来纠正错误或表示不同意的,所以它也就常常表示文章的转弯。

对　于

例　子

第一类

（1）对于这两种恶果,彩号很少怨言。

（2）我们同志对于这个问题注意得够不够呢?

第二类

（1）对于工农通讯员的稿件,同样适用上述办法。

第三类

（1）中国人民对于斯大林的敬爱,对于苏联的友谊,是完全出于诚意的。

（2）使得人民群众能够自由地在报纸刊物上发表他们对于党和人民政府的批评和建议。

第四类

（1）对于这种伟大事业的幼芽,我们都没有好好关心和培养。

（2）对于这种破坏性的批评,特别是反革命分子破坏人民民主专政的言论,则是应该而且必须加以拒绝的。

用　法

“对于”的用法大概有四种:

第一种用法是指出在某一件事情上怎么样,在某一种情况下怎么样,在某一个问题上怎么样。第一类（1）例的意思是说:在这一件事情（两种恶果）上,彩号很少怨言。（2）例的意思更加明显,就是说：在这个问题上注意得不够了。

　　第二种用法是用它来划定范围。拿（1）例来说是把办法扩大范围，使它适用到工农通讯员的稿件上去。这种划定范围的字眼儿很重要，例如说"这一课书对于他是很深的"，意思是说，这一课书对于另外一个人可能是很浅的，但是在他看来却是很深的，这样就把这个"深"字限定在"他"的范围内了。毛主席说："我们对于反动派和反动阶级的反动行为，决不施仁政。"这样就是指定了范围，划清了界线了。

　　第三种用法是用它来指明对象。换句话说，也就是指明方向。"中国人民对于斯大林的敬爱"，意思是说中国人民敬爱的对象是斯大林；"中国人民对于苏联的友谊"，意思是说中国人民友谊的对象是苏联〔第三类（1）例〕。"人民群众对于党和人民政府的批评和建议"，意思是说人民群众批评和建议是向着党和人民政府提出的，也就是以党和人民政府作为对象的。

　　第四种用法是用它把应该放在后面的话提到前面来。本来应该说："我们没有好好关心和培养这种伟大事业的幼芽。"现在因为用了"对于"，就能把"这种伟大事业的幼芽"提到前面去了〔第四类（1）例〕。本来应该说："我们必须拒绝这种破坏性的批评……"，现在因为用了"对于"，也把"这种破坏性的批评"提到前面去了。这样把一句话分做两截说，而且把重要的话移到前面去说，一来中间可以停顿一下，二来在语言的技巧上也多样化了。

　　上面所说的四种用法并不是分别得很清楚的，其中有些交叉的地方。譬如说："对于这个问题注意得不够"也可以归入第四类，因为我们可以换成："我们同志注意这个问题注意得不够。"

　　对于，有时候也可以说成一个简单的"对"字。我们试看下面的一段话：

　　　　因此党的各级领导机关和干部必须对于反映群众意见的批评采取热烈欢迎和坚决保护的革命态度，而反对对群众批评置之不理、限制发表和对批评者实行打击、报复与嘲笑的官僚主义态度。

　　前面用一个"对于",后面用两个"对"。对调着用也行:我们可以说"对反映群众意见的批评采取……态度",也可以说"反对对于群众批评置之不理……和对于批评者实行打击"。一时用"对于",一时用"对",也是要使语言更多样化,更顺口。例如"反对对于……"虽然也行,但是减少一个"于"字到底顺口些。

关　于

例　子

（1）她们能够很实际地组织起大量的工人、农民来参加和协助这方面的工作，没有很多的空谈，和关于计划、制度的废话。

（2）我在上面向你们所说的一切，仿佛都是关于我个人的事情。

用　法

"关于"的用法，一般是用它来指出会议、谈话或文章的内容。我们看见报纸上登载中华人民共和国第一届全国人民代表大会第二次会议通过了关于发展国民经济的第一个五年计划的决议，就知道这个决议的内容是发展国民经济的第一个五年计划。上面（1）例"没有关于计划、制度的废话"，意思是说没有像知识分子那样说些废话，那些废话的内容是空洞地谈一些什么计划、制度等等。（2）例"关于我个人的事情"，意思是说讲者所说的话的内容仿佛是和别人没有关系似的。

总之，凡是说的什么，就是关于什么。当我们在谈话中说的是张三的事情的时候，我们的谈话就是关于张三的；如果我们写一部书，书中说的是李四的事情，那么，那一部书就是关于李四的。

"关于"和"对于"有什么分别呢？在前篇讲过，"对于"有四种用法。"关于"的用法只和"对于"的第一种用法有些相像的地方。"对于"的第一种用法是指出在某一件事情上怎么样，在某一个问题上怎么样，"关于"有时候也可以这样用，譬如你说："对于这一

问题,我有这么一个看法。"你也可以说成:"关于这一问题,我有
这么一个看法。""对于"的第二种用法是划定范围,那就不能换成
"关于"。譬如你说:"朝鲜停战对于和平民主阵营是胜利,对于帝
国主义是失败。"你就不能换成:"朝鲜停战关于和平民主阵营是
胜利……。""对于"的第三种用法是指明对象,那也不能换成"关
于"。"中国人民对于苏联的友谊"不能换成"中国人民关于苏联
的友谊"。最后,"对于"的第四种用法是把应该放在后面的话提
到前面来,"关于"并没有这种用法。因此,譬如你说:"我对于学
习非常重视。"就不能改成"我关于学习非常重视"。总起来说,
"关于"和"对于"在用法上的分别是很大的。

有关人物和行为的虚词

目　录

一 "儿"和"子"

咱们说话，常常说到一些人或事物。有时候只把人、物的名称说出来就算了，例如"父亲、书、科学"等；有时候，人、物的名称后面还带个尾音，例如"老头儿、小船儿、妹子、刀子"等。这个尾音是和前面的名称合为一体的。

并非每一个人、物的名称都可以加尾音，例如"书"就不能叫做"书儿"或"书子"。哪些可以加，哪些不可以加，都得依照一定的习惯。

也并非每一个方言区域都习惯于应用尾音"儿"和"子"。大致说来，尾音"儿"字只在华北应用着；江浙一带就只用"子"不用"儿"（杭州例外），例如"老头儿"叫做"老头子"；华南非但不用"儿"，而且很少用"子"，例如广东"老头儿"叫做"伯爷公"，"刀子"叫做"刀"（广东另有"刀仔"是小刀的意思，不等于北方所谓"刀子"）。

尾音"儿"和"子"都是念轻声的。不念轻声就不算尾音。在北方话里，"儿媳妇"的"儿"念重音，"媳妇儿（妻）"的"儿"念轻声，就因为"媳妇儿"的"儿"字是尾音。尾音"子"和非尾音的"子"的分别更是明显。比较下面的几对例子（轻声的"子"字下边加着重点）：

庄子——战国时代的哲学家 ：庄子——农庄

麦子（麦籽）——麦的种子 ：麦子——就是麦

鸡子（鸡子儿）——鸡蛋 ：鸡子——就是鸡

"儿"和"子"本来都表示小的意思。到了现代，"子"字不再表示小了，所以"房子"可以加上"大"字成为"大房子"；"儿"字仍旧带着"小"的意味。咱们说"凳子：小凳儿、碟子：小碟儿、鸭子：小鸭儿"，可见"儿"字和"小"字是相应的。一个人可以指着一个三十来岁的儿子说："这是我的孩子。"还可以说："我这个孩子讨了媳妇儿，生了三个小孩儿。"

"儿"和"子"的分别就是大和小的分别吗？不是的。这只是比较容易看得出来的一点分别；还有其他的不同之点留在下面再谈。

（一）"儿"字

大致说来，"儿"字共有五种用法：

1."儿"字本来带着小的意思，因此，往往就和"小"字相应：

这些小窝儿是并排的两行。（二·17）①

一个芽儿只有两三片叶子就长出一串小葡萄珠儿来了。（一·10）

有时候，虽然没有"小"字，但那些东西确是小的：

都是打水鸭水鸡儿的"枪排子"。（四·4）

那些苗儿全都长出了两三丈的枝条。（一·10）

这么好的床，麦籽儿躺下去挺舒服。（三·13）

蝈蝈儿就在自己的地里叫。（三·13）

大枪一枪一个子儿，打不准就完蛋啦。（四·4）

把手指头磨得露着血津儿。（三·12）

跟其他语言一样，表示小的意思的字眼往往同时表示喜欢和亲爱的意思。当表示喜欢和亲爱的时候，那人物本身不一定真是小的：

翻身的人儿心里真甜。（三·13）

骑了我的马儿去吧。（一·20）

---

① 这本书是预备初中第二学年里用的，举例限于《初中语文课本》第一、二、三、四册。第一册是1951年6月北京再版本；第二册是1951年7月北京初版本；第三册是1952年4月上海初版本；第四册是1952年12月上海再版本。

董老头儿回到了郎家村。（一·10）

驮着老伴儿，看闺女，上东庄。（三·13）

这玩艺儿可怎么弄回去呀？（四·4）

当咱们要形容数量的渺小或时间的短促的时候，咱们就用"一点儿"和"一会儿"。但"有一点儿"往往省略成为"有点儿"：

再吆喝一声，一点儿声息都没有了。（三·6）

可是每隔一会儿，就又带她到雪地里走一次。（三·8）

虽然觉得有点儿门道，可是看见董老头儿的那股穷劲儿，总不大肯信。（一·10）

在这上头，"小"和"少"的意思也是很明显的。

2. 有些东西是一个整体的一部分，而这一部分就很适宜于用"儿"字，例如：

房门儿　山坡儿　河沿儿　桌子面儿　锅盖儿　箭杆儿

灯捻儿　门限儿　墙缝儿　靴统儿　　鼻梁儿　人影儿

所谓整体的一部分，例如门是房的一部分，坡是山的一部分，等等。

有些是可以独立应用的，例如"门儿、盖儿、缝儿、边儿、底儿"等。

最好你站在篱笆前边儿。（一·5）

那小汽船……看起来是帆布做的，里面可有木板，用铁棍支的架子，还有牛皮底儿。（四·4）

3. 比较抽象的名词，一般只能用"儿"，不能用"子"。所谓抽象，很粗略地讲，就是手摸不着的东西①。

当时他一个劲儿地捞。（一·3）

小孩儿一下说露了，弄出事儿来就坏了。（二·25）

你是跟大王爷说得上话儿的。（三·17）

---

① 2、3两项的说法，是根据苏联龙果夫教授的《现代中国语法研究》五十一节至五十三节（原书第76至第79页）。第1项里讲到"儿"字表示喜欢和亲爱，也是参考同书五十四节（原书第79至第81页）。

　　他唱着歌儿起床,他唱着歌儿就寝。(四·2)

　　真邪门儿! 怎么回事儿? (四·4)

　　老品一听,心眼儿觉得乐滋滋的。(二·9)

"大伙儿、一块儿、整个儿"等,也都可以归入这一类:

　　大伙儿就商量好。(一·4)

　　晌午,周师傅和小刘一块儿吃饭。(四·10)

　　整个儿浸在青翠的景色里。(二·23)

4. 两个字连起来表示一种行为,其中第二个字又往往表示一样事物。这两个字结合得很紧,后面再加一个"儿"字,总共三个字合为一体:

　　一个战士因为去解手儿,发现自己的鞋不见了。(二·15)

　　你们快使劲儿呀! (四·4)

　　土枪还能顶事儿? (四·4)

　　那汽船在水面上打转儿呢。(四·4)

这两个字中间还可以加一个"个"字,连"儿"共四个字:

　　要拐个弯儿通出墙外去。(一·6)

"干活儿"也是这一类,不过"干"和"活"中间还可以插进别的一些字:

　　还是低着头干他的活儿。(一·4)

　　可是他倒常常劝我多休息,不叫我干重活儿。(三·4)

"起头儿"也是这一类,不过它往往不是表示行为,而是表示时候。

　　起头儿还怕他们不愿意。(一·4)

"玩儿"也表示行为,但是"儿"字前面只有一个表示行为的"玩"字,和"干活儿"之类又有不同:

　　冲撞了蚕神可不是玩儿的。(二·12)

5. 同样的两个字连起来形容一种行为的时候,也可以加上一个"儿"字,例如"好好儿、乖乖儿、慢慢儿"等。"儿"字后面还可以再跟"地"字,如"好好儿地、乖乖儿地、慢慢儿地"等。

要不就可以好好儿帮老乡收割麦子啦! (二·16)

北方人说话,带的"儿"尾很多;但是,写文章常常不把"儿"字写上。为什么? 第一,因为不写"儿"字意思还是一样的,事实上在说话时也可以不说出来。第二,因为这"儿"尾是轻轻地带过去的,它和"子"字不同,"子"字虽是轻声,还能自成音节,"儿"字不能自成音节,就只粘在前面的字上。因此,说话人自己也不大感觉到它的存在,当然不会想着把它写出来了。下面是一些不写"儿"尾的例子:

今年连西门县长也要来看大王爷娶媳妇(儿)呢。(三·17)
比较同一课:"嫁给大王爷做媳妇儿。"

老头爱交朋友。(四·5)
比较同一课:"撑船的还是那个爱说爱笑的老头儿。"

那个穿灰制服唱小曲(儿)的同志挨次地检查机器上的东西。(二·9)
比较同一课:"一边哼着小曲儿。"

场长拿起烟卷(儿),就往老品手里塞。(二·9)
过了一会(儿),又冲过去。(一·5)
三辈没积下一点(儿)地。(三·12)
快点(儿)起来! (二·22)
那时候我有点(儿)惊异了。(三·4)

(二)"子"字

"子"字的用法比较简单,它只是人物的名称的尾音。"子"和"儿"不同之点是①:

---

① 参考苏联龙果夫著《现代中国语法研究》六十至六十一节(原书第84至第85页)。

"儿"字有小的意思，"子"字没有小的意思；

"儿"字可以表示整体的一部分，"子"字只能表示整体；

"儿"字能表示抽象的东西，"子"字多表示具体的东西；

"儿"字能表示行为，"子"字不能表示行为；

"儿"字能加在同样的两个字的后面来形容一种行为的样子，"子"字不能。

"子"字比"儿"字的意思实在些。有些"子"尾是全国通用的，例如"日子、样子、法子"等。大多数"子"尾是除了华北之外，江浙、长江沿岸各省和西南一带都通用的。它的应用范围比"儿"字的应用范围大得多。

现在我们按人、物的性质大致分为十类来看"子"字是怎样应用的：

1. 人类　对于人类，或者用"儿"（如"老头儿"），或者用"子"（如"小伙子"），要凭习惯来决定：

> 他想招呼从地头路过的那个孩子。（三·13）

> 这个小伙子跟唱歌交了好朋友。（四·2）

> 新娘子就进了水晶宫。（三·17）

但是，对于坏人，一般习惯只用"子"，不用"儿"：

> 鬼子进来，我掩护你。（一·13）

> 就使咱们的火枪打他兔崽子。（四·4）

譬如，在北京，"老头儿"和"老头子"都可以说。"老头儿"含有亲热的意思，但"老头子"就往往不是一个十分尊敬的称呼。

2. 身体　对于身体的各部分，如果加尾音的话，多数是带"子"尾，如"身子、鼻子、肚子、肠子"等：

> 我望望爸爸的鼻子，又望望伯父的鼻子。（三·4）

> 这样，他脑子里所有的就不是空想。（三·1）

> 这位小姑娘身子并不大。（一·12）

> 艾戈尔卡扯着脖子叫喊。（二·6）

"心儿、魂儿、气儿、命儿"等,因为比较抽象,所以用"儿"不用"子"。少数的例外如"脸儿、手心儿"。

3. 地理和宫室　地理和宫室都是很具体的东西,所以用起尾音来一般都用"子",不用"儿":

她一离开园子就能丢了东西。(一·9)

游击小组才发觉村子已经被包围。(一·13)

淀的那边有个镇子叫大淀口。(四·4)

雨水污水都有了排泄的路子。(三·2)

连人家的院子里也没有积累的垃圾。(三·2)

这些小房子,隔不远就有一间。(二·6)

虚棚子能撑几天? 谷囤子、麦囤子一个个都见了底。(四·8)

但有些却又用"儿"不用"子",例如:

李家村儿　三家村儿　大杂院儿　四合院儿　偏院儿

穷人们却住着顶脏的杂院儿。(三·2)

这一组要是不用"儿"尾,名称仍然可以成立,如"李家村、大杂院"等;但上一组"子"尾不能省,如"园子、镇子"等不能说成"园、镇"等。

4. 动物　动物名称带"子"尾的也有一些,如"猴子、兔子、鸭子"等,但是不很多。

老百姓打的鱼,养的鸭子……常被他们抢去。(四·4)

5. 植物　植物加"子"尾的也有一些,如"竹子"等,但也不很多。农作物有"谷子、茄子"等。

秋上回来给你割谷子。(一·15)

光几畦茄子秆耽误了一前晌。(四·12)

水果的名称带"儿"尾带"子"尾要凭习惯,例如北京话里"李子、栗子、柿子"用"子","桃儿、杏儿"用"儿"。

6. 食品

挣下一箩头白萝卜,一升麸子。(四·13)

我们包饺子等着！（四·13）

7. 衣服卧具　衣服卧具如果有尾音的话，一般总是用"子"尾的：

幸得老残已穿上羊皮袍子。（一·28）

穿着红绿长衣的妇女卷起袖子挤牛奶。（二·24）

大家都把鞋子和棉衣脱下来。（二·15）

据说有用蜘蛛丝织过手套、袜子的。（一·11）

脸上遮着一块红绸子。（三·17）

一个人盖一条被子，能铺块毡子，冬天还有个棉袍子。

（三·7）

上边铺着花被子，花褥子。（三·17）

但有些就可以改用"儿"尾，例如：

长袍儿　皮袍儿　棉袍儿　短裤儿　长裤儿

大褂儿　小褂儿

有些在习惯上只用"儿"尾，例如：

旗袍儿　游泳裤儿　三角裤儿　马蹄袖儿

有时候，也有加"儿"尾的，但必须是两个音的名词，例如"背心儿、坎肩儿"。

8. 用具　一般用具如果用尾音的话，多数用"子"尾：

后来他的斧子在一个地方找着了。（一·6）

窗户下边竖着一些信号杆子。（二·6）

王先生恰巧摇着扇子走过来。（一·9）

他从架子上把父亲那个装着火柴跟一些必需用具的皮包取下来。（二·6）

把棍子藏到衣裳里。（一·14）

把艾戈尔卡抱到小划子上。（二·6）

柜子里有几件衣服、一根绳子和一些零碎东西。（二·2）

他在炉子底下摸到火柴。（三·6）

下雨不再使道路成为墨盒子。(三·2)

后来用鞭子打她。(三·8)

左边有方桌和椅子。(三·17)

父亲正在一口箱子前面打点母亲到医院去要用的衣物。(二·6)

剩下一升半钵子的粮食。(四·13)

他拿了小水的一把攫子。(四·4)

赵五更找到一把钳子。(四·4)

车子,尸体,什么都没有了。(四·16)

上面举的这许多都是"子"尾的例子,可见用具是比较适宜于用"子"尾了。但也有一些用"儿"尾的,如"勺儿、瓢儿"等。有些用具的名称是一种很特别的结构,它们只是行为的名称加上"子"尾,例如"挑子"表示挑的用具,"驮子"表示驮的用具等。

炊事班的同志们打开锅挑子和油盐挑子。(二·15)

因为怕弄碎了不好插,就一片一片装进驮子里去。(四·12)至于加上了形容的字眼,就只能用"儿"尾,不能用"子"尾了,例如:

三轮车儿 自行车儿 书架儿 花盆架儿

9. 文具 文具就是读书写字用的东西,如果用尾音的话,也多数用"子"尾,如"簿子、卷子、册子、本子、集子"等:

印成的小册子和传单八百公斤。(二·17)

10. 其他 有些"子"尾的例子不适宜于归入上面的九类的,就在这里列举出来:

冰块子有间把屋子大。(一·28)

款子却被反动的官吏们吞吃了。(三·2)

日子真难过。(三·6)

看了这个例子,可以知道……(一·16)

想学拿不好调子。(二·10)

是看关于非洲和南北极之类的片子。(一·17)

"子"尾因为自成一个音节,所以一般人写文章常常把它写下来。这和"儿"尾不同:"儿"字多数只说在口里,不写在纸上;"子"字只要说在口里,也就写在纸上。

(三)"儿"和"子"

"儿"和"子"是有分别的。同是一种人、物的名称,加"儿"加"子"可以影响到意义的不同,例如:

座儿,是座位的意思,"没有座儿"等于说"没有座位";

座子,是器物的架子。

圈儿,就是圈;

圈子,有时指范围较大的圈,如"兜圈子";有时用于引申的意义,如"走小圈子"。

空儿,指空隙的时间,"有空儿"等于说"有工夫";

空子,指空隙的地方,有时用于引申的意义,如"钻空子"(用于引申的意义的时候,也可说成"空儿")。

出门儿,就是出门;

出门子,华北方言,指出嫁。

安装水表汽表的地方只剩一个座子。(四·9)

这个学堂的学生是从湘乡的各处来的,有的就结成小圈子。(二·1)

看准一个空子才敢往前挪一步。(四·12)

但是"儿"尾和"子"尾也有通用的时候。最常见的例就是"样儿"和"样子"、"法儿"和"法子"、"影儿"和"影子":

王家的葡萄园就变了样儿了。(一·10)

你们看她这个憔悴样儿!(三·17)

多了就多得没个样子。(一·9)

装作要在元谋渡过金沙江的样子。(三·11)

旧法子是用土把它埋起来。（一·10）

没有法子，真没有法子啊！（三·17）

可是连个海豹影儿也没出来。（二·22）

为什么它们可以通用呢？依北方话的规律，"样儿、法儿"和"影儿"都是比较适当的。"法儿"是抽象的东西，"样儿"和"影儿"至少是摸不着的东西。但是，"样子"和"法子"是全国通用的，大约北方话也受了全国的影响。"影子"虽不是全国通用，但毕竟是看得见的东西，也就不一定要用"儿"尾了。

二 范围和数量

咱们说到人、物,往往要说明人、物的范围或数量。现在就来分别谈一谈范围和数量。

(一)范 围

表示范围,有种种不同的方法。这里不能说得很完全,只拣比较常见的说一说:

1. **全称** 表示全范围的,有下列的一些字眼:

【一切】"一切"表示完全没有例外。

　　一切东西都可以拿来应用。(一·21)

　　一切动作态度都像是偷斧子的。(一·6)

【所有】"所有"也就是"一切"。

　　所有的枝条都长在主干上。(一·10)

等于说:"一切的枝条都长在主干上。"

　　一个人不能把所有的书都读完。(一·16)

等于说:"一个人不能把一切的书都读完。"

有时候,"所有一切"四个字只代表"一切"的意义,例如"所有一切的钱都由他支配",那就嫌太累赘了。

"所有"还有一种欧化的说法,例如:

　　而所有的人并不是一生下来就是健康的。(一·1)

比较合于中国语言习惯的说法是:

　　而并不是所有的人一生下来都是健康的。

更合习惯的是:

　　而并不是每一个人生下来都是健康的。

语法上有些欧化的结构是值得提倡的,但"所有"的欧化用法是不值得提倡的,所以后来《初中语文课本》第一册就把这一句话改为"而并不是所有的人一生下来都是健康的"了。

【每一】"每一"指许多"一个",但它是在整个种类中没有例外的意思。"每一"和"一切"的出发点不相同(前者指许多个体,后者指一个整体),但所指的范围都是没有例外,所以它们都是全称。

> 每一条地道都挖在离地七八尺深的地方。(二·18)

意思是"所有的地道都挖在……地方"。

> 我应该把列宁的每一句话带回去。(一·8)

意思是"……把列宁的一切的话带回去"。

【任何】"任何"是不论哪一个(或哪一种)的意思。

> 在任何一个小时里都有一千八百场雷雨正在进行。(二·21)

意思是"不论在哪一个小时里都有……"。

> 人们一直以为北极上不会有任何生命存在。(二·22)

意思是"……不论是哪一种生命都不会存在"。

【一齐】"一齐"就是不同的人、物同施一种行为或同受一种行为:

> 把苍蝇和蜘蛛一齐包住了。(一·12)

【一起】"一起",就大多数的情形来说,也就是"一齐"。

> 邮递员就把菜刀和字条一起带给了原主。(二·15)

但是,如果说"我和他们常常在一起工作","一起"就是一块儿,不能换成"一齐"。

【整个儿】"整个儿"表示全部的意思。

> 这个城市……,整个儿浸在青翠的景色里。(二·23)

"儿"字有时不写出来,特别是后面带着人物名称的时候。

> 晌午火热的太阳,晒得整个拖拉机发烫。(一·18)
> 地层震动,整个矿井坍下来。(一·24)

在某些结构里,也可以只用"整"字。

> 然而火夫们整天整晚在那儿。(一·22)
> 农人们整日整夜地捋叶,铺叶。(二·12)

【大伙儿(大家)】"大伙儿"也表示全部,但不是全部的东西而是全部的人。

> 大伙儿拼命地把铁轨一根一根地捞上岸来。(一·3)
> 他们就大伙儿到那"火车头坟地"去。(一·19)

"大伙儿"是北方的口语,全国通行的说法是"大家"。

> 大家排好队。(一·19)
> 大家都自动加起油来。(二·10)

【谁都、什么都、哪儿都】"谁都"或"谁也"指一切的人,"什么都"或"什么也"指一切的事物,"哪儿都"指一切的地方。这是变相的全称:

> 人们谁都愿意逐日把院子里外收拾清楚。(三·2)
> 那种欢喜是什么都比不上的。(一·20)
> 你和爸爸哪儿都像,就是有这么一点不像。(三·4)

【都、全】上面所说的"所有、一切"之类,往往是和"都"字相应的,那是强调的说法。如果不要太强调,那么人物名称的前面就不必加"所有"或"一切"之类,只在人物名称的后面加个"都"字就行了。而且,在"我们、你们、他们"的前面不可能加"所有"或"一切",就只好在后面加"都"字了。

> 矿井和通道都用木柱支撑着。(一·24)

意思是"所有矿井和通道都……"。

> 他们都比一个月前瘦了许多。(二·12)

北方话往往用"全"字替代"都"字,或说成"全都"。见《字的形音义》第三章第一节。

【无论、不管】"无论"和"不管"也可以表示全称,但是必须有"谁、什么、哪"在后面和它们相应:

无论在哪条路的火车上,都会感觉到紧张和不安。(三·15)

等于说"在任何火车上……"。

不管我在哪里,我还是拿北京作我的小说的背景。(三·2)

等于说"我在任何地方都是拿……"。

【没有不】"没有"和"不"都是否定的字眼,否定的否定仍变为肯定,而且比一般的肯定语更多了一点全称的意思。"没有"和"不"可以相连,它们中间也可以插进人、物的名称:

看见的人没有不夸好的。(一·10)

我可是没有一天不想念着她。(三·2)

2. 非全称　非全称就是只指一部分来说。

【有的、有些】"有的"也可以说成"有些",表示不是全体:

有的人把雪切成砖块,把砖块砌成墙,准备安置无线电;有的人起卸飞机上的物品;有的人整理雪橇。(二·22)

有的是罗马式,有的是文艺复兴式,有的是威尼斯式,有的是意大利式。(二·23)

有些人只会空想,不会做事。(三·1)

【……之一】有时候,在某一类人或某一类事物当中特别提出一个人或一件事物来说,同时又想照顾全面,所以用"……之一"两个字,譬如说"毛泽东是世界上最伟大的革命领袖"这话固然不错;但若说"毛泽东是世界上最伟大的革命领袖之一",就连列宁、斯大林等都照顾到了。这是新兴的一种用法。

这是我军南渡的许多渡口之一。(二·3)

3. 范围的限制和扩大　有时候,咱们想把人物或行为限制在一定的范围里面,就用"只、光、单、不过"等字眼。

七十多个拖拉机学员,只她一个是女的。(一·18)

一年只挣十只"资畜"。(二·24)

我读《水浒传》不过囫囵吞枣地看一遍,光注意到紧张动人的情节。(三·4)

【除……外、除了……以(之)外】还有一种限制范围的办法,就是"除外"的办法。"除外"可认为是一种特别的全称,就是把全范围的一部分(往往是一小部分)除去不算,其余的都算:

　　所有的人,除了我们四个以外,都……要回去。(二·22)
有时候"除外"不是限制范围,而是扩大范围。意思是,不但在这个范围之内是这样,在这范围之外也是这样:

　　除了学习功课以外,做种种课外活动,也要把想和做联结起来。(三·1)
【连……、连……在内】"除外"的反面是"包括在内"。咱们用"连"字来表示包括在内的意思。

　　连他自己的名字在内才学会了五十多个字。(二·20)
　　谁认错了人,就要杀头,连大人也要杀头。(一·13)
有时候不但不限制范围,而且还扩大范围。所谓扩大范围是把某一人、物增加到另一个人、物上去,或把某一行为增加到另一行为上去。

【也】人、物范围的扩大,就是说,甲人或甲物是这样,乙人或乙物也是这样,用"也"字:

　　往下落的水点跟上升的空气发生猛烈的冲突。它们互相摩擦,都带了电。地面受了积云底部的电的感应,也带了电。(二·21)
意思是,地面也归入了带电的东西的范围。

【还】行为范围的扩大,就是说,某人或某物有了那种行为,还有这种行为,用"还"字,音 hái。

　　列宁就告诉那个同学这本书的大概,还说出自己对于这本书的意见。(二·2)
意思是,列宁把说话的范围由告诉书的大概扩大到表示意见。

(二)数　量

　　表示数量的词,这里也只拣最普通的来说:

【两、二】"两"和"二",一般说来是有分别的。有少数的地方,"二、两"可以互用;但有很多的地方,"二、两"不能互用。

只有一位数的时候,并且在"个、只"等字的前面,只能用"两",不能用"二",如:"两个鬼子"不能说成"二个鬼子"。

两位数以上,并在"十、百、千、万"的后面,相反地,只能用"二",不能用"两",如:"十二个人"不能说成"十两个人"。

"十"的前面用"二"不用"两",如:"二十个人"不能说成"两十个人"。

"千、万"的前面用"两"用"二"都行;北京话"百"的前面常用"二",别的方言里用"两"的也不少。

后面没有"百、千、万"等字,又没有"个、只"等字的时候,只能用"二",不能用"两",如:"三分之二"不能说成"三分之两"。

在序数里,不论有没有"第"字,都只能用"二",不能用"两"①,如:"今年二月"不能说成"今年两月"。

　　石家庄解放了两年多了。(二·8)

　　两个月里已经有九百二十五人创造新纪录二百六十四件。(二·8)

　　两千二百多年前,咱们中国有个大诗人,叫屈原。(二·14)

【俩】"俩"念 liǎ,是北方的口语,等于说"两个"。"俩"既然等于"两个",所以"俩个、俩位"一类的写法是错误的。

　　……小窝棚,小得只能睡她们俩。(一·18)

　　他们俩抽着烟拉搭起话来。(二·9)

　　兄妹俩走进屋子。(二·6)

　　我们夫妻俩给牧主放牛羊得到"资畜"。(二·24)

　　咱们娘儿俩替换着站才公平。(二·25)

还有一个"仨"字(念 sā),也是北方的口语,等于说"三个":

---

① "下午两点"是例外。

五个小白梨,我吃了俩,他吃了仨。

【来、多】"来"字表示约数,"多"字表示比一个整数还多些。因此,"来"和"多"的意思是差不多的:

王先生是地主,十来亩园地给穷人分了。(一·9)

结的葡萄可多十来倍。(一·10)

三十多架葡萄就摘了一万多斤。(一·10)

【把】"把"字也是表示约数。"把"和"来"的分别是:"来"字放在整数的后面,"个、只"等字的前面(如"十来个");"把"字放在"个、只"等字的后面,只限于"一个、一只"等,并且不能把"一"字说出来(如"个把")。

冰块子有间把屋子大。(一·28)

每年的吃穿花销,还都不是凭这常家窑的顷把地吗?(四·12)

"把"字如果放在整数"千、万"等字的后面,这"千、万"就算是数量的单位,性质跟"个、只"等字相同,所以"把"字的前后一般不能再加"个、只"等字。

千把人站在场上,挤得满满的。(一·13)

但是,可以说"千把斤小麦、万把块钱"等。

【左右、上下】"左右"或"上下"也表示约数,放在数目字的后面。这数目字常常是整数(如"一百人左右、三十个人左右");用不用"个、只"等字都行(如"二十个左右、二十左右"):

每回可以容纳四千人左右。(三·3)

【许多、多少、多】"许多"表示数量很大:

那儿有许多羊在吃草。(一·5)

矿洞外面有许多女人。(一·22)

"多少"是一个疑问词:

用双挂号寄把菜刀得多少钱?(二·15)

像"血泪仇"那样的事情,不知道有多少呢!（二·16）①

但是,如果要问大小,问远近,问长短等等,就不能说"多少大、多少远、多少长"（江浙人注意!）,只能说"多大、多远、多长",而且在这种情形下"多"字要念阳平声（像北京的"夺"字音）。

没有看见的人就纷纷打听毛主席有多高。（一·7）

我跟彼迦·彼得洛维茨争论着冰有多厚。（二·22）

一定没走出多远,我领你们去追。（二·25）

【多么、多】疑问的时候只用"多"（念"夺"）。感叹的时候用"多么"（"多"字仍念"夺"）,也可以用"多"。

这里多么黑啊!（一·22）

小弟弟,你多么傻啊!（一·22）

他是多么可敬可爱啊!（二·3）

多么美的名字啊,龙须沟!（三·2）

以上是"多么"的例子。

扔着多可惜啊!（一·4）

那天我们费多大的劲才拉了进来呀!（一·4）

唉,这工作多麻烦!（一·5）

种成粮食多合算!（一·9）

要是都学会开了够多好!（二·9）

以上是"多"的例子;有时候加一个"够"字,地方色彩更浓厚。

应该注意:假如说成"多少黑、多少傻、多少可敬可爱、多少美、多少可惜、多少大、多少麻烦、多少合算、多少好",那是不合语法的。

【这么些】"这么些"就是"这许多"。"这么些"更合北方口语的习惯。

保管了这么些日子。（一·4）

---

① 这个例子里的"多少"是表示感叹的。但这种感叹语气也就是用疑问词表示的,所以不必另立一类。

【好些、好几】"好些"和"许多"差不多，有时候说成"好些个"。"好几"和"好些"意思差不多，只是用法稍有不同："好些"后面只能加"个"字，不能加"只、张"等字，而且连"个"字都不加也行；"好几"的后面必须有"个、位、只、张、丈、尺"一类的字眼跟着。

车里走出好些人来。(一·7)

好些工厂的工人们一下班就赶来找李延年和孙元清。(一·7)

经了许多的留难，才得通过好些个部落。(一·20)

以上是"好些"的例子。

矿井有好几个出口。(一·24)

有好几位大学毕业的黑人在纽约火车站上当脚夫。(一·26)

黄河的河床就比平地高出了好几公尺。(一·27)

它们的腿的四周显出好几圈黑色的圆环。(一·12)

以上是"好几"的例子。

【些、些个】"些"字表示不多或一部分。"些"字后面不跟着人物的名称的时候，可以说成"些个"。

你去找些干的树枝和白桦树皮来。(一·21)

将来有些个要升大学。(一·1)

三 单位的名称

在现代汉语里,数目字很少是单独应用的,一般总是后面跟着一个单位名称,如"一个人、两匹马"等。单位名称可以分为两大类:第一是人、物的单位;第二是行为的单位。

(一)人、物的单位

人、物的单位名称放在数目字的后面和人、物的前面。这是固定的位置。单说"马两匹、鸡四只"虽然可以,但说成一句话的时候只说"我看见了两匹马、他买了四只鸡",不说"我看见了马两匹、他买了鸡四只"。

人、物的单位大致分天然单位和非天然单位两种。天然单位就像"两匹马、四只鸡"之类;非天然单位就像"三斤油、一桶水"之类。这两种单位都可以作为数量的单位看待。

有许多民族对于天然单位是不用单位名称的,咱们汉族在古代也是这样。现在有时候还沿用古代的说法:

有人倡议六国结成同盟。(二·14)

解放军不拿人民一针一线。(二·15)

这会才识四百字。(二·20)

费了九牛二虎之力。(二·20)

草原上的牧民有三大灾难。(二·24)

在现代汉语里,用了单位名称之后,如果数量是"一"的话,这个"一"字有时可以省略:

你们以为他是个坏孩子。(一·22)

大伙儿都说要写封信跟你说说。(二·8)

回来再到我们上,不吃稠的喝口汤。(一・15)

下面把人、物的单位名称分为五类来叙述:

1. **度量衡单位** 度量衡单位是社会规定的单位,是计算东西的长度、容量、重量用的。这是一般所谓单位:

一亩上了一百斤豆饼。(二・9)

这是三十斤十二两花籽。(二・9)

半亩园地自然仍是自己的。(一・9)

那些苗儿全都长出了两三丈的枝条。(一・10)

2. **拿容器或盛具来计算的单位** 有些东西,有时不用秤称,也不用升斗来量,只是凭着容器或盛具说明大概的分量。这是和度量衡相近似的一种单位。

秋生赶着个牛车拉了一车南瓜。(一・9)

仿佛浇了一桶冷水。(一・20)

一面从口袋里摸出一盒火柴。(一・21)

容器和盛具原是事物的名称,当它们作为事物名称用的时候,当然是可以带着单位名称的,例如"一辆车、一个桶、一个盒子"等,但是既作为单位用了,就不能再带单位名称,例如不能说"一辆车南瓜"。

郅顺义就背起两兜子手榴弹。(四・7)

不是"两个兜子手榴弹"。

3. **习惯上划分的单位** 有些东西,虽然不用容器或盛具计算重量,但往往需要说明数量,所以习惯上仍旧定出一些单位名称来,例如文章分为"句、行、段、篇",诗分为"首",书籍分为"本、部"等。

每句话都记在心里。(一・8)

就在李计声的本子上写了两行字。(二・20)

最后由宣传队同志连讲带唱地来了一段"南泥湾"。(二・10)

我看你是看了《妇女生活》里的一篇关于小孩子的。(一・

17）

做了一首长诗。（二·14）

一本卫生书记载着许多人关于健康或疾病的经验。（一·16）

小说中间有一部《西游记》。（一·20）

4. 天然单位　天然的单位最多。原则上，每一种东西都有天然的单位。因为每一种东西总有个体，而个体就是天然的单位。在现代汉语里，天然单位总有它的名称。譬如说"米"，平常总是以斤为单位或以升、斗为单位的，那是度量衡的单位；但"米"也还有它的天然单位的名称，就是"粒"。

天然单位又可以细分为七类：

（1）一般的天然单位。哪种东西用哪种单位名称，完全凭习惯来决定。虽然也有一些道理好讲，但是那些道理讲起来很难懂，倒不如索性认为习惯，对初学的人方便些。

【个】"个"是最常用的天然单位。它可以指人，也可以指物；可以指具体的东西，也可以指抽象的东西：

每一个旗政府都设一个医院，每一个巴嘎都派一个卫生委员。（二·24）

一个小苍蝇，展开柔嫩的绿翅膀。（一·12）

高尔基公园有一个三万多人的音乐晚会。（一·25）

还打了他一个耳光。（二·23）

他心里只有一个念头。（二·6）

这几个月来，大家辛辛苦苦看管这辆车。（一·4）

我们这样地飞航着，已经有六个钟头了。（二·22）

"六个钟头"和"六点钟"不同，见《字的形音义》第三章第二节。

"个"字的活用——有时候，"个"字的用法超出了单位名称的范围，那是用来加强语气或表示夸张的：

打个油，买个菜也顾住了我。（四·12）

敌军扑了个空。（三·11）

这苦日子啥时候才有个完呢！（三·12）

大伙儿都跳下去游了个痛快。（二·23）

为了保个平安，这也没有法子啊。（三·17）

整个机器的结构怎么样……她都摸了个一清二楚。（一·18）

落得个人亡家破。（三·17）

除了"个"字之外，还有一些天然单位是：

【只】大多数动物和许多用具都可以称"只"；本来成双的东西，单独提出来说，也称"只"：

树林里窜出一只狼来。（一·5）

一只母熊跟两只小熊。（二·22）

曾经捐给一个学校五只羊。（二·24）

把自己的那只桦木船推到水面。（二·6）

一只手抱住灯柱。（二·6）

【匹】马、驴称"匹"，也可以称"个"：

那儿有一匹老马和一匹小马。（一·5）

就套上几个驴把它拉到庙里来了。（一·4）

【朵】花的单位称"朵"，火花也称"朵"：

但是那一朵小火花仍然在闪烁。（三·9）

【枚】用品的单位称"枚"。这是古语的沿用，所以比较少见：

他胸前的那两枚英雄奖章就告诉你：他是打仗的能手。（二·20）

【件】衣裳称"件"，事情和东西也称"件"：

柜子里有几件衣服。（二·25）

把亲眼看见毛主席这件事告诉全家大小。（一·7）

【桩】"桩"字专指事情来说：

凡尼亚知道这是一桩光荣的任务。（二·7）

【间、所】房间称为"间"，整个房子称为"所"：

只烧了一间厨房。（一·6）

萌芽乡师是一所新型的学校。（一·18）

【座】宫殿、庙宇、楼台之类称为"座"，山和桥也称为"座"：

当中是一座三层楼的宏丽的皇宫。（二·23）

停在一座庙的院子里。（一·4）

一个团住一座大楼。（二·10）

那五座烽火台紧靠边境。（一·20）

老山界是我们长征中所过的第一座难走的山。（三·10）

五个红军决定要偷袭这座桥。（三·9）

【家】人家的单位称为"家"；工厂的单位也可以称为"家"（但也可以称为"个"）：

南坡庄不过三四十家人家。（一·9）

【台、架】机器通常称"台"或"架"，拖拉机之类称"架"称"台"都可以：

所以这一季就修好了二十八台机车。（二·8）

里面搁着一架对开印刷机。（二·17）

两个女青年包下一架拖拉机。（一·18）

【辆、艘】车的单位是"辆"；轮船、军舰的单位是"艘"。

广场上散布着几辆烧毁了的坦克和铁甲车。（三·9）

发现了美国的两艘巡洋舰和一艘驱逐舰。（二·4）

【门】学问的门类称为"门"；大炮的单位也是"门"：

不学好这三门功课，旁的功课就不容易学好。（一·1）

两天缴获四门大炮。（二·10）

【道】墙叫做"一道"，门叫做"一道"，河也可以叫做"一道"：

围着一道砖砌的高墙，前后都有一道黑漆的大门。（二·1）

中间一道溜河。（一·28）

【扇】"扇"是门的单位。"一道门"和"一扇门"不同："一道门"指整个门来说；"一扇门"只指一扇来说。一道门可能有两扇，也可能有三四扇。

　　　四扇玻璃门，我们三个和海婴一人占一扇。（三·4）

　　（2）由形象转成的单位名称。有些东西的单位名称是按照它们的形象来定的。虽然也还得依照习惯，但是多少有些道理可讲。

　　【颗】小而圆的东西称"颗"：

　　　一颗星星也看不见。（一·3）

　　　一颗种子可能发出来的"力"简直是超越一切的。（二·5）

　　　……有一颗善良的心。（四·16）

　　　他先拿一颗子弹。（一·21）

从前的弹丸是圆的，现在仍旧叫"颗"。

　　　铁道的道钉……埋在泥里。他用手一颗一颗挖出来。

　（一·3）

钉也称"个"，有的地方也称"枚"。

　　【棵】植物的单位是"棵"，如"一棵树、一棵草"：

　　　这个小苍蝇停在一棵大松树上歇息。（一·12）

　　【枝（支）】长而硬的东西称"枝"。近来有人把手枪、钢笔等的单位名称写作"支"：

　　　突然飞来一枝箭。（一·20）

　　　二虎子的妈知道老王腰里有一支手枪。（一·13）

　　　一支三寸长的钢笔却累得他满头大汗。（二·20）

　　　拿了一枝燃着的线香，放在桌上。（一·28）

　　【根】长圆或细长的东西都拿"根"作单位。如棒、棍、毛发、麻绳等都称"根"：

　　　不知道谁给找来了这么一根不合适的手杖。（二·3）

　　　大伙儿拼命地把铁轨一根一根地捞上岸来。（一·3）

　　　取出火柴来，划了一根。（二·6）

　　　地里可以说是连一根草都没有了。（三·12）

　　　我们可以看见它们身上的每一根毫毛。（一·12）

柜子里有……一根绳子和一些零碎东西。（二·25）

【条】狭长的东西称"条"。鱼、河、路都称"条"。狗除了称
"只"以外，也可以称"条"：

要搬动这八条腿，真不是容易的事情。（一·12）

从柜子里拿出一条毛巾。（二·25）

一个人盖一条被子。（三·7）

抱雷的时候，他像一条柳叶鱼。（二·20）

黄河是咱们中国第二条大河。（一·27）

倒看见一个光头赤脚的小孩子坐在一条沟旁边。（一·14）

弯着腰走过这条隧道。（二·17）

连一条狗都没有。（一·14）

部队摆成一条长蛇阵。（二·20）

"一条阵"没有人说，但因蛇称"一条"，所以"长蛇阵"也称"一
条"了。

【块】方的东西称"块"，圆形而有相当厚度的东西也可以称
"块"：

墙脚上有一块板。（二·25）

另外一块煤说。（一·22）

樵夫分一块面包给狼。（一·5）

步伐很整齐地走到克里姆林广场的一块地方。（一·19）

他们在这所黑人教堂的门口挂上了一块"白人不准入内"
的牌子。（一·26）

裹着一块红头巾。（二·24）

古时当货币用的银子是一块一块的（也有一锭一锭的），后来
铸成银元，仍旧称"块"，现在连银元都不用了，用的是钞票（纸
币），但一般人仍沿用"块"字，例如人民币一元在口头上都说成
"一块钱"。

【张】平面的东西，或主要部分是平面的，往往称"张"，如"一

张纸、一张桌子"等。能张得开的东西有些也称"张",如"一张弓、一张嘴"等。

> 只要到传达处去领一张通行证。(一·8)
> 尼古拉第二的那间漂亮卧室里现在放了七张铁床。(二·23)
> 我们看见一个黑人坐在我们对面的一张餐桌边。(一·25)

【幅】图画叫做"一幅",但有时候也叫做"一张"。以前宽度叫"幅",所以从织成的布上剪下来的一段,也叫做"一幅":

> 墙上挂着几幅中国画。(三·19)

【片】薄而小的东西称"片":

> 一个芽儿只有两三片叶子。(一·10)

(3)由动作转成的单位名称。有些东西要先经过某种动作,然后才能成为一个单位,因此这种动作就往往转成单位名称。

【封】有些东西是要封起来的,就叫"一封"。普通是指书信来说:

> 又接到了一封信。(二·3)

【包】包裹起来的东西叫做"一包":

> 两只手满满地抱着一大包什么东西。(二·15)

【卷】卷起来的东西叫做"一卷":

> 他就点着了一卷纸搁在吊桶里慢慢放下井去。(二·17)

【捆】捆起来的东西叫做"一捆":

> 还要把麦子割下,捆成一捆一捆的。(一·5)

【串】贯串起来的东西叫做"一串",例如"一串珍珠":

> ……就长出一串小葡萄珠儿来了。(一·10)

【套】"套"的意思本来是大的套小的,后来不一定指大的套小的,只要是配合着使用的东西都叫做"一套",例如"一套瓷器、一套衣服"等。引申来说,还可以说"一套道理"、"他有他的一套"等等。

> 陈班长跟着就讲了一套加紧生产,发展经济,国家工业化的

道理。（二·10）

　　另有一些单位名称虽也由动作转成，却不是要经过这种动作才成为某种单位。试看下面的一些字眼：

　　【把】"把"本来是握或持的意思。有些东西常常是用手握着它来用的，例如"一把刀"；有些东西虽不是握着它来用的，但是可以用一只手就拿得起来的，例如"一把算盘"：

　　　　有个人丢了一把斧子。（一·6）

　　　　中间有一张小圆桌和几把算盘。

　　另有一种"把"字就和"一包、一捆"比较近似了，因为它是表示分量的：

　　　　擦了一把头上的汗。（二·10）

　　　　胡子也长了一大把。（二·15）

　　【挺】机关枪以"挺"为单位。古人有"挺枪"的说法。"挺"字是由动作转成的单位名称：

　　　　场的两头架着四挺机关枪。（一·13）

　　【架】梯子以"架"为单位（机器、拖拉机、飞机等也称"架"，见上文①项）。

　　　　里头有一架木头梯子。（二·17）

　　【滴】滴是滴下来。水、眼泪和血都是会滴的，因此"滴"字也可以成为单位名称：

　　　　只是五天四夜没有喝一滴水。（一·20）

　　　　忽然一大滴松脂从树上掉下来。（一·12）

　　　　一滴滴的眼泪，一滴滴的鲜血，落在他那初级读本上。（二·7）

　　【发】子弹是要"发"出去的，所以一颗子弹又叫做"一发"。炮弹和鱼雷也叫做"发"：

　　　　敌舰已经被打中三发鱼雷。（二·4）

　　这里附带谈一个"笔"字。"笔"字本身不是一种动作，但当它

作为单位名称用的时候,它表示用笔写下来的数字,例如"一笔款子、一笔债":

　　　　卖茧的钱还抵不过这一笔债呢。(二·12)

　　(4)由器物的部分转成的单位名称。有些东西,它们的作用在口、在顶、在面等,也就用"口、顶、面"之类来做单位名称。

　　【口】井叫做"一口",因为有口才可以打水;袋和箱子叫做"一口",因为有口才可以装进东西。这些都要依照习惯来用,并不是一切有口的东西都叫做"一口":

　　　　屋里有一口井。(二·17)

　　　　还送了他一口大皮袋和一些干粮。(一·20)

　　　　父亲正在一口箱子前面打点母亲到医院去要用的衣物。(二·6)

　　【顶】帽子叫做"一顶",篷帐也叫做"一顶":

　　　　盘在架子上就像一顶篷帐。(一·10)

　　【面】旗和镜子叫做"一面":

　　　　咱们再做一面红旗。(四·10)

　　(5)由身体的部分转成的单位名称。这一类很复杂:有些是身体的部分起工具的作用的,像"一手好针线",指做活,用"手";"一家八口人",指吃饭,用"口"。有些很像盛具单位,例如"一身衣服、一口气"。有些是用动物身体的一部分的名称来作为单位名称的,例如"一头牛、一尾鱼"。

　　　　穿着一身青大布的短裤褂。(二·1)

　　　　喷了一口水。(二·6)

　　　　他们透了一口气。(二·12)

　　　　现在有了两匹马,二十六头牛,三十多只羊。(二·24)

　　　　在您手下当一名炮兵。(二·7)

名字写在名册上,所以称"一名"。

　　还有一个"股"字,意思本来是大腿,有时可以作为气力或气味的单位名称：

> 可以闻到一股松脂的香味。（一·12）
>
> 李官祥一股劲儿跑到了河边。（一·3）

（6）事物本身作为单位名称。上面所举的"一家人家"，就是事物本身作为单位名称的例子。这个"家"字是和下面的"家"字重复了的。此外还有一些并不重复的例子：

> 就在村东一片荒着的沙地上栽了三十多苗葡萄。（一·10）

葡萄是有葡萄苗的，因此就说"三十多苗葡萄"。

> 克里姆林宫一连放了三声大炮。（一·19）

炮是有声的，放炮三次，就叫"三声大炮"。

（7）尊称。对于人，有时候得用尊称。平常说"一个同学"，客气的时候说"一位同学"，"位"字就是尊称：

> 他要去找一位可以管上尉的高级长官。（二·7）
>
> 任纳同样是一位著名的学者。（二·22）

5. 集体单位　人物集合起来，构成一个单位，叫做集体单位。有些集体单位是有固定数目的，如"一双、一对"；有些虽也往往有个数目，但那数目不是固定的，如"一副、一批、一组"；另有些是数目无定的，如"一堆、一群、一帮"等。部队里一排一班的兵，那个"班"字数目是固定的，可是学校里一"班"学生，数目就不是固定的。至于"一班朋友"的"班"字，那数目就是无定的。

【对、双】有些东西是天然成对的，如眼睛、耳朵、手、脚等。有些东西是必须配对的，如鞋子、袜子、筷子等。用"对"字或用"双"字，要依习惯来决定：

> 刷她的长着一对红眼睛的圆脑袋。（一·12）
>
> 除去一双绿翅膀，一对触须，剩下来的就很少了。（一·12）
>
> 有个人要买双新鞋。（一·6）
>
> 穿一双毡靴。（二·24）

【副】"一副"是配合起来用的东西，例如"一副对子、一副眼

镜"等。偶然也可以用于抽象的东西,例如"一副好心肠":

> 露出一副凶恶的样子。(二·25)

> 不让人看出她是一副软心肠。(一·15)

【批】如果人物按先后的次序分为几个集体,每一个集体就叫做"一批"。有时候,不一定是分几批,只一次处理的大量的东西也叫做"一批":

> 罗斯托玛乞维列就另外招一批工人。(二·17)

> 他们给国家清理出一大批财物来。(一·19)

【堆】泥土称"一堆",东西堆叠起来也称"一堆":

> 一会儿望望没搬完的橡树木头和那一堆一堆的石头。

(一·19)

> 应该生一堆火呀。(一·21)

【层】层积的东西叫做"一层",如"两层棉花、三层楼"。泥土也叫做"一层":

> 盖上薄薄的一层土。(一·21)

【片】本来,薄的东西叫做"一片";但是,连起来成为一体的东西有时也叫做"一片"。

> 眼前一片大森林。(一·21)

> 我们坐上军邮汽车在一片平原上飞驰。(二·16)

> 在云层下边是一片浓雾。(二·22)

【带】想要说一个区域,或者说一个地点和它周围的地方,就叫做"一带":

> 凡尼亚对这一带地方非常熟悉。(二·7)

【群】许多人或动物聚拢在一起,叫做"一群":

> 一群小孩子拥上台去向罗伯逊献花。(一·25)

【帮】"帮"就是"伙"(又,旧式商人结成的团体叫做"帮",旧社会的一种秘密组织,后来跟反动统治者相勾结的,也叫做"帮")。

东隔壁店里，午后走了一帮客。（一·28）

【班】学生及部队等，若干人合成"一班"。但是，一群人或一类人也叫做"一班"：

　　可是昏庸的楚怀王和他的儿子楚顷襄王都信任一班坏人。（二·14）

　　以上说的人、物的单位名称，虽然有许多是有道理可讲的，但是，这只是习惯使然，不能看得太呆板，也不必那么追根究底。譬如"一张椅子"和"一把椅子"都可以说，我们只要知道照样用，不说成"一块椅子、一根椅子"就行了。

　　走廊上有一张石头做的长椅。（二·23）
　　中间有一张圆桌和几把椅子。（三·19）

船本来可以叫做"一只"，但是也可以叫做"一条"：

　　每只船只能坐十多个人。（三·11）
　　小小的渡口没有几条船。（三·11）

狗可以叫做"一条"（见上文②项），也可以叫做"一只"：

　　这条狗儿在新的地方跑了起来。（二·22）
　　它是一只聪明伶俐的小狗儿。（二·22）

画可以叫做"一幅"（见上文②项），也可以叫做"一张"：

　　上面有他画的好几张画呢。（二·10）

至于"双"和"对"，更是常常通用的，例如"一双眼睛"和"一对眼睛"：

　　小孩子看见了德国兵，瞪起一双眼。（一·14）
　　刷她的长着一对红眼睛的圆脑袋。（一·12）

但是，这也得依照语言的习惯。例如广东说"一对鞋"，不说"一双鞋"；北方恰恰相反，普通只说"一双鞋"：

　　好几双鞋都不见了。（二·15）

习惯很重要，所以咱们不能任意类推。譬如咱们只说"一条腿",不说"一条手"。

有些方言的单位名称是不能在全国通用的。譬如,在昆明,车子的单位叫做"一张";在广西南部,船的单位也叫做"一张"。这些带着地方色彩的单位名称,一般说来是不应该写在文章里面的。

单位名称有时候失去它们本来的性质,变成名词的一个尾巴,不再表示单位了,例如:

　　车辆　船只　马匹　布匹　盐斤　煤块　纸张　书本
　　物件　房间　枪枝
　　船只被敌人破坏。(二·3)
　　原来是箱子里的煤块在那儿谈话。(一·22)

这种名词有一个特点,除了极少数例外(如"房间"),一般都不能在前面再加数目字和单位名称,例如不能说"一辆车辆、一匹马匹、一斤盐斤"等。

(二)行为的单位

在汉语里,不但人、物有单位名称,行为也有单位名称。行为的单位名称在位置上和人、物的单位名称不同:行为在前面,数目字在中间,单位名称在最后,例如"问了三次","问"是行为,在前面;"三"是数目字,在中间;"次"是行为的单位,在最后。

在文言文里,叙述行为往往不用单位名称,而且数目字放在行为之前,例如"问了三次",在文言里应该是"三问"。这种古代语法,现在是少见了,只在一些成语里保存着,例如"百闻不如一见、七拼八凑"。《初中语文课本》第三册第十一课的标题是"三渡天险",这也是沿用古代的语法。因为这样简单些,比较地适宜于做标题。

行为的单位可以分为天然单位和集体单位两种:

1. 天然单位　行为的天然单位名称有"次、回、趟"等字。

【次】"次"字是最普通的一个行为单位名称。行为单位名称中的"次"字,好比人、物单位名称中的"个"字,使用的范围最广。

　　　　这样精美的别墅,尼古拉第二一生只来过三次。(二·23)

　　　　她(老妇人)叫了他几次都没有回答。(三·9)

　　　　碰了几次壁,把鼻子碰扁了。(三·4)

　　　　要两个月才轮一次班呢。(二·10)

　　【回】"回"也就是"次",但往往用于往、来或行走。用"回"的地方大概都可以用"次";用"次"的地方不一定可以用"回":

　　　　你们难得来一回两回的。(二·25)

　　　　今天我们也大踏步地在上边散了一回步。(二·23)

　　　　譬如一回剩十斤,十回就是一百斤。(一·3)

　　【趟】"趟"的用途比"回"的用途更窄。只有行走一类的行为才能用"趟"字:

　　　　说老头儿往来西域三十多趟。(一·20)

　　　　今儿我进趟城。(二·9)

　　　　渡一趟要延长四五倍的时间。(二·3)

　　除了用单位名称"次、回、趟"之外,还有借用身体的部分来做单位名称的,譬如某种行为是用脚或眼睛发出的,就借用"脚"字、"眼"字来做单位名称:

　　　　又叫老马重重地踢了一脚。(一·5)

　　　　那个人恶狠狠地瞪了他一眼。(一·22)

　　"声"不是行为的发出者,它是行为的结果,但是也可以用来做行为的单位名称。

　　　　那你赶紧通知咱们的人一声。(二·25)

　　　　始终没听见她呻吟一声。(三·8)

　　"枪"不是行为的发出者,它是藉以实施某一行为的用具,因此,也可以借用为单位名称:

　　　　他把子弹筒放进枪膛,对地面开了一枪。(一·21)

　　"脚、眼、声、枪"等字作为行为的单位的时候,不能再加单位名称,例如不能说"踢他一只脚、连开七枝枪"等。

有时候不用"次、回"等字,也不用"脚、眼"等字,索性重复一个动词,这重复的动词就算是单位名称:

　　在小孩子眼前晃了几晃。(一·14)

2. 集体单位　像人、物一样,行为也有集体单位。当然,行为的集体没有人、物的集体那样明显。"打一顿"表示不止打一下,而是在一段时间内连续打许多下;"吃一顿"表示吃的时间长,而且分量不少。行为方面的集体单位名称有"顿、阵、场、番、遍"等。

【顿】"顿"也是"次"的意思,"吃两顿饭"等于"吃两次饭"。"一顿"表示行为连续经过一段时间,它跟表示时间短暂的"一下"不同(比较"打一顿:打一下"),跟不表示时间久暂的"一次"也不同(比较"批评一顿:批评一次"):

　　警察或者打他一顿,或者把他关在牢里。(一·26)

　　把这个工程师叫来训斥了一顿。(二·23)

　　批评了她一大顿。(一·18)

【阵】"阵"字本来就是"冲锋陷阵"的"阵"。狂风暴雨跟打仗时候战场的情况差不多,因此刮风叫"刮了一阵风",下雨叫"下了一阵雨"。引申来说,"哭、闹"等也都可以叫做"一阵"(注意:广东话的"一阵"或"一阵间"表示时间很短,和这里所说的"一阵"不同)。

　　要是风风雨雨地突击一阵,管保你干不到两天就要垮下来。(二·10)

【场】从前,许多人聚会的地方叫做"场",如"战场、戏场、道场(作佛事的场所)"等。"场"既是热闹的地方,当它用来作行为单位时,就表示吵闹、热闹、热烈、激烈一类的场面,如"哭一场、闹一场"等。这和"阵"字的意义很接近。但也有不同的地方,就是"场"字可以用在更抽象的意义上,如"疼爱你一场"等。

【番】"番"表示比较长久而且紧张或重要的一段时间。"一番"的意义和"一场"大致相同,但"一番"不能像"一场"用于"疼爱"那一类抽象的意义。

　　　他们前俯后仰地挣扎了一番。(一·12)

　　　每逢端午节,总要追悼他一番。(二·14)

　　【遍】"遍"字本来就是"遍地、遍体"的"遍"。因此,"一遍"虽也是"一次",但它是从头到尾的一次:

　　　每一个歌总要唱两遍,有的唱三遍。(一·25)

　　　我写完信,念给他听了一遍。(二·3)

　　　耕了三遍,耙了六遍。(二·9)

　　　把咱们班的人都数一遍。(二·20)

　　　我读《水浒传》不过囫囵吞枣地看一遍。(三·4)

　　行为的集体单位有一个特点:除了"遍"字之外,它们往往只跟"一"字结合;咱们不大说"哭两阵、闹三场、挣扎了四番"等。"吃两顿饭"虽也常说,但"骂他三顿"之类还是不大说的。

　　行为的集体单位大都可以转成人、物的集体单位,例如上面说的"吃两顿饭"的"顿"字就已经转成了人、物的单位,分析起来应该是"吃——两顿饭",而不是"吃两顿——饭"。因此,咱们可以明白为什么"骂他三顿"不可以说,而"吃两顿饭"可以说。这里的"顿"已经不是"吃"这个行为的单位,而是"饭"这样东西的单位了。"吃两顿饭"和"进两趟城"不同,因为后者分析起来只是"进两趟——城",而不是"进——两趟城"。"两顿饭"可以独立成话("每天两顿饭"),"两趟城"不能独立成话。

　　"顿、阵、场、番"都可以转成人、物的单位名称。"番"字可以用于比原来用作行为单位的时候更抽象的意义,例如"一番好意"等。

　　　一阵凉风吹到他身上。(一·20)

　　　我们总希望来一阵雷雨。(二·21)

　　　台下一阵掌声,打断了她的讲话。(一·2)

　　　　就闻到一阵叫人流馋涎的香味。(一·21)

香味是风吹来的,所以也叫做"一阵"。

　　　　又引起一阵哄笑。(二·10)

这是由"笑一阵"转成的。

　　　　就会造成一场雷雨。(二·21)

这里"一场"可以和"一阵"通用。

　　　　一离岸就是一场万分紧张的搏斗。(三·11)

这里"一场"不能改用"一阵"。

　　　　想把这个苍蝇捉来当一顿美餐。(一·12)

　　咱们应该紧紧记着:表示人、物的个数和行为的次数,必须用单位名称。在现代汉语里,一般说来,数目字是和单位名称分不开的。

四 能 可 会 得

"能、可、会、得"这四个字的用法,有些是全国一致的,有些是北京话所特有的,学习的时候应该分别清楚。各方言区的读者并且应该注意北京话里有而自己方言里没有的用法。

(一)"能"字

1. "能"字的传统用法　"能"字本来是表示有能力做某一件事,或有条件做得到某一件事:

> 也要有一定的语文程度,才能正确地表达自己的思想和感情。(一·1)
>
> 请你告诉我,怎么样能不费工夫吃到好吃的东西。(一·5)
>
> 人需要有新鲜空气才能活下去。(一·22)
>
> 小苍蝇不能撑她的翅膀了。(一·12)

这种"能"字也可以说成"能够":

> 他读了又读,重要的文章都能够背诵。(二·1)
>
> 他希望能够完成更大的任务。(二·7)

2. "能"字当"可"字用　"能"字和"可"字本来是有分别的。"能"字后面的动词有主动的意义,"可"字后面用及物动词有被动的意义。例如"能食"是主动的,古人说"虎能食人";"可食"是被动的,古人说"芡实可食"。"可食"有被动的意思,但咱们习惯上只说"可以吃",古人习惯上也只说"可食",都不用"被"字。"能"和"可"的这种分别在现代语言里还保存着,例如"不能战胜"和"不可战胜"是有分别的:"不能战胜"等于说"没有能力战胜";"不可战胜"等于说"不可以被战胜"("朝中人民部队是不可战胜的”)。在这些地方,咱们保存了传统的用法。但是,在现代语言里,它们的用法有时候相通起来。有些"能"字,换成"可"或"可以",也是一样的:

修理修理,准保能用。(一·4)

"能用"是"可以用"的意思。

3. "不能"当"不应该"用 "不能"有时候当"不应该"用。这里的"能"字是条件许可的意思,"不能"就是条件不许可,意思再转一转,就变成"不应该"了。不过单用"能"字并没有应该的意思。

在大森林里,你不能像个客人,你得像个主人。(一·21)

注意:在这一个用法上,只能从反面说"不能",不能从正面说"能"。

4. "能"字当"会"字用 这是北京话和其他一些北方话的用法。能,表示可能有这类事情发生;不能,表示不可能有这类事情发生。在别的方言里,在这种地方往往说成"会"和"不会":

她一离开园子就能丢了东西。(一·9)

我哪儿能像你们小孩儿一样,动不动眼里就流水呢?(二·25)

那怎么能一样?(二·25)

我们还能偷了你的东西?(二·25)

(二)"可"字

1. "可"字的传统用法 "可"字和"能"字原是有分别的。"可"字在古代等于"能"的被动。上面说过,"不可战胜"等于说"不可以被战胜",也就是"不能被战胜"。

下面的例子是传统的"可"字的一个典型用法:

古人看见月缺花残,黯然泪下,是可恕的。(一·17)

现代口语里,"可以"替代了"可",因此"可以"二字也能有这种用法：

　　面包做成了，可以吃了。(一·5)

　　一有可以利用的时间就大伙儿来干义务劳动。(一·19)

　　"可"字有时候和另一个字合成一个词。这样，咱们就把两个字合起来看做一个形容词，不必再认为其中含有被动的意思了：

　　忽然有个可怕的蜘蛛……(一·12)

　　造一辆铁甲车得花不少的钱，扔着多可惜呀！(一·4)

　2."可以"的用法　可以，除了表示上面所说的意义之外，还表示情况或条件容许：

　　天气好的时候，还可以到舱面上散散步。(一·22)

　　我们从这里可以推测发生在一万年前的故事的详细情形。(一·12)

　　只留下可以长两个新芽儿的一段。(一·10)

　3."可"字只表示一种语气　有时候，"可"字只表示一种语气。它虽没有什么实际的意思，但不能取消。如果当用它而不用，语气就不对。它的作用，有时候是表示委婉的语气，有时候是表示夸张的语气，有时候是表示转折的语气，有时候是表示叮嘱的语气，有时候是表示坚决的语气，看上下文的意思就看得出来：

　　那可太不合算了。(一·3)

　　到了夏天，结的葡萄可多啦。(一·10)

　　你得去问人类，我可不懂。(一·22)

　　我才二十八岁，你可已经五十啦！(一·19)

　　外边可冷啦！(二·25)

　　要是碰上坏人出了毛病，可负不起责任。(二·25)

　　可不要吵啦。(二·25)

　　可别落在列宁后头。(一·19)

　4."可"字有"但"的意思　"可"字用在意思转折的地方，有"但"的意思。尤其是说成"可是"的时候，简直就和"但是"的意思一样了：

　　我希望永远能够有这样的面包吃,可不知道面包是怎么做的。(一·5)

　　大家很累,可都很愉快。(一·19)

　　总是一边想一边在屋子里走来走去,——可不是走方步,简直是跑。(一·19)

　　她急得想喊出来,可是老王的手又放下了。(一·13)

　　5."可"字表示疑问　"可"字表示疑问,西南普通话和江浙话里往往有(昆明说成"哥"的上声,上海说成"阿"),北京话里没有,其他一些北方话里也不常有：

　　你可曾想到,在闷热得喘不过气来的时候,田里的庄稼也像我们一样,正渴望着雷雨吗?(二·21)

　　昆明只用"可"字,不同时用"吗"字;上海也只用"阿"字,不同时用"吗"字。

(三)"会"字

　　"会"字的意义虽然和"能"字差不多,毕竟是有分别的。

　　1."会"字表示学得来的知识和本领,又表示善于做某一件事情

　　她不但会驾驶拖拉机,还会检查,还会修理。(一·18)

　　你这么会种,种了四十年……(一·10)

　　就是一村里能买一个吧,也不会开。(二·9)

　　在这个用法上,"能"和"会"的分别是很明显的:大致说来,"能"是条件够不够的问题,"会"是经验够不够的问题。

　　2."会"字表示将来可能如此

　　多浇几次水,这样就不会歇枝了。(一·10)

　　这种灯用电池发光,不会增加空气里的炭酸气。(一·24)

这一点火焰是不会熄灭的。(三·9)

大家都相信：下一次的"星期六义务劳动日"，各处参加的苏维埃人民准会有几百万。(一·19)

如果他敢抗议，司机就会把他交给警察。(一·26)

在这个用法上，只能用"会"，不能用"能"。在北京话里，虽然"能"字可以当"会"字用，但是那种"能"字着重在指过去和现在，至于说到将来的可能性和必然性，还是应该用"会"。

"会"字不止可以说将来。就是说过去或现在，只要是表示可能有某事发生，都可以用"会"字：

你怎么会想起这个？(四·16)

他不会骗我吧？……是，他没有骗你。(四·16)

（四）"得"字

"得"字有三种念法(见《字的形音义》第二章第一节)，但是它的用法还不止三种。

1. "得"表示获得　这是"得"字的本来意义。这种"得"字念的音像"德"字。现在常常说成"得到"：

能立刻得到救治。(一·24)

这只有在辛勤的工作以后才能得到答覆。(二·22)

2. "得"表示可以或行　这种"得"字念的音也像"德"字。

把咱们班的人都数一遍，谁该包教，谁该包学，划分一下得啦。(二·20)

3. "得"表示必须　这是北京的口语，它等于文言的"须"。这种"得"字念 děi。

一根橡树木头得六个人用杠子抬。(一·19)

用双挂号寄把菜刀得多少钱？(二·15)

咱们将来都得有一定的职业。(一·1)

大家得在窝棚外面做饭，得跑到下面山沟里取水。(一·18)

得赶上把水路标上的灯点着才行。(二·6)

不够吃就得去买;买,就得付出重利去借钱。(二·12)

一般地说,"得"可以用"要"替代。《初中语文课本》第一册第一课里说,"无论学什么科学,做什么社会活动,都要有一定的语文程度",下面又说,"咱们将来都得有一定的职业,做一定的工作","都要有"和"都得有"的意思是一样的。

"得"字有非如此不可的意思。因此,有时候为了加强语气,就用"非……不可"来替代"得"字:

无论学哪一门科学,非有数学知识不可。(一·1)

等于说"都得有数学知识"。

母亲非整天在工厂里做工不可。(一·22)

等于说"母亲得整天在工厂里做工"。

有时候把"得"和"非……不可"混合起来,说成"非得……不可":

我非得学学不可。(二·9)

有人取消了"不可",单说"非得"(如"我非得去一趟"),甚至单说"非"(如"我非去一趟")。但是,就规范化的要求来说,应该只用两种形式:或者用"得",或者用"非……不可"。最好是不用"非得……不可";特别是应该避免单说"非得"或单说"非"。

4. "得"表示可能 有时候"得"和"能"的意思差不多,但这种"得"字常常和"不"字连起来说成"不得",表示条件不允许。有时候它和"才"字连起来说成"才得",表示先是做不到的,后来才做得到了。这种"得"字念的音像"德"字:

叫人一辈子也不得放心。(一·9)

都是不得过河的人。(一·28)

随你怎样搧扇子,汗老是不得干。(二·21)

经了许多的留难,才得通过好些个部落。(一·20)

　　此外还有另一种"得"字,它虽然也表示可能,但是由于位置的不同,声音也变了。它不是放在动词的前面,而是放在动词的后面,如"吃得、去得、用不得、看不得":

　　　　耳朵里都迸出鲜血来,更动弹不得。(三·18)
这种"得"字很像动词前头的"可"字或"能"字。依北京的语音来说,动词后头的"得"字念的音(de)不再像"德"字,而像"的"字。由于念的音像"的"字,所以有人索性写成"的"字。

　　有时"得"的后面还带着"好、坏、起、下、起来、出去"一类的字眼,例如"修得好淮河",等于说"能修好淮河";"拿得起来",等于说"能拿起来"。这种"得"字念的音也像"的"字:

　　　　怎么冲得出去呢?(一·13)
　　　　他自信禁得起种种苦难。(一·20)

　　这种"得"字是表示可能的。但是,如果要从反面表示不可能,并不是在"得"字前面加个"不"字,而是用"不"字换去"得"字,例如"冲得出去"的反面并不是"冲不得出去"或"不冲得出去",而是"冲不出去"(华南某些地区有"不冲得出去"一类的说法,那是个别的情形)。

　　　　村子被包围得紧紧的,谁也冲不出去。(一·13)
　　　　黑夜白日地干,吃都吃不饱。(三·6)
事实上,"冲得出去"等于说"能冲出去","冲不出去"等于说"不能冲出去"。可是口语里说"冲得出去"和"冲不出去"比较习惯一点("禁得起、吃不饱"等由此类推)。

　　5.“得”字表示一件事的结果或表示形成某种状态　某一件事做了或发生了,它产生了某种结果,把这种结果说出来,正好形容那一件事的影响,"得"字就放在那一件事和它的结果的中间。还有,某一件事做了或发生了,是怎样的一种情况呢? 是坏还是好? 是多还是少? 是大还是小? 是晚还是早? ……把这些情况说出来,"得"字就放在那一件事和那一种情况的中间。这种"得"字念的音(de)也像"的"字。

　　二虎子急得满脸通红。(一·13)

　　〔同学们〕抽不到的都很不高兴,有的甚至失望得掉下眼泪来。(三·3)

　　晌午火热的太阳,晒得整个拖拉机发烫。(一·18)

　　年轻的小伙子们就跟他抬起杠来,顶得他也结结巴巴的没话答对。(二·9)

　　把车修得更好。(二·8)

　　袋里有一根长钉,磨得很锋利。(二·7)

　　皇宫里面装修得非常富丽。(二·23)

　　我们一口气跑下去,跑得真快。(三·10)

　这种"得"字在北方既然和"的"字同音,于是往往有人写成"的"字:

　　花儿开的大。(二·13)

　　今天早上走的急。(二·15)

要是在同一篇文章里,有时候写成"得"字,有时候写成"的"字,那就不好,应该避免。

　　如果拿全国各地的方言来比较,就知道写成"得"字才是对的,因为西南普通话、吴语、粤语等等在这种地方都用"得",不用"的"。在这些方言区域内,"得"和"的"是不同音的。所以,写成"的"字虽然不算错,但是为了照顾全国,还是写成"得"字好。

　　6."得很"和"得多"　赞美人物的时候,咱们说"很好",但也可以说成"好得很"。后者比前者的语气更强些。反过来也可以说"坏得很"。此外还有"大得很、多得很、糟得很"等等:

　　医务人员中的女同志们英勇得很。(三·10)

　　有时候,为了夸张,就在"得"字后面用"不得了"或"惊人"一类的字眼来替代"很"字:

　　他高兴得不得了。(二·22)

前一个"得"字念的音像"的"字,后一个像"德"字。

　　它的次数可多得惊人。(二·21)

　　北京话里还有一种说法可以认为相当于"得很"的,就是用"着","着"下面再跟上"呢"(两个都念轻声:zhe ne 或 zhi ne),例如"多着呢、香着呢"(＝多得很呢、香得很呢)。但并不是每一个"得很"都可以换成"着"再加"呢",用的时候应该注意依照习惯:

　　老哥,比这更凄惨的事还多着呢。(一·22)

　　"得多"是一种比较的说法。"大得多"和"更大"的意思不一样。"更大"只是比较大的意思,只要大一点儿也就可算是"更大"了;"大得多"就绝对不只是大一点儿。用"更"字要放在形容词的前面,用"得多"就要放在形容词的后面。有了"得多"就不能再用"更",咱们不能说"更大得多"。

　　我从前住的地方还要黑得多呢。(一·22)

　　墙壁当然比鼻子硬得多了。(三·4)

　　在"得很"和"得多"里,"得"字念的音(de)也像"的"字。因此也有人把"好得很"写成"好的很",把"大得多"写成"大的多"等。但是,为了照顾全国,还是写成"得"字妥当。

五 让 叫 被 给 挨 受

"让、叫、被、给、挨、受",这六个字的意义有相通的地方,也各有特殊的地方。现在分别说明如下:

(一)"让"字

1. "让"字的本来意义 "让"字在古代的意义是"争"的反面①,如"谦让、退让"等。咱们平常说的"我不和他闹意见,我让他","好东西让给他吃"等,里边的"让"字还保存着这个传统的意义。

2. "让"表示请 "让"字本来表示谦让的意义,稍为转变就含有请的意思:

王崇阁……连忙把这个老头儿让进园里来。(一·10)

立刻把那客人请来,还让他坐了首席。(一·16)

像"把老头儿让进园里来"这一类的结构并不是全国通用的,只有北方话这样说,其他地方一般还是说"……请进园里来"。这里所谓"请",不是邀请那类"请"的意思。"把老头儿让进园里来"是说客客气气陪着他一块儿进来。陪客人吃饭的时候,也说"让菜、让酒",也含有这种"请"的意思,并不是把自己的菜让给他吃、把自己的酒让给他喝②。

3. "让"表示容许或放任 这个意义是"让"字的进一步的转化。"谦让"本来表示不争,由不争转变为容许,或者再由容许转

———————

① "让"字的本来意义是诘责,这里只提"谦让、退让",因为从这种意义讲起,学生容易接受些。

② 至于"还让他坐了首席"这一类的结构,在各地方言中就比较普遍些,因为这种"让"字不一定当做"请"字讲,也可以当做"给"字讲。

变为放任。"不让"就是不许或不准。

　　到了瓜州以后就让他们回去了。（一·20）

　　摊开来,让风吹吹,让太阳晒晒。（一·5）

　　枝条多的要扎成伞形的架子,让枝条从四面爬上去。（一·10）

　　让我调查一下再说罢。（一·17）

"让我"本来就是"请容许我"的意思,后来语意减轻,只剩下"等我"的意思,或自己提出承担某一件事的意思了。

　　也可能是上升的空气把水点托住了,不让它们落下来。（二·21）

　　〔在美国南方〕一般的饭店都不准黑人进去,旅馆也不让黑人住。（一·26）

这里"不让"和"不准"交替用,是为了变化。

　　有些方言在这种地方用"给"字,但北方话里一般只用"让"字。

　　从容许或放任的意思略进一步,"让"的意思可以更积极一点,而近于"叫",如:

　　你不要去了,让他去吧。

　　羊啊,人家让我吃掉你呢。（一·5）

　　4."让"表示被动　在第3项末一例中,"让"和"叫"的意义是相通的,在第二例中,"让"和"给"的意义也算相通。咱们知道,"叫"和"给"都有被动的意思（参看下文二、四两节）,因此,"让"字能表示被动也是相当自然的事情了。在这种情况下,"让"就是"被"的意思:

　　猛的觉得一只脚让什么东西碰了一下。（一·3）

　　有几个让火烧得焦头烂额的。（一·6）

　　下层的热空气让雨一淋,突然冷缩。（二·21）

这一类"让"字都可以换成"被"字、"叫"字或"给"字。

（二）"叫"字

1."叫"字的本来意义　"叫"字的本来意义是啼叫、叫喊或叫唤：

> 有三十二次模仿夜莺叫,两次模仿杜鹃叫。(一·14)
>
> 再叫出村里人来问。(一·13)

2."叫"表示支使　这种意义是由叫唤的意义变来的。在这种情况下,"叫"跟文言的"使"字差不多：

> 王崇阁把董老头儿约来,叫他帮自己拾掇葡萄。(一·10)
>
> 这容易叫枝条受伤。(一·10)
>
> 就闻到一阵叫人流馋涎的香味。(一·21)
>
> 叫人不容易懂。(三·4)
>
> 不叫我干重活儿。(三·4)

上文说过,这种"叫"字在北方话里也可以说成"让"字。

3."叫"表示称呼　这种意义也是由叫唤的意义变来的：

> 只有每年暑假才和家里的人到一个名叫科古殊喀诺的小村子里去歇夏。(二·2)
>
> 要她说出是哪里人,叫什么名字。(三·8)

4."叫"表示被动　这种"叫"字和"被"字差不多,和前文第4项的"让"字简直完全一样：

> 叫老马用后蹄重重地踢了一下。(一·5)
>
> 可是叫鬼子逼着,不敢不下去。(二·18)
>
> 或是带着很多蒸汽的风叫高山挡住了。(二·21)
>
> 这几年咱们这里叫鬼子闹得什么也买不着了。(二·25)

"叫"字在北方和"教"字同音,因此,2、4两种"叫"字也有人写作"教",如"教他帮自己……、教高山挡住"等。

（三）"被"字

"被"字虽然在文章里是比较正式的表示被动的一个字,可是

在口语里并不常用。句子本身已经表示了被动意义时,习惯上不用"被"字,如:

　　农夫吓住了。(三·6)

不说"被吓住"。

　　后来楼下也毁了。(三·9)

　　用"被"字的时候,也像"让、叫"一样,接着就把主动的人或物说出来:

　　只要有一处被人发觉,那就没有命了。(一·20)

　　楚怀王被秦国骗去。(二·14)

　　堆满了被内战炮火轰坏了的火车头。(一·19)

　　我们就被这碧绿的海水吸引住了。(二·23)

　　但是,因为"被"字是正式表示被动的字,所以有时候并不需要把主动者说出来:

　　游击小组才发觉村子已经被包围。(一·13)

　　后来,我被装在小车上。(一·22)

　　罗斯托玛乞维列被捕。(二·17)

　　日寇在冀中平原上的"扫荡"政策被粉碎了。(二·18)

　　沙皇和地主们要对外打仗,人民都被赶上战场。(三·6)

　　"让"字和"叫"字不能有这一种用法(不能省掉主动者)。"给"字和"被"字在这一点上比较相像(参看下文第四节),但也不完全相同,例如"被捕"不能说成"给捕"。

（四）"给"字

　　1."给"字的本来意义　"供给"的"给"字是它的本来意义①。这种"给"字在北方话里本来应该念 jǐ(音同"己"),现在多半念轻

---

　　① "给"字的本来意义应该是足(如"家给人足")。但是这个道理用不着拿来对学生讲。

声(jì)，可是往往有人念成"给钱"的"给"(gěi)，那是念错了。

2."给"表示授与　这种"给"字念 gěi。

> 樵夫分一块面包给狼。（一·5）

> 我们烧了些水给大家喝。（三·10）

有时候，并不是真正授与一些什么东西，只是表示给予某人某一种机会：

> 你做好一篇文章，读给他们听听。（二·19）

3."给"表示替　这种"给"字也念 gěi：

> 他们给国家清理出一大批财物来。（一·19）

> 你给咱找一下好不好？（二·25）

> 艾戈尔卡小心地给她把被盖好。（二·6）

这里的"给"字都可以换成"替"字，意思完全相同。这种"给"字也是北方话里用得多些。同样地，下面两句里的"替"字也可以换成"给"字：

> 先把敌人的工事轰平，替我们扫清冲锋的道路。（二·16）

> 你们要替我报仇呀！（二·16）

像这种"给"字和"替"字的意义，在文言里就用"为"字。

有时候，并不说出替谁做事，只简单地用一个"给"字，但是听话的人都知道是替谁。

> 我们问的是，谁扔在这儿的？谁给保管着的？（一·4）

> 原先破的地方都用干净的黑布、蓝布给补好了。（二·15）

> 老太太，去给喊一下吧。（二·25）

有时候，"给我"二字连用，并没有"替我"的意思，而是表示一种强调的命令：

> 我不认识你。我连自个儿的老婆还养不起呢。你给我走！（三·6）

4."给"表示被动　这种"给"字也念 gěi。"给"字表示被动，比"被"字的语气轻些。它的下面可以把主动者说出来：

她想起那发电机要是给雨淋湿了……（一·18）

也可以不说出主动者：

保管了这么些日子，一下子就给拉走了。（一·4）

石家庄解放了两年多了，我们的苦日子早就给赶走了。（二·8）

有时候，既用了"叫"字或"让"字，同时还用"给"字来表示被动。在这种情况下，"叫"字或"让"字放在主动者的前面，"给"字放在主动者的后面：

后来母亲又叫德寇给杀死了。（二·7）

凡尼亚叫德国人给关在地下室里。（二·7）

这把菜刀，……叫王小五给挑到这里来了。（二·15）

王仁厚的儿子叫反动军队给抓去……（二·16）

我儿子是让蒋介石给逼死的。（二·16）

这样，似乎嫌重复了。但是北方口语里确是有这种用法。

为了显示"让、叫、被、给"这四个字在表示被动的时候是意义相通的，下面再举一些成对的例子来比比看：

让：叫（例一）{一只脚让什么东西碰了一下。／叫老马踢了一下。

让：叫（例二）{儿子是让蒋介石给逼死的。／母亲又叫德寇给杀死了。

让：叫（例三）{让火烧得焦头烂额。／叫鬼子闹得什么也买不着。

叫：被（例一）{叫反动军队给抓去。／被鬼子抓去。

叫：被（例二）{叫高山挡住。／被海水吸引住。

被：给{被波浪吞没了。（一·12）／给雨淋湿了。

"让、叫、被、给"表示被动时,大都是指损害的行为(或不如意的事)说的①。如果不是损害的事,就不大用得着它们,例如咱们不能说"书被我买来"等。不过,像"他当选为人民代表"这种句子,现在也有人用"他被选为人民代表"。

(五)"挨"字

"挨"是遭受的意思。既然是遭受,也就是被动的事情。"挨"字从前也有人写作"捱";后来"挨骂"之类写成"挨",念阴平,"捱苦、捱磨时间"之类写成"捱",念阳平,两字分用;现在这个念法的区别又模糊了,所以一般都写作"挨","捱"字已少用:

　　去吧,去了吃好的,穿好的,再也不挨狗咬了。(三·12)

在某一些方言里,有一种"吃"字,也和遭受的意思差不多。这种"吃"字在《水浒》等书里就已经有了:

　　我回去时,须吃他耻笑,不是好汉。(三·18)

(六)"受"字

依照上面所说,"让、叫、被、给"表示被动的时候一般只表示损害之类,"挨"字也是表示损害的("吃、遭"也一样),那么当咱们要叙述一件好事的时候,应该用什么字来替代"被"字呢?

比较适当的是一个"受"字。"受"字是不拘好事坏事都可以用的,譬如说"立功者被奖"很别扭,要说"立功者受奖",就合于习惯了:

　　他的意志很坚定,留难他的人也受感动。(一·20)

　　黑人不但在南方受欺负,就在美国其他地区同样也受欺负。
(一·26)

"受感动"不大能换成"被感动",因为这不是什么损害的事情;但

---

① 所谓损害,是指受影响的一方说的,但在主动者看来可能正是值得高兴的事,例如"楚怀王被秦国骗去",对于楚怀王来说是一种损害。

"受欺负"可以换成"被欺负",因为受欺负就是受到了损害。

"挨、受"这一类字后面可以仅仅跟着一个字,如"挨骂、受奖"等,而"让、叫、被、给"一般是不能这样的,例如必须说"让火烧得焦头烂额、叫高山挡住、被吞没、给淋湿"等①。

上面"让、叫、被、给、挨、受"这六个字,就某一些意义来说,它们之间的距离是很远的,例如"谦让、叫喊、供给、遭受",它们之间看不出有什么关系。但是,这六个字之间有一个共同的意义,至少是十分相近的意义,那就是被动的意义。它们都可以放在动词的前面来表示被动。

这六个字,就它们的被动意义来说,可以分为两个类型:"让、叫、被、给"是一个类型;"挨、受"("捱、遭、吃"也一样)是一个类型。这两个类型的分别,这里只讲了很浅近的一点。

---

① "被捕、被害"这一类文言的词语不在此例。

六　把　拿　用

"把、拿、用"这三个字是有分别的。"把"和"拿"的分别更大，特别在北京话里，"把"和"拿"不能通用。

（一）"把"字

1. "把"字的本来意义　"把"字本来是握或持的意思，现在咱们还说"把舵、把犁"等。双音词"把持"和"把握"也是由"把舵、把犁"那种动作演变为比较抽象的意义的。

2. "把"表示处置　对人或事物加以处置或处理，就先说出一个"把"字，将那个人或事物提到前面来，然后说出一种动作，这种动作就是处置的方式。这种"把"字也是从把握的意义来的；一样东西，必须先把握，然后能处理它：

　　把这个院子重新修建起来。（二·17）
　　一只手用他的红领巾把灯包起来。（二·6）
　　把自己的那只桦木船推到水面。（二·6）
　　警察就把他抓起来。（一·26）

必须是一种处置，才能用"把"字。因此，像"把门进"一类的说法是不成话的。只有唱戏或唱大鼓为了凑字数或合韵脚，才有"把门进"一类的说法。

凡说到一种处置，须同时说出处置的结果。因此，假使只简单地说个"把船推"，那是不成话的（只有唱戏或唱大鼓，才有这样唱法）。如果说"把船推过浅滩"，那就成话了。因为"过浅滩"是推的结果。像这一类句子，动词后面至少要用"起来"一类的字眼，一般不能把动词放在句尾，除非动词后面有"了"或"着"，例如：

"我们把衣服都脱了"（二·22），"他把书老拿着"。"起来"本是表示结果的，所以把它放在有处置意义的动词后面仍然成话，例如："修建起来、包起来、抓起来"。

下面说一说各种可能的结构方式：

第一，"把"字后面说了一种动作，跟着就要说表明这种动作的结果的字眼，如"好、干净、垮、大、小、黑、白、破、开"等：

> 要把生产搞好。（二·8）
>
> 把敌人全都打垮了。（三·11）
>
> 把他的皮肤涂黑。（一·26）
>
> 凶暴得像要把他的湿衣服撕破似的。（二·6）
>
> 这当儿同志们就把印刷机拆开了。（二·17）

这种说法，有时动词后面须用"得"字（或"的"字）来连接：

> 把他们打得落花流水。（二·18）
>
> 把堤打的呱呱叫哟。（二·11）

第二，"把"字后面说了一种动作，跟着就要说"起来、下去、进去、出来"，或简单地说"起、下、去、来、回"等：

> 把新娘子搀出来。（三·17）
>
> 他从架子上把父亲那个……皮包取下来。（二·6）
>
> 甚至把树连根拔起。（一·12）
>
> 把这些东西从水底下提上来。（二·22）

第三，"把"字后面说了一种动作，跟着就要说出一个方向，如"在……里、到……上面"等：

> 把手枪插在腰里。（一·13）
>
> 把棍子藏到衣裳里。（一·14）
>
> 就是把一些植物的种子放在要解剖的头盖骨里。（二·5）
>
> 把枞树枝铺在烤热了的地面上。（一·21）

第四，"把"字后面说了一种动作，跟着就要说出和这动作有关系的人，如"给他、告诉他"等：

我们还是把这整袋子米送给她。(三·10)

过几天,把这本书还给那个同学。(二·1)

我把河边老百姓说的情形详细告诉他。(二·3)

第五,"把"字后面可以说"当做、认为、改成"之类,当然后面还得说出当做什么、认为什么、改成什么:

可是……同学都把他当做好朋友。(二·1)

把手工业方式改成科学化、合理化的生产方式。(二·8)

把稻草扎成缀头。(二·12)

第六,"把"字后面说了一种动作,跟着就要说"一遍、一次、一番、一顿、一下"之类:

把咱们班的人都数一遍。(二·20)

把这个工程师叫来训斥了一顿。(二·23)

你去把水位测量一下。(二·6)

第七,"把"字后面说出了被处置的人物之后,说个"一"字,然后说出动作,譬如说"一拉、一按、一推、一摆"之类。在这种情况下,动词可以放在句尾:

忽然看见领队的把旗子向空中一摆。(二·9)

卫士把她一推……(三·17)

这种表示处置的"把"字,从前常用"将"字,现代口语里一般只说"把",不说"将"。

3. "把"和"被"的关系 "把"字表示处置,"被"字表示被动。所谓处置,包括能影响到人或物的一切动作。就汉语说,处置和被动是同性质的事情的两种不同的表现方式,譬如说"我们把它吃了",倒过来说就是"它被我们吃了"。凡可以用"把"的地方,常常可以倒过来用"被"。凡可以用"被"的地方,也往往可以倒过来用"把":

{ 〔老树干〕当然也被波浪吞没了,被海沙掩埋了。(一·12)
{ 有一天,水把这森林淹没了。(一·12)

$\left\{\begin{array}{l}\text{演到王仁厚的儿子叫反动军队给抓去的时候……(二·16)}\\\text{两个德国兵把他抓去了。(二·7)}\end{array}\right.$

如果不能用"把"字表示处置的,同时就不能用"被"字表示被动。"把门进"不成话,"门被进"也不成话。

在否定句里,"不"字、"没"字不能放在表处置的动词前面,只能放在"把"字或"被"字前面。不能说"把印刷机不拆开",只能说"不把印刷机拆开"。不能说"房子被没毁坏",只能说"房子没被毁坏"。

不把家伙安排好,晚上就睡不着。(一·3)

4. 特殊的形式　下面的例子是一种特殊的形式:

我们俩把松鸡拔了毛。(一·21)

我们把反动军队缴了枪。

一般表示处置的句子可以倒过来说,例如"把印刷机拆开"可以说成"拆开印刷机"。但是"把松鸡拔了毛"并不是"拔松鸡"而是"拔毛";"把反动军队缴了枪"并不是"缴反动军队"而是"缴枪"。这样,有两个人或物的名称,一个放在动作前面,另一个放在动作后面。后面的东西必须是和前面那东西有隶属关系,或者是身体的一部分(松鸡的毛),或者是所占有的东西(反动军队的枪)。

这特殊形式中的"把"字也是和"被"字相通的。上面两个例子也可以变成被动的句子:"松鸡被我们俩拔了毛。""反动军队被我们缴了枪。"

5. "把"字的活用　"把"字有时候并不表示处置,只是表示在某种情况下弄成这个样子。这又可分为两种:

第一种,"把"字后面并没叙述一种影响到人或物的动作:

他就把脸皮一耷拉。(二·20)

那掌柜把脸沉下来。(一·26)

可把你们忙坏了。(二·25)

　　有时候,这不算是动作(更谈不上处置),只是一种心理状态,例如"忘、羞"之类。

　　　　把米忘在这儿了。(一·3)

　　这样的"把"字活用,是由于动词活用。

　　第二种,"把"字后面的动词虽然表示一种影响到别的东西的动作,而且还叙述了那动作的结果(很像处置的形式),但是不能认为处置,只能认为某种情况所造成的后果。

　　　　碰了几次壁,把鼻子碰扁了。(三·4)

(二)"拿"字

　　1. "拿"字的本来意义　"拿"字本来是表示一种动作,例如:

　　　　大伙儿集合起来,去做不拿报酬的工作。(一·19)

　　　　只要穷人团结起来,就可以把富人所有的一切拿到自己手里来。(一·22)

　　　　拿着测量用的绳子向丹娘走来。(二·6)

　　2. "拿"表示方式　"拿"字的意义有时候变得比较抽象。它和后面的事物名称结合,并不表示主要的动作,只表示某种动作的方式或方法,所拿的是材料或工具,例如"拿米做饭","做饭"是主要的动作,"拿"什么表示用什么来做:

　　　　果然有一辆小坦克,拿草盖得严严的。(一·4)

　　　　我们也拿碗盛给徭民母女吃。(三·10)

　　有时候"拿"并不是真正用手去拿:

　　　　不要拿性命作儿戏呀!(一·20)

　　　　拿她取笑。(三·8)

　　3. "拿"和"把"的分别　在北京话和北方许多方言里"拿"和"把"的分别很严格,"把"表示处置,"拿"表示动作的方式。"拿钱把书买来"不能说成"把钱拿书买来"。在结构上也有分别。

"把"后面带着事物的名称,再带着一种动作(如"把书买来"),动作后面不再有事物的名称了("把松鸡拔了毛"是例外);"拿"后面带着事物的名称,再带着一种动作,动作后面还再带一个事物的名称(如"拿钱买书")。这种表示动作方式的句子不能取消"拿"字,也不能把"拿"字后面的表事物的词和表动作的词对调("拿钱买"不等于说"买钱")。"拿"和"把"是不能通用的:

　　就拿地雷、手榴弹,把他们打得落花流水。(二·18)
不能说成:"就把地雷、手榴弹,拿他们打得落花流水。"

　　从下面这些例子能够看出,用"拿"的地方不能用"把",用"把"的地方不能用"拿":

把他打了一顿	拿刀砍树
把碗洗干净	拿张三比李四
把他当做好人	不要拿性命作儿戏

　　这些例子是拿北京话做标准的。江苏、浙江许多方言里只有"拿",没有"把"(表示处置的"把")。因此,"拿"和"把"容易混淆,要特别注意避免用错。

(三)"用"字

　　1. "用"字的本来意义　　"用"字本来是使用、运用的意思,例如:

　　在解放前,……也是有势力的拼命用水。(三·2)
　　这就是不会用思想的缘故。(三·1)

　　2. "用"表示方式　　有时候,"用"字和事物名称结合,并不表示主要的动作,只表示某种动作的方式或方法:

　　他们就用秤来称宝宝的重量。(二·12)
　　是用破红布片围着的。(二·6)
　　我们又用竹筏试着偷渡。(三·11)
　　后来用鞭子打她。(三·8)

3. "用"和"把"的分别　　"用"和"拿"意义相近,又处于同样的地位,因此,"用"和"把"的作用不同:

用黑色的钉着金色纽扣的水手大衣把他裹起来。(二·6)

"用"可以换"拿",但是不能说"把黑色的大衣拿他裹起来"。

4. "用"和"拿"的区别　　"用"和"拿"在许多地方是没有分别的,可以互相替换:

一种叫做葡萄状腺……用来做网上螺旋形的线。(一·11)

蜘蛛的丝为什么不拿来织东西呢?(一·11)

据说有用蜘蛛丝织过手套、袜子的。(一·11)

但是,用"用"字的时候,应该注意三点:

第一,"用"字本来有使用的意义,所以比较地适合于指出某一件事所需要的材料或工具。在这种地方,用"拿"字自然也可以,不过用"用"字就更能表现那材料或工具的作用:

原先破的地方都用干净的黑布、蓝布给补好了。(二·15)

他们老是用迫击炮轰击方场和附近的街道。(三·9)

就写了几条标语,用米汤贴在外面显眼的地方。(三·10)

车长用电话跟梅河口调度员商量办法。(三·15)

第二,身体的部分,一般用"用"字,有时也用"拿"字:

用拳头打她。(三·8)

刽子手用脚踢倒了木箱。(三·8)

她用瘦弱的手指使劲把这片洋铁弯成了半圆。(三·9)

用鼻子到处探索着。(二·22)

语言、声音、眼光、力量等,只用"用"字:

有一个地位较高的军官用俄语问。(三·8)

对集体农庄的庄员们用宏亮的声音喊着。(三·8)

他用锐利的眼光看着我。(二·3)

大家用力打哟。(二·11)

第三,用行动、手段、方法等等来达到某一个目的,一般用

"用"字,有时也用"拿"字:

　　这次劳动的意义是用行动来庆祝世界青年日和世界学生周。(三·3)

　　我用什么方法来报答母亲的深恩呢？(四·1)

　　用这个公式算出了一道题。(三·1)

　　现在把"把、拿、用"这三个字总起来说。"拿"和"用"是一类,"把"自成一类。咱们首先应该学会"把"字,不让它和"拿、用"相混,然后研究"拿"和"用"在用法上大同小异的地方,就不会错了。

七 了 着 起来 下去

人们的行为有种种不同的状态:有些行为是已经完成,或被人想象为完成的;有些行为是正在进行中,或被人想象为正在进行中的;有些行为是正在开始的;有些行为是早已开始现在还要继续下去的。上面所说的各种状态常用不同的字眼来表示,那就是"了、着、起来"和"下去"。"了、着、起来"和"下去"这四个字眼,除了表示这四种状态之外,还有别的意思,也并在一起来谈。

(一)"了"字

1."了"表示了解 这种"了"字现在必须和"解"字合起来用,字音念 liǎo。

> 在这一课里老师讲明白了,出现在别一课里他们又不了解了。(三·1)

2."了不起"表示不平凡 在这种意义上,也可以说成"了不得"。字音也是 liǎo。

> 以为伯父就是伯父,跟任何人的伯父一样,没有什么特别了不起。(三·4)

3."不得了"表示严重或厉害 单说"不得了",表示事情很严重。如果说"热得不得了、疼得不得了"等,那就表示厉害的意思。字音仍旧念 liǎo。

> 大水就来啦,那可就不得了啦。(三·17)
>
> 那时虽然是五月初,天却已经热得不得了。(三·11)

4."得了"表示做得到、能够;"不了"表示做不到、不能够 这种"得了"和"不了"的前面一定要有一个动词。字音也念 liǎo。

跑得了谁还不跑哇！(三·17)

痛得厉害,回不了家啦！(三·14)

董存瑞,我一辈子也忘不了他。(四·7)

从小没了爹妈,跑不了！(三·17)

他的衣服遮前顾不了后……(四·13)

有时候,"不了"并没有很明显的做不到的意思,只是用来加强一点否定的语气。譬如说"算不了什么",实际上只等于说"不算什么"。

碰着青年人火热的心和能干的手,就算不了什么。(三·3)

5."了"表示行为的完成　这种"了"字放在动词的后面。在北京话和一般北方话里,都只念 le,不念 liǎo。(注意:念 le 的时候必须念轻声,否则念成 lě 比念 liǎo 更不自然,更难听)。

我已经在北京住了一年。(三·2)

他说了很多,我哭得都没大听进去。(四·11)

消灭了一连守军,把船夺过来。(三·11)

大家一股劲开了一百二十多亩,全部种了山药蛋。(三·7)

冻醒了的同志们围着火堆小声地谈着话。(三·10)

"了"字虽然表示行为的完成,但是它并不一定表示事情已经成为过去。有时候,事情还在将来,或者还在假设中,如果咱们想要表示第二件事在第一件事的后面,这第一件事就可以用"了"字:

过了夏,俺再买个小牛。(三·12)

现在虽然夏天还没有过去,等到买牛的时候,夏天一定是过去的了。

我咬着牙不叫唤,怕人家听了不好受。(四·11)

"听"的事情虽然是假设的,但"不好受"也是假设的,假定"听"和"不好受"都成为事实,那么,"不好受"总要在"听"这一件事发生之后。

　　有时候,也不一定真的是一种行为。譬如"有了、成了"之类也都可以说:

　　由于电厂有了新的管理法,由于工人的进步和努力,北京的电灯真像电灯了。(三·2)

　　在咱们中国,人民已经成了国家的主人。(三·14)

　　至于像"为了、除了"之类,更不表示任何行为,但是在习惯上仍旧用"了"字:

　　为了满足广大青年的愿望,这一次义务劳动共分五回举行。(三·3)

　　除了险恶的河流,还有对岸敌军射过来的枪弹。(三·11)

　　有时候,"了"字是表示情况的改变。意思是说,原先是另一种情况,现在变了这一种情况:

　　以前,只为北京的美丽我已感到骄傲,现在我又多了一分骄傲。(三·2)

　　后来钱支部书记带着一个跛了一只腿的人顶着大风来了,那个人跟我讲了许多话,说到保尔·柯察金瞎了眼还可以工作。(四·11)

　　6. "了"字用在句尾的时候,表示事情是肯定、决定或确定了的 字音也是念 le,轻声。这种"了"字的用法和上一种用法之间没有绝对的界限,因为一种行为的完成往往也就同时表示了事情成为定局。但是,大概的分别还是有的:(1)上一种"了"字大多数不在句尾,这种"了"字必须用于句尾;(2)上一种"了"字只帮助一个动词来表示行为的状态,这种"了"字帮助整个句子来表示一种语气;(3)上一种"了"字只放在动词的后面,这种"了"字可以放在名词(人物的名称)或别的词的后面:

　　我们的大炮怒吼了。啊!后续部队到了。(四·8)
　　南头的草长起来就找不见苗了。(四·12)
　　这时候,家里的人明白了,弗拉吉米尔哑了。他再也不会唱了,从

今以后,任何人在任何时候也不会听见他的歌声了。(四·2)

结果人民更穷了,痛恨更深了。(三·6)

北京解放了,人的心和人的眼一齐见到光明。(三·2)

天黑了,路灯发出微弱的光芒。(三·4)

我们紧张极了,气都不敢透一口。(三·4)

这中国的红场是修筑得又平坦又壮丽了。(三·3)

有时候,上一种"了"字和这种"了"字同时并用,更显出来它们之间的分别:

架桥吗? 已经架了三天了。(三·11)

这一下可犯了群众纪律了! (二·15)

表示一种禁止或一种劝阻的时候,也常用"了"字,表示禁止或劝阻的决定语气:

别吵了,别吵了,神巫来了。(三·17)

不要哀求了。我是要永久跟着你的。(三·6)

句尾的"了"字可以变成"啦"。这"啦"字是"了啊"两个字的合音,它比"了"字所表示的语气更确定,同时往往带着说服的语气:

俺现在生活好啦,自然,心里也痛快啦。(三·12)

不久就可以动工啦。(三·17)

上一种"了"字和这种"了"字同时并用的时候,这种"了"字往往变成"啦"字。

就是住在龙须沟的人们也有了自来水吃啦。(三·2)

(二)"着"字

1."着"表示接触到 古人说"着地",就是接触到地面的意思。现在除了某些方言外,这种意思已不常用了。只有"着落、沉着"等还常用;一件东西落下来,或者沉下去,一定要接触到另一样东西(例如地面),所以用"着"字。现在咱们用"着落、沉着"一类的字眼,只要知道它们的现代意义就够了,"着"字的本来意义不一定要去研究它。这种"着"字念 zhuó(但"着落"也可以念 zháo lào):

> 李完根艇长更沉着地指挥。(二·4)

"着火"也是接触到火因而燃烧起来的意思。但"着火"的"着"在北京话里一般只念 zháo,近阳平声,不念 zhuó:

> 衣服着火了,帽子着火了,眉毛头发也着火了。(三·11)

2. "着"字在某些词的前面表示感受或感觉到　如"着凉、着急、着慌"等。这种"着"字念 zháo,阳平声:

> 大家着急得要开枪。(四·4)

3. "着"字在某些动词的后面表示达到目的　如"找着(找到)、买着(买到)、猜着、睡着"等。这种"着"字念 zháo,阳平声:

> 我可一夜也没有睡着。(四·12)

4. "着"字在一般动词的后面表示事情正在进行中　这种"着"字念 zhe 或 zhi,轻声:

> 天黑了,仍旧下着毛毛雨。(一·21)

> 如今,这个提琴……在叙述着伟大的领袖,叙述着强大的苏联,号召全世界走向和平。(四·2)

"着"字既然表示事情正在进行中,于是某些事情如果要经历很长时间的,也用它来表示:

> 那木头慢慢地匀匀地烧着,整夜不灭。(一·21)

> 整整一个星期下着秋雨。眼前一片大森林,灰色的云层低低地压在大森林上面,缓缓地流动着。湿冈的风缓缓地吹着。(一·21)

> 大家喝着水,抽着烟,看着表演,许多新花样引起热烈的掌声。(二·10)

> 大家互相鼓舞着,比赛着,谁也不愿意落后一步。(三·3)

经常性的事情,也用它来表示。

在过去……达官贵人住着官殿式的房子……；穷人却住着顶脏的杂院儿。（三·2）

新政府的眼是看着穷苦人民的。（三·2）

因为它表示经常性的事情，所以它也能表示一种静态：

桌子上放着意见簿。（三·20）

见秋生院里放着十来个老南瓜。（一·9）

我也看到保加利亚送的五十大厚本镶着金边的纪念册。（三·20）

有些地方还埋着过去大树砍掉了剩下的盘曲的树根。（三·3）

南边连着东单广场。（三·3）

"了"字表示行为的完成，而完成的事情多数是过去的事情；"着"字表示行为正在进行中，而正在进行的事情多数是现在的事情。因此也有人用"了"字表示过去，"着"字表示现在。

正是这千百万人创造了和创造着中国的历史。（四·1）

但是，正像"了"字不一定表示过去一样，"着"字也不一定表示现在。"着"字表示行为的持续性；只要说话人着重在行为的持续（连续、延续），即使是过去的事情，也可以用"着"字：

是的，北京确实是有缺欠。那些缺欠是过去的皇帝、军阀和国民党政府带给北京的。他们占据着北京，也糟蹋北京。（三·2）

我可是没有一天不想念着她。（三·2）

叙述两件（或更多）事情同时进行的时候，其中往往有一件是主要的，另一件是次要的。次要的一件事就用"着"字。譬如说"唱着歌走路"，说话人着重在叙述走路，"唱着歌"只是表示走路的方式，所以唱歌被看做次要的行为。但是，如果说"站着唱歌"，说话人就着重在叙述唱歌，"站着"只是表示唱歌时的姿势，所以站着被看做次要的行为。这样的叙述法，"着"字仍旧表示事情正在进行中：

几十个长腿鬼子背着卡宾枪摸上来了。(四·8)

今天的队伍是带着欢欣的心情,扛着锄头铁铲,唱着响亮的歌儿,迈着愉快的步子,汇合到这个熟悉的地方来了。(三·3)

上面所举的例子,"着"字后面是有名词跟着的;此外,还有一种动词带着"着"字,"着"字后面并没有名词跟着,还是同样地能表示行为的方式。这样,就不能明显地表示两件事同时进行,只是用"着"字来表示方式罢了:

街上的人都匆匆忙忙地赶着回家。(三·4)

当天晚上,我们又用竹筏试着偷渡。(三·11)

机枪跟着也咯咯地响起来。(四·8)

接着又劈倒另一个鬼子……(四·8)

这是工作,你可别闹着玩儿!(四·4)

每天晚上轮换着看管。(一·4)

我家离这儿不远,这就可以支持着回来了。(三·4)

5. 来着,这是地道的北京话的说法 它放在某些句子的末尾,表示事情虽然过去(用"来"字表示),但是说话人觉得时间还很近,好像是没有过去似的(用"着"字表示)。"着"念 zhi,轻声:

妈,这两个人翻咱们柜子来着。(二·25)

他们昨天黑夜从这儿过路来着。(二·25)

小鬼,你叫他什么?……我叫他玉喜哥来着。(二·25)

6. 着呢,也是地道的北京话的说法 它放在某些词的后面,表示"得很"的意思。"多着呢"等于说"多得很";"香着呢"等于说"香得很"。"着呢"的应用范围是很狭的,通常只限于"多、香"等少数字的后面。"着、呢"两字都念轻声:

老哥,比这更凄惨的事还多着呢。(一·22)

7. 表示一种命令或一种请求的时候,某些动词的后面往往加上一个轻声的"着"字(zhi) "着"字后面又往往再加上一个

"吧"字：

> 你休息着吧。(二·25)

"慢着、小心着"之类也表示一种命令或请求。虽然"慢"和"小心"不是动词，后面的"着"字还是用得着的：

> 耕了地就会有面包吗？——不，慢着，还要耙地。(一·5)
>
> 不的话，小心着，准会着火！(一·6)

(三)起来

1. 起来，是和"躺着、坐着、倒下去"一类的字眼相对立的　这是它的本来意义：

> 她想站起来，可是很困难，离她最近的红军士兵小心地把她扶起来。(三·9)
>
> 我想爬起来，……(四·11)
>
> 鸡哇的一声飞起来。(四·5)
>
> 他一面说，一面把她抱起来。(二·6)

具有本来意义的"起来"，是表示由下而上的一种动作的。

2. "起来"如果不表示由下而上的动作，那么，它就只具有转化的意义　这就是说，它只表示一种动作或一件事情的开始。本来是某一种情况的，现在开始变为另一情况，所以用"起来"表示：

> 男人大概是……到什么地方去躲起来了。(三·10)

"躲"这种行为不表现由下而上的动作，因此，"起来"就只表示动作的开始。

> 把身子蜷起来，还是睡不着。(三·10)

"蜷"的行为也不是真的"起来"。

有些动词和身体的活动没有关系，因此，它们后面的"起来"更是只具有抽象的意义：

> 那女人哭起来了。(三·10)

先不哭,后来才开始哭。

　　肚子饿了,许多人烦得叫起来,骂起来。(三·10)
先不叫骂,后来才开始叫骂。

　　我们就跟瑶民攀谈起来。(三·10)

　　我赶紧工作起来。(三·19)

　　想和做是分不开的,一定要联结起来。(三·1)

　　把桥炸断,使两个碉堡孤立起来!(四·7)

　　有些词根本没有任何动作的意义,但是,为了表示由某一情况开始转变到另一情况,这些词的后面也可以用"起来":

　　乡村富足起来了。(三·6)

　　地势渐渐更加陡起来。(三·10)

　　如果动词后面有名词(或类似名词的词),"起"和"来"就拆开来,"起"字插在动词和名词之间,"来"字放在名词后面:

　　年轻的小伙子们就跟他抬起杠来。(二·9)

　　他们俩抽着烟拉搭起话来。(二·9)

　　3. 说起来、看起来,有时候只是用来引起下面的议论,"起来"本身没有多大的意义

　　认真地说起来,"思想"这一个词儿的含义就是包括想和做两方面的。(三·1)

　　看起来,好像娘儿们刚梳的头。(三·13)

　　"起来"除了单独用为动词的时候("起来,不愿做奴隶的人们!")重读之外,其余一律念轻声。

(四)"下去"

　　1."下去"和"起来"相反,表示由上而下的动作　在这一种意义上,它和"下来"差不多。分别只在说话人的感觉上:如果动作被感觉是向着说话人的,就用"下来"("躺下来");如果动作不被感觉是向着说话人的,就用"下去"("躺下去")。

这么好的床,麦籽儿躺下去挺舒服。(三·13)

我们一口气跑下去。(三·10)

2. 和"起来"一样,"下去"也有抽象的意义　但是,它的作用和"起来"正相反;"起来"表示开始,而"下去"表示继续。凡是今后还继续下去的行为,都可以在动词后面加上"下去"。在这种意义上,"下去"不能说成"下来":

仍旧全副精神,高高兴兴地学下去。(一·18)

她们还是不停地干下去。(一·18)

"下去"除了单独用为动词的时候("送客的快下去,火车就要开了")重读之外,其余一律念轻声。

　　"了、着、起来、下去",是表示行为的状态的四个主要字眼。特别是"了"和"着",这两个字值得仔细研究。

常用文言虚字

什么是文言虚字呢？文言虚字就是文言文的虚字。所谓文言文，就是古代汉语；如果确切地说，文言文不完全是古代汉语，只能说是大致一样。

古代汉语现在虽说不通行，但是有遗留，在一定场合下还是用得上的。我今天只讲常用的文言虚字，过深过浅的就不讲了。我把常用文言虚字分成五类，每类里再分几个题目来讲：

第一类

（一）而　有三个意思：

1. 有两件事情是平行连贯的，中间用"而"字连接起来，例如：

伟大而光荣

2. 用来连接肯定和否定两方面，例如：

人老而心不老　死而不朽

马克思主义告诉我们，看问题不要从抽象的定义出发，而要从客观的事实出发。

我们要知难而进，而不是知难而退。

3. 用来连接因果关系，例如：

我们为保卫世界和平而努力。

（二）以　有四个意思：

1. 有"拿"的意思，例如：

　　以身作则

　　以其人之道,还治其人之身。

　2. 表示一个界线,例如:

　　三尺以上　五年以后

　3. 表示一种扩展,例如:

　　在一县、一省以至全国范围内推广。

　4. 表示因果关系,例如:

　　生产发展非常快,以致工作有点跟不上。

　　有些同志麻痹大意,以致造成不应有的损失。

　　"以至"和"以致"是有分别的:"以至"一般表示时间程度,范围上的递升或递降,有直到的意思;"以致"是表示事物发展的结果的,有因此而造成的意思。

　　(三)于(乎)　有六个意思:

　1. 有在和到的意思,例如:

　　光荣归于共产党。

　2. 有从的意思,例如:

　　青出于蓝

　3. 有对于的意思,例如:

　　勇于负责　有益于人

　4. 表示比较,例如:

　　功大于过

　5. 表示被动,例如:

　　日本女排败于中国女排。

　6. 以"乎"代"于",例如:

　　出乎意料(就是出于意料之外)　合乎规律(合于规律)

这种用法是古代汉语的习惯。

　　(四)因　有两个意思:

　1. 有凭借、按照、依照的意思,例如:

　　因地制宜

2. 有因为的意思,例如:

　　因噎废食(因为吃东西噎住了,以后就不敢再吃饭了)

(五)则　有三个意思:

1. 有就的意思,例如:

　　热则涨,冷则缩。

2. 表示对比,可以翻译成"却",例如:

　　工人是以做工为主,学生则是以学习为主。

3. 列举原因和理由,例如:

　　一则支援了农业,二则发展了生产。

第二类

(一)然而　有但是的意思,例如:

　　他们失败了多次,然而并不灰心。

(二)虽、虽然　用"虽"和"虽然"都可以。用"虽"文一点,用"虽然"白一点。古代汉语里的"虽然"是拆开来讲的。"然"的意思就是这样,"虽然"就是虽然这样。现在"虽然"与"虽"等同起来了,例如:

　　事情虽小,意义很大。

　　他虽然工作很忙,对学习并不放松。

　　有些人在句头用"虽然",往往在后面用个逗号,这是错误的,应该把逗号去掉。

(三)纵、纵然、纵使、即使　意思都一样,例如:

　　纵有千山万水,也拦不住英勇的勘探队员。

　　纵然今天下雨,我们也要赶到工地。

即使明天下雨,我们也要去。

要注意,"纵然"和"虽然"的意思不一样。"虽然"指的是有那件事情,"纵然"指的是还没有那件事情。如"虽然今天下雨,你还是来了","纵然明天下雨,我还是要去",这里如果把"虽然"和"纵然"调换一下,那就错了。

(四)如　有六个意思:

1. 有如果的意思。说得白一些,有要是的意思,例如:

如不及早准备,恐怕来不及。

2. 有然的意思,例如:

突如其来

3. 有如同的意思,例如:

爱社如家　十年如一日　如临大敌　如鱼得水

4. 有比得上,比不上的意思,例如:

我不如他(我比不上他)

耳闻不如目见(耳朵听见,比不上眼睛看见)

5. 有依照、顺从的意思,例如:

如期完成　如意算盘

6. 有举例的意思,例如:

各种体育活动如游泳、球赛,等等。

(五)若　有两个意思:

1. 有如果的意思,例如:

人不犯我,我不犯人;人若犯我,我必犯人。

2. 有如同的意思,例如:

旁若无人　若无其事

(六)倘、倘若、倘然、倘使　意思差不多,"倘"当"如果"讲,例如:

倘有困难,当再设法。

倘然你不相信,我带你去看。

(七)况且、何况　意思一样,在文言里单用"况",表示更进一

层的意思。另外,"尚且"跟"何况"常常是相互照应的,例如:

上海地方大,况且你又不知道他的地址,怎么能找到他呢?

当年在艰苦的岁月里,尚且坚持斗争,何况现在是大好形势,还怕什么呢?

(八)俾、以便　"俾"比较文,跟"以便"的意思一样,即达到某种效果。翻成白话有好的意思(但位置不同),例如:

特此公布,俾众周知(让大家好知道)。

会议印发大量文件,以便参加会议的人参考(让参加会议的人好参考)。

第三类

(一)尚、尚且　有两个意思:

1. 有还要的意思,例如:

尚待研究

2. 先说一件更重要的事情,让它来衬托下文,例如:

这么冷的天,大人尚且受不住,何况是小孩。

(二)犹　有两个意思:

1. 有如同的意思,例如:

为国家而死,虽死犹生。

2. 有还和尚且的意思,例如:

事情相隔二十年,记忆犹新。

(三)徒、徒然　意思一样,只是文白之分。再白一些,有白白地的意思,例如:

徒劳无功

不看见敌人就放枪,徒然浪费子弹。

（四）几乎　有差点儿的意思,例如:

我几乎不相信我的耳朵。

雪后路很滑,我几乎摔倒。

（五）至　是到了极点,"至少"等于"最少","至迟"等于"最迟",例如:

欢迎之至。

至少也要五千元。

至少也要做到自给自足。

至迟在十天内赶到。

第四类

（一）莫　有三个意思:

1. 没有任何的意思,例如:

莫大的光荣(没有什么光荣比这更大的)

莫名其妙(原意是说不出其中的奥妙)

为什么说"莫名其妙"不说"莫明其妙"呢? 因为这是古代汉语的习惯用法,所以没有改。

2. 有不的意思,例如:

爱莫能助

3. 有不要的意思,例如:

你老人家莫去。

现今湖北、四川有这样的说法,"你莫哭",就是北方话"你别哭"的意思。

（二）勿　别、不要的意思,例如:

请勿吸烟。

第五类

（一）其　有三个意思：

1. 有他的、她的或它的的意思，例如：

　　各得其所

2. 有他、她或它的意思，例如：

　　促其早日实现。

3. 有那个和那样的意思，例如：

　　不胜其烦　　不堪其言　　不乏其人

（二）之　有四个意思：

1. 有它的意思，例如：

　　求之不得　　言之成理　　总之

2. 只是凑字数，说不出什么意思，例如：

　　久而久之

3. 有"的"的意思，例如：

　　光荣之家　　原因之一　　三分之一

"之"字在有的地方可以换成"的"字，但是有的地方不能换，如"亚洲国家之一、先进单位之一"，这两句的"之"字就不能换成"的"字。

4. "之所以"连用，表示追究原因，例如：

　　斗争之所以胜利，首先是由于党的正确领导。

（三）所　有三个意思：

1. 有"的"的意思（位置不同），例如：

　　各尽所能（各人尽力做他能做的）

　　闻所未闻（听见从前没听见过的）

2. 也是有"的"的意思，与后面"的"字相应，例如：

我所认识的人(这里的"所"字也可以去掉)

3. 表示被动,例如:

我深深地为他所感动。(这句里的"为"可以改成"被",把"所"字去掉)

(四)者　有四个意思:

1. 有"的"的意思,例如:

强者　弱者

"者"和"所"有什么不同呢? 这两个字虽然都有"的"的意思,但是"所"只管动词,而"者"不一定管动词。

2. 有一类人的意思。如果用在坏的方面,有"分子"的意思,例如:

共产主义者　马克思主义者　帝国主义者　修正主义者

3. 用在数目字后面,指上文所说的事物,例如:

二者必居其一。

4. 用在"前"字或"后"字后面,也是指上文所说的事物,例如:

无产阶级和资产阶级是对立的,前者是后者剥削的对象。

(载《语文学习讲座丛书》第 6 辑,1986 年 12 月;又收入《王力论学新著》)

附　录
《中国古文法》梁启超、赵元任批语部分

梁启超先生评语

精思妙悟,可为斯学辟一新涂径。第三、四、五章以下,必更可观,亟思快睹。

五月二十日　启超阅

卓识。

思想缜密与否固为原因之一,然大原因终在习惯未成。《荀子》所谓"约定俗成",须经过若干时日也。

所论二特性真足开拓千古,推倒一时。

通极。

赵元任先生批语

求真、致用两事万不可混。

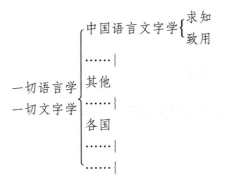

西文与梵文不成对待,名词因梵文与欧西文共成一系也。

西文所谓"dead formulas"或"dead formations"。

西文所谓"analogy"。

此种例甚多,而尤以英文为最!

1.It is all matter,never mind.

2.It is all right,never mind.

3.It is all right,never might.

4.It is all right,never wrong.

1. 皆物也,非必也。

2. 如此甚好,不必关心。

3. 是公理也,非武力也。

4. 皆是也,绝无误也。

未始不可能。

删〔附言〕:未熟通某文,断不可定其无某文法。言有易,言无难!

不仅名词。

此种"to"字亦非介词。

英文"to"字前后亦皆有为附带语。

非是。

之字不必当按断助词。

何则、已而、是故、然而、至、是以、尚有、然则、至于等须加入。

中國古文法

導言　文法學概論

今之治中國文法者蓋有二途其一專於我國詞句之組織，求其類別此外不更分析則所成之文法視遠西為特簡其二，即以遠西文法律諸我國合者用之不合者去之又以我國特有者加入則所成之文法視遠西為特繁或繁簡相等此二者皆能自成文法之學前者以簡勝後者以詳勝然而前者乃文法學之正軌後者已軼出文法學之範圍欲知其故宜先究文法學之定義：

文法學者究論文字組織之法則俾作文者有所遵守讀

清華學校研究院成績稿紙　　　第　　頁

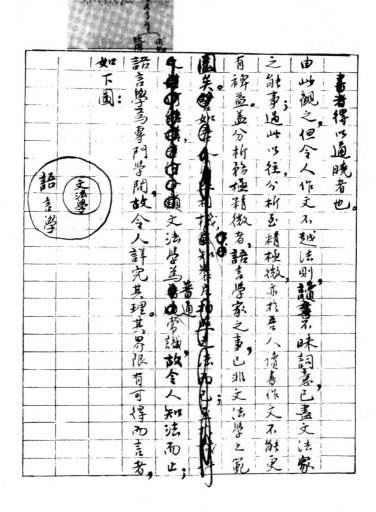

書者得以通曉者也。

由此觀之，但令人作文不越法則，讀書不昧詞意已盡文法家

之能事。過此以往，分析至精極微，亦非吾人讀書作文不能更

有裨益。蓋分析較極精微者，語言學家之事，已非文法學之範

圍矣。如……文法學為普通常識，故令人知法而止；

語言學為專門學問，故令人詳究其理，其界限有可得而言者，

如下圖：

語言學

文法學

珠莫能外也，感叹之词以声绘意，岂惟人类，禽兽尚犹能之。

大同之义，於斯为极。文法家所宜致情，遵字者也。若夫详分细

析，要在恰当围情强求，就人殊未足取。比埒不当等论已。就今

比埒胸合，亦徒费词，无裨实际。抑吾人何不比埒蒙文、日文，而

独比埒西文邪？即于西文比埒吾民，其动词分类之详未本

学者若欲为语言之学，当合世界文法观其会通，不当限

於西文也。若治中国文法，则当句其本身求之，不必以西文律

之也。西文在今日诚能行远，其文法学之名词可探者多，诚不

必处处创立新名词，以衒诡异。甚或中国旧译名词，未尽恰当，

而吾民既习见习闻，亦不必再事更改。然必当善为全科条律，

卓識

為樞紐故史史飛聖可以同義為乃母猴轉為狂類，

轉為◯詞名◯連介之分無所施矣又有字無意義但取延聲

者看虞有殷不聞不連宜岸宜◯發居裘處凡諸◯有声無

義若以已固定之文法律之皆不可通矧如眉叔乃以未固定

之文法與已固定者◯舉如誓辭之所字與無所摩命之所君，

子所其無逸之所皆有声無義而強命之曰代字陳承澤爭之，

以為非代字，別引孟子困之所存者幸也呂民春秋皆有所手

尤地諸語為例。二君俱失之矣治中國文法者，不以數十年常

用之文法為依據乃以數千年前人所偶留已死之文法為爭

端徒見其感而已矣故文法家宜以利刀斬亂麻之手段劃分

清華學校研究院成績稿紙　　第　　頁

思想境密与否固为
原因之一然亦由此因代
主观情志成为主所谓
的定之修成，法究这天子时
是也

文法之固定也，以渐不以骤，以零不以整。甲法固定於周初，

吾当以在思始复解答。

耶中国青文字至今历数千年之久，仅分二期耶？此二问者，

题亦随之发生：未固定已固定时期之划分当以何代为标准

法哉然则分期之说固可以解纷纷而便陈说矣。而二问

镜今以吾人镇密之思想，加之浑浑噩噩之古人尚得为良文

法家有以助之也。又法家犹镜也鉴妍咸娬，鉴娬咸妍，皆非良

法严者以封域井然，则中古之人思想已能镇密之所致亦排文

者虽有无法，而排文法家之罪也。上古之人思想自不镇密也。

未固定已固定二期。未固定时，其法宽已固定时，其法严。法宽

戊"dead formulas"
或行清"dead formulas"

两論三种必真矣
用於千古推衍兩

清華學校研究院成績稿紙　　　第　頁

已明矣。盖文法□之用，在今人作文有所遵守"讀書"得以通曉而已，

□可□則□簡，不必細分。至於考據家欲籍文法為利器，

以為辨明古書真偽及其時代，則時期自宜縮短，益此非

所論於普通之文法書也。且考據之所資不宜限於文法凡言語之變遷，皆宜考究。

文法□之未固定者，或不久即成固定或終歸消滅而不能固

定其終歸消滅者，或成死句、或成死法。死句者，後人不復用此

語也。死法者，後人雖用其語而不用其法也。國人嚮慕古人惟

恐不有，雖無吾人須知彼筆但敢用古人之成語，不敢用古

句，以為古雅。無吾人須如彼筆但敢用古人之成語，不敢用古

人之流則。今人敢言有衆，而不敢言首章敢言有此，而不敢言

亘检

首東敢言羨居羨患而不敢言羨坐羨行；

敢言向尋伊樂敢言室於姝而市於色，而不敢言父於孝而老

不怨敢言復其以風而不敢言靈其以雨敢言之子于歸而不

敢言之人于往敢言箱之舌而奪之氣而不敢言降之忠而摩

之身敢言鑫斯而不敢言蟋斯敢言剁肯攸往而不敢言雲肯

攸至敢言向時厥後而不敢言蟈斯自時厥前諸如此類皆足證明

今時已無此等文法可謂文法已廢古語僅存而已若攗室於

怒而市於色一語遂謂剿箝可置介詞之前攗箝之舌而奪之

氣一語遂謂之字可用為領格因國以一例萬豈通論哉故未

固定與已固定之分期誠最妥善之法未固定文法之研究僅

西文所謂 'analogy'

清華學校研究院成績稿紙　　　第　　頁

欲以讀古人之遺書,已固定文法之研究,則兼以為作文之程式;

分則兩利,合則兩傷,吾國人為文,難於通順,未始非文法家有

以誤之,蓋自届叔以來皆以未固定之死法與已固定之活法

融為一鑪,合人眩惑,不知所從,謂宜劃分封域,昭示後學,此中

圖文法之特性一也。

二曰中國有影響變性之文法。何謂影响?詞當獨主一時,本但此能

性;及其入句也,以上下之影响,其詞性即變。當此之時,但能

謂為變質不能認為本質,如月之有光,借日之光以為光,能

謂光為月之本質乎?影响之為用大矣,不知影响之理而論詞

之品質鮮不誤者,故代名詞之字之前不能不為動詞介詞之

此例甚多，而尤以
東亞為最！

至於疑似，則止矣。朝聘二字，同屬外動詞。朝字時不必言其何
所朝，國無二君，不問而知其所朝者誰也。聘字時必言其所聘
何國，鄰國非一，非明示無以明也。又如忠臣孝子之忠與君
愛國之忠，位置相同而詞性逈異。上忠字為區別詞，下忠字為
外動詞。此其故何也。盡忠之君，名不順也。君忠於臣，理所無也。
名不順與理所無者，所以免人之疑。吾人一見而知其詞性者，
非字之□能表詞性，實賴意會而知之。□□□連詞特□□□
非所□□□語文□□其現代□□□柳□□□
□□吾人研究古文法，苟實注意於此，則□變化省器之
理，皆可循是推之。吳古文所有之文法，多為今文所無。今文所

3、詞聯係與意關係

詞以達意，故詞與意相通，需者常

也，然亦有□意在言外者，以事義顯明，可以理推，不待煩言也。

言外之意，不能謂與詞性有關，研究文法者於詞關係與意關係之界綫，紛須明瞭，否則未有不誤者。例如：

晉非至於子之門，則殆矣。（莊子秋水）

非痛折節以禮詘之，天下不肅。（史記武安侯列傳）

故明據先王必定堯舜者，非愚即誣也。（韓非子顯學篇）

驥察之，非字與不字相應，或與即字相應，皆似有連詞性。故或

謂非不，非即為連詞，實不然，非字之上，皆有若字之意，所謂

意在言外者也。若謂非字為連詞，備補出若字，豈非二重連詞了

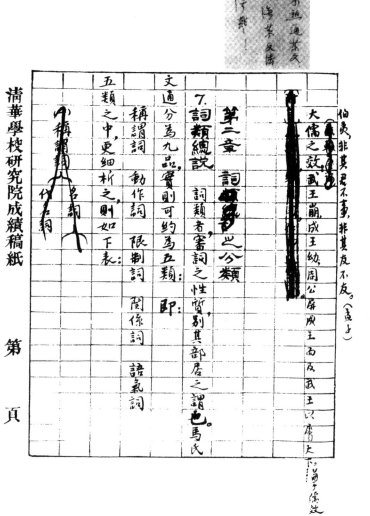

清華學校研究院成績稿紙　　第　頁

第二章　詞□□□之分類

7. 詞類總說

詞類者審詞之性質別其部居之謂也。馬氏文通分為九品實則可約為五類：即

稱謂詞　動作詞　限制詞　關係詞　語氣詞

五類之中更細析之則如下表：

（一）稱謂詞（　代名詞　什名詞

伯夷，非其君不事，非其友不友。（孟子）

大儒之效武王崩成王幼，周公屏成王而反武王以屬天下……周子儒效

附：未必通英文，卻不多空井壽英文房……唐文信樂！

两事物之関係，即以介词附帶副格而限制名詞，㈣中國則無

此例，之字既謂之語尾，則更無表兩事物之関係者矣。

㈠時地介詞　表動作之所在者也。如：

紂踮于京属流于彘魯衰奔吳項羽屠裂（徐銘書臣諭）

望宅経葬経先厕論）

漢魏以来者宅経者葬経皆出於堪輿形法家之言（金祖

(2)所自介詞　表動作之所自者也。㈣分二種：

(甲)動作斯從来之處所

虎圈晉夫從孝代尉對上所問禽獸簿甚悉（史記張釋之传）

自其異者視之，肝膽楚越也；自其同者觀之，萬物皆一也。（莊子德充符）

第一條與第二條皆意在讀書，而前者讀書一事在下子句，故

知以字為語尾，後者在上子句，故知以字為目的連詞也。然二

者終是同源，今取便陳說，故分為二耳。

附這囻連詞以英文之to字當之，似甚適當，何以不謂之介

詞?! 此有二因。

(A)英文to字有向往之意，凡動作所向之目的

法矣。此不能相提並論者一。

地皆可以to字，中國文以字則否，如言往以上海則不合文

(B)英文to字之後，必為附帶語；中國文以字前後皆有為附

幫語之可能。例如：

關地以種花。

此語可認關地為主要述語，亦可認為附帶語，此不能相提並論者二。

〔……〕之，

(C)英文右字後語視同名詞語，中文以字後語不可視同名詞語，此不能相提並論者三。

要之，以字既以連二動作自可認為連詞。

(9)解釋連詞　詞以連解釋之語者也，如：

告子未嘗知義，以其外之也（孟子）

聖人不病，以其病病，是以不病。（老子）

或曰夫字非連上段乃連下段尹。然而蘇子由三國論最後一段云：

夫古之英雄，惟漢高帝為不可及也夫。

既無下段，又將何所連屬耶？

夫字非特無契合之用，有時反以為隔斷之用。例如：

然考之三朝，未嘗立法也，而天下之學者，知以注疏為重，則人心之所背顧上之人如何耳。夫取果於未熟與取之於既熟相去旬日之間，而其味遠矣。（陳亮論傳注）

注疏之事，与取果之事幾焉。風馬牛不相及，若連屬言之，恐人誤以為一事也，故以夫字隔斷之，以示取果之事，無關於注疏，聊以為譬喻耳。由此言之，謂夫字為連詞，事實上適得其反也。

（6）按斷助詞

凡將下斷語時，先加按語，而以□詞助其勢者曰按斷助詞。如

（6）按斷助詞

臣之不敢愛死，●為兩君之在此堂也。（左傳成三年）

何则乙编成卷四五页三
不两以足多
皆有免列玄於甘
弦於人

賢器械而不練，解徒手同，至於練，則費不可勝言失。（輶軒	至於諸書歌於逢行者休於樹（歐陽修醉翁亭記）	（乙）準相配連詞　例：	若書教在先生曹橫…（…甫書大家書）	而木更求其能張大其事為傳継二疏蹤跡否不落莫否	（甲）…助詞　例：	支派連詞之目也。然今人之文受西文之同化，以或字為連詞，如云彼將與某甲或某乙結婚，甲或乙將來上海，此類或字乃純粹的連詞必不可謂之區別詞，與純非古文所固有，故不列。

主要术语、人名、论著索引